中國古代《周易》詮釋史綱要

◎ 楊效雷 著

中州古籍出版社
·鄭州·

圖書在版編目（CIP）數據

中國古代《周易》詮釋史綱要 / 楊效雷著. — 鄭州：
中州古籍出版社，2017.5
ISBN 978-7-5348-6568-8

Ⅰ.①中… Ⅱ.①楊… Ⅲ.①《周易》- 研究 Ⅳ.
①B221.5

中國版本圖書館CIP數據核字（2016）第252451號

出　版	中州古籍出版社
	地址：河南省鄭州市經五路66號
	郵編：450002
	電話：0371-65788693
經　銷	新華書店
印　刷	輝縣市偉業印務有限公司
版　次	2017年5月第1版
印　次	2017年5月第1次印刷
開　本	640毫米×960毫米　　1/16
印　張	30
字　數	350千字
印　數	1-3000冊
定　價	60.00元

前言

　　《周易》是以卜筮爲外衣的富含哲學智慧和歷史經驗的指導人生決策以趨吉避凶的上古巫史文化的百科全書。"周",一般認爲是朝代的名稱,但東漢經學大師鄭玄認爲,"周"有周流、周普、周備之義。他説:"周易者,言易道周普,無所不備。"① 自然界的斗轉星移、寒來暑往,社會的發生、發展變化和滅亡,人世間的生老病死、悲歡離合,這些都是周流於天地宇宙間的規律,《周易》囊括了這些規律,故稱"周"。此説乍聽雖顯誇張,然而卻符合古人的認識,正如《周易·繫辭》中所言:"《易》之爲書也,廣大悉備,有天道焉,有人道焉,有地道焉。"又如《四庫全書總目》經部《易》類小序中所云:"易道廣大,無所不包。"② 歷史文獻學家張舜徽先生亦贊成鄭玄之説,以"周普"解《周易》之"周"。他説:"此乃我國古

---

①[宋]王應麟編:《周易鄭康成注》,文淵閣四庫全書本。
②《四庫全書總目》卷1,中華書局,1965年,第1頁中欄。

代闡明事物變化原理之書，其道周普，無所不包，故稱《周易》。"①"易"，《說文解字》中如此解釋："蜥易，蝘蜓，守宮也，象形。"②蜥蜴又稱變色龍，善於變化，所以"易"引申出"變化"之意。早期文獻曾將《周易》譯爲"Book of Changes"，如今一般不如此翻譯，因爲"變易"祇是"易"之一義。"易"一名而兼四義：變易、不易、簡易、交易。《周易》通過陰陽爻的各種變化，推衍自然、社會、人事的變化，故名"易"；世界是運動變化的，但引起變化的原因是亘古不變的，《周易》向人們揭示此亘古不變之理，故名"易"；大道至簡至易，世人愈繁愈迷，《周易》向人們揭示至簡至易之大道，故名"易"；孤陰不生，獨陽不長，一陰一陽之謂道，《周易》向人們揭示此陰陽對立統一之道，故名"易"。以上爲解題。

《周易》的結構包括《易經》和《易傳》。《易經》由卦名、卦象、卦爻辭組成，《易傳》是對《易經》的詮釋。"傳者，轉也，轉受經旨，以授後人。"③《易經》的意旨，後人不明，需要詮釋，這一詮釋工作，如同轉了一道手，故名"傳"。《易傳》中的《繫辭傳》是對《易經》的通論性質的詮釋，故又名《易大傳》。《易傳》中的《彖辭傳》主要詮釋《易經》卦辭。《易傳》中的《象辭傳》包括大象傳和小象傳，大象傳詮釋《易經》卦象，小象傳詮釋《易經》爻象。《易傳》中的《文言傳》詮釋《易經》乾、坤兩卦。乾爲天，坤爲地，經天

---

① 張舜徽：《舊學輯存》，華中師範大學出版社，2008年，第1108頁。
②［漢］許慎：《說文解字》卷9下，文淵閣四庫全書本。
③［唐］劉知幾著，［清］浦起龍釋：《史通通釋》卷1，上海古籍出版社，1978年，第10頁。

緯地謂之文，故詮釋乾、坤兩卦者稱《文言傳》。《易傳》中的《說卦傳》的主要內容是八卦萬物類象。《易傳》中的《序卦傳》詮釋《易經》由乾、坤以至於既濟、未濟的卦序。《易傳》中的《雜卦傳》將《易經》64卦分解爲32對，錯雜其序而說之，故名《雜卦傳》。《易傳》的學派屬性問題，是懸而未決的學術焦點問題。傳統觀點認爲《易傳》屬儒家學派。陳鼓應等先生提出的新觀點認爲《易傳》屬道家學派。筆者傾向於傳統觀點。試舉一例以明之。《易傳》中的《大象傳》詮釋坎卦卦象時說："水洊至，習坎，君子以常德行，習教事。"不同的思想文化背景，面對同樣的事物，會生發不同的聯想。一個以道家思想文化背景爲主的人，面對象徵水的坎卦之象，聯想到的應該是"上善若水""水善利萬物而不爭"等道家論述，而《大象傳》的作者聯想到的不是這些，而是德教之流行。此可見《大象傳》作者的儒家思想文化背景。通觀《易傳》，既有與儒家思想相通者，又有與道家思想相通者，但與道家思想相通者，並非道家思想的專利，而與儒家思想相通者，則屬儒家思想專利。《易傳》道家說忽視了兩個問題：一、儒家鼻祖孔子的思想中有道家成分；二、儒家鼻祖孔子晚年的思想有由"形而下"向"形而上"的升華。

《易經》與《易傳》之間的關係，也是懸而未決的學術焦點問題。關於《易經》與《易傳》之間的關係，有兩派對立觀點：一、以傳解經；二、經傳分觀。主張以傳解經的學者認爲，《易傳》對《易經》的詮釋，是最爲權威的詮釋。《易傳》是迄今所知最早的系統詮釋《易經》的作品。祖父之言何義，自然以父親的解釋更加可靠，而祖父的孫子、曾孫、玄孫、來孫、晜孫、仍孫乃至於雲孫的解釋，與祖父之本意，必將愈離愈遠。主張經傳分觀的學者認爲，《易經》與《易傳》成書的時代不同，性質迥異，《易傳》是闡述思想的哲學書，而《易經》是無思想内涵的卜筮記錄，《易傳》對《易經》的詮釋非《易經》本義，因此讀《易經》不可受《易傳》誤導。筆者認爲，因《易經》與《易傳》成書的時代不同，所以讀《易經》不可囿於《易傳》，無疑是正確的觀點，但認爲《易傳》與《易經》性質迥異則未必。《易傳》固然是闡述思想的哲學書，《易經》也並非無思想内涵的單純的卜筮記錄。《易經》作者要告訴人們的，不僅僅是吉凶的結果，更關鍵的是"何以吉，何以凶"的趨吉避凶之理。讀《易經》，雖不可囿於《易傳》，但應充分參考《易傳》。充分參考《易傳》有助於我們確切地理解《易經》本義。如，乾卦九三爻辭"君子終日乾乾，夕惕若厲，無咎"，長期以來被誤解爲"朝乾夕惕"，而據馬王堆帛書《易》，應爲"朝乾夕泝"。《易傳·文言》對乾九三的解釋是"與時偕行"，故"朝乾夕泝"當貼近《易經》九三爻辭本義。① 充分參考《易傳》還有助於我們深入發掘《易經》卦爻辭的思想内涵。如師卦卦辭"丈人吉"，據《易傳·彖辭》，丈人乃"剛中而應，行險而順"之人，因此，師卦卦辭所揭示的思想便是）有"剛中而應，行險而順"之德則吉。

　　詮釋學（hermestic）的詞根是 hermes（赫爾默斯）。赫爾默斯是傳説中來往於奥林匹亞神山和凡間的信使，負責傳達神的意旨。神的意旨，凡人不明白，需要赫爾默斯來解釋，所以詮釋學（hermestic）的詞根是赫爾默斯。詮釋學包括獨斷型詮釋

---

① 廖名春：《周易經傳與易學史研究新論》，齊魯書社，2001年，第3~8頁。

和探究型詮釋。獨斷型詮釋認爲，赫爾默斯對神的意旨的解釋是最權威的唯一正確的解釋。探究型詮釋認爲，赫爾默斯對神的意旨的解釋並非最權威的唯一正確的解釋。神的意旨具有多含性，在不同的時間，針對不同的事情，有不同的顯現。"以傳解經"類似於獨斷型詮釋，"經傳分觀"類似於探究型詮釋。

《周易》知識體系包括《易經》《易傳》和《易》學。《易》學發展的歷史主要指對《易經》和《易傳》文本詮釋的歷史。"因爲有《易》學的詮釋和解構，才有《易》學的不斷的整合和建構。若沒有《易》學的結構，《易》學就不會熔舊鑄新，就不會伴隨時代的發展改變自身的形態，從而建構自己生機勃勃的、充滿活力的思想體系，也就不能適應不同時代的需要，對中國古代哲學、宗教、倫理、心理、科技和社會各個層面發揮如此大的作用。"① 《周易》詮釋史的研究範圍爲《周易》經傳問世以來，歷代學者對《周易》文本象數之探究、義理之闡發，以及文字之訓詁。附錄四篇論文，與《周易》文本詮釋亦相關。

詮釋學是對文本理解和闡釋的哲學。2014年9月不幸辭世的湯一介先生一直力倡建立中國經典詮釋學，而對經典詮釋的系統梳理無疑是最爲基礎的任務。經典詮釋是中國古代哲學獨特的言說方式。對《周易》文本的詮釋是中國經典詮釋史的重要組成部分。《周易》詮釋包括三個層面：其一，象數層面的詮釋；其二，義理層面的詮釋；其三，訓詁層面的詮釋。本書在前人相關研究成果的基礎之上，有意識地借鑒"視域""先行

---

① 林忠軍：《從詮釋學審視中國古代易學》，《文史哲》2003年第4期。

結構"等詮釋學理論①,詳人所略,鉤玄提要地系統梳理了孟喜、京房、荀爽、鄭玄、虞翻、王弼、程頤、朱熹、吴澄、來知德、王夫之、李塨、焦循,以及高郵王氏父子的《周易》詮釋的突出成就,於微觀考據和宏觀論述都時出新意,可作爲《易》學經典名著的導讀之作。

---

① 中國古代不同歷史時期的《周易》詮釋受限於當時的"視域"。"視域"是西方詮釋學家伽達默爾提出的一個哲學概念,指人們從自己所能見的立足點出發所能看到的視野,它標誌着我們理解、詮釋時的極限。當古人對《周易》進行理解與詮釋活動時,以一系列的"先行結構"爲出發點。這些"先行結構"決定了中國古代不同歷史時期的《周易》詮釋的特色。

目 錄

第一章　兩漢時期的《周易》詮釋 …………………………… 1
　第一節　孟喜和京房的《周易》詮釋 ………………………… 3
　　一、孟喜的《周易》詮釋 …………………………………… 3
　　　(一) 四正卦說 ……………………………………………… 3
　　　(二) 十二消息卦說 ………………………………………… 9
　　　(三) 六日七分法 ………………………………………… 14
　　　(四) 七十二候說 ………………………………………… 17
　　二、京房的《周易》詮釋 ………………………………… 25
　　　(一) 納甲說 ……………………………………………… 26
　　　(二) 八宮說 ……………………………………………… 31
　　　(三) 飛伏說 ……………………………………………… 38
　　　(四) 爵位說 ……………………………………………… 41
　　　(五) 爻等說 ……………………………………………… 44
　　　(六) 世卦起月例 ………………………………………… 48

第二節　鄭玄和荀爽的《周易》詮釋 ················ 51
　　一、鄭玄的《周易》詮釋 ······················ 51
　　二、荀爽的《周易》詮釋 ······················ 62
　第三節　虞翻的《周易》詮釋 ···················· 75
　　一、月體納甲説 ························· 75
　　二、逸象 ···························· 81
　　　（一）誤以非虞氏逸象者爲虞氏逸象 ·············· 87
　　　（二）當補且能補而未補者 ·················· 89

第二章　魏晉至宋元時期的《周易》詮釋 ············· 93
　第一節　王弼的《周易》詮釋 ···················· 95
　　一、得意忘象 ·························· 95
　　二、説以老莊 ·························· 125
　　　（一）以老莊"無爲"思想詮《易》 ·············· 125
　　　（二）以老莊"處下不争"思想詮《易》 ············ 128
　　　（三）以老莊"崇静"思想詮《易》 ·············· 130
　　　（四）以老莊"貴柔"思想詮《易》 ·············· 132
　第二節　程頤的《周易》詮釋 ···················· 138
　　一、以"理"詮《易》 ····················· 139
　　二、以"民生"思想詮《易》 ·················· 158
　　三、"卦才"和"乾坤卦變"説 ················· 168
　第三節　朱熹的《周易》詮釋 ···················· 187
　　一、以筮詮《易》 ······················· 187
　　二、以圖詮《易》 ······················· 207

第四節　吳澄的《周易》詮釋 …………………… 228
一、卦統說 …………………………………… 229
二、卦主說 …………………………………… 234
三、卦變說 …………………………………… 241

第三章　明清時期的《周易》詮釋 …………………… 249
第一節　來知德的《周易》詮釋 ………………… 251
一、不知其象，《易》不注可也 …………… 251
二、以象詮《易》的意義 …………………… 254
三、以象詮《易》的弊病 …………………… 258
第二節　王夫之的《周易》詮釋 ………………… 261
一、以唯物主義自然觀詮《易》 …………… 261
二、以"理氣"觀詮《易》 ………………… 264
三、以"道器"觀詮《易》 ………………… 266
四、以陰陽對立統一的矛盾觀詮《易》 …… 270
五、以動靜對立統一的運動觀詮《易》 …… 279
六、以"常""變"對立統一的變化觀詮《易》 … 283
七、以其他思想詮《易》 …………………… 292
（一）以注重實踐的認識論詮《易》 ……… 292
（二）以"理欲"觀詮《易》 ……………… 294
（三）以民本思想詮《易》 ………………… 296
第三節　李塨的《周易》詮釋 …………………… 302
一、"專明人事，切於實用"的《易》學觀 … 302
二、為人處世之見解和主張的滲入 ………… 309
三、《周易傳注》中所見李塨的哲學思想 … 313
四、闡發政治倫理 …………………………… 315

五、超越功利的吉凶觀 ………………………… 320

　　六、《周易傳注》中的道家思想 ………………… 323

　　七、引史事以證經文 …………………………… 328

第四節　焦循的《周易》詮釋 ……………………… 333

　　一、旁通、相錯與時行三說考述 ……………… 333

　　　　（一）旁通 …………………………………… 335

　　　　（二）相錯 …………………………………… 341

　　　　（三）時行 …………………………………… 345

　　二、焦循《易》學構架的道德義理詮釋與"聲訓" … 349

　　　　（一）焦循《易》學構架的道德義理詮釋 … 350

　　　　（二）焦循《易》學構架與"聲訓" ………… 352

第五節　高郵王氏父子的《周易》詮釋 …………… 355

　　一、對虞翻《易》注的辨駁 …………………… 355

　　　　（一）對虞翻以"之正說"詮《易》的辨駁 … 355

　　　　（二）對虞翻以"旁通說"詮《易》的辨駁 … 367

　　　　（三）對虞翻其他《易》注的辨駁 ………… 373

　　二、對鄭玄和荀爽《易》注的辨駁 …………… 401

　　　　（一）對鄭玄《易》注的辨駁 ……………… 401

　　　　（二）對荀爽《易》注的辨駁 ……………… 416

附錄一 …………………………………………………… 423

附錄二 …………………………………………………… 432

附錄三 …………………………………………………… 444

附錄四 …………………………………………………… 461

後記 ……………………………………………………… 467

第一章 兩漢時期的《周易》詮釋

《周易》經文由卦爻象與卦爻辭組成。卦爻象與卦爻辭之間究竟有無聯繫？如何聯繫？《周易》六十四卦究竟是雜亂無章的卜筮記錄的堆積，還是有内在聯繫的統一整體？這些都是象數《易》學所要探究的重點。《易傳》中的"當位說""相應說"和"得中說"等都是探究卦爻象和卦爻辭之間關係的《易》例。漢代經師在此基礎之上又提出了十二消息卦說、六日七分法、納甲說、爻辰說和乾升坤降說等多種《易》例。這是漢代象數《易》學的特色之一。漢代象數《易》學的特色之二，是以大量八卦所象徵的物象來探究卦爻象與卦爻辭之間的關係。漢《易》去古未遠，授受有自，雖非盡《易》之本義，然爲探究《易》本義的重要資料。漢儒的《周易》詮釋"已不是傳統意義上的文本意義的解說,而是一種符號的轉換,即把有一定確定意義的《周易》文辭轉換成抽象的符號,經過對符號的解說,把《周易》變爲一部象數符號之書"①。

---

①林忠軍:《從詮釋學審視中國古代易學》,《文史哲》2003年第4期。

第一節 孟喜和京房的《周易》詮釋

一、孟喜的《周易》詮釋

孟喜，字長卿，蘭陵（今屬山東）人，生活於西漢昭帝、宣帝時期，是漢代象數《易》學的開山鼻祖。《漢書·儒林傳》載其"得《易》家候陰陽災變書，詐言師田生且死時，枕喜膝，獨傳喜。諸儒以此耀之"①。孟喜《周易》詮釋的特點主要是創立了卦氣説，具體包括四正卦説、十二消息卦説、六日七分法和七十二候説等。

（一）四正卦説

四正卦説雖爲孟喜所創，但卻非孟喜憑空臆造，而是有淵源的。《周易·説卦》："帝出乎震，齊乎巽，相見乎離，致役乎坤，説言乎兑，戰乎乾，勞乎坎，成言乎艮。萬物出乎震，震，東方也；齊乎巽，巽，東南也，齊也者，言萬物之絜齊也；離也者，明也，萬物皆相見，南方之卦也。聖人南面而聽天下，向明而治，蓋取諸此也；坤也者，地也，萬物皆致養焉，故曰致役乎坤；兑，正秋也，萬物之所説也，故曰説言乎兑；戰乎乾，乾，西北之卦也，言陰陽相薄也；坎者，水也，正北方之卦也，勞卦也，萬物之所歸也，故曰勞乎坎；艮，東北之卦也，萬物之所成終而所成始也，故曰成言乎艮。"

根據《周易·説卦》中的這段記載，我們可以知道：1. 震卦所代表的方位爲正東，巽卦所代表的方位爲東南，離卦所代

---

① [漢] 班固：《漢書》卷 88《儒林傳》，中華書局，1962 年，第 3599 頁。

表的方位爲正南，乾卦所代表的方位爲西北，坎卦所代表的方位爲正北，艮卦所代表的方位爲東北。坤卦和兌卦所代表的方位，《周易·説卦》雖未明言，但根據文意和卦的排列順序，可以推知坤卦所代表的方位爲西南，兌卦所代表的方位爲正西。
2. 兌卦所代表的季節爲秋，根據文意和卦的排列順序，可以推知坎卦所代表的季節爲冬，震卦所代表的季節爲春，離卦所代表的季節爲夏。

孟喜根據這段記載，捨四隅之卦（巽、坤、乾、艮），取四正之卦（震、離、兌、坎），創立了四正卦説。清儒惠棟曾在《易漢學》中對四正卦説加以考索："《孟氏章句》曰：坎、離、震、兌二十四氣，次主一爻，其初則二至、二分也。坎以陰包陽，故自北正微陽動於下，升而未達極，於二月凝涸之氣消，坎運終焉；春分出於震，始據萬物之元爲主於內，則群陰化而從之，極於南正而豐大之變窮，震功究焉；離以陽包陰，故自南正微陰生於地下，積而未章，至於八月，文明之質衰，離運終焉；仲秋陰形於兌，始行萬物之末爲主於內，群陽降而承之，極於北正而天澤之施窮，兌功究焉。故陽七之靜始於坎，陽九之動始於震，陰八之靜始於離，陰六之動始於兌，故四象之變皆兼六爻，而中節之應備矣。"①

孟喜"四正卦説"包括如下兩方面的內容：1. 四正卦分主四季：坎主冬，震主春，離主夏，兌主秋。2. 四正卦二十四爻分主二十四節氣：坎卦自初爻至上爻分別主冬至、小寒、大寒、立春、雨水、驚蟄；震卦自初爻至上爻分別主春分、清明、穀

---

① [清]惠棟：《易漢學》卷1，鄭萬耕點校：《周易述（附易漢學、易例）》，中華書局，2007年，第524頁。

雨、立夏、小滿、芒種；離卦自初爻至上爻分別主夏至、小暑、大暑、立秋、處暑、白露；兌卦自初爻至上爻分別主秋分、寒露、霜降、立冬、小雪、大雪。

由孟喜所創立的四正卦説本是用於占筮以言災異之説，但自東漢以來，《易》學家取之以注《易》，成爲《周易》詮釋史上較爲重要的《易》例。如，詮釋隨卦初九爻辭"出門交有功"時，鄭玄説："震爲大塗，又爲日門，當春分，陰陽之所交也。"①詮釋臨卦"至於八月有凶"時，荀爽説："兑爲八月。"② 案，八月爲秋分所在月。詮釋姤卦《彖》辭"天地相遇，品物咸章"時，荀爽説："謂乾成於巽，而舍於離；坤出於離，與乾相遇。南方夏位，萬物章明也。"③ 此以離爲五月。案，五月爲夏至所在月。詮釋《説卦》"雷以動之"時，荀爽説："謂建卯之月，震卦用事，天地和合，萬物萌動也。"④ 案，建卯之月爲二月，是春分所在月。詮釋《説卦》"兑以悦之"時，荀爽説："謂建酉之月，萬物成熟也。"⑤ 案，建酉之月爲八月，是秋分所在月。

漢《易》集大成者虞翻深受孟喜影響。《周易》經傳文本中凡言"時"者，虞翻多以四正卦説解之。兹列之於下：

乾卦《文言》"後天而奉天時"，虞注："震春兑秋，坎冬離夏，四時象具。"⑥ 乾卦二爻和五爻與坤卦互易後，乾卦變爲離卦，坤卦變爲坎卦。據四正卦説，離爲夏，坎爲冬。離卦三、

---

① [清] 惠棟：《增補鄭氏周易》卷上，文淵閣四庫全書本。
② [明] 魏濬：《易義古象通》卷3，文淵閣四庫全書本。
③ [唐] 李鼎祚：《周易集解》卷9，文淵閣四庫全書本。
④ [唐] 李鼎祚：《周易集解》卷17，文淵閣四庫全書本。
⑤ [唐] 李鼎祚：《周易集解》卷17，文淵閣四庫全書本。
⑥ [唐] 李鼎祚：《周易集解》卷1，文淵閣四庫全書本。

四、五爻組成兑卦，坎卦二、三、四爻組成震卦。據四正卦説，兑爲秋，震爲春。乾坤卦變後，春夏秋冬具備，所以説"四時象具"。

大有卦《彖》辭"應乎天而時行"，虞注："比初動成震爲春，至二兑爲秋，至三離爲夏，坎爲冬，故曰'時行'。"① 大有卦的錯卦比卦初爻由陰變陽後，比卦的下卦變爲震，據四正卦説，震爲春；二爻也由陰變陽後，比卦的下卦變爲兑，據四正卦説，兑爲秋；三爻也由陰變陽後，比卦的三、四、五爻組成離卦，據四正卦説，離爲夏；比卦的上卦爲坎，據四正卦説，坎爲冬。比卦變後，四時運行，所以説"時行"。

豫卦《彖》辭"四時不忒"，虞注："動初時，震爲春；至四，兑爲秋；至五，坎爲冬，離爲夏。四時爲正，故'四時不忒'。"② 豫卦初爻由陰變陽後，豫卦的下卦變爲震，據四正卦説，震爲春；豫卦由初爻變至四爻時，二、三、四爻組成兑卦，據四正卦説，兑爲秋；豫卦由初爻變至五爻時，上卦爲坎，三、四、五爻組成離卦，據四正卦説，坎爲冬，離爲夏。春夏秋冬四時各正其位，所以説"四時不忒"。

隨卦《彖》辭"天下隨時"，虞注："震春兑秋，三四之正，坎冬離夏，四時位正，時行則行，故'天下隨時'矣。"③ 隨卦上卦爲兑，下卦爲震，據四正卦説，震爲春，兑爲秋；隨卦三爻和四爻不當位，三、四爻互易後，上卦爲坎，下卦爲離，據四正卦説，坎爲冬，離爲夏。隨卦本卦有震春兑秋之象，卦

---

① [宋] 鄭剛中：《周易窺餘》卷4，文淵閣四庫全書本。
② [唐] 李鼎祚：《周易集解》卷4，文淵閣四庫全書本。
③ [唐] 李鼎祚：《周易集解》卷5，文淵閣四庫全書本。

變後有坎冬離夏之象。春夏秋冬四時各正其位，時行則行，所以說"天下隨時"。

觀卦《彖》辭"四時不忒"，虞注："臨震兌爲春秋，三上易位，坎冬離夏，日月象正，故'四時不忒'。"① 觀卦的綜卦臨卦二、三、四爻組成震卦，下卦爲兌，據四正卦說，震爲春，兌爲秋；觀卦三爻和上爻不當位，三、上兩爻互易後，上卦變爲坎，三、四、五爻組成離，據四正卦說，坎爲冬，離爲夏。坎又爲月，離又爲日。日月象正，所以說"四時不忒"。

賁卦《彖》辭"以察時變"，虞注："泰震春兌秋，賁坎冬離夏。"② 虞翻認爲賁卦由泰卦變來。泰卦三、四、五爻組成震卦，二、三、四爻組成兌卦，據四正卦說，震爲春，兌爲秋；賁卦二、三、四爻組成坎卦，下卦爲離，據四正卦說，坎爲冬，離爲夏。

恒卦《彖》辭"四時變化而能久成"，虞注："春夏爲變，秋冬爲化，變至二，離夏，至三，兌秋，至四，震春，至五，坎冬至，故'四時變化而能久成'。"③ 依文義，此句當作："春夏爲變，秋冬爲化，變至二，離夏，兌秋，至三，震春，至五，坎冬至，故'四時變化而能久成'。"恒卦由初爻變至二爻，下卦爲離，三、四、五爻互體爲兌，據四正卦說，離爲夏，兌爲秋；變至三爻，卦變爲震，變至五爻，上卦爲坎。春夏秋冬具備，所以說"四時變化而能久成"。

損卦《彖》辭"二簋應有時"，虞注："時謂春秋也。損二

---

① [唐] 李鼎祚：《周易集解》卷5，文淵閣四庫全書本。
② [唐] 李鼎祚：《周易集解》卷5，文淵閣四庫全書本。
③ [唐] 李鼎祚：《周易集解》卷7，文淵閣四庫全書本。

之五，震二月……春也……兑八月，秋也，謂春秋祭祀，以時思之。"① 損卦二爻和五爻不當位，二爻與五爻互易後，下卦爲震，據四正卦說，震主春分，在二月；損卦的下卦爲兑，據四正卦說，兑主秋分，在八月。

損卦《彖》辭"損剛益柔有時"，虞注："謂冬夏也。二、五已易成益。坤爲柔，謂損。益上之三成既濟，坎冬離夏，故'損剛益柔有時'。"② 損卦二爻與五爻互易後，卦變爲益。益卦三爻與上爻互易後，卦變爲既濟。既濟卦上卦爲坎，下卦爲離，據四正卦說，坎爲冬，離爲夏。

升卦《彖》辭"柔以時升"，虞注："震、兑爲春、秋，二升，坎、離爲冬、夏，四時象正，故'柔以時升'也。"③ 升卦三、四、五爻組成震卦，二、三、四爻組成兑卦，據四正卦說，震爲春，兑爲秋；升卦二爻和五爻不當位，二爻與五爻互易後，上卦爲坎，三、四、五爻組成離卦，據四正卦說，坎爲冬，離爲夏。

革卦《彖》辭"天地革而四時成"，虞注："五位成乾爲天，蒙坤爲地，震春兑秋，四之正，坎冬離夏，則四時具，坤革而成乾，故'天地革而四時成'也。"④ 革卦的三、四、五爻組成乾卦，乾爲天；革卦的錯卦蒙卦三、四、五爻組成坤卦，坤爲地；蒙卦的二、三、四爻組成震卦，據四正卦說，震爲春；革卦的上卦爲兑，據四正卦說，兑爲秋；革卦的四爻不當位，四爻由陽變陰後，上卦爲坎，下卦爲離。據四正卦說，坎爲冬，

---

① [唐] 李鼎祚：《周易集解》卷8，文淵閣四庫全書本。
② [唐] 李鼎祚：《周易集解》卷8，文淵閣四庫全書本。
③ [唐] 李鼎祚：《周易集解》卷9，文淵閣四庫全書本。
④ [唐] 李鼎祚：《周易集解》卷10，文淵閣四庫全書本。

離爲夏。蒙卦中的坤變爲革卦中的乾，蒙卦和革卦的本卦或變卦中春夏秋冬四時之象具備，所以說"天地革而四時成"。

歸妹卦九四爻辭"遲歸有時"，虞注："震春兌秋，坎冬離夏，四時體正，故'歸有時'也。"① 歸妹卦的上卦爲震，下卦爲兌，據四正卦說，震爲春，兌爲秋；歸妹卦的三、四、五爻組成坎卦，二、三、四爻組成離卦。歸妹卦無需任何爻變，自備春夏秋冬四時，所以說"歸有時"。

節卦《象》辭"天地節而四時成"，虞注："震春兌秋坎冬，三動，離爲夏，故'天地節而四時成'也。"② 節卦二、三、四爻組成震卦，下卦爲兌，上卦爲坎，據四正卦說，震爲春，兌爲秋，坎爲冬；節卦的三爻不當位，三爻由陰變陽後，三、四、五爻組成離卦，據四正卦說，離爲夏。

《繫辭上》"兩儀生四象"，虞注："四象，四時也。兩儀，謂乾坤也，乾二、五之坤，成坎、離、震、兌，震春，兌秋，坎冬，離夏，故'兩儀生四象'。歸妹卦備，故《象》獨稱'天地之大義也'。"③ 乾卦二爻、五爻與坤卦二爻、五爻互易後，乾卦變爲離，坤卦變爲坎，據四正卦說，離爲夏，坎爲冬。坎卦二、三、四爻組成震卦，離卦三、四、五爻組成兌卦，據四正卦說，震爲春，兌爲秋。乾坤交，而生四時，所以說"兩儀生四象"。

(二) 十二消息卦說

十二消息卦指《周易》六十四卦中的復卦☷☷、臨卦☷☷、泰

---

① [唐] 李鼎祚：《周易集解》卷11，文淵閣四庫全書本。
② [唐] 李鼎祚：《周易集解》卷12，文淵閣四庫全書本。
③ [唐] 李鼎祚：《周易集解》卷14，文淵閣四庫全書本。

卦☷、大壯卦☷、夬卦☷、乾卦☰、姤卦☴、遯卦☶、否卦☷、觀卦☷、剝卦☶和坤卦☷。自復卦一陽生，至乾卦純陽；自姤卦一陰生，至坤卦純陰。由於這十二個卦充分反映了陰陽的消長變化，故稱十二消息卦（息者，長也）。明確提出並運用十二消息卦來解說《周易》的是西漢孟喜。孟喜以十二消息卦分主一年十二月：復卦主十一月、臨卦主十二月、泰卦主正月、大壯卦主二月、夬卦主三月、乾卦主四月、姤卦主五月、遯卦主六月、否卦主七月、觀卦主八月、剝卦主九月、坤卦主十月。

由於虞翻自稱其家"五世傳孟氏易"，所以惠棟在《易漢學》中曾引虞翻之言對"十二消息卦說"加以考索："《易·繫辭》曰：'變通配四時。'仲翔曰：'變通趣時，謂十二消息也。泰、大壯、夬配春，乾、姤、遯配夏，否、觀、剝配秋，坤、復、臨配冬，謂十二消息相變通而周於四時也。'"①

十二消息卦分主十二月之說對後世的影響亦頗大。如，荀爽詮釋《周易·繫辭上》"天尊地卑，乾坤定矣"時說："謂否卦也。否七月，萬物已成，乾坤各得其位，定矣。"② 據十二消息卦說，否卦對應的時令爲秋七月。秋季爲收穫季節，故云"萬物已成"。否卦上卦爲乾，下卦爲坤，乾爲天，坤爲地，故云"乾坤各得其位，定矣"。又如，虞翻詮釋《周易·繫辭上》"變通配四時"時說："變通趣時，謂十二消息也。泰、大壯、夬配春，乾、姤、遯配夏，否、觀、剝配秋，坤、復、臨配冬，

---

① [清] 惠棟：《易漢學》卷1，鄭萬耕點校：《周易述（附易漢學、易例）》，中華書局，2007年，第526頁。
② [唐] 李鼎祚：《周易集解》卷13，文淵閣四庫全書本。

謂十二消息相變通而周於四時也。"① 據十二消息卦説，泰主正月，大壯主二月，夬主三月，是爲春三月；乾主四月，姤主五月，遯主六月，是爲夏三月；否主七月，觀主八月，剝主九月，是爲秋三月；坤主十月，復主十一月，臨主十二月，是爲冬三月。十二消息卦消長變化，行於四季，故云"十二消息相變通而周於四時"。

十二消息卦説還有一項内容，那便是"十二消息卦變説"。漢人認爲，六十四卦中十二消息卦以外的卦皆由十二消息卦變來。十二消息卦中又以乾坤爲本。十二消息卦中乾坤以外的十卦由乾坤卦變來。

十二消息卦變説在蜀才《易》注中有比較充分的反映。如，詮釋需卦時，蜀才説："此本大壯卦。案，六五降四，'有孚'光亨'貞吉'。九四升五，'位乎天位，以正中也'。"② 需卦上卦爲坎，下卦爲乾，卦象四陽兩陰，故本於大壯（案，大壯卦象亦四陽兩陰）。大壯䷡六五、九四互易成需䷄。詮釋訟卦時，蜀才説："此本遯卦。二進居三，三降居二，是剛來而得中也。"③ 訟卦上卦爲乾，下卦爲坎，卦象四陽兩陰，故本於遯卦（案，遯卦亦四陽兩陰）。遯䷠九三、六二互易成訟䷅。詮釋師卦時，蜀才説："此本剝卦。案，上九降二，六二升上，是剛中而應，行險而順也。"④ 師卦上卦爲坤，下卦爲坎，卦象一陽五

---

① [清]惠棟：《易例》卷下，鄭萬耕點校：《周易述（附易漢學、易例）》，中華書局，2007年，第689頁。
② [唐]李鼎祚：《周易集解》卷2，文淵閣四庫全書本。
③ [明]董守諭：《卦變考略》卷上，文淵閣四庫全書本。
④ [清]毛奇齡：《推易始末》卷1，鄭萬耕點校：《毛奇齡易著四種》，中華書局，2010年，第12頁。

陰，故本剥（案，剥卦象亦一陽五陰）。剥䷖上九、六二互易成師䷆。詮釋泰卦時，蜀才説："此本坤卦。"① 詮釋否卦時，蜀才説："此本乾卦。"② 詮釋同人卦時，蜀才説："此本夬卦。九二升上，上六降二。"③ 同人卦上卦爲乾，下卦爲離，卦象五陽一陰，故本夬（案，夬卦象一陰五陽）。夬䷪九二、上六互易成同人䷌。詮釋隨卦時，蜀才説："此本否卦。剛自上來居初，柔自初而升上，則内動而外悦，是'動而悦，隨'也。"④ 隨卦上卦爲兑，下卦爲震，卦象三陰三陽，故本否（案，否卦象三陽三陰）。否䷋上九、初六互易成隨䷐。詮釋臨卦時，蜀才説："此本坤卦。"⑤ 詮釋觀卦時，蜀才説："此本乾卦。"⑥ 詮釋無妄卦時，蜀才説："此本遯卦。剛自上降，爲主於初。"⑦ 無妄卦上卦爲乾，下卦爲震，卦象四陽二陰，故本遯（案，遯卦象亦四陽二陰）。遯䷠九三、初六互易成無妄。詮釋大畜卦時，蜀才説："此本大壯。剛自初升，爲主於外，陽剛居上，故曰剛上而尚賢也。"⑧ 大畜卦上卦爲艮，下卦爲乾，卦象四陽二陰，故本大壯（案，大壯卦象二陰四陽）。大壯䷡九四、上六互易成大畜䷙。詮釋咸卦時，蜀才説："此本否卦。案，六三升上，上九降三，是'柔上而剛下，二氣交感以相與'也。"⑨ 咸卦上卦爲

---

① ［唐］李鼎祚：《周易集解》卷4，文淵閣四庫全書本。
② ［唐］李鼎祚：《周易集解》卷4，文淵閣四庫全書本。
③ ［清］余蕭客：《古經解鈎沉》卷2上，文淵閣四庫全書本。
④ ［唐］李鼎祚：《周易集解》卷5，文淵閣四庫全書本。
⑤ ［唐］李鼎祚：《周易集解》卷5，文淵閣四庫全書本。
⑥ ［唐］李鼎祚：《周易集解》卷5，文淵閣四庫全書本。
⑦ ［明］董守諭：《卦變考略》卷上，文淵閣四庫全書本。
⑧ ［明］董守諭：《卦變考略》卷上，文淵閣四庫全書本。
⑨ ［唐］李鼎祚：《周易集解》卷7，文淵閣四庫全書本。

兑，下卦爲艮，卦象三陰三陽，故本否（案，否卦象亦三陰三陽）。否䷋六三、上九互易成咸䷞。詮釋恒卦時，蜀才説："此本泰卦。案，六四降初，初九升四，是剛上而柔下也。"恒卦上卦爲震，下卦爲巽，卦象三陰三陽，故本泰（案，泰卦象亦三陰三陽）。泰䷊六四、初九互易成恒䷟。詮釋晉卦時，蜀才説："此本觀卦。案，九五降四，六四進五，是'柔進而上行'也。"① 晉卦上卦爲離，下卦爲坤，卦象四陰二陽，故本觀（案，觀卦象二陽四陰）。觀䷓九五、六四互易成晉䷢。詮釋明夷卦時，蜀才説："此本臨卦也。案，夷，滅也，九二升三，六三降二，明入地中也，明入地中，則明滅也。"② 明夷卦上卦爲坤，下卦爲離，卦象四陰二陽，故本臨（案，臨卦象亦四陰二陽）。臨䷒九二、六三互易成明夷䷎。詮釋損卦時，蜀才説："此本泰卦。坤之上六下處乾三，乾之九三上升坤六，損下益上也。"③ 損卦上卦爲艮，下卦爲兑，卦象三陽三陰，故本泰（案，泰卦象三陰三陽）。泰䷊上六、九三互易成損䷨。詮釋益卦時，蜀才説："此本否卦，乾四之初。"④ 益卦上卦爲巽，下卦爲震，卦象三陰三陽，故本否（案，否卦象三陽三陰）。否䷋九四、初六互易成益䷩。詮釋旅卦時，蜀才説："否三升五，柔得中於外，上順乎剛，九五降三，降不失正。"旅卦上卦爲離，下卦爲艮，卦象三陰三陽，故本否（案，否卦象三陽三

---

① [唐] 李鼎祚：《周易集解》卷7，文淵閣四庫全書本。
② [清] 毛奇齡：《推易始末》卷2，鄭萬耕點校：《毛奇齡易著四種》，中華書局，2010年，第21~22頁。
③ [明] 董守諭：《卦變考略》卷下，文淵閣四庫全書本。
④ [清] 毛奇齡：《推易始末》卷2，鄭萬耕點校：《毛奇齡易著四種》，中華書局，2010年，第23頁。

陰）。否䷋六三、九五互易成旅䷷。

朱熹在其《周易本義》中列有十二消息卦變圖，稱："凡一陰一陽之卦各六，皆自復、姤而來；凡二陰二陽之卦各十有五，皆自臨、遯而來；凡三陰三陽之卦各二十，皆自泰、否而來；凡四陰四陽之卦各十有五，皆自大壯、觀而來；凡五陰五陽之卦各六，皆自夬、剝而來。"朱說整齊劃一，然與漢魏《易》注並不完全相符。如，依朱熹十二消息卦變圖，比卦自復卦或剝卦而來，而蜀才詮釋比卦時卻說："此本師卦。"① 案，朱熹的《易》學思想常有理想化的成分，如其關於易占的理論，從形式上看十分系統全面，然證之以《左傳》《國語》中的筮例，或於史無徵，或與史相左。朱熹的十二消息卦變說與其《易》占說一樣，視之爲朱熹之說則可，以之爲先秦、漢魏古法則非也。

（三）六日七分法

六日七分法也是《易》學尤其是漢代象數《易》學中的一條較爲重要的易例。明確創立此學說的是西漢孟喜。梁韋弦先生認爲，"就孟氏《易》學體系的建構來說，可以用六日七分說來概括"②。孟喜把除震、兌、離、坎以外的六十卦配以一年三百六十五又四分之一日，平均每卦得六日七分（一日八十分），故稱六日七分法。案，"曆法確立時期應當在戰國中葉，當時採用四分曆，以365日爲一年"③。這是六日七分法得以提出的必要前提。

惠棟在《易漢學》中曾對"六日七分法"加以考索："孟

---

① [唐] 李鼎祚：《周易集解》卷3，文淵閣四庫全書本。
② 梁韋弦：《漢易卦氣學研究》，齊魯書社，2007年，第6頁。
③ 陳遵媯：《中國天文學史》，上海人民出版社，1980年，第213頁。

喜《易章句》曰：自冬至初中孚用事，一月之策九六七八，是爲三十，而卦以地六，候以天五，五六相承，消息一變，十有二變而歲復初。"① 這句話的意思是：自十一月冬至初候開始，配以中孚卦，以後依次將六十卦分配在一年的時間裏。每月三十天配五卦，十二月共配六十卦。

在《易漢學》中，惠棟還繪有"六日七分圖"②。據惠棟所繪六日七分圖，我們可以知道：未濟卦、蹇卦、頤卦、中孚卦和復卦分配在十一月中，未濟卦爲侯卦、蹇卦爲大夫卦、頤卦爲卿卦、中孚卦爲公卦、復卦爲辟卦（辟者，君也）；屯卦、謙卦、睽卦、升卦和臨卦分配在十二月中，屯卦爲侯卦、謙卦爲大夫卦、睽卦爲卿卦、升卦爲公卦、臨卦爲辟卦；小過卦、蒙卦、益卦、漸卦和泰卦分配在正月，小過卦爲侯卦、蒙卦爲大夫卦、益卦爲卿卦、漸卦爲公卦、泰卦爲辟卦；需卦、隨卦、晉卦、解卦和大壯卦分配在二月，需卦爲侯卦、隨卦爲大夫卦、晉卦爲卿卦、解卦爲公卦、大壯卦爲辟卦；豫卦、訟卦、蠱卦、革卦和夬卦分配在三月，豫卦爲侯卦、訟卦爲大夫卦、蠱卦爲卿卦、革卦爲公卦、夬卦爲辟卦；旅卦、師卦、比卦、小畜卦和乾卦分配在四月，旅卦爲侯卦、師卦爲大夫卦、比卦爲卿卦、小畜卦爲公卦、乾卦爲辟卦；大有卦、家人卦、井卦、咸卦和姤卦分配在五月，大有卦爲侯卦、家人卦爲大夫卦、井卦爲卿卦、咸卦爲公卦、姤卦爲辟卦；鼎卦、豐卦、渙卦、履卦和遯卦分配在六月，鼎卦爲侯卦、豐卦爲大夫卦、渙卦爲卿卦、履

---

① [清] 惠棟：《易漢學》卷2，鄭萬耕點校：《周易述（附易漢學、易例）》，中華書局，2007年，第535頁。
② [清] 惠棟：《易漢學》卷1，鄭萬耕點校：《周易述（附易漢學、易例）》，中華書局，2007年，第519頁。

卦爲公卦、遯卦爲辟卦；恒卦、節卦、同人卦、損卦和否卦分配在七月，恒卦爲侯卦、節卦爲大夫卦、同人卦爲卿卦、損卦爲公卦、否卦爲辟卦；巽卦、萃卦、大畜卦、賁卦和觀卦分配在八月，巽卦爲侯卦、萃卦爲大夫卦、大畜卦爲卿卦、賁卦爲公卦、觀卦爲辟卦；歸妹卦、無妄卦、明夷卦、困卦和剝卦分配在九月，歸妹卦爲侯卦、無妄卦爲大夫卦、明夷卦爲卿卦、困卦爲公卦、剝卦爲辟卦；艮卦、既濟卦、噬嗑卦、大過卦和坤卦分配在十月，艮卦爲侯卦、既濟卦爲大夫卦、噬嗑卦爲卿卦、大過卦爲公卦、坤卦爲辟卦。如下表所示：

十一月	未濟卦	蹇卦	頤卦	中孚卦	復卦
	侯	大夫	卿	公	辟
十二月	屯卦	謙卦	睽卦	升卦	臨卦
	侯	大夫	卿	公	辟
正月	小過卦	蒙卦	益卦	漸卦	泰卦
	侯	大夫	卿	公	辟
二月	需卦	隨卦	晉卦	解卦	大壯卦
	侯	大夫	卿	公	辟
三月	豫卦	訟卦	蠱卦	革卦	夬卦
	侯	大夫	卿	公	辟
四月	旅卦	師卦	比卦	小畜卦	乾卦
	侯	大夫	卿	公	辟
五月	大有卦	家人卦	井卦	咸卦	姤卦
	侯	大夫	卿	公	辟
六月	鼎卦	豐卦	渙卦	履卦	遯卦
	侯	大夫	卿	公	辟

續表

七月	恒卦	節卦	同人卦	損卦	否卦
	侯	大夫	卿	公	辟
八月	巽卦	萃卦	大畜卦	賁卦	觀卦
	侯	大夫	卿	公	辟
九月	歸妹卦	無妄卦	明夷卦	困卦	剝卦
	侯	大夫	卿	公	辟
十月	艮卦	既濟卦	噬嗑卦	大過卦	坤卦
	侯	大夫	卿	公	辟

孟喜創立六日七分法的本意是用來解釋陰陽災異變化的，但東漢以後，發展成爲詮釋《周易》經文的體例。如復卦卦辭"七日來復"，鄭玄注："建戌之月，以陽氣既盡，建亥之月，純陰用事，至建子之月，陽氣始生，隔此純陰一卦，卦主六日七分，舉其成數言之，而云'七日來復'。"① 依十二消息卦説，建戌之月（九月）對應於剝卦，建亥之月（十月）對應於坤卦，建子之月（十一月）對應於復卦，每卦主六日七分，由剝經坤而復，大致經歷了七日，故云"七日來復"。又如，解卦《彖》辭"雷雨作而百果草木皆甲坼"，荀爽注："解者，震世也。仲春之月，草木萌芽，雷以動之，雨以潤之，日以烜之，故甲坼也。"② 依六日七分法，解卦對應於仲春二月，所以荀爽説"仲春之月，草木萌芽"。

（四）七十二候説

七十二候説即將坎、離、震、兑之外的六十卦配以七十二

---

① [清] 惠棟：《增補鄭氏周易》卷上，文淵閣四庫全書本。
② [清] 李鼎祚：《周易集解》卷8，文淵閣四庫全書本。

候，或將十二消息卦配以七十二候。

關於將坎、離、震、兌之外的六十卦配以七十二候，惠棟在《易漢學》中引據了僧一行的大衍曆經。① 據惠棟所引，我們可以知道：冬至三候（蚯蚓結、麋角解、水泉動）分別對應中孚卦、復卦和屯卦的內卦；小寒三候（雁北鄉、鵲始巢、野雞始雊）分別對應屯卦的外卦、謙卦和睽卦；大寒三候（雞始乳、鷙鳥厲疾、水澤腹堅）分別對應升卦、臨卦和小過卦的內卦；立春三候（東風解凍、蟄蟲始振、魚上冰）分別對應小過卦的外卦、蒙卦和益卦；雨水三候（獺祭魚、候雁北、草木萌動）分別對應漸卦、泰卦和需卦的內卦；驚蟄三候（桃始華、倉庚鳴、鷹化爲鳩）分別對應需卦的外卦、隨卦和晉卦；春分三候（玄鳥至、雷乃發聲、始電）分別對應解卦、大壯卦和豫卦的內卦；清明三候（桐始華、田鼠化爲鴽、虹始見）分別對應豫卦的外卦、訟卦和蠱卦；穀雨三候（萍始生、鳴鳩拂其羽、戴勝降於桑）分別對應革卦、夬卦和旅卦的內卦；立夏三候（螻蟈鳴、蚯蚓出、王瓜生）分別對應旅卦的外卦、師卦和比卦；小滿三候（苦菜秀、靡草死、麥秋至）分別對應小畜卦、乾卦和大有卦的內卦；芒種三候（螳螂生、鵙始鳴、反舌無聲）分別對應大有卦的外卦、家人卦和井卦；夏至三候（鹿角解、蜩始鳴、半夏生）分別對應咸卦、姤卦和鼎卦的內卦；小暑三候（溫風至、蟋蟀居壁、鷹乃學習）分別對應鼎卦的外卦、豐卦和渙卦；大暑三候（腐草爲螢、土潤溽暑、大雨時行）分別對應履卦、遯卦和恒卦的內卦；立秋三候（涼風至、白露降、

---

① [清] 惠棟：《易漢學》卷2，鄭萬耕點校：《周易述（附易漢學、易例）》，中華書局，2007年，第547~552頁。

寒蟬鳴）分別對應恆卦的外卦、節卦和同人卦；處暑三候（鷹祭鳥、天地始肅、禾乃登）分別對應損卦、否卦和巽卦的內卦；白露三候（鴻雁來、玄鳥歸、群鳥養羞）分別對應巽卦的外卦、萃卦和大畜卦；秋分三候（雷乃收聲、蟄蟲壞戶、水始涸）分別對應賁卦、觀卦和歸妹卦的內卦；寒露三候（鴻雁來賓、雀入大水爲蛤、菊有黃花）分別對應歸妹卦的外卦、無妄卦和明夷卦；霜降三候（豺乃祭獸、草木黃落、蟄蟲咸俯）分別對應困卦、剝卦和艮卦的內卦；立冬三候（水始冰、地始凍、雉入大水爲蜃）分別對應艮卦的外卦、既濟卦和噬嗑卦；小雪三候（虹藏不見、天氣上升地氣下降、閉塞成冬）分別對應大過卦、坤卦和未濟卦的內卦；大雪三候（鶡鴠不鳴、虎始交、荔挺出）分別對應未濟卦的外卦、蹇卦和頤卦。如下表所示：

六十卦七十二候表

冬至三候	蚯蚓結	麋角解	水泉動
	中孚卦	復卦	屯卦內卦
小寒三候	雁北鄉	鵲始巢	野雞始雊
	屯卦外卦	謙卦	睽卦
大寒三候	雞始乳	鷙鳥厲疾	水澤腹堅
	升卦	臨卦	小過內卦
立春三候	東風解凍	蟄蟲始振	魚上冰
	小過外卦	蒙卦	益卦
雨水三候	獺祭魚	候雁北	草木萌動
	漸卦	泰卦	需卦內卦
驚蟄三候	桃始華	倉庚鳴	鷹化爲鳩
	需卦外卦	隨卦	晉卦

續表1

春分三候	玄鳥至	雷乃發聲	始電
	解卦	大壯卦	豫卦內卦
清明三候	桐始華	田鼠化爲鴽	虹始見
	豫卦外卦	訟卦	蠱卦
穀雨三候	萍始生	鳴鳩拂其羽	戴勝降於桑
	革卦	夬卦	旅卦內卦
立夏三候	螻蟈鳴	蚯蚓出	王瓜生
	旅卦外卦	師卦	比卦
小滿三候	苦菜秀	靡草死	麥秋至
	小畜卦	乾卦	大有內卦
芒種三候	螳螂生	鵙始鳴	反舌無聲
	大有外卦	家人卦	井卦
夏至三候	鹿角解	蜩始鳴	半夏生
	咸卦	姤卦	鼎卦內卦
小暑三候	溫風至	蟋蟀居壁	鷹乃學習
	鼎卦外卦	豐卦	渙卦
大暑三候	腐草爲螢	土潤溽暑	大雨時行
	履卦	遯卦	恒卦內卦
立秋三候	涼風至	白露降	寒蟬鳴
	恒卦外卦	節卦	同人卦
處暑三候	鷹祭鳥	天地始肅	禾乃登
	損卦	否卦	巽卦內卦
白露三候	鴻雁來	玄鳥歸	群鳥養羞
	巽卦外卦	萃卦	大畜卦

續表2

秋分三候	雷乃收聲	蟄蟲壞戶	水始涸
	賁卦	觀卦	歸妹內卦
寒露三候	鴻雁來賓	雀入大水爲蛤	菊有黃花
	歸妹外卦	無妄卦	明夷卦
霜降三候	豺乃祭獸	草木黃落	蟄蟲咸俯
	困卦	剝卦	艮卦內卦
立冬三候	水始冰	地始凍	雉入大水爲蜃
	艮卦外卦	既濟卦	噬嗑卦
小雪三候	虹藏不見	天氣上升地氣下降	閉塞成冬
	大過卦	坤卦	未濟內卦
大雪三候	鶡鴠不鳴	虎始交	荔挺出
	未濟外卦	蹇卦	頤卦

關於將十二消息卦配以七十二候，惠棟在《易漢學》中引據了李溉所傳卦氣七十二候圖。① 據惠棟所引，我們可以知道：復卦自初九至六三分別對應大雪三候（鶡鴠不鳴、虎始交、荔挺出），自六四至上六分別對應冬至三候（蚯蚓結、麋角解、水泉動）；臨卦自初九至六三分別對應小寒三候（雁北鄉、鵲始巢、野雞始雊），自六四至上六分別對應大寒三候（雞始乳、鷙鳥厲疾、水澤腹堅）；泰卦自初九至九三分別對應立春三候（東風解凍、蟄蟲始振、魚上冰），自六四至上六分別對應雨水

---

① [清] 惠棟：《易漢學》卷1，鄭萬耕點校：《周易述（附易漢學、易例）》，中華書局，2007年，第517頁。不少學者論及"七十二候說"時，只言六十卦配候而未言十二消息卦配候，或許是由於沒有注意到李溉卦氣七十二候圖的緣故。

三候（獺祭魚、候雁北、草木萌動）；大壯卦自初九至九三分別對應驚蟄三候（桃始華、倉庚鳴、鷹化為鳩），自九四至上六分別對應春分三候（玄鳥至、雷乃發聲、始電）；夬卦自初九至九三分別對應清明三候（桐始華、鼠化為鴽、虹始見），自九四至上六分別對應穀雨三候（萍始生、鳴鳩拂羽、戴勝降桑）；乾卦自初九至九三分別對應立夏三候（螻蟈鳴、蚯蚓出、王瓜生），自九四至上九分別對應小滿三候（苦菜秀、靡草死、麥秋至）；姤卦自初六至九三分別對應芒種三候（螳螂生、鵙始鳴、反舌無聲），自九四至上九分別對應夏至三候（鹿角解、蜩始鳴、半夏生）；遯卦自初六至九三分別對應小暑三候（溫風至、蟋蟀居壁、鷹乃學習），自九四至上九分別對應大暑三候（腐草為螢、土潤溽暑、大雨時行）；否卦自初六至六三分別對應立秋三候（涼風至、白露降、寒蟬鳴），自九四至上九分別對應處暑三候（鷹祭鳥、天地始肅、禾乃登）；觀卦自初六至六三分別對應白露三候（鴻雁來、玄鳥歸、群鳥養羞），自六四至上九分別對應秋分三候（雷乃收聲、蟄蟲壞戶、水始涸）；剝卦自初六至六三分別對應寒露三候（鴻雁來賓、雀入大水為蛤、菊有黃花），自六四至上九分別對應霜降三候（豺乃祭獸、草木黃落、蟄蟲咸俯）；坤卦自初六至六三分別對應立冬三候（水始冰、地始凍、雉入大水為蜃），自六四至上六分別對應小雪三候（虹藏不見、天氣上升地氣下降、閉塞成冬）。如下表所示：

十二消息卦七十二候表

大雪三候	鶡鳴不鳴	虎始交	荔挺出
	復初九	復六二	復六三
冬至三候	蚯蚓結	麋角解	水泉動
	復六四	復六五	復上六

續表1

小寒三候	雁北鄉	鵲始巢	野雞始雊
	臨初九	臨九二	臨六三
大寒三候	雞始乳	鷙鳥厲疾	水澤腹堅
	臨六四	臨六五	臨上六
立春三候	東風解凍	蟄蟲始振	魚上冰
	泰初九	泰九二	泰九三
雨水三候	獺祭魚	候雁北	草木萌動
	泰六四	泰六五	泰上六
驚蟄三候	桃始華	倉庚鳴	鷹化爲鳩
	大壯初九	大壯九二	大壯九三
春分三候	玄鳥至	雷乃發聲	始電
	大壯九四	大壯六五	大壯上六
清明三候	桐始華	鼠化爲鴽	虹始見
	夬初九	夬九二	夬九三
穀雨三候	萍始生	鳴鳩拂其羽	戴勝降桑
	夬九四	夬九五	夬上六
立夏三候	螻蟈鳴	蚯蚓出	王瓜生
	乾初九	乾九二	乾九三
小滿三候	苦菜秀	靡草死	麥秋至
	乾九四	乾九五	乾上九
芒種三候	螳螂生	鵙始鳴	反舌無聲
	姤初六	姤九二	姤九三
夏至三候	鹿角解	蜩始鳴	半夏生
	姤九四	姤九五	姤上九

續表2

小暑三候	溫風至	蟋蟀居壁	鷹乃學習
	遯初六	遯六二	遯九三
大暑三候	腐草爲螢	土潤溽暑	大雨時行
	遯九四	遯九五	遯上九
立秋三候	涼風至	白露降	寒蟬鳴
	否初六	否六二	否六三
處暑三候	鷹祭鳥	天地始肅	禾乃登
	否九四	否九五	否上九
白露三候	鴻雁來	玄鳥歸	群鳥養羞
	觀初六	觀六二	觀六三
秋分三候	雷乃收聲	蟄蟲壞戶	水始涸
	觀六四	觀九五	觀上九
寒露三候	鴻雁來賓	雀入大水爲蛤	菊有黃花
	剝初六	剝六二	剝六三
霜降三候	豺乃祭獸	草木黃落	蟄蟲咸俯
	剝六四	剝六五	剝上九
立冬三候	水始冰	地始凍	雉入大水爲蜃
	坤初六	坤六二	坤六三
小雪三候	虹藏不見	天氣上升地氣下降	閉塞成冬
	坤六四	坤六五	坤上六

比較十二消息卦七十二候表與六十卦七十二候表，不難發現其統一性。如，在十二消息卦七十二候表中，冬至中候對應於復六五，在六十卦七十二候表中，冬至中候則對應於復卦；在十二消息卦七十二候表中，雨水中候對應於泰六五，在六十

卦七十二候表中，雨水中候則對應於泰卦；在十二消息卦七十二候表中，小滿中候對應於乾九五，在六十卦七十二候表中，小滿中候則對應於乾卦。

"七十二候説"不僅用於陰陽災異之占斷，也是詮釋《周易》的一種體例。如，《周易·説卦》"其（巽）於人也爲寡髮"，鄭玄注："寡髮取四月靡草死，髮在人體，猶靡草在地。"① 據京房"八卦卦氣説"，巽主四月；據孟喜"七十二候説"，四月物候有"靡草死"。靡草死如人髮落，故巽爲寡髮。尚秉和先生在《周易尚氏學》附録《滋溪老人傳》中説："卦氣者，卜筮之資，乃必與時訓相附。初莫明其故，久之，知七十二候之詞，皆由卦象而出。如中孚曰蚯蚓結，上巽爲蟲，故曰蚯蚓。中孚正反巽，相對於中，故曰蚯蚓結。於復曰麋角解。震爲鹿，故曰麋；艮爲角，艮覆在地，則角落矣，故曰麋角解。初以爲偶然耳，既求之各卦無不皆然。"② 尚先生説七十二候之名源於《易》象，雖未必然，但兩者之間有關聯卻是毋庸置疑的。

二、京房的《周易》詮釋

京房，字君明，頓丘（今屬河南）人，生於漢昭帝元鳳四年（前77），死於漢元帝建昭二年（前37）。京房於《易》，師事焦延壽③，是漢代象數《易》學的重要代表之一。漢代象數

---

① [宋] 王應麟編：《周易鄭康成注》，文淵閣四庫全書本。
② 尚秉和：《周易尚氏學》，中華書局，1980年，第359頁。
③ 焦延壽，名贛，梁（今河南商丘）人，漢昭帝時爲官，後專心讀書，尤潛心於《易》，自稱學於孟喜，然其《易林》真偽莫辨，故不論。

《易》學創始於孟、焦，京房在此基礎上多有創見，建立了一整套獨具特色的《易》學體系，對當時及後世《易》學產生了較爲廣泛而深刻的影響。

(一) 納甲説

納甲説即將六十四卦各爻配以干支。完整的納甲説創自京房。惠棟在《易漢學》中繪有"八卦六位圖"①，對納甲説做了鉤沉整理。現列之於下：

乾（屬金）	坤（屬土）	震（屬木）	巽（屬木）
壬戌土	癸酉金	庚戌土	辛卯木
壬申金	癸亥水	庚申金	辛巳火
壬午火	癸丑土	庚午火	辛未土
甲辰土	乙卯木	庚辰土	辛酉金
甲寅木	乙巳火	庚寅木	辛亥水
甲子水	乙未土	庚子水	辛丑土
坎（屬水）	離（屬火）	艮（屬土）	兑（屬金）
戊子水	己巳火	丙寅木	丁未土
戊戌土	己未土	丙子水	丁酉金
戊申金	己酉金	丙戌土	丁亥水
戊午火	己亥水	丙申金	丁丑土
戊辰土	己丑土	丙午火	丁卯木
戊寅木	己卯木	丙辰土	丁巳火

以上所列"八卦六位圖"涉及了四種對應關係：

---

① [清] 惠棟：《易漢學》卷4，鄭萬耕點校：《周易述（附易漢學、易例）》，中華書局，2007年，第575~577頁。

1. 八卦與五行的對應關係

乾卦和兌卦對應金，離卦對應火，震卦和巽卦對應木，坎卦對應水，艮卦和坤卦對應土。

2. 八卦與天干的對應關係①

乾卦的内卦對應甲，外卦對應壬；坤卦的内卦對應乙，外卦對應癸；震卦對應庚；巽卦對應辛；坎卦對應戊；離卦對應己；艮卦對應丙；兌卦對應丁。

3. 八卦與地支的對應關係②

乾卦和震卦的初爻對應子，以後按十二地支的順序隔位順推，即：二爻對應寅，三爻對應辰，四爻對應午，五爻對應申，上爻對應戌；坎卦的初爻對應寅，以後按十二地支的順序隔位順推，即：二爻對應辰，三爻對應午，四爻對應申，五爻對應戌，上爻對應子；艮卦的初爻對應辰，以後按十二地支的順序隔位順推，即：二爻對應午，三爻對應申，四爻對應戌，五爻對應子，上爻對應寅；坤卦的初爻對應未，以後按十二地支的順序隔位逆推，即：二爻對應巳，三爻對應卯，四爻對應丑，五爻對應亥，上爻對應酉；巽卦的初爻對應丑，以後按十二地支的順序隔位逆推，即：二爻對應亥，三爻對應酉，四爻對應未，五爻對應巳，上爻對應卯；離卦的初爻對應卯，以後按十二地支的順序隔位逆推，即：二爻對應丑，三爻對應亥，四爻

---

① 案，據《清華簡·筮法》第二十五節"天干與卦"，八卦與天干的對應關係至遲可上溯至戰國時期。參見：《清華大學藏戰國竹簡（肆）》，中西書局，2013年。

② 案，據《清華簡·筮法》第二十七節"地支與卦"，八卦與地支的對應關係至遲可上溯至戰國時期。朱熹推測古筮法"或以干支推之"（《朱子語類》卷66），不爲無據。

對應酉，五爻對應未，上爻對應巳；兌卦的初爻對應巳，以後按十二地支的順序隔位逆推，即：二爻對應卯，三爻對應丑，四爻對應亥，五爻對應酉，上爻對應未。

4. 十二地支與五行的對應關係

亥子對應水，寅卯對應木，巳午對應火，申酉對應金，辰戌丑未對應土。

在以上四種對應關係中，八卦與干支的對應關係即人們所習稱的"納甲説"。惠棟在《易漢學》中引李淳風之説對八卦納甲一一做了解釋説明。關於乾卦納甲，惠棟引據李淳風之言説："李淳風曰：乾主甲子、壬午，甲爲陽日之始，壬爲陽日之終，子爲陽辰之始，午爲陽辰之終，初爻在子，四爻在午，乾主陽，内子爲始，外午爲終也。"關於坤卦納甲，惠棟引據李淳風之言説："李淳風曰：坤主乙未、癸丑，乙爲陰日之始，癸爲陰日之終，丑爲陰辰之始，未爲陰辰之終，坤初爻在未，四爻在丑，坤主陰，故内主未而外主丑也。"關於震卦納甲，惠棟引據李淳風之言説："李淳風曰：震主庚子、庚午，震爲長男，即乾之初九，甲對於庚，故震主庚，以父授子，故主子午，與父同也。"關於巽卦納甲，惠棟引據李淳風之言説："李淳風曰：巽主辛丑、辛未，巽爲長女，即坤之初六，乙與辛對，故巽主辛，以母授女，故主丑未，同於母也。"關於坎卦納甲，惠棟引據李淳風之言説："李淳風曰：坎主戊寅、戊申，坎爲中男，故主於中辰。"關於離卦納甲，惠棟引據李淳風之言説："李淳風曰：離主己卯、己酉，離爲中女，故亦主於中辰。"關於艮卦納甲，惠棟引據李淳風之言説："李淳風曰：艮主丙辰、丙戌，艮爲少男，乾上爻主壬對丙，用丙辰、丙戌是第五配。"關於兌卦納甲，惠棟引據李淳風之言説："李淳風曰：兑主丁巳、丁亥，兑爲少女，坤上爻主癸對丁，用丁巳、丁亥乃第六配。"①

《周易·説卦》記載："乾，天也，故稱乎父；坤，地也，故稱乎母；震一索而得男，故謂之長男；巽一索而得女，故謂之長女；坎再索而得男，故謂之中男；離再索而得女，故謂之中女；艮三索而得男，故謂之少男；兑三索而得女，故謂之少女。"乾、坤、震、巽、坎、離、艮、兑八卦之中，乾卦代表父，坤卦代表母，乾坤相交而生六子，震卦得乾之初爻爲長男，巽卦得坤之初爻爲長女，坎卦得乾之二爻爲中男，離卦得坤之二爻爲中女，艮卦得乾之三爻爲少男，兑卦得坤之三爻爲少女。乾卦、震卦、坎卦和艮卦被稱爲"四陽卦"，坤卦、巽卦、離卦和兑卦被稱爲"四陰卦"。從惠棟在《易漢學》中所列"八卦六位圖"，我們可以看出：四陽卦對應的是奇數位的干支，四陰卦對應的是偶數位的干支，四陽卦對應的奇數位的地支由初爻到上爻按十二地支的順序順行，四陰卦對應的偶數位的地支由初爻到上爻按十二地支的順序逆行。這反映了陰陽分判的思想。《周易》陰陽觀既包括陰陽交易，又包括陰陽分判。《周易·文言》："同聲相應，同氣相求。……本乎天者親上，本乎地者親下，則各從其類也。"河南濮陽西水坡45號墓（M45）墓主頭南足北，東有蚌塑龍，西有蚌塑虎，即反映了陰陽各從其類的思想。史前氏族公共墓地制度等也都反映了陰陽各從其類的思想。

惠棟在《易漢學》中引朱震、沈存中、項平庵之言説：

---

①［清］惠棟：《易漢學》卷4，鄭萬耕點校：《周易述（附易漢學、易例）》，中華書局，2007年，第575~577頁。

"朱子發曰：乾交坤而生震、坎、艮，故自子順行。震自子至戌六位，長子代父也；坎自寅至子六位，中男也；艮自辰至寅六位，少男也。坤交乾而生巽、離、兌，故自丑逆行。巽自丑至卯六位配長男；離自卯至巳六位配中男也；兌自巳至未六位配少男也。……沈存中曰：震納子午，順傳寅申，陽道順；巽納丑未，逆傳卯酉，陰道逆。……項平庵曰：陽卦納陽干陽支，陰卦納陰干陰支，陽六干皆進，陰六干皆退。惟乾納二陽，坤納二陰，包括首尾，則天地父母之道也。"①

惠棟認爲："京氏之説本之焦氏，焦氏又得之周秦以來先師之所傳，不始於漢也。"② 爲了證明這一點，惠棟力圖以"京氏之説"詮釋《周易》經傳。在《易漢學》中，惠棟引據干寶之言，從納甲的角度，分別對《周易》乾卦九四爻辭、坤卦上六爻辭、蒙卦初六爻辭、井卦初六爻辭和震卦六二《象》辭做了詮釋。③

關於乾卦九四爻辭"或躍在淵"，惠棟引據干寶之言詮釋説："干寶曰：躍者，暫起之，言既不安於地而未能飛於天也。四以初爲應，謂初九甲子龍之所由升也。"引文中"初九甲子"之意爲：依京氏"納甲説"，乾卦初九爻所對應的干支是甲子。

關於坤卦上六爻辭"龍戰於野，其血玄黄"，惠棟引據干寶之言詮釋説："干寶曰：陰在上六，十月之時也。爻終於酉，

---

①［清］惠棟：《易漢學》卷4，鄭萬耕點校：《周易述（附易漢學、易例）》，中華書局，2007年，第577~578頁。
②［清］惠棟：《易漢學》卷4，鄭萬耕點校：《周易述（附易漢學、易例）》，中華書局，2007年，第577頁。
③［清］惠棟：《易漢學》卷4，鄭萬耕點校：《周易述（附易漢學、易例）》，中華書局，2007年，第578~580頁。

而卦成於乾。乾體純剛，不堪陰盛，故曰'龍戰'。"引文中"爻終於酉"之意爲：依京氏"納甲説"，坤卦上六爻所對應的干支是癸酉。

關於蒙卦初六爻辭"發蒙，利用刑人"，惠棟引據干寶之言詮釋説："干寶曰：初六戊寅，平明之時，天光始照，故曰'發蒙'；坎爲法律，寅爲貞廉，以貞用刑，故利用刑人矣。"引文中"初六戊寅"之意爲：依京氏"納甲説"，蒙卦初六爻所對應的干支是戊寅。

關於井卦初六爻辭"井泥不食"，惠棟引據干寶之言詮釋説："干寶曰：在井之下體，本土爻，故曰'泥'也。井而爲泥則不可食，故曰'不食'。"引文中"在井之下體，本土爻"之意爲：依京氏"納甲説"，井卦初六爻所對應的干支是辛丑，而"丑"的五行屬性爲"土"。

關於震卦六二《象》辭"震來厲，乘剛也"，惠棟引據干寶之言詮釋説："干寶曰：六二木爻，震之身也，得位無應，而以乘剛爲危。此記文王積德累功以被囚爲禍也。"引文中"六二木爻"之意爲：依京氏"納甲説"，震卦六二爻所對應的干支是庚寅，而"寅"的五行屬性爲"木"。

(二) 八宫説

八宫説即將《周易》六十四卦分爲乾、震、坎、艮、坤、巽、離、兑八宫，每宫八卦。乾宫八卦分别是乾卦、姤卦、遯卦、否卦、觀卦、剥卦、晉卦和大有卦；震宫八卦分别是震卦、豫卦、解卦、恒卦、升卦、井卦、大過卦和隨卦；坎宫八卦分别是坎卦、節卦、屯卦、既濟卦、革卦、豐卦、明夷卦和師卦；艮宫八卦分别是艮卦、賁卦、大畜卦、損卦、睽卦、履卦、中孚卦和漸卦；坤宮八卦分別是坤卦、復卦、臨卦、泰卦、大壯卦、夬卦、需卦和比卦；巽宮八卦分別是巽卦、小畜卦、家人卦、益卦、無妄卦、噬嗑卦、頤卦和蠱卦；離宮八卦分別是離卦、旅卦、鼎卦、未濟卦、蒙卦、渙卦、訟卦和同人卦；兌宮八卦分別是兌卦、困卦、萃卦、咸卦、蹇卦、謙卦、小過卦和歸妹卦。每宮第一卦稱爲純卦，第二卦稱爲一世卦，第三卦稱爲二世卦，第四卦稱爲三世卦，第五卦稱爲四世卦，第六卦稱爲五世卦，第七卦稱爲遊魂卦，第八卦稱爲歸魂卦。純卦以上爻爲世爻，一世卦以初爻爲世爻，二世卦以二爻爲世爻，三世卦以三爻爲世爻，四世卦以四爻爲世爻，五世卦以五爻爲世爻，遊魂卦以四爻爲世爻，歸魂卦以三爻爲世爻。與世爻隔兩位者爲應爻，即純卦以三爻爲應爻，一世卦以四爻爲應爻，二世卦以五爻爲應爻，三世卦以上爻爲應爻，四世卦以初爻爲應爻，五世卦以二爻爲應爻，遊魂卦以二爻爲應爻，歸魂卦以初爻爲應爻。從卦象來看，各宮純卦初爻由陽變陰或由陰變陽後，即爲一世卦；在一世卦的基礎上，二爻由陽變陰或由陰變陽後，即爲二世卦；在二世卦的基礎上，三爻由陽變陰或由陰變陽後，即爲三世卦；在三世卦的基礎上，四爻由陽變陰或由陰變陽後，即爲四世卦；在四世卦的基礎上，五爻由陽變陰或由陰變陽後，即爲五世卦；在五世卦的基礎上，四爻由陽變陰或由陰變陽後，即爲遊魂卦；在遊魂卦的基礎上，外卦不變，內卦各爻由陽變陰或由陰變陽後，即爲歸魂卦。惠棟在《易漢學》中列有"八宮卦次序圖"①，比較簡明地反映了京房的八宮說。

---

① [清] 惠棟：《易漢學》卷4，鄭萬耕點校：《周易述（附易漢學、易例）》，中華書局，2007年，第580~581頁。

八宫卦卦象變化時，上爻始終不變，反映了及度而止的思想。對此，惠棟以乾、坤兩宮爲例，引張行成之言加以考索說："張行成曰：若上九變，遂成純坤，無復乾性矣。乾之世爻上九不變，九返於四而成離，則明出地上，陽道復行，故遊魂爲晉，歸魂於大有，則乾體復於下矣。若上六變，遂成純乾，無復坤性矣。坤之世爻上六不變，六返於四而成坎，則雲上於天，陰道復行，故遊魂之卦爲需，歸魂於比，則坤體復於下矣。"①

乾宮八卦變至遊魂卦時，外卦爲離，在遊魂卦的基礎上，外卦不變，內卦由坤變乾，此即"乾體復於下"之意；坤宮八卦變至遊魂卦時，外卦爲坎，在遊魂卦的基礎上，外卦不變，內卦由乾變坤，此即"坤體復於下"之意。其餘各卦可以此類推。坎宮八卦變至遊魂卦時，外卦爲坤，在遊魂卦的基礎上，外卦不變，內卦由離變坎；離宮八卦變至遊魂卦時，外卦爲乾，在遊魂卦的基礎上，外卦不變，內卦由坎變離；震宮八卦變至遊魂卦時，外卦爲兌，在遊魂卦的基礎上，外卦不變，內卦由巽變震；巽宮八卦變至遊魂卦時，外卦爲艮，在遊魂卦的基礎上，外卦不變，內卦由震變巽；艮宮八卦變至遊魂卦時，外卦爲巽，在遊魂卦的基礎上，外卦不變，內卦由兌變艮；兌宮八卦變至遊魂卦時，外卦爲震，在遊魂卦的基礎上，外卦不變，內卦由艮變兌。總之，陽卦變至遊魂卦時，外卦必爲陰卦；陰卦變至遊魂卦時，外卦必爲陽卦。對此，惠棟引張行成之言加以考索說："張行成曰：陰陽相爲用。用九以六，故乾之用在離；用六以九，故坤之用在坎。……是故乾、坤互變，坎、離

---

① [清] 惠棟：《易漢學》卷4，鄭萬耕點校：《周易述（附易漢學、易例）》，中華書局，2007年，第581~582頁。

不動,當遊魂爲變之際,各能還其本體也。……凡八卦遊魂之變,乾、坤用坎、離,坎、離用乾、坤,震、艮用巽、兌,巽、兌用震、艮,皆爲陰陽互用。"①

對張行成所說的"乾、坤用坎、離,坎、離用乾、坤,震、艮用巽、兌,巽、兌用震、艮",惠棟更爲明確地加案語解釋說:"案,乾用離爲晉,離用乾爲訟,坤用坎爲需,坎用坤爲明夷,故云'乾、坤用坎、離,坎、離用乾、坤'也;震用兌爲大過,兌用震爲小過,艮用巽爲中孚,巽用艮爲頤,故云'震、艮用巽、兌,巽、兌用震、艮'也。"②乾宮的遊魂卦爲晉卦,晉卦的外卦爲離,此即"乾用離爲晉"之意;離宮的遊魂卦爲訟卦,訟卦的外卦爲乾,此即"離用乾爲訟"之意;坤宮的遊魂卦爲需卦,需卦的外卦爲坎,此即"坤用坎爲需"之意;坎宮的遊魂卦爲明夷卦,明夷卦的外卦爲坤,此即"坎用坤爲明夷"之意;震宮的遊魂卦爲大過卦,大過卦的外卦爲兌,此即"震用兌爲大過"之意;兌宮的遊魂卦爲小過卦,小過卦的外卦爲震,此即"兌用震爲小過"之意;艮宮的遊魂卦爲中孚卦,中孚卦的外卦爲巽卦,此即"艮用巽爲中孚"之意;巽卦的遊魂卦爲頤卦,頤卦的外卦爲艮,此即"巽用艮爲頤"之意。

漢魏時期,荀爽、干寶等《易》家,從"八宮說"的角度,對乾卦《象》辭、訟卦、謙卦《象》辭、隨卦《象》辭、蠱卦《象》辭、噬嗑卦初九爻辭、恒卦《象》辭、解卦《象》辭、益卦六二爻辭、姤卦《象》辭、井卦卦辭、豐卦卦辭《繫

---

① [清]惠棟:《易漢學》卷4,鄭萬耕點校:《周易述(附易漢學、易例)》,中華書局,2007年,第583頁。
② [清]惠棟:《易漢學》卷4,鄭萬耕點校:《周易述(附易漢學、易例)》,中華書局,2007年,第583頁。

辭》以及《序卦》中的部分詞句加以詮釋。茲述之於下：

乾卦《彖》辭"大明終始"，荀爽注："乾起坎而終於離，坤起離而終於坎。離、坎者，乾、坤之家而陰陽之府，故曰'大明終始'。"① 對荀爽此注，惠棟曾引其父惠士奇之言詮釋："家君曰：乾遊魂於火地，歸魂於火天，故曰'終於離'；坤遊魂於水天，歸魂於水地，故曰'終於坎'。"② 引文中"乾遊魂於火地，歸魂於火天，故曰'終於離'"之意爲：依京氏八宮說，乾宮的遊魂卦是晉卦，歸魂卦是大有卦，晉卦和大有卦的外卦均爲離，所以說"終於離"。引文中"坤遊魂於水天，歸魂於水地，故曰'終於坎'"之意爲：坤宮的遊魂卦是需卦，歸魂卦是比卦，需卦和比卦的外卦均爲坎，所以說"終於坎"。

關於訟卦，干寶注："訟，離之遊魂也。離爲戈兵。此天氣將刑殺，聖人將用師之卦也。"③ 依京氏八宮說，訟卦是離宮的遊魂卦，故曰"訟，離之遊魂也"。

關於謙卦《彖》辭中的"謙，亨"，《九家易》詮釋說："艮山坤地，山至高，地至卑，以至高下至卑，故謙也。謙者，兌世，艮與兌合，故亨。"④ 依京氏八宮說，謙卦是兌宮的五世卦，故曰"謙者，兌世"。

關於隨卦《彖》辭"隨，剛來而下柔，動而說，隨，大亨，貞無咎"，荀爽注："隨者，震之歸魂，震歸從巽，故大通。

---

① [唐] 李鼎祚：《周易集解》卷1，文淵閣四庫全書本。
② [清] 惠棟：《易漢學》卷4，鄭萬耕點校：《周易述（附易漢學、易例）》，中華書局，2007年，第587頁。
③ [唐] 李鼎祚：《周易集解》卷3，文淵閣四庫全書本。
④ [唐] 李鼎祚：《周易集解》卷4，文淵閣四庫全書本。

動爻得正，故利貞。陽降陰升，嫌於有咎，動而得正，故無咎。"① 引文中"隨者，震之歸魂，震歸從巽"之意爲：依京氏八宮説，隨卦是震宫的歸魂卦，震宫各卦從三世卦開始，内卦變爲巽，至隨卦内卦又變回震。

關於蠱卦《彖》辭"蠱，元亨而天下治也"，荀爽注："蠱者，巽也，巽歸合震，故元亨也。蠱者，事也，備物致用，故天下治也。"② 引文中"蠱者，巽也，巽歸合震"之意爲：依京氏八宫説，蠱卦是巽宫的歸魂卦，巽宫各卦從三世卦開始，内卦變爲震，至蠱卦内卦又變回巽。

關於噬嗑卦初九爻辭"屨校滅趾"，干寶注："屨校，貫械也。初居剛燥之家，體貪狼之性，以震掩巽，強暴之男也，行侵陵之罪，以陷屨校之刑也。"③ 引文中"以震掩巽"之意爲：依京氏八宫説，噬嗑卦是巽宫的五世卦，而噬嗑卦的内卦爲震。

關於恒卦《彖》辭中的"恒，亨，無咎，利貞，久於其道也"，荀爽注："恒，震世也，巽來乘之，陰陽會合，故通，無咎。長男在上，長女在下，夫婦道正，故利貞，久於其道也。"④ 引文中"恒，震世也，巽來乘之"之意爲：依京氏八宫説，恒卦是震宫的三世卦，而恒卦的内卦爲巽。

關於解卦《彖》辭中的"天地解而雷雨作，雷雨作而百果草木皆甲坼"，荀爽注："解者，震世也。仲春之月，草木萌芽，雷以動之，雨以潤之，日以烜之，故甲坼也。"⑤ 依京氏八宫

---

① [唐] 李鼎祚：《周易集解》卷5，文淵閣四庫全書本。
② [唐] 李鼎祚：《周易集解》卷5，文淵閣四庫全書本。
③ [唐] 李鼎祚：《周易集解》卷5，文淵閣四庫全書本。
④ [唐] 李鼎祚：《周易集解》卷7，文淵閣四庫全書本。
⑤ [唐] 李鼎祚：《周易集解》卷8，文淵閣四庫全書本。

説，解卦是震宫的二世卦，故曰"解者，震世也"。

關於益卦六二爻辭"王用享於帝，吉"，干寶注："聖王先成民而後致力於神，故王用享於帝，在巽之宫，處震之象，是則蒼精之帝同始祖矣。"① 引文中"在巽之宫，處震之象"之意爲：依京氏八宫説，益卦是巽宫的三世卦，而益卦的内卦爲震。

關於姤卦《彖》辭"天地相遇，品物咸章"，荀爽注："謂乾成於巽而舍於離，坤出於離，與乾相遇。南方，夏位，萬物章明也。"② 對荀爽此注，惠棟曾引其父惠士奇之説進一步解釋説明："家君曰：乾一世内卦、四世外卦皆巽也③，故言'乾成於巽'；遊魂於火地晉，故言'舍於離、坤'；歸魂於火天大有，故言'出於離，與乾相遇'。"④ 依京氏八宫説，乾宫的一世卦是姤卦，四世卦是觀卦，姤卦的内卦和觀卦的外卦均爲巽，所以説"乾成於巽"；乾宫的遊魂卦是晉卦，晉卦的外卦爲離，内卦爲坤，所以説乾"舍於離、坤"；歸魂卦是大有卦，大有卦的外卦爲離，内卦爲乾，所以説"出於離，與乾相遇"。

關於井卦卦辭"改邑不改井"，干寶注："水，殷德也；木，周德。夫井，德之地也，所以養民性命而清潔之主者也。自震化行至於五世，改殷紂比屋之亂俗，而不易成湯昭假之法度也，故曰'改邑不改井'。"⑤ 引文中"自震化行至於五世"之意爲：依京氏八宫説，井卦是震宫的五世卦。

---

① [唐] 李鼎祚：《周易集解》卷8，文淵閣四庫全書本。
② [唐] 李鼎祚：《周易集解》卷9，文淵閣四庫全書本。
③ 原誤作："乾一世外卦、四世内卦皆巽也。"據京氏八宫説，"外"當爲"内"之誤，"内"當爲"外"之誤，故徑改。
④ [清] 惠棟：《易漢學》卷4，鄭萬耕點校：《周易述（附易漢學、易例）》，中華書局，2007年，第588頁。
⑤ [唐] 李鼎祚：《周易集解》卷10，文淵閣四庫全書本。

關於豐卦卦辭"亨,王假之,勿憂,宜日中",干寶注:"豐,坎宮陰世在五,以其宜中而憂其昃也。坎爲夜,離爲晝,以離變坎至於天位,日中之象。殷水德,坎象晝敗而離居之,周代殷居王位之象也。勿憂者,勸勉之言也,言周德當天人之心,宜居王位,故宜日中。"① 引文中"豐,坎宮陰世在五"之意爲:依京氏八宮説,豐卦是坎宮五世卦。豐卦六五陰爻爲世爻,故曰"陰世"。

關於《繫辭》中的"上古結繩而治,後世聖人易之以書契,百官以治,萬民以察,蓋取諸夬",《九家易》詮釋説:"夬本坤世,下有伏坤,書之象也,上又見乾,契之象也,以乾照坤,察之象也。夬者,決也。取百官以書治職,萬民以契明,其事。契,刻也。大壯進而成夬,金決竹木爲書契象,故法夬而作書契矣。"② 依京氏八宮説,夬卦是坤宮的五世卦,故曰"夬本坤世";在大壯卦的基礎上,五爻由陰變陽,即爲夬卦,故曰"大壯進而成夬"。

關於《序卦》中"需者,飲食之道也",干寶注:"需,坤之遊魂也。雲升在天而雨未降,翱翔東西之象也,王事未至,飲宴之日也。夫坤者,地也,婦人之職也,百穀果蓏之所生,禽獸魚鱉之所托也,而在遊魂變化之象,即烹爨腥實以爲和味者也,故曰'需者,飲食之道也'。"③ 依京氏八宮説,需卦是坤宮的遊魂卦,故曰"需,坤之遊魂也"。

(三) 飛伏説

京房十分重視"陰中有陽,陽中有陰"及"陽極則陰生,

---

① [唐] 李鼎祚:《周易集解》卷11,文淵閣四庫全書本。
② [唐] 李鼎祚:《周易集解》卷15,文淵閣四庫全書本。
③ [唐] 李鼎祚:《周易集解》卷2,文淵閣四庫全書本。

陰極則陽生"的陰陽二氣的相互轉化。爲了在卦爻象上進一步體現這一思想，京房創立了飛伏説。"飛"，意爲顯見；"伏"，意爲潛伏未見。"飛"與"伏"相對而言，陽飛則陰伏，陰飛則陽伏。京房所謂"飛"，是指八宮六十四卦中已經顯見的爻象（飛爻）及其所處的卦象（飛卦）；京房所謂"伏"是指與飛爻陰陽性質相反、潛伏未見的爻象（伏爻）及其所處的卦象（伏卦）。惠棟在《易漢學》中引朱震《漢上易傳》説："朱子發曰：凡卦見者爲飛，不見者爲伏。飛，方來也；伏，既往也。"①

首次明確而系統地創立了飛伏説，並以之詮釋《周易》者，雖爲京房，但在京房之前，已有飛伏説之萌芽。《周易·説卦》："巽……其究爲躁卦。"躁卦指震卦。明儒林希元説："震爲躁卦。巽三畫皆變則成震，故曰其究爲躁卦。"②"巽，其究爲躁卦"的意思是：巽卦終究要變成震卦。巽卦之所以終究要變成震卦，是由於巽卦之中原本潛伏着震卦。此乃《説卦》中所藴涵的飛伏思想。惠棟在《易漢學》中引朱震《漢上易傳》説："《説卦》：'巽，其究爲躁卦'，例飛伏也。"③

飛伏思想亦見於《史記·律書》："日冬至則一陰下藏，一陽上舒。"④ 冬至所對應的十二消息卦是復卦。十二消息卦説盛行於漢代，司馬遷亦通《易》，其所謂"一陽上舒"當指對應

---

① [清] 惠棟：《易漢學》卷4，鄭萬耕點校：《周易述（附易漢學、易例）》，中華書局，2007年，第588頁。
② [明] 林希元：《易經存疑》卷12，文淵閣四庫全書本。
③ [清] 惠棟：《易漢學》卷4，鄭萬耕點校：《周易述（附易漢學、易例）》，中華書局，2007年，第588頁。
④ [漢] 司馬遷：《史記》卷25《律書》，中華書局，1959年，第1244頁。

於十月的坤卦陰極而生一陽，成爲對應於十一月的復卦。一陽既生，則坤卦初六必潛伏於一陽之下，此即所謂"一陰下藏"。若照此理解，司馬遷此説即後世京房所明確提出的飛伏説。惠棟在《易漢學》中引朱震《漢上易傳》説："太史公《律書》曰：'冬至一陰下藏，一陽上舒。'此論復卦初爻之伏巽也。"①

由上所述，我們可以推測，京房首創的飛伏説與《周易·説卦》及《史記·律書》中所反映出來的飛伏思想有淵源關係。另，據考古發現，飛伏説當可進一步溯源於殷墟易卦卜甲。卜甲右下爲兑卦，兑覆爲巽。《周易·説卦》："兑見而巽伏。"卜甲上兑卦顯見，而巽卦隱伏。②

漢魏時期諸《易》家，從飛伏的角度，對坤卦上六爻辭、坤卦《文言》、困卦《象》辭和《繫辭》中的部分詞句做了詮釋。

關於坤卦上六爻辭"龍戰於野"，荀爽注："消息之位，坤在於亥，下有伏乾，爲其兼於陽，故稱'龍'也。"③依京氏飛伏説，坤卦上六爻爲飛爻，與之相對的乾卦的上九爻爲伏爻。此即"坤在於亥，下有伏乾"之意。

關於坤卦《文言》中的"履霜，堅冰至"，荀爽注："霜者，乾之命令。坤下有伏乾，乾令加之而堅，象臣順君命而成之。"④依京氏飛伏説，坤卦爲飛卦，乾卦爲伏卦。"霜""堅"均由乾卦而來。

---

① [清] 惠棟：《易漢學》卷4，鄭萬耕點校：《周易述（附易漢學、易例）》，中華書局，2007年，第588頁。
② 參見楊效雷、張金平：《殷墟易卦卜甲解讀》，《中原文物》2014年第4期。
③ [唐] 李鼎祚：《周易集解》卷2，文淵閣四庫全書本。
④ [唐] 李鼎祚：《周易集解》卷2，文淵閣四庫全書本。

關於困卦《象》辭中的"君子以致命遂志",虞翻注:"君子謂三伏陽也。"① 依京氏飛伏說,困卦六三爻爲飛爻,與之相對的九三爻爲伏爻,陽爻爲君子,故稱"君子"。

關於《繫辭》中"樂天知命,故不憂",荀爽注:"坤建於亥,乾立於巳,陰陽孤絕,其法宜憂。坤下有伏乾爲樂天,乾下有伏巽爲知命,陰陽發居故不憂。"② 依京氏飛伏說,坤爲飛卦,乾爲伏卦,此爲"樂天"之由;乾初九爻爲飛爻,與之相對的巽初六爻爲伏爻,此爲"知命"之由;坤純陰又居陰支之地,乾純陽又居陽支之地,"陰陽"孤絕,本無"不憂"之理,但由於坤下有伏乾,乾下有伏巽,所以"不憂"。

關於《繫辭》中的"龍蛇之蟄",虞翻注:"蟄,潛藏也。龍潛而蛇藏。陰息初巽爲蛇,陽息初震爲龍。十月坤成,十一月復生,姤巽在下,龍蛇俱蟄。"③ 依京氏飛伏說,姤卦初六爻(巽爻)爲飛爻,與之相對的初九爻(震爻)爲伏爻。巽爻在下爲蟄,震爻伏藏亦爲蟄。巽爲蛇,震爲龍,故稱"龍蛇俱蟄"。

(四) 爵位説

爵位説即將一卦六爻配以爵位。系統完整的爵位説創自京房,但在京房之前,《周易》經傳中已經有了爵位説的萌芽。今人劉玉建先生曾對《周易》六十四卦第五爻爻辭的吉凶做過統計。統計結果表明:"《周易》六十四卦中,五爻爻辭絕無完全稱凶者,僅有三卦在稱凶的同時,又稱吉或無咎。另僅有兩卦

---

① [唐] 李鼎祚:《周易集解》卷9,文淵閣四庫全書本。
② [唐] 李鼎祚:《周易集解》卷13,文淵閣四庫全書本。
③ [唐] 李鼎祚:《周易集解》卷15,文淵閣四庫全書本。

稱'厲',厲即危厲,是說有危險的可能,而決不同於凶。五爻如此普遍吉利的現象,是其他各爻所不具備的,這絕非是偶然,而是說明《易經》作者特別重視第五爻位,並將此爻視爲六個爻位中最爲吉利的一個爻位。"因此,劉玉建先生得出結論說:"五爻既吉,則必爲尊。自古以來,'龍'便是帝王的象徵,天下第一王伏羲氏便以龍爲紀。而乾九五稱'飛龍在天,利見大人',則意味着當用爻位來說明社會生活中的等級時,五爻便象徵着天子帝王之尊位。爻位有尊則必有賤,只是五爻之尊位在《易經》中表現得尤爲突出。因此說,在《易經》作者繫辭時,便有了爻位的貴賤思想。"《易傳》在《易經》五爻爲尊位的基礎上,對一卦六爻的尊貴卑賤又做了進一步的發揮說明,形成了比較清晰的"爻位貴賤說"。劉玉建先生通過對《周易·文言》《周易·彖》《周易·象》和《周易·繫辭》的綜合考察,得出如下結論:1.《易傳》作者認爲,一卦六爻,爻位貴賤各有不同。2.一卦六爻,爻位自初至上,由賤到貴。3.明確稱五爻之位爲"天位""帝位""王位",稱三爻之位爲"公位"。①

在《周易》經傳的基礎上,西漢孟喜又指出二爻之位爲卿大夫位。② 在《周易》經傳和西漢孟喜的基礎上,京房則將一卦六爻均配以相應的爵位:初爻爲元士、二爻爲大夫、三爻爲三公、四爻爲諸侯、五爻爲天子、上爻爲宗廟。

惠棟在《易漢學》中引《易緯·乾鑿度》對京氏爵位說加以考索說:"《乾鑿度》曰:初爲元士、二爲大夫、三爲三公、

---

① 劉玉建:《兩漢象數易學研究》,廣西教育出版社,1996年,第151~154頁。
② [清] 馬國翰《玉函山房輯佚書·周易孟氏章句》:"《易》爻位,三爲三公,二爲卿大夫。"

四爲諸侯、五爲天子、上爲宗廟。凡此六者，陰陽所以進退，君臣所以升降，萬民所以爲象則也。"①

漢魏時期諸《易》家從爵位的角度，對坤卦六三爻辭、訟卦上九爻辭、師卦上六爻辭、解卦上六爻辭、損卦《彖》辭、益卦六三爻辭和巽卦上九爻辭做了詮釋。

關於坤卦六三爻辭"或從王事"，干寶注："陽降在四，三公位也；陰升在三，三公事也。"②

關於訟卦上九爻辭"或賜之鞶帶"，荀爽注："鞶，宗廟之服。三應於上，上爲宗廟，故曰'鞶帶'也。"③

關於師卦上六爻辭"大君有命，開國承家"，干寶注："上六爲宗廟，武王以文王行，故正開國之辭於宗廟之爻，明己之受命，文王之德也。"④

關於解卦上六爻辭"公用射隼"，虞翻注："上應在三，公謂三伏陽也。"⑤

關於損卦《彖》辭中"曷之用？二簋可用享"，荀爽注："二簋謂上體二陰也。上爲宗廟，簋者，宗廟之器，故可享獻也。"⑥

關於益卦六三爻辭"有孚中行，告公用圭"，虞翻注："公謂三伏陽也。三，公位。"⑦

---

① [清] 惠棟：《易漢學》卷4，鄭萬耕點校：《周易述（附易漢學、易例）》，中華書局，2007年，第590頁。
② [唐] 李鼎祚：《周易集解》卷2，文淵閣四庫全書本。
③ [唐] 李鼎祚：《周易集解》卷3，文淵閣四庫全書本。
④ [唐] 李鼎祚：《周易集解》卷3，文淵閣四庫全書本。
⑤ [唐] 李鼎祚：《周易集解》卷8，文淵閣四庫全書本。
⑥ [唐] 李鼎祚：《周易集解》卷8，文淵閣四庫全書本。
⑦ [唐] 李鼎祚：《周易集解》卷8，文淵閣四庫全書本。

關於巽卦上九爻辭"巽在牀下",《九家易》注:"上爲宗廟。禮,封賞出軍皆先告廟,然後受行。三軍之命,將之所專,故曰'巽在牀下'也。"①

漢魏時期的"爵位説"對唐代的《周易》詮釋亦有影響。如,關於《周易·繫辭》中"二與四同功而異位",崔憬便從"爵位説"的角度詮釋説:"二主士大夫位,依於一國;四主三孤、三公、牧伯之位,佐於天子,皆同有助理之功也。二,士大夫,位卑;四,孤、公、牧伯,位尊,故有異也。"② 關於《周易·繫辭》中"三與五同功而異位",崔憬也從"爵位説"的角度詮釋説:"三,諸侯之位;五,天子之位。同有理人之功而君臣之位異者也。"③

(五) 爻等説

如前所述,八宫卦各有其五行屬性(乾宫、兑宫各卦屬金;離宫各卦屬火;震宫、巽宫各卦屬木;坎宫各卦屬水;艮宫、坤宫各卦屬土),六十四卦各爻又可配以相應干支(乾卦在内卦時由下而上分別配以甲子、甲寅、甲辰,乾卦在外卦時由下而上分別配以壬午、壬申、壬戌;兑卦在内卦時由下而上分別配以丁巳、丁卯、丁丑,兑卦在外卦時由下而上分別配以丁亥、丁酉、丁未;離卦在内卦時由下而上分別配以己卯、己丑、己亥,離卦在外卦時由下而上分別配以己酉、己未、己巳;震卦在内卦時由下而上分別配以庚子、庚寅、庚辰,震卦在外卦時由下而上分別配以庚午、庚申、庚戌;

---

①[唐] 李鼎祚:《周易集解》卷11,文淵閣四庫全書本。
②[唐] 李鼎祚:《周易集解》卷16,文淵閣四庫全書本。
③[唐] 李鼎祚:《周易集解》卷16,文淵閣四庫全書本。

巽卦在内卦時由下而上分別配以辛丑、辛亥、辛酉，巽卦在外卦時由下而上分別配以辛未、辛巳、辛卯；坎卦在内卦時由下而上分別配以戊寅、戊辰、戊午，坎卦在外卦時由下而上分別配以戊申、戊戌、戊子；艮卦在内卦時由下而上分別配以丙辰、丙午、丙申，艮卦在外卦時由下而上分別配以丙戌、丙子、丙寅；坤卦在内卦時由下而上分別配以乙未、乙巳、乙卯，坤卦在外卦時由下而上分別配以癸丑、癸亥、癸酉）。京房在此基礎之上又提出了"爻等説"：凡爻位地支的五行屬性生其所在卦的五行屬性，則該爻稱爲"義爻"；凡爻位地支的五行屬性被其所在卦的五行屬性所生，則該爻稱爲"寶爻"；凡爻位地支的五行屬性克所在卦的五行屬性，則該爻稱爲"擊爻"；凡爻位地支的五行屬性被其所在卦的五行屬性所克，則該爻稱爲"制爻"；凡爻位地支的五行屬性與其所在卦的五行屬性相同，則該爻稱爲"專爻"。

京房"爻等説"淵源於周秦時期的《靈寶經》。在《易漢學》中，惠棟引《靈寶經》（轉引自《抱朴子》），對京氏"爻等説"加以考索説："《抱朴子》引《靈寶經》，謂支干上生下曰寶日，下生上曰義日，上克下曰制日，下克上曰伐日，上下同曰專日。"① 引文中"上生下"之義爲：干支紀日的日干所對應的五行生日支所對應的五行，如甲午日、乙巳日，甲、乙所對應的五行是"木"，午、巳所對應的五行是"火"，木生火，故甲午日、乙巳日均爲"寶日"；"下生上"之義爲：干支紀日的日支所對應的五行生日干所對應的五行，如壬申日、癸

---

① [清] 惠棟：《易漢學》卷4，鄭萬耕點校：《周易述（附易漢學、易例）》，中華書局，2007年，第592頁。

酉日，壬、癸所對應的五行是"水"，申、酉所對應的五行是"金"，金生水，故壬申日、癸酉日均爲"義日"；"上克下"之義爲：干支紀日的日干所對應的五行克日支所對應的五行，如戊子日、己亥日，戊、己所對應的五行是"土"，子、亥所對應的五行是"水"，土克水，故戊子日、己亥日均爲"制日"；"下克上"之義爲：干支紀日的日支所對應的五行克日干所對應的五行，如甲申日、乙酉日，甲、乙所對應的五行是"木"，申、酉所對應的五行是"金"，金克木，故甲申日、乙酉日均爲"伐日"；"上下同"之義爲：干支紀日的日干所對應的五行與日支所對應的五行相同，如甲寅日、乙卯日，甲、乙所對應的五行是"木"，寅、卯所對應的五行也是"木"，故甲寅日、乙卯日均爲"專日"。

這種吉凶之日的判斷方法在《淮南子·天文訓》中亦有記載。惠棟在《易漢學》中引《淮南子·天文訓》考索說："《淮南·天文》曰：子生母曰義，母生子曰保，子母相得曰專，母勝子曰制，子勝母曰困。"① 《靈寶經》中的"寶日"在《淮南子》中稱"保日"，《靈寶經》中的"伐日"在《淮南子》中稱"困日"，除此之外，《淮南子》所記與《靈寶經》所記完全相同，而京房"爻等說"只不過是改日爲爻而已。除《靈寶經》中的"伐日"和《淮南子》中的"困日"在京房《易》中改稱"擊爻"，名目略有不同外，其他各爻名目完全相同，因此惠棟說："淮南之說與京房及靈寶經合，蓋周秦以來相傳

---

① [清] 惠棟：《易漢學》卷4，鄭萬耕點校：《周易述（附易漢學、易例）》，中華書局，2007年，第592頁。

之法。"①

爲了證明"爻等説"合乎《周易》本義，惠棟在《易漢學》中引諸家《易》説，從"爻等"的角度，對比卦六三爻辭《象》辭和小畜卦九五《象》辭做了詮釋。②

關於比卦六三爻辭"比之匪人"和《象》辭"比之匪人，不亦傷乎"，惠棟引干寶之言説："干寶曰：六三乙卯，坤之鬼吏，在比之家，有土之君也。周爲木德，卯爲木辰，同姓之國也。爻失其位，辰體陰賊，管蔡之象也。比建國唯去此人，故曰比之非人，不亦傷王政也。"比卦是坤宫的歸魂卦，比卦六三爻所對應的地支卯的五行屬性是"木"，比卦的五行屬性是"土"，木克土，依京房"爻等説"，比卦六三爻爲擊爻，三國陸績後，擊爻被稱爲官鬼爻，因此干寶説"六三乙卯，坤之鬼吏"。

關於小畜卦九五《象》辭"有孚攣如，不獨富也"，惠棟引《九家易》詮釋説："有信，下三爻也。體巽，故攣如，如謂連楱其鄰，鄰謂四也。五以四陰作財，與下三陽共之，故曰'不獨富也'。"小畜卦是巽宫的一世卦，小畜卦六四爻所對應的地支是未，未的五行屬性是"土"，小畜卦的五行屬性是"木"，木克土，依京房"爻等説"，小畜卦六四爻爲制爻，三國陸績後，制爻被稱爲妻財爻，因此《九家易》説"五以四陰作財"。

────────

① [清] 惠棟：《易漢學》卷4，鄭萬耕點校：《周易述（附易漢學、易例）》，中華書局，2007年，第592頁。
② [清] 惠棟：《易漢學》卷4，鄭萬耕點校：《周易述（附易漢學、易例）》，中華書局，2007年，第592~593頁。

(六) 世卦起月例

世卦起月例是根據世爻的陰陽確定八宮六十四卦各卦所主之月的一種《易》例。惠棟在《易漢學》中引元代《易》學家胡一桂之説對京房的世卦起月例考索説："胡一桂《京易起月例》曰：一世卦陰主五月，一陰在午也；陽主十一月，一陽在子也。二世卦陰主六月，二陰在未也；陽主十二月，二陽在丑也。三世卦陰主七月，三陰在申也；陽主正月，三陽在寅也。四世卦陰主八月，四陰在酉也；陽主二月，四陽在卯也。五世卦陰主九月，五陰在戌也；陽主三月，五陽在辰也。八純上世陰主十月，六陰在亥也；陽主四月，六陽在巳也。遊魂四世所主，與四世卦同。歸魂三世，與三世同。"①

八宮六十四卦中，世爻爲陰的一世卦主五月，世爻爲陽的一世卦主十一月；世爻爲陰的二世卦主六月，世爻爲陽的二世卦主十二月；世爻爲陰的三世卦主七月，世爻爲陽的三世卦主正月；世爻爲陰的四世卦主八月，世爻爲陽的四世卦主二月；世爻爲陰的五世卦主九月，世爻爲陽的五世卦主三月；世爻爲陰的純卦主十月，世爻爲陽的純卦主四月；遊魂卦的四爻爲世爻，故世爻爲陰的遊魂卦所主之月與世爻爲陰的四世卦所主之月同爲八月，世爻爲陽的遊魂卦與四爻爲陽的四世卦所主之月同爲二月；歸魂卦的三爻爲世爻，故世爻爲陰的歸魂卦所主之月與世爻爲陰的三世卦所主之月同爲七月，世爻爲陽的歸魂卦所主之月與世爻爲陽的三世卦所主之月同爲正月。

根據以上文字敍述，可以製成下表：

---

① [清] 惠棟：《易漢學》卷5，鄭萬耕點校：《周易述（附易漢學、易例）》，中華書局，2007年，第606~607頁。

世卦起月例表

月次	月建	世卦	六十四卦值月	世爻陰陽
十一月	子	一世卦	復卦、賁卦、節卦、小畜卦	陽
十二月	丑	二世卦	臨卦、大畜卦、解卦、鼎卦	陽
正月	寅	三世卦	泰卦、既濟卦、恒卦、咸卦	陽
正月	寅	歸魂卦	大有卦、漸卦、蠱卦、同人卦	陽
二月	卯	四世卦	大壯卦、睽卦、革卦、無妄卦	陽
二月	卯	遊魂卦	晉卦、大過卦、訟卦、小過卦	陽
三月	辰	五世卦	夬卦、履卦、井卦、渙卦	陽
四月	巳	純卦	乾卦、艮卦、巽卦、離卦	陽
五月	午	一世卦	姤卦、豫卦、旅卦、困卦	陰
六月	未	二世卦	遯卦、屯卦、家人卦、萃卦	陰
七月	申	三世卦	否卦、損卦、益卦、未濟卦	陰
七月	申	歸魂卦	隨卦、師卦、比卦、歸妹卦	陰
八月	酉	四世卦	觀卦、升卦、蒙卦、蹇卦	陰
八月	酉	遊魂卦	明夷卦、中孚卦、需卦、頤卦	陰
九月	戌	五世卦	剝卦、豐卦、噬嗑卦、謙卦	陰
十月	亥	純卦	坤卦、震卦、坎卦、兌卦	陰

由上表可以看出，世卦起月例是由十二消息卦說發展而來的。依十二消息卦說，復卦主十一月，世卦起月例推而廣之，凡與復卦有相同特徵（初爻爲世爻且世爻爲陽爻）的卦皆主十一月；臨卦主十二月，凡與臨卦有相同特徵（二爻爲世爻且世爻爲陽爻）的卦皆主十二月；泰卦主正月，凡與泰卦有相同特徵（三爻爲世爻且世爻爲陽爻）的卦皆主正月；大壯卦主二月，凡與大壯卦有相同特徵（四爻爲世爻且世爻爲陽爻）的卦

皆主二月；夬卦主三月，凡與夬卦有相同特徵（五爻爲世爻且世爻爲陽爻）的卦皆主三月；乾卦主四月，凡與乾卦有相同特徵（上爻爲世爻且世爻爲陽爻）的卦皆主四月；姤卦主五月，凡與姤卦有相同特徵（初爻爲世爻且世爻爲陰爻）的卦皆主五月；遯卦主六月，凡與遯卦有相同特徵（二爻爲世爻且世爻爲陰爻）的卦皆主六月；否卦主七月，凡與否卦有相同特徵（三爻爲世爻且世爻爲陰爻）的卦皆主七月；觀卦主八月，凡與觀卦有相同特徵（四爻爲世爻且世爻爲陰爻）的卦皆主八月；剝卦主九月，凡與剝卦有相同特徵（五爻爲世爻且世爻爲陰爻）的卦皆主九月；坤卦主十月，凡與坤卦有相同特徵（上爻爲世爻且世爻爲陰爻）的卦皆主十月。

　　漢魏象數《易》家亦以世卦起月例詮釋《周易》。如，干寶釋蒙卦時説："蒙者，離宮陰也，世在四，八月之時。"① 依八宮説，蒙卦是離宮的四世卦；依世卦起月例，蒙卦主八月。因此，干寶説："蒙者，離宮陰也，世在四，八月之時。"再如，釋比卦時，干寶説："比者，坤之歸魂也，亦世於七月。"② 依八宮説，比卦是坤宮的歸魂卦；依世卦起月例，比卦主七月。因此，干寶説："比者，坤之歸魂也，亦世於七月。"

---

① [唐] 李鼎祚：《周易集解》卷2，文淵閣四庫全書本。
② [唐] 李鼎祚：《周易集解》卷2，文淵閣四庫全書本。

第二節 鄭玄和荀爽的《周易》詮釋

一、鄭玄的《周易》詮釋

鄭玄，字康成，高密（今屬山東）人，生於東漢順帝永建二年（127），卒於東漢獻帝建安五年（200），是東漢時期著名經學大師。鄭玄注《易》，象數、義理兼顧，而偏重於象數。以"爻辰説"解《易》是鄭玄《周易》詮釋最顯著的特點。所謂"爻辰説"，簡而言之，即以爻配辰。《左傳·襄公二十七年》"辰在申"孔穎達疏："從子至亥十二者謂之辰。"[1] 辰指地支，十二地支又稱十二辰。以爻配辰之法，至遲可溯源於戰國時期。京房"納甲説"中的"納支説"即可稱爲京房"爻辰説"。

"爻辰説"雖非鄭玄獨創，然而鄭玄"爻辰説"卻獨具特色，不同於京房和《易緯·乾鑿度》中的"爻辰説"。清儒惠棟認爲，鄭玄"爻辰説"出自《易緯·乾鑿度》，因而在《易漢學》中引《易緯·乾鑿度》加以考索："乾，陽也；坤，陰也。並如而交錯行。乾貞於十一月子，左行陽時六；坤貞於六月未，右行陰時六。"[2]

根據《易緯·乾鑿度》中的這段記載，我們可以看出：乾卦自初九至上九分別對應子、寅、辰、午、申、戌（左行），坤卦自初六至上六分別對應未、巳、卯、丑、亥、酉（右行），而

---

[1]〔晉〕杜預注，〔唐〕孔穎達疏：《春秋左傳注疏》卷38，北京大學出版社，2000年，第1228頁。
[2]〔清〕惠棟：《易漢學》卷6，鄭萬耕點校：《周易述（附易漢學、易例）》，中華書局，2007年，第612頁。

鄭玄爻辰説與此並不完全一致。鄭玄在《周禮·春官·太師》注中説："黄鐘，初九也，下生林鐘之初六，林鐘又上生太簇之九二，太簇又下生南吕之六二，南吕又上生姑洗之九三，姑洗又下生應鐘之六三，應鐘又上生蕤賓之九四，蕤賓又上生大吕之六四，大吕又下生夷則之九五，夷則又上生夾鐘之六五，夾鐘又下生無射之上九，無射又上生中吕之上六。"①

黄鐘、林鐘、太簇、南吕、姑洗、應鐘、蕤賓、大吕、夷則、夾鐘、無射、中吕是中國古代的十二律。十二律與十二月之間的對應關係是：黄鐘對應十一月、林鐘對應六月、太簇對應正月、南吕對應八月、姑洗對應三月、應鐘對應十月、蕤賓對應五月、大吕對應十二月、夷則對應七月、夾鐘對應二月、無射對應九月、中吕對應四月。十二月與十二辰（地支）之間的對應關係是：十一月對應子、六月對應未、正月對應寅、八月對應酉、三月對應辰、十月對應亥、五月對應午、十二月對應丑、七月對應申、二月對應卯、九月對應戌、四月對應巳。因此，我們可以將鄭玄對《周禮·春官·太師》的這段注文簡明地表示如下：

乾	坤
無射（戌）	中吕（巳）
夷則（申）	夾鐘（卯）
蕤賓（午）	大吕（丑）
姑洗（辰）	應鐘（亥）
太簇（寅）	南吕（酉）
黄鐘（子）	林鐘（未）

---

① [漢] 鄭玄注，[唐] 賈公彦疏：《周禮注疏》卷23，北京大學出版社，2000年，第414~415頁。

由上可知，乾卦六爻所對應的辰（地支）與《易緯·乾鑿度》是一致的，但坤卦六爻所對應的辰（地支）與《易緯·乾鑿度》相比，除初爻，餘皆不同。因此，山東大學劉玉建先生曾指出，惠棟以《易緯·乾鑿度》中的這段文字考索鄭玄爻辰說，顯然有所誤解。① 今人朱伯崑先生在《易學哲學史》中亦把鄭玄爻辰說和《易緯·乾鑿度》中的爻辰說視爲同一學說，可能是受惠棟影響，失考所致。② 其實，張惠言在《周易鄭荀義》中就曾批評過惠棟將鄭玄"爻辰說"和《易緯·乾鑿度》中的爻辰說混爲一談的說法，指出《易緯·乾鑿度》中的"爻辰說"是"乾坤左右行"，而鄭玄爻辰說是"乾坤皆左行"。③ 朱先生當時或許沒有注意到這條史料。

京房"爻辰說"主要用於占卜，而鄭玄"爻辰說"則用於解經。因十二辰與四方、四時、十二月、二十四節氣、十二律、十二生肖、四獸、卦氣、二十八宿、五行等有着廣泛的對應關係，從而爲鄭玄以象解《易》提供了廣闊的空間。

惠棟在《易漢學》中鈎稽了十三條鄭玄以"爻辰說"詮釋《周易》的佚文，名之爲"鄭氏《易》"。④ 茲解釋說明如下：

1. 坤卦文言"陰疑於陽，必戰，爲其嫌於陽⑤也"，鄭注：

---

① 參見劉玉建：《兩漢象數易學研究》上冊第八章第五節，廣西教育出版社，1996年。
② 參見朱伯崑：《易學哲學史》第一卷第三章第二、三節，崑崙出版社，2005年。
③ 張惠言：《周易鄭荀義》卷上，續修四庫全書本。
④ [清] 惠棟：《易漢學》卷6，鄭萬耕點校：《周易述（附易漢學、易例）》，中華書局，2007年，第614~618頁。
⑤ 案，通行本"陽"作"無陽"。陳鼓應、趙建偉認爲，"無"涉"於"音而衍。(陳鼓應、趙建偉：《周易今注今譯》，商務印書館，2005年，第49頁。)

"嗛讀如'群公溓'之溓。古書篆作立心，與水相近，讀者失之，故作嗛。溓，雜也。陰，謂此上六也。陽，謂今消息用事乾也。上六爲蛇，得乾氣雜似龍。"依鄭玄"爻辰說"，坤卦上六爻所納之辰（地支）爲巳，巳所對應的生肖爲蛇，故鄭注云"上六爲蛇"。

2. 比卦初六爻辭"有孚盈缶"，鄭注："爻辰在未，上值東井，井之水人所汲用。缶，汲器。"依鄭玄"爻辰說"，凡陽爻所納之辰（地支）皆比照乾卦之例，凡陰爻所納之辰（地支）皆比照坤卦之例，故比卦初六爻所納之辰（地支）與坤卦初六爻所納之辰（地支）相同，皆爲未，因此鄭注云"爻辰在未"。據十二辰與二十八宿的對應關係，未對應於南宮朱雀七宿中的井宿，"井之水，人所汲用"，而缶爲汲器，所以爻辭說"有孚盈缶"。

3. 泰卦六五爻辭"帝乙歸妹，以祉元吉"，鄭注："五，爻辰在卯，春爲陽中，萬物以生，生育者，嫁娶之寶，仲春之月嫁娶，男女之禮，福禄大吉。"依鄭玄"爻辰說"，泰卦六五爻所納之辰（地支）與坤卦六五爻所納之辰（地支）相同，皆爲卯，故鄭注云"爻辰在卯"。據十二辰與四時、十二月的對應關係，卯對應於仲春二月。仲春二月，萬物以生，有男婚女嫁之象，故爻辭曰"帝乙歸妹，以祉元吉"。

4. 蠱卦上九爻辭"不事王侯，高尚其事"，鄭注："上九艮爻，艮爲山，辰在戌，得乾氣，父老之象，是臣之致事，故不事王侯，是不得事君，君猶高尚其所爲之事。"依鄭玄"爻辰說"，蠱卦上九爻所納之辰（地支）與乾卦上九爻所納之辰（地支）相同，皆爲戌，故鄭注云"辰在戌"。

5. 賁卦六四爻辭"白馬翰如",鄭注:"謂九三位在辰,得巽氣,爲白馬。"依鄭玄"爻辰說",賁卦九三爻所納之辰(地支)與乾卦九三爻所納之辰(地支)相同,皆爲辰,故鄭注云"九三位在辰"。

6. 大過卦鄭注:"大過者,巽下兌上之卦。初六在巽,體巽爲木。上六位在巳,巳當巽位,巽又爲木。二木在外,以夾四陽。四陽互體爲二乾。乾爲君爲父。二木夾君父,是棺槨之象。"依鄭玄"爻辰說",大過卦上六爻所納之辰(地支)與坤卦上六爻所納之辰(地支)相同,皆爲巳,故鄭注云"上六位在巳"。

7. 坎卦六四爻辭"尊酒簋貳用缶,納約自牖",鄭注:"六四上承九五,又互體在震上,爻辰在丑,丑上值斗,可以斟之象。斗上有建星,建星之形似簋。貳,副也。建星上有弁星,弁星之形又如缶。天子大臣以王命出令諸侯,主國尊於簋,副設玄酒而用缶也。"依鄭玄"爻辰說",坎卦六四爻所納之辰(地支)與坤卦六四爻所納之辰(地支)相同,皆爲丑,故鄭注云"爻辰在丑"。

8. 坎卦上六爻辭"繫用徽纆",鄭注:"繫,拘也。爻辰在巳,巳爲蛇,蛇之蟠屈似徽纆也。"依鄭玄"爻辰說",坎卦上六爻所納之辰(地支)與坤卦上六爻所納之辰(地支)相同,皆爲巳,故鄭注云"爻辰在巳"。據十二辰與十二生肖的對應關係,巳對應蛇,而蛇有繩索之象,所以爻辭曰"繫用徽纆"。

9. 離卦九三爻辭"不鼓缶而歌",鄭注:"艮爻也①。位近丑,丑上值弁星,弁星似缶。"離卦由坤而來,離九三上鄰坤六四,依鄭玄"爻辰説",坤六四納丑,故鄭注云"位近丑"。

10. 明夷卦六二爻辭"明睇於左股"②,鄭注:"旁視爲睇,六二辰在酉,酉在西方。又下體離,離爲目。九三體在震,震東方。九三又在辰,辰得巽氣爲股。此謂六二有明德,欲承九三,故云睇於左股。"依鄭玄"爻辰説",明夷卦六二爻所納之辰(地支)與坤卦六二爻所納之辰(地支)相同,皆爲酉,故鄭注云"六二辰在酉";明夷卦九三爻所納之辰(地支)與乾卦九三爻所納之辰(地支)相同,皆爲辰,故鄭注云"九三又在辰"。

11. 困卦九二爻辭"困於酒食,朱紱方來,利用享祀",鄭注:"二據初,辰在未,未爲土,此二爲大夫有地之象。未上值天廚,酒食象。困於酒食者,埰地薄,不足已用也。二與日爲體離,爲鎮霍。爻四爲諸侯有明德受命當王者。離爲大火,色赤。四爻辰在午,時離氣赤。"困卦九二爻下據初六爻,依鄭玄"爻辰説",困卦初六爻所納之辰(地支)與坤卦初六爻所納之辰(地支)相同,皆爲未,故鄭注云"二據初,辰在未";困卦九四爻所納之辰(地支)與乾卦九四爻所納之辰(地支)相同,皆爲午,故鄭注云"四爻辰在午"。

---

①鄭玄認爲,凡爲陽爻的初爻、四爻皆可稱爲震爻;凡爲陰爻的初爻、四爻皆可稱爲巽爻;凡爲陽爻的二爻、五爻皆可稱爲坎爻;凡爲陰爻的二爻、五爻皆可稱爲離爻;凡爲陽爻的三爻、上爻皆可稱爲艮爻;凡爲陰爻的三爻、上爻皆可稱爲兑爻。因此鄭注稱離卦九三爻爲"艮爻"。張惠言在《周易鄭氏義》中將鄭玄此説命名爲"爻體説"。

②通行本及馬王堆帛書本均作"明夷,夷於左股"。

12. 中孚卦卦辭"豚魚吉",鄭注:"三辰爲亥,爲豕,爻失正,故變二從小名言豚耳;四辰在丑,丑爲鱉蟹,鱉蟹,魚之微者,爻得正,故變而從大名言魚耳。"依鄭玄"爻辰説",中孚卦六三爻所納之辰(地支)與坤卦六三爻所納之辰(地支)相同,皆爲亥,故鄭注云"三辰爲亥";中孚卦六四爻所納之辰(地支)與坤卦六四爻所納之辰(地支)相同,皆爲丑,故鄭注云"四辰在丑"。

13.《説卦》"震爲大塗",鄭注:"國中三道曰塗,震上值房心,塗而大者,取房有三塗焉。"惠棟加案語説:"案震在卯,卯上值房心。"依鄭玄"爻辰説",震卦六五爻所納之辰(地支)與坤卦六五爻所納之辰(地支)相同,皆爲卯,故惠棟案語云"震在卯"。

鄭玄《易》注在南朝梁、陳時與王弼《易》注一起列於國學。南朝齊時,"唯傳鄭義"①。至隋,王弼《易》注盛行,鄭學式微。唐李鼎祚《周易集解》非常重視鄭玄《易》注,然就其中所引鄭注來看,無取於"爻辰説"者。如上引比初六爻辭、泰六五爻辭、坎上六爻辭,據王應麟《周易鄭康成注》,鄭玄皆以爻辰解之,而李鼎祚於《集解》中皆捨而不取。李鼎祚的這一取捨傾向,大概是他認爲"爻辰説"有理論缺陷。在《周易集解》中,李鼎祚曾引孔穎達質疑"爻辰説"之言道:"先儒以爲九二當太簇之月,陽氣見地,則九三爲建辰之月,九四爲建午之月,九五爲建申之月,上九爲建戌之月。群陰既盛,上九不得言'與時偕極'。先儒此説,於理稍乖。"②依爻辰説,

———————

① [唐] 魏徵等:《隋書》卷32《經籍志》,中華書局,1973年,第913頁。
② [唐] 李鼎祚:《周易集解》卷1,文淵閣四庫全書本。

乾卦九二配寅，九三配辰，九四配午，九五配申，上九配戌。據十二辰與四時的對應關係，戌對應季秋。當季秋之時，陽衰陰盛，而《文言》卻說上九爻"與時偕極"，矛盾牴牾。孔穎達認爲，乾初爻至上爻若配辰，當在午前，方合乎情理。

繼孔穎達後，王引之在《經義述聞》中又對鄭玄"爻辰說"提出種種發難。王引之認爲，"爻辰說"有三大問題，因而不可取。（詳本書第三章第五節）

針對人們對"爻辰說"的種種質疑，道光年間的何秋濤特撰《周易爻辰申鄭義》，對鄭玄"爻辰說"極力維護。

據何秋濤總結，前人對鄭玄"爻辰說"的質疑主要有以下六個方面：

1. 捨卦而論爻，與《說卦》之言"乾爲""坤爲"者異矣；

2. 律呂以陰陽相間，而乾坤之爻則六位相連，斷無相間主月之理，以爻配律，斯不通之論矣；

3. 十二辟卦各主一月，爻辰則每爻各主一月，其說每多牴牾；

4. 卦之值月，各有其序，而依"爻辰說"，各爻所主之月無序；

5. 鄭述爻辰，多陳天象，而"天廚""天弁"等星，《史記·天官書》中並無其名；

6. 鄭以爻辰解《易》，"類多迂曲"，如解離卦九三爻辭時，捨九三爻所納的辰宮之星，而言六四爻所納的丑宮之星。

針對第一點質疑，何秋濤說："《說卦》取象，固以卦言，而《繫辭》明言'六爻相雜，唯其時物'，又曰：'雜物撰德，辨是與非，則非其中爻不備。'又云：'二多譽，四多懼，三多凶，五多功。'是爻又各有其象也。"① 指出質疑者以八卦取象否定六爻取象，是由於拘泥於《説卦》而忽視了《繫辭》的緣故。

針對第二點質疑，何秋濤説："《易》言九六，義取變化，故初九爻變則爲初六，相間之序，出於自然，與律吕之三分損益，隔八相生，事雖異，而理則同，互證即明，無煩疑惑。"② 質疑者認爲，黄鐘（對應於子）律管，其長九寸，三分損一後，下生林鐘（對應於未），林鐘律管，其長六寸，三分益一後，上生太簇③（對應於寅），而乾之初九（所納爻辰爲子）不能下生坤之初六（所納爻辰爲未），坤之初六不能上生乾之九二（所納爻辰爲寅），因而"以爻配律，斯不通之論也"。而何秋濤指出，乾爻變則爲坤，坤爻變則爲乾，乾、坤六爻相變，與律吕三分損益，"事雖異，而理則同"。

針對第三點質疑，何秋濤説："十二辟卦與爻辰各爲一事，亦兩不相妨，卦有卦之義，爻又有爻之義，所謂事各有當者也。……豈得信其一而廢其一乎？"④ 質疑者認爲，根據十二辟卦與十二月的對應關係，乾卦對應於四月，而依"爻辰説"，乾卦初九納子爲十一月，九二納寅爲正月，九三納辰爲三月，九四納午爲五月，九五納申爲七月，上九納戌爲九月，並無四月，因而，"爻辰説"不足取。而何秋濤則認爲，"十二辟卦主月説"和"爻辰説"可兩説並存，不可"信其一而廢其一"。案，何氏之言有理。如，據八卦生成數，乾一兑二離三震四巽五坎六

---

① [清] 何秋濤：《周易爻辰申鄭義》，續修四庫全書本。
② [清] 何秋濤：《周易爻辰申鄭義》，續修四庫全書本。
③ 太簇，原誤作"大吕"。
④ [清] 何秋濤：《周易爻辰申鄭義》，續修四庫全書本。

艮七坤八,而據八卦九宮數,離九坎一震三兌七坤二巽四乾六艮八;據伏羲八卦方位圖,乾南坤北離東坎西兌東南震東北巽西南艮西北,而據文王八卦方位圖,離南坎北震東兌西巽東南艮東北坤西南乾西北;據乾坤生六子説,坎中男屬陽,離中女屬陰,而據八卦與天地水火的對應關係,坎水屬陰,離火屬陽。以上諸説,雖貌似牴牾,然而各有其理,確實可以並行不悖。

針對第四點質疑,何秋濤解釋説:"寒暑相推則爲歲,剛柔交錯則爲文,子丑寅卯之迭更,亦何異九六七八之互易。……蓋變動不居,《易》理固然也。"① 質疑者認爲,依爻辰説,屯卦初九爻納子爲十一月,六二爻納未爲六月,六三爻納酉爲八月,六四爻納亥爲十月,九五爻納申爲七月,上六爻納巳爲四月,忽前忽後,次序雜亂,因而不足取。而何秋濤認爲,此乃"變動不居"的《易》理使然,無可置疑。

針對第五點質疑,何秋濤説:"古之言天者説本繁雜,《天官書》剟取或有遺漏,不得執以相繩。……今日正可據康成所言補遷書之闕,豈得轉因遷書之漏而譏康成之非哉?"② 案,《史記·天官書》確有不少瑕疵,今人馬玉山先生曾撰《〈史記·天官書〉獻疑》探討之,因而何氏之辯不爲無據。③

針對第六點質疑,何秋濤説:"缶之星象不取於辰④宫而取於丑宫者,以缶是所鼓之物,不得就本身取象,故求之於所近

---

① [清] 何秋濤:《周易爻辰申鄭義》,續修四庫全書本。
② [清] 何秋濤:《周易爻辰申鄭義》,續修四庫全書本。
③ 參見馬玉山:《〈史記·天官書〉獻疑》(一),《商丘師範學院學報》1996年第2期;《〈史記·天官書〉獻疑》(二),《商丘師範學院學報》1997年第1期;《〈史記·天官書〉獻疑》(三),《商丘師範學院學報》2002年第6期。
④ 辰,原誤作"寅"。

之宮也。此順經文以爲義，不以辰宮溷艮爻之象，正鄭之善於說經也。"① 離卦九三爻辭中有"鼓缶"之文，鄭玄以艮爲手解"鼓"②，以九三爻之上的九四爻所納之丑所對應的弁星解"缶"。質疑者以爲"迂曲"，而何秋濤認爲這正好說明鄭玄"善於說經"。案，"因文爲訓"是我國傳統訓詁的一貫原則，解離卦九三爻辭，一般而言要根據九三爻所對應的物象，但在離卦特殊的語境下，則要取坤六四所對應的物象。鄭玄善用"因文爲訓"③，於注《易》亦然。何氏之辨，較有説服力。

筆者認爲："爻辰説"本於音律④，而音律之學在我國源遠流長，音樂史學家已將十二平均律溯源至新石器時代的賈湖文化時期⑤。在《易》學史界，"卦氣説"曾長期被視爲漢儒附會，但據劉大鈞等先生考證，"卦氣説"不僅在《易傳》中有比較充分的反映，而且可以進一步上溯至殷商時期⑥。既如此，"爻辰説"亦未必非《易》所固有。以"爻辰説"詮釋《周易》，的確有時會給人以牽强附會的感覺，但輾轉牽合，正是術數思維的特點，《易》本卜筮之書，以輾轉牽合的方法詮釋

---

①[清]何秋濤：《周易爻辰申鄭義》，續修四庫全書本。
②案，據"爻體説"，鄭玄以九三爻爲艮爻。"爻體説"是鄭玄《易》注的另一特色。據"爻體説"，各卦初九、九四皆可稱震爻，九二、九五皆可稱坎爻，九三、上九皆可稱艮爻，初六、六四皆可稱巽爻，六二、六五皆可稱坎爻，六三、上六皆可稱兑爻。
③洪麗娣：《鄭玄"因文爲訓"釋詞方法淺談》，《遼寧教育學院學報》1997年第2期。
④參見高懷民：《兩漢易學史》第五章第一節，廣西師範大學出版社，2007年。
⑤蕭興華：《中國音樂文化文明九千年——試論河南舞陽賈湖骨笛的發掘及其意義》，《音樂研究》2000年第1期。
⑥劉大鈞：《"卦氣"溯源》，《中國社會科學》2000年第5期。

《周易》，也許有時恰得《易》之本義。"爻辰説"是鄭玄《周易》詮釋的一大特色，何秋濤認爲"爻辰之法，於古必有所受"，當爲合理的推論。雖然"爻辰説"與其他象數詮《易》體例一樣，難免有迂曲穿鑿之處，但"夏鼎商彝，固不以剥泐訛闕見棄矣"。

二、荀爽的《周易》詮釋

荀爽，又名荀諝，字慈明，潁陰（今河南許昌）人，生於東漢順帝永建三年（128），卒於東漢獻帝初平元年（190）。荀爽《周易》詮釋的最顯著的特點是其"乾升坤降説"。惠棟在《易漢學》中對荀爽的"乾升坤降説"考索説："荀慈明論《易》以陽在二者當上升坤五爲君，陰在五者當降居乾二爲臣。蓋乾升爲坎，坤降爲離，成既濟定則六爻得位，乾《彖》所謂'各正性命，保合太和'，'利貞'之道也。"① 當二爻爲陽爻時，須升至五爻以得正；當五爻爲陰爻時，須降至二爻以得正。此即"陽在二者當上升坤五爲君，陰在五者當降居乾二爲臣"之義。

關於陰陽升降的概念，早在荀爽以前，就有《易》學家使用過。如京房注豐卦時説："陰陽升降，反歸於本，變體於有無。"②《易緯·乾鑿度》中也明確指出："陰陽所以進退，君臣所以升降。"③ 荀爽繼承了前人的思想成果，把陰陽升降概念加

---

① [清] 惠棟:《易漢學》卷7，鄭萬耕點校:《周易述（附易漢學、易例）》，中華書局，2007年，第621頁。
② 郭彧:《〈京氏易傳〉導讀》，齊魯書社，2002年，第86頁。
③ 林忠軍:《〈易緯〉導讀·乾鑿度卷上》，齊魯書社，2002年，第87頁。

以規定，賦予特定的含義，系統地運用於對《周易》的詮釋之中。

惠棟認爲荀爽的乾升坤降説符合自古以來的《易》占之法，他引《左傳》中的一段記載證明説："《左傳》史墨論魯昭公之失民，季氏之得民云：在《易》卦雷乘乾曰大壯天之道，言九二之大夫當升五爲君也。慈明之説有合於古之占法。"①

惠棟還指出王弼在詮釋泰卦六四爻辭時也運用了荀爽的乾升坤降説，只不過没有明言而已。他説："王弼泰六四注云'乾樂上復，坤樂下復'。此亦升降之義而弼不言升降。"②

接着，惠棟鉤稽了 16 條荀爽以乾升坤降説詮《易》的佚文。③

1.《周易·文言》："水流濕，火就燥。"荀注："陽動之坤而爲坎，坤者純陰，故曰濕；陰動之乾而成離，乾者純陽，故曰燥。"

2.《周易·文言》："本乎天者親上，本乎地者親下。"荀注："謂乾九二本出於乾，故曰'本乎天'，而居五，故曰'親上'；坤六五本出於坤，故曰'本乎地'，降居乾二，故曰'親下'也。"

3.《周易·文言》："時乘六龍，以御天也。"荀注："御者，行也。陽升陰降，天道行也。"

---

① [清] 惠棟：《易漢學》卷 7，鄭萬耕點校：《周易述（附易漢學、易例）》，中華書局，2007 年，第 621 頁。
② [清] 惠棟：《易漢學》卷 7，鄭萬耕點校：《周易述（附易漢學、易例）》，中華書局，2007 年，第 621~622 頁。
③ [清] 惠棟：《易漢學》卷 7，鄭萬耕點校：《周易述（附易漢學、易例）》，中華書局，2007 年，第 622~624 頁。

4.《周易·文言》："云行雨施,天下平也。"荀注:"乾升於坤曰'云行',坤降於乾曰'雨施'。乾坤二卦成兩既濟,陰陽和均而得其正,故曰'天下平'。"

5.《周易·文言》："與天地合其德。"荀注:"與天合德,謂居五也;與地合德,謂居二也。"

6.《周易·文言》："與日月合其明。"荀注:"謂坤五之乾二成離,離爲日;乾二之坤五成坎,坎爲月。"

7. 坤卦《彖》辭:"含弘光大,品物咸亨。"荀注:"乾二居坤五爲'含',坤五居乾二爲'弘',坤初居乾四爲'光',乾四居坤初爲'大'。天地交,萬物升,故'咸亨'。"①

8. 師卦《彖》辭:"能以衆正,可以王矣。"荀注:"謂二有中和之德而據群陰,上居五位,可以王也。"

9. 師卦六四爻辭:"師左次,無咎。"荀注:"左謂二也。陽稱'左'。次,舍也。二與四同功,四承五,五無陽,故呼二舍於五,四得承之,故無咎。"

10. 師卦上六爻辭:"大君有命,開國承家。"荀注:"大君謂二。師旅已息,既上居五,當封賞有功,立國命家也。"

11. 泰卦九二爻辭:"朋亡,得尚於中行。"荀注:"朋,謂坤。朋亡而下,則二得上居五而行中和矣。"

12. 臨卦九二②《象》辭:"咸臨,吉無不利,未順命也。"荀注:"陽咸至,二當升居五,群陰相承,故'無不利'也。陽當居五,陰當順從,今尚在二,故曰'未順命'也。"

---

① 惠棟於此加雙行小注:"乾上居坤三亦爲'含',故六三'含章可貞'。坤三居乾上,亦成兩既濟也。"
② 文淵閣四庫全書本《易漢學》"九二"誤作"九三"。

13. 升卦《彖》辭：" 巽而順，剛中而應，是以大亨，用見大人，勿恤，有慶也。"荀注：" 謂二以剛居中而來應五，故能'大亨'，正居尊位也。大人，天子。謂升居五，見爲大人，群陰有主，無所復憂而有慶也。"

14. 升卦九二《象》辭：" 九二之孚，有喜也。"荀注：" 升五得位，故有喜。"

15. 升卦六五《象》辭：" 貞吉升階，大得志也。"荀注：" 陰正居中，爲陽作階，使居立己下，降二與陽相應，故吉而得志。"

16.《周易·繫辭上》：" 天下之理得而成位乎其中矣。"荀注：" 陽位成於五，陰位成於二。五爲上中，二爲下中，故曰'成位乎其中'也。"

荀爽乾升坤降説的要旨是"時""中"二字，故惠棟在《易漢學》中特作"《易》尚時中説"加以闡明。① 在"《易》尚時中説"中，惠棟開宗明義："《易》道深矣，一言以蔽之曰：時、中。"在《松崖文鈔·易論》中，惠棟通過統計指出："孔子作《彖傳》，言'時'者二十四卦，言'中'者三十六卦，《象傳》言'時'者六卦，言'中'者三十九卦。"②

《彖傳》言"時"者二十四卦如下：

1. 乾卦《彖》辭："大明終始，六位時成，時乘六龍以

---

① "《易》尚時中説"複見於惠棟《松崖文鈔·易論》。今人李開先生在其《惠棟評傳》（南京大學出版社，1997年）中誤將"《易》尚時中説"視爲荀爽所作，或許是由於没有注意到《松崖文鈔·易論》的緣故。
② [清] 惠棟：《松崖文鈔》卷1《易論》，聚學軒叢書本。文淵閣四庫全書本《易漢學》"二十四"誤作"二十"，"三十六"誤作"三十三"，"三十九"誤作"三十"。

御天。"

　　2. 蒙卦《彖》辭："蒙亨，以蒙行時中也。"

　　3. 大有卦《彖》辭："其德剛健而文明，應乎天而時行，是以元亨。"

　　4. 豫卦《彖》辭："天地以順動，故日月不過，四時不忒。……豫之時義大矣哉。"

　　5. 隨卦《彖》辭："隨之時義大矣哉。"

　　6. 觀卦《彖》辭："觀天之神道而四時不忒。"

　　7. 賁卦《彖》辭："觀乎天文以察時變。"

　　8. 頤卦《彖》辭："頤之時大矣哉。"

　　9. 大過卦《彖》辭："大過之時大矣哉。"

　　10. 坎卦《彖》辭："險之時用大矣哉。"

　　11. 恒卦《彖》辭："四時變化而能久成。"

　　12. 遯卦《彖》辭："剛當位而應，與時行也。……遯之時義大矣哉。"

　　13. 睽卦《彖》辭："睽之時用大矣哉。"

　　14. 蹇卦《彖》辭："蹇之時用大矣哉。"

　　15. 解卦《彖》辭："解之時大矣哉。"

　　16. 損卦《彖》辭："損剛益柔有時，損益盈虛，與時偕行。"

　　17. 益卦《彖》辭："凡益之道與時偕行。"

　　18. 姤卦《彖》辭："姤之時義大矣哉。"

　　19. 革卦《彖》辭："天地革而四時成……革之時大矣哉。"

　　20. 艮卦《彖》辭："時止則止，時行則行，動靜不失其時。"

21. 豐卦《彖》辭："天地盈虛，與時消息。"

22. 旅卦《彖》辭："旅之時義大矣哉。"

23. 節卦《彖》辭："天地節而四時成。"

24. 小過卦《彖》辭："過以利貞，與時行也。"

《彖傳》言"中"者三十六卦如下：

1. 蒙卦《彖》辭："蒙亨，以蒙行時中也。……初筮告，以剛中也。"

2. 需卦《彖》辭："位乎天位，以正中也。"

3. 訟卦《彖》辭："訟有孚窒惕中吉，剛來而得中也。……利見大人，尚中正也。"

4. 師卦《彖》辭："剛中而應。"

5. 比卦《彖》辭："原筮元永貞，無咎，以剛中也。"

6. 小畜卦《彖》辭："健而巽，剛中而志行，乃亨。"

7. 履卦《彖》辭："剛中正，履帝位而不疚，光明也。"

8. 同人卦《彖》辭："同人，柔得位得中而應乎乾，曰同人。……文明以健，中正而應，君子正也。"

9. 大有卦《彖》辭："柔得尊位，大中而上下應之。"

10. 臨卦《彖》辭："剛中而應。"

11. 觀卦《彖》辭："中正以觀天下。"

12. 噬嗑卦《彖》辭："柔得中而上行，雖不當位，利用獄也。"

13. 無妄卦《彖》辭："剛中而應。"

14. 大過卦《彖》辭："剛過而中。"

15. 坎卦《彖》辭："維心亨，乃以剛中也。"

16. 離卦《彖》辭："柔麗乎中正，故亨，是以畜牝牛吉也。"

17. 睽卦《彖》辭："柔進而上行，得中而應乎剛，是以小事吉。"

18. 蹇卦《彖》辭："蹇利西南，往得中也。"

19. 解卦《彖》辭："其來復吉，乃得中也。"

20. 益卦《彖》辭："利有攸往，中正有慶。"

21. 姤卦《彖》辭："剛遇中正，天下大行也。"

22. 萃卦《彖》辭："順以説，剛中而應，故聚也。"

23. 升卦《彖》辭："柔以時升，巽而順，剛中而應，是以大亨。"

24. 困卦《彖》辭："貞大人吉，以剛中也。"

25. 井卦《彖》辭："改邑不改井，乃以剛中也。"

26. 鼎卦《彖》辭："巽而耳目聰明，柔進而上行，得中而應乎剛，是以元亨。"

27. 漸卦《彖》辭："其位，剛得中也。"

28. 旅卦《彖》辭："柔得中乎外而順乎剛，止而麗乎明，是以小亨，旅貞吉也。"

29. 巽卦《彖》辭："剛巽乎中正而志行。"

30. 兑卦《彖》辭："剛中而柔外。"

31. 渙卦《彖》辭："王假有廟，王乃在中也。"

32. 節卦《彖》辭："節亨，剛柔分而剛得中。……説以行險，當位以節，中正以通。"

33. 中孚卦《彖》辭："中孚，柔在内而剛得中。"

34. 小過卦《彖》辭："柔得中，是以小事吉也。剛失位而不中，是以不可大事也。"

35. 既濟卦《象》辭："初吉，柔得中也。"

36. 未濟卦《象》辭："未濟亨，柔得中也。小狐汔濟，未出中也。"

《象傳》言"時"者六卦如下：

1. 坤卦六二《象》辭："含章可貞，以時發也。"

2. 蹇卦初六《象》辭："往蹇來譽，宜時①也。"

3. 井卦初六《象》辭："舊井無禽，時舍也。"

4. 革卦《象》辭："君子以治曆明時。"

5. 節卦九二《象》辭："不出門庭凶，失時極也。"

6. 既濟卦九五《象》辭："東鄰殺牛，不如西鄰之時也。"

《象傳》言"中"者三十九卦如下：

1. 坤卦六五爻《象》辭："黃裳元吉，文在中也。"

2. 需卦九二爻《象》辭："需於沙，衍在中也。"九五爻《象》辭："酒食貞吉，以中正也。"

3. 訟卦九五爻《象》辭："訟元吉，以中正也。"

4. 師卦九二爻《象》辭："在師，中吉，無咎，王三錫命。"六五爻《象》辭："長子帥師，以中行也。"

5. 比卦九五爻《象》辭："顯比之吉，位正中也。……邑人不誡，上使中也。"

6. 小畜卦九二爻《象》辭："牽復在中，亦不自失也。"

7. 履卦九二爻《象》辭："幽人貞吉，中不自亂也。"

8. 泰卦六五爻《象》辭："以祉元吉，中以行願也。"

9. 同人卦九五爻《象》辭："同人之先，以中直也。"

---

① "時"，通行本作"待"。高亨先生在《周易大傳今注》（齊魯書社，1998年）中說："待、時二字古通用。"

10. 大有卦九二爻《象》辭："大車以載，積中不敗也。"

11. 謙卦六二爻《象》辭："鳴謙貞吉，中心得也。"

12. 豫卦六二爻《象》辭："不終日貞吉，以中正也。"六五爻《象》辭："恒不死，中未亡也。"

13. 隨卦九五爻《象》辭："孚於嘉吉，位正中也。"

14. 蠱卦九二爻《象》辭："幹母之蠱，得中道也。"

15. 臨卦六五爻《象》辭："大君之宜，行中之謂也。"

16. 復卦六五爻《象》辭："敦復無悔，中以自考也。"

17. 大畜卦九二爻《象》辭："輿脫輻，中無尤。"

18. 坎卦九二爻《象》辭："求小得，未出中也。"九五爻《象》辭："坎不盈，中未大也。"

19. 離卦六二爻《象》辭："黃離元吉，得中道也。"

20. 恒卦九二爻《象》辭："九二悔亡，能久中也。"

21. 大壯卦九二爻《象》辭："九二貞吉，以中也。"

22. 晉卦六二爻《象》辭："受茲介福，以中正也。"

23. 蹇卦九五爻《象》辭："大蹇朋來，以中節也。"

24. 解卦九二爻《象》辭："九二貞吉，得中道也。"

25. 損卦九二爻《象》辭："九二利貞，中以爲志也。"

26. 夬卦九二爻《象》辭："有戎無恤，得中道也。"九五爻《象》辭："中行無咎，中未光也。"

27. 姤卦九五爻《象》辭："九五含章，中正也。"

28. 萃卦六二爻《象》辭："引吉無咎，中未變也。"

29. 困卦九二爻《象》辭："困於酒食，中有慶也。"九五爻《象》辭："乃徐有説，以中直也。"

30. 井卦九五爻《象》辭："寒泉之食，中正也。"

31. 鼎卦六五爻《象》辭:"鼎黃耳,中以爲實也。"

32. 震卦六五爻《象》辭:"其事在中,大無喪也。"

33. 艮卦六五爻《象》辭:"艮其輔,以中正也。"

34. 歸妹卦六五爻《象》辭:"其位在中,以貴行也。"

35. 巽卦九二爻《象》辭:"紛若之吉,得中也。"九五爻《象》辭:"九五之吉,位正中也。"

36. 節卦九五爻《象》辭:"甘節之吉,居位中也。"

37. 中孚卦九二爻《象》辭:"其子和之,中心願也。"

38. 既濟卦六二爻《象》辭:"七日得,以中道也。"

39. 未濟卦九二爻《象》辭:"九二貞吉,中以行正也。"

《周易·繫辭下》:"二與四同功而異位,其善不同,二多譽,四多懼,近也。……三與五同功而異位,三多凶,五多功,貴賤之等也。"《周易·繫辭》作者認爲,二之所以多譽,四之所以多懼,是由於二爻離五爻遠而四爻離五爻近;三之所以多凶,五之所以多功,是由於三爻之位在下而賤,五爻之位在上而貴。但惠棟卻認爲,二之所以多譽,五之所以多功,是由於二爻和五爻分別居於下卦之中和上卦之中。他説:"二與四同功而二多譽,三與五同功五多功,以其中也。"①

《周易》泰卦九二爻辭:"得尚於中行。"夬卦九五爻辭:"中行無咎。"益卦六三爻辭:"有孚中行,告公用圭。"六四爻辭:"中行,告公從,利用爲依遷國。"復卦六四爻辭:"中行獨復。"宋儒認爲益卦六三、六四爻辭和復卦六四爻辭言"中"是由於三爻和四爻居於一卦之中的緣故。惠棟反對宋儒的這種

---

① [清] 惠棟:《易漢學》卷7,鄭萬耕點校:《周易述(附易漢學、易例)》,中華書局,2007年,第625頁。

説法。他説:"周公爻辭於泰之九二①、夬之九五皆以中行言之,而益之三四、復之六四亦稱中行。先儒②謂一卦之中,非也。"③惠棟認爲,益卦六三、六四爻辭和復卦六四爻辭所言之"中"皆指五爻。他説:"竊謂益之中行皆指九五。所謂'告公用圭''告公從'者,五告之也。古者君命臣、上命下皆謂之'告'。三者,五所信也,故曰'有孚'。四者,五所比也,故曰'利用爲依遷國'。三爲三公,四爲諸侯,故或稱'國',或稱'公'。復六四'中行獨復',《象》曰'中行獨復,以從道也'。四得位應初,獨得所復。四非中而稱中行者,以從道也。"④

最後,惠棟總結説:"知'時中'之義,其於《易》也思過半矣。"⑤

案,《易傳》象數易例,前人以"時、位、應、中"括之,據筆者考察,權重不同。如,坤卦六三爻不當位且不相應,而爻辭云:"含章可貞,或從王事,無成有終。"坤卦六五爻亦不當位且不相應,而爻辭云:"黄裳元吉。"《易傳》對坤六三爻不當位且不相應而吉的解釋是:"以時發也。"對坤六五爻不當位且不相應而吉的解釋是:"文在中也。"可見,"時"與"中"的權重大於"位"與"應"。"時"與"中"相比,"時"的權

---

① 九二,原誤作"六二"。
② 惠棟於此加雙行小注:"先儒謂宋儒也。漢儒無此説。"
③ [清] 惠棟:《易漢學》卷7,鄭萬耕點校:《周易述(附易漢學、易例)》,中華書局,2007年,第625頁。
④ [清] 惠棟:《易漢學》卷7,鄭萬耕點校:《周易述(附易漢學、易例)》,中華書局,2007年,第625~626頁。
⑤ [清] 惠棟:《易漢學》卷7,鄭萬耕點校:《周易述(附易漢學、易例)》,中華書局,2007年,第626頁。

重更大。如，屯九五爻當位有應且居中，但爻辭卻云"大貞凶"。屯九五爻辭之所以云"大貞凶"，當從"時"的角度來理解。六十四卦每一卦都代表特定的時空背景，每一爻則代表在此特定時空背景下的不同的發展階段。屯卦代表的特定的時空背景是事物的草創時期，九五爻代表發展的第五階段。因爲已發展到第五階段，可以小有所爲，故云"小貞吉"；因爲尚未脱離事物的草創時期，不宜大有所爲，故云"大貞凶"。

在《易漢學》中，惠棟還鉤稽了九家逸象。九家據説是傳習荀爽《易》的九家，所以惠棟將"九家逸象"置於"荀慈明《易》"的標題下加以考索。《周易·説卦》爲了使有限的卦囊括盡可能多的事物，列舉了許多八卦所象徵的物象。《九家易》在《周易·説卦》的基礎之上，根據《周易·繫辭》"引而伸之，觸類而長之"的原則，又增加了一些物象，故稱"九家逸象"。惠棟對九家逸象考索説："乾後更有四，爲龍、爲直、爲衣、爲言；坤後有八，爲牝、爲迷、爲方、爲囊、爲裳、爲黄、爲帛、爲漿；震後有三，爲王、爲鵠、爲鼓；巽後有二，爲楊、爲鸛；坎後有八，爲宫、爲律、爲可①、爲棟、爲叢棘、爲狐、爲蒺藜、爲桎梏；離後有一，爲牝牛；艮後有三，爲鼻、爲虎②、爲狐；兑後有二，爲常、爲輔頰。"③

以上九家逸象，見陸德明《經典釋文》④，朱熹因載入《周

---

① 惠棟於此加雙行小注："'可'當爲'河'。坎爲大川，故爲河。逸象出老屋，河字磨滅之餘，故爲可也。或云當爲'坷'。《説文》曰：坷，坎坷也。古文省作可，亦通。"
② 惠棟於此加案語説："虎，當爲膚字之誤也。"
③ [清] 惠棟：《易漢學》卷7，鄭萬耕點校：《周易述（附易漢學、易例）》，中華書局，2007年，第626~627頁。
④ [唐] 陸德明：《經典釋文》卷2，文淵閣四庫全書本。

易本義》①。宋朱震云:"秦漢之際,易亡《說卦》。孝宣帝時,河內女子發老屋,得《說卦》、古文《老子》。至後漢荀爽《集解》,又得八卦逸象三十有一。……今考之六十四卦,其說若印圈鑰合,非後儒所能增也,故校證其誤而並釋之,以俟後之知者。"② 對朱震此說,清儒紀磊頗不以爲然。紀磊云:"不知《說卦》所述八卦廣象,雖若無甚次序,然乾自'爲天'以至'爲木果',坤自'爲地'以至'其於地也爲黑',震自'爲雷'以至'其究爲健,爲蕃鮮',巽自'爲木'以至'其究爲躁卦',文氣已足,不容更贅一辭矣。要爲漢經師釋《易》義訓,如虞氏逸象之類。《集解》乃誤入經中,朱子又從而信之,殊無謂也。"③

---

① [宋] 朱熹:《周易本義·說卦》,宋咸淳元年吳革刻本,全1函6册,第6册,第6~8頁。
② [宋] 朱震:《漢上易傳》卷9,文淵閣四庫全書本。
③ [清] 紀磊:《九家逸象辯證》(不分卷),續修四庫全書本。

第三節　虞翻的《周易》詮釋

虞翻,字仲翔,餘姚（今屬浙江）人,生於東漢桓帝延熹七年（164），卒於三國吳嘉禾二年（233）。虞翻《周易》詮釋的特點有二：其一，以"月體納甲説"注《易》；其二，以逸象注《易》。

一、月體納甲説

月體納甲説是漢《易》象數體系的有機組成部分之一。其明確記載見於東漢時期①的《周易參同契》："三日出爲爽，震受庚西方。八日兑受丁，上弦平如繩。十五乾體就，盛滿甲東方。……七八道已訖，曲折低下降。十六轉受統，巽辛見平明。艮直於丙南，下弦二十三。坤乙三十日，東方喪其明。節盡相禪與，繼體復生龍。壬癸配甲乙，乾坤括始終。"②

農曆初三，一輪新月於黄昏時分出現在西方，月相如震卦之象，據京氏納甲，震卦納庚，而庚所代表的方位爲西（甲乙代表的方位爲東，丙丁代表的方位爲南，戊己代表的方位爲中，庚辛代表的方位爲西，壬癸代表的方位爲北），所以説"三日出爲爽，震受庚西方"。

---

① 關於《周易參同契》的作者，學界一般認爲是魏伯陽，但筆者考得《周易參同契》非魏伯陽一人獨著，而是徐從事、魏伯陽和淳于叔通三人共著。關於《周易參同契》的成書年代，曾有學者認爲出於後世僞託，在學界有一定影響，但筆者考得，《周易參同契》確出東漢，絶非後世僞託。參見：楊效雷《〈周易參同契〉考述》，《文獻》1997年第4期。
② ［五代］彭曉：《周易參同契通真義》卷上，文淵閣四庫全書本。

農曆初八，月上弦，於黃昏時分出現在南方，月相如兌卦之象，據京氏納甲，兌卦納丁，而丁所代表的方位爲南，所以説"八日兌受丁，上弦平如繩"。

農曆十五，一輪滿月於黃昏時分出現在東方，月相如乾卦之象，據京氏納甲，乾卦的内卦納甲，而甲所代表的方位爲東，所以説"十五乾體就，盛滿甲東方"。

農曆十六，月盈而虧，於黎明時分没於西方，月相如巽卦之象，據京氏納甲，巽卦納辛，而辛所代表的方位爲西，所以説"十六轉受統，巽辛見平明"。

農曆二十三，月下弦，於黎明時分没於南方，月相如艮卦之象，據京氏納甲，艮卦納丙，而丙所代表的方位爲南，所以説"艮直於丙南，下弦二十三"。

農曆三十，月晦，於黎明時分没於東方，月相如坤卦之象，據京氏納甲，坤卦的内卦納乙，而乙所代表的方位爲東，所以説"坤乙三十日，東方喪其明"。

以離、坎代表日月，將月相與卦象聯繫起來，以月亮昏見晨没的方位解釋京氏納甲，這便是《周易參同契》的月體納甲説①。乾、震、坎、艮（一父三子）所納天干皆屬奇數位天干，坤、巽、離、兑（一母三女）所納天干皆屬偶數位天干，反映了陰陽各歸其類的"類族辨物"思想。《周易參同契》的月體納甲是用來描述丹道火候進退的，而虞翻則將月體納甲引入了其對《周易》經傳的詮釋。兹將虞翻以月體納甲説詮釋《周

---

① 案，月體納甲説明確見載於《周易參同契》，但據考證，清華大學藏戰國竹簡《筮法》中已有月體納甲之應用。參見劉大鈞：《讀清華簡〈筮法〉》，《周易研究》2015 年第 2 期。

易》的典型佚文列之於下:

1.《周易》坤卦《彖》辭:"西南得朋,乃與類行①;東北喪朋,乃終有慶②。"虞注:"此指説易道陰陽消息之大要也。謂陽月三日變而成震出庚,至月八日成兑見丁。庚西丁南,故'西南得朋',謂二陽爲朋……二十九日消乙入坤,滅藏於癸。乙東癸北,故'東北喪朋',謂之以坤滅乾,坤爲喪故也。"③

2.《周易》坤卦《文言》:"積善之家必有餘慶,積不善之家必有餘殃。"虞注:"謂初乾爲積善,以坤壯陽滅,出復震爲餘慶④。積不善以乾通坤,極姤生巽爲餘殃⑤。"⑥

3.《周易》蹇卦《彖》辭:"蹇利西南,往得中也。不利東北,其道窮也。"虞注:"坤西南卦,五在坤中,坎爲月,月生西南,故'利西南'。'往得中'謂西南得朋也。艮,東北之卦,月消於艮,喪乙滅癸,故'不利東北'。'其道窮也'則東北喪朋矣。"⑦

4.《周易》蹇卦《彖》辭:"蹇之時用大矣哉。"虞注:"謂坎月生西南而終東北。震象出庚,兑象見丁,乾象盈甲,巽象退辛,艮象消丙,坤象窮乙,喪滅於癸。終則復始,以生萬

---

① 惠棟於此加注:"謂陽得其類,月朔至望,從震至乾,與時偕行,故'乃與類行'。"
② 惠棟於此加注:"陽喪滅坤,坤終復生,謂月三日震象出庚,故'乃終有慶'。"
③ [唐] 李鼎祚:《周易集解》卷2,文淵閣四庫全書本。
④ 惠棟於此加注:"乾成於震謂月三日。"
⑤ 惠棟於此加注:"坤生於巽謂十六日。"
⑥ [清] 惠棟:《易漢學》卷3,鄭萬耕點校:《周易述(附易漢學、易例)》,中華書局,2007年,第568頁。
⑦ [唐] 李鼎祚:《周易集解》卷8,文淵閣四庫全書本。

物,故'用大矣'。"①

5.《周易》歸妹卦《彖》辭:"歸妹,人之終始也。"虞注:"人始生乾而終於坤,故'人之終始'。《雜卦》曰:歸妹,女之終。謂陰終坤癸則乾始震庚也。"②

6.《周易·繫辭上》:"在天成象。"虞注:"謂日月在天成八卦。震象出庚,兑象見丁,乾象盈甲,巽象伏辛,艮象消丙,坤象喪乙,坎象流戊,離象就己,故'在天成象'也。"③

7.《周易·繫辭上》:"懸象著明莫大乎日月。"虞注:"謂日月懸天成八卦象。三日暮,震象出庚,八日兑象見丁,十五日乾象盈甲,十七日旦巽象退辛,二十三日艮象消丙,三十日坤象滅乙,晦夕朔旦,坎象流戊,日中則離,離象就己,戊己土位,象見於中④,日月相推而明生焉。"⑤

8.《周易·繫辭上》:"四象生八卦。"虞注:"乾二、五之坤則生震、坎、艮,坤二、五之乾則生巽、離、兑,故'四象生八卦'。乾、坤生春,艮、兑生夏,震、巽生秋,坎、離生冬者也⑥。"

9.《周易·繫辭上》:"天數五,地數五,五位相得而各有合。"虞注:"五位謂五行之位。甲乾乙坤相得合木,謂天地定位也;丙艮丁兑相得合火,山澤通氣也;戊坎己離相得合土,水火相逮也;庚震辛巽相得合金,雷風相薄也;天壬地癸相得

---

① [唐] 李鼎祚:《周易集解》卷8,文淵閣四庫全書本。
② [唐] 李鼎祚:《周易集解》卷11,文淵閣四庫全書本。
③ [唐] 李鼎祚:《周易集解》卷13,文淵閣四庫全書本。
④ 惠棟於此加小注:"宋人作納甲圖,以坎離列東西者,誤甚。"
⑤ [唐] 李鼎祚:《周易集解》卷14,文淵閣四庫全書本。
⑥ [唐] 李鼎祚:《周易集解》卷14,文淵閣四庫全書本。惠棟於"春、夏、秋、冬"後分別加注"甲乙、丙丁、庚辛、戊己"。

合水，言陰陽相薄而戰於乾。故'五位相得而各有合'。"①

10.《周易·繫辭下》："八卦成列，象在其中矣。"虞注："象謂三才成八卦之象。乾、坤列東，艮、兑列南，震、巽列西，坎、離在中，故'八卦成列'則'象在其中'。"②

11.《周易·繫辭下》："變動不居，周流六虛。"虞注："六虛，六位也。日月周流，終則復始，故'周流六虛'，謂甲子之旬辰爲虛，坎戊爲月，離己爲日，入在中宫，其處空虛，故稱'六虛'，五甲如次者也。"③

12.《周易·説卦》："水火不相射。"虞注："謂坎、離。射，厭也。水火相通，坎戊離己，月三十日一會於壬，故'不相射'也。"④

13.《周易·説卦》："萬物出乎震。震，東方也。"虞注："出，生也。震初不見東⑤，故不稱東方卦也。"⑥

14.《周易·説卦》："齊乎巽。巽，東南也。"虞注："巽陽隱初爻，不見東南⑦，亦不稱東南卦，與震同義。"⑧

15.《周易·説卦》："離也者，明也。萬物皆相見，南方之卦也。"虞注："離象三爻皆正。日中，正南方之卦也⑨。"⑩

---

①［唐］李鼎祚：《周易集解》卷14，文淵閣四庫全書本。
②［唐］李鼎祚：《周易集解》卷15，文淵閣四庫全書本。
③［唐］李鼎祚：《周易集解》卷16，文淵閣四庫全書本。
④［唐］李鼎祚：《周易集解》卷17，文淵閣四庫全書本。
⑤惠棟於此加小注："震初出庚在西。"
⑥［唐］李鼎祚：《周易集解》卷17，文淵閣四庫全書本。
⑦惠棟於此加注："巽在西。"
⑧［唐］李鼎祚：《周易集解》卷17，文淵閣四庫全書本。
⑨惠棟於此加注："日中爲離。"
⑩［唐］李鼎祚：《周易集解》卷17，文淵閣四庫全書本。

16.《周易·説卦》:"兑,正秋也。"虞注:"兑三失位不正,故言'正秋'。兑象不見西①,故不曰西方之卦。"②

17.《周易·説卦》:"戰乎乾,乾,西北之卦也。"虞注:"乾剛正五③,月十五日辰象西北④,故西北之卦。"⑤

18.《周易·説卦》:"坎者,水也,正北方之卦也。"虞注:"坎二失位不正,故言正北方之卦,與兑正秋同義。坎月夜中,故正北方。"⑥

19.《周易·説卦》:"艮,東北之卦也。萬物之所成終而所成始也,故曰成言乎艮。"虞注:"萬物成始乾甲,成終坤癸。艮東北,甲癸之間⑦,故萬物之所成終而成始者也。"⑧

惠棟認爲,宋人所作的納甲圖"依邵氏僞造先天圖之位,錯亂不可明",於是在《易漢學》卷3自作"八卦納甲之圖",解釋説:"坎離,日月也。戊己,中土也。晦夕朔旦,坎象流戊;日中則離,離象就己。三十日會於壬。三日出爲庚,八日見於丁,十五日盈於甲,十六日退於辛,二十三日消於丙,二十九日窮於乙滅於癸。乾息坤成震,三日之象;兑,八日之

---

①惠棟於此加注:"兑在南。"
②[唐]李鼎祚:《周易集解》卷17,文淵閣四庫全書本。
③疑爲"乾五剛正"之誤。
④惠棟於此加注:"暮在東。"
⑤[唐]李鼎祚:《周易集解》卷17,文淵閣四庫全書本。
⑥[唐]李鼎祚:《周易集解》卷17,文淵閣四庫全書本。
⑦惠棟對此加案語説:"仲翔之意,艮本東北之卦而消於丙,當在南方。乾,十五日也。坤,三十日也。艮在中,距乾坤皆八日。甲東癸北,故云'艮東北,甲癸之間'。"
⑧[唐]李鼎祚:《周易集解》卷17,文淵閣四庫全書本。

象;① 十五日而乾體成。坤消乾成巽，十六日也；艮，二十三日也；二十九日而坤②體就。出庚見丁者，指月之盈虛而言，非八卦之定體也。③ 甲乾乙坤，相得合木，故甲乙在東；丙艮丁兑，相得合火，故丙丁在南；戊坎己離，相得合土，故戊己居中；庚震辛巽，相得合金，故庚辛在西；天壬地癸，相得合水，故壬癸在北。此天地自然之理。"④

八卦納甲之圖

二、逸象

虞翻詮釋《周易》時經常運用八卦取象，其中既有《周易·説卦》中所記載的八卦取象，又有大量《周易·説卦》中未見記載的八卦取象。《周易·説卦》中未見記載的八卦取象便被稱爲"虞氏逸象"。在《易漢學》中，惠棟鉤稽了"虞氏逸象"。"虞氏逸象"的數量遠遠地超過了惠棟考索荀爽《易》

---

① 惠棟於此加雙行小注："震本屬東方，兑本屬西方，然月之生明必於庚，上弦必於乾，故震在西，兑在南。諸卦可以類推。"
② 坤，原誤作"乾"。
③ 惠棟於此加雙行小注："乾盈於甲，行至辛而始退。震爲始生，巽爲始退，而皆在西。兑上弦，艮下弦，而皆在南。乾滿於甲，坤窮於乙，而皆在東。此以月（原誤作'日'）所行之道言之，而納甲（原誤作'坤'）由是生焉。"
④ [清] 惠棟：《易漢學》卷3，鄭萬耕點校：《周易述（附易漢學、易例）》，中華書局，2007年，第556~557頁。

時所鉤稽的"九家逸象"。惠棟説:"荀九家逸象三十有一①……虞仲翔傳其家五世孟氏之學,八卦取象十倍於九家。"②接着,惠棟具體鉤稽了317種虞氏逸象。

其中關於乾卦的逸象有:乾爲王、爲神、爲人、爲聖人、爲賢人、爲君子、爲善人、爲武人、爲物、爲敬、爲威、爲嚴、爲道、爲德、爲信、爲善、爲良、爲愛、爲忿、爲生、爲慶、爲祥、爲嘉、爲福、爲禄、爲積善、爲介福、爲先、爲始、爲知、爲大、爲盈、爲肥、爲好、爲施、爲利、爲清、爲治、爲高、爲宗、爲甲、爲老、爲舊、爲久、爲畏、爲大明、爲晝、爲遠、爲郊、爲野、爲門、爲大謀、爲大門、爲車、爲大車、爲百、爲歲、爲朱、爲頂、爲圭、爲蓍。

關於坤卦的逸象有:坤爲妣、爲民、爲刑人、爲小人、爲鬼、爲屍、爲形、爲自、爲我、爲身、爲拇、爲至、爲安、爲康、爲富、爲財、爲積、爲重、爲厚、爲基、爲致、爲用、爲寡、爲徐、爲營、爲下、爲裕、爲虛、爲書、爲永、爲邇、爲思、爲默、爲惡(wù)、爲禮、爲義、爲事、爲類、爲閉、爲密、爲恥、爲欲、爲過、爲醜、爲惡(è)、爲怨、爲害、爲終、爲喪、爲殺、爲亂、爲喪期、爲積惡、爲冥、爲晦、爲夜、爲暑、爲乙、爲年、爲十年、爲盍、爲户、爲闔户、爲庶政、爲大業、爲土、爲田、爲國、爲邑、爲邦、爲大邦、爲鬼方、爲器、爲缶、爲輻、爲虎、爲黄牛。

關於震卦的逸象有:震爲帝、爲主、爲諸侯、爲人、爲行

---

①文淵閣四庫全書本《易漢學》誤作"五十有一"。
②[清]惠棟:《易漢學》卷3,鄭萬耕點校:《周易述(附易漢學、易例)》,中華書局,2007年,第568頁。

人、爲上、爲兄、爲夫、爲元夫、爲行、爲征、爲出、爲逐、爲作、爲興、爲奔、爲奔走、爲警衛、爲百、爲言、爲講、爲議、爲問、爲語、爲告、爲響、爲音、爲應、爲交、爲懲、爲反、爲後、爲後世、爲從、爲守、爲左、爲生、爲緩、爲寬仁、爲樂、爲笑、爲大笑、爲陵、爲祭、爲邕、爲草莽、爲百穀、爲麋鹿、爲筐、爲趾。

關於坎卦的逸象有：坎爲雲、爲玄雲、爲大川、爲志、爲謀、爲惕、爲疑、爲恤、爲逖、爲悔、爲涕洟、爲疾、爲失、爲破、爲罪、爲悖、爲欲、爲淫、爲獄、爲暴、爲毒、爲虛、爲瀆、爲孚、爲平、爲則、爲經、爲法、爲叢、爲聚、爲習、爲美、爲役、爲納、爲臀、爲腰、爲膏、爲陰夜、爲歲、爲三歲、爲酒、爲鬼、爲校、爲弧、爲弓彈。

關於艮卦的逸象有：艮爲弟、爲小子、爲賢人、爲童、爲僮僕、爲官、爲友、爲道、爲時、爲小狐、爲猿、爲碩、爲碩果、爲慎、爲順、爲待、爲執、爲多、爲厚、爲節、爲求、爲篤實、爲穴居、爲城、爲宮官、爲庭、爲廬、爲牖、爲居、爲舍、爲家廟、爲社稷、爲星、爲斗、爲沬、爲肱、爲背、爲尾、爲皮。

關於巽卦的逸象有：巽爲命、爲誥、爲號、爲隨、爲利、爲同、爲交、爲白茅、爲草莽、爲草木、爲薪、爲帛、爲牀、爲桑、爲蛇、爲魚。

關於離卦的逸象有：離爲黃、爲見、爲飛、爲明、爲光、爲甲、爲孚、爲戎、爲刀、爲斧、爲資斧、爲矢、爲黃矢、爲網、爲鶴、爲鳥、爲飛鳥、爲甕、爲瓶。

關於兌卦的逸象有：兌爲友、爲朋、爲刑人、爲小、爲折、爲密、爲刑、爲見、爲右、爲少。

以上據文淵閣四庫全書本《易漢學》統計，乾卦逸象 61 種，坤卦逸象 77 種，震卦逸象 50 種，坎卦逸象 45 種，艮卦逸象 39 種，巽卦逸象 16 種，離卦逸象 19 種，兌卦逸象 10 種，共計 317 種。① 以天津師範大學館藏清乾隆鎮洋畢氏經訓堂刻本《易漢學》校之，關於乾卦逸象，尚有乾爲行人、爲性、爲古②，然無乾爲車、爲大車③，庫本《易漢學》中的"大門"，經訓堂本作"道門"④。關於坤卦逸象，尚有坤爲姓、爲躬、爲聚、爲包、爲近、爲死⑤，然無坤爲拇⑥。關於震卦逸象，庫本

---

① 文淵閣四庫全書本《易漢學》誤作"三百二十七"。
② 案，李鼎祚《周易集解》在無妄卦六三爻辭（卷六）下所收錄的虞注以"乾爲行人"釋之，在《繫辭上》"成之者，性也"（卷十三）下所收錄的虞注以"乾爲性"釋之，在《繫辭下》"易之興也，其於中古乎"（卷十六）下所收錄的虞注以"乾爲古"釋之，故當以經訓堂本爲是。
③ 遍考虞翻《易》注，無以"乾爲車""乾爲大車"解《易》者，而且虞翻在注小畜卦九三爻辭（卷三）時明言："馬君及俗儒皆以乾爲車，非也。"蓋惠棟誤以馬融等人的逸象爲虞翻逸象。
④ 遍考虞翻《易》注，無以"乾爲大門"解《易》者，而李鼎祚《周易集解》在《周易·繫辭上》"道義之門"（卷十三）下所收錄的虞注以"乾爲道門"釋之，故當以"道門"爲是。
⑤ 案，李鼎祚《周易集解》在《繫辭下》"百姓"（卷十六）下收錄的虞注以"坤爲姓"釋之，在蒙六三（卷二）、蹇六二（卷八）、震上六（卷十）下收錄的虞注以"坤爲躬"釋之，在萃《象》（卷九）、萃初六（卷九）、萃六三（卷九）下收錄的虞注以"坤爲聚"釋之，在蒙九二（卷二）下收錄的虞注以"坤爲包"釋之，在《繫辭上》"無有遠近幽深"（卷十四）、《繫辭下》"遠近相取"（卷十六）、《說卦》"爲近利市三倍"（卷十七）下收錄的虞注以"坤爲近"釋之，在乾《文言》（卷一）、豫六五（卷四）、恒六五（卷七）、兌《象》（卷十一）、中孚《大象》（卷十二）下收錄的虞注以"坤爲死"釋之，故當以經訓堂本爲是。
⑥ 案，李鼎祚《周易集解》在咸卦初六爻辭（卷七）和解卦九四爻辭（卷八）下收錄的虞注均以"坤爲拇"釋之，故經訓堂本無"坤爲拇"，非是。坤爲母，故又爲拇。解卦九四爻辭"解而拇"焦循章句："拇，猶母也。"山東大學劉玉建先生《兩漢象數易學研究》輯錄坤卦逸象 157 種，亦漏收坤爲拇。

中的"上",經訓堂本作"士"①;庫本《易漢學》中的"後世",經訓堂本作"世"②。關於坎卦逸象,尚有坎爲入③,然無坎爲失、爲歲④;庫本中的"役",經訓堂本作"後"⑤。關於艮卦逸象,無艮爲節⑥;庫本中的"猨",經訓堂本作"狼"⑦。關於兑卦逸象,無兑爲折⑧。清儒紀磊《虞氏易象考正》等皆以經訓堂本爲底本,然所統計之逸象總數亦有誤。

虞翻逸象本之《周易·説卦》,或據《文言傳》引申,或據《繫辭傳》引申,或據《序卦傳》引申,或據《彖辭傳》引申,或據《象辭傳》引申,或因卦象而引申,或因象數《易》例而引申,或因訓詁而引申,輾轉牽合,蓋本《周易·繫辭上》

---

① 遍考虞翻《易》注,無以"震爲上"解《易》者,而李鼎祚《周易集解》在歸妹卦上六爻辭下收録的虞注以"震爲士"釋之,故當以經訓堂本爲是。
② 遍考虞翻《易》注,無以"震爲世"解《易》者,而李鼎祚《周易集解》在《繫辭下》"後世聖人易之以宫室"下收録的虞注以"震爲後世"釋之,故當以庫本爲是。
③ 李鼎祚《周易集解》在坎卦初六《象》辭(卷六)下收録的虞注以"坎爲入"釋之,故當以經訓堂本爲是。
④ 遍考虞翻《易》注,無以"坎爲失"解《易》者,然李鼎祚《周易集解》在漸卦九五爻辭(卷十一)下收録的虞注以"坎爲歲"釋之,故經訓堂本無"坎爲失"是,而無"坎爲歲"非。
⑤ 遍考虞翻《易》注,無以"坎爲役"解《易》者,然李鼎祚《周易集解》在比卦《彖》辭下收録的虞注以"坎爲後"釋之,故當以經訓堂本爲是。
⑥ 李鼎祚《周易集解》在未濟卦上九《象》辭(卷十二)下收録的虞注以"艮爲節"釋之,故經訓堂本無"艮爲節",非是。
⑦ 遍考虞翻《易》注,無以"艮爲猨"解《易》者,而李鼎祚《周易集解》在屯卦六三爻辭(卷二)和巽卦六四爻辭(卷十一)下收録的虞注均以"艮爲狼"釋之,故當以"艮爲狼"爲是。
⑧ 李鼎祚《周易集解》在豐卦九三爻辭(卷十一)下收録的虞注以"兑爲折"釋之,故經訓堂本無"兑爲折",非是。

"引而申之,觸類而長之"之旨。① 對虞氏逸象,惠棟評價説:"雖大略本于經,然其授受必有所自,非若後世向壁虛造,漫無根據者也。"② 今人劉玉建先生則認爲:"無論其逸象是有所授受,還是獨創,有一個事實還是應當承認的,即其逸象幾乎全部來自經文,可以説是持之有據。……凡是對虞氏《易》學有所瞭解有所研究者,都不會輕易地視虞氏以逸象解《易》爲漫無原則的隨意解經。"③ 筆者基本贊同惠棟和劉玉建先生之説,但認爲把八卦取象的範圍無限地擴大既無必要,又的確有隨意比附之嫌。事物之間的聯繫是具體的、有條件的,而虞氏逸象把八卦取象的範圍無限地擴大,表面上看來,似乎符合普遍聯繫的哲學原理,其實是將事物之間的聯繫絶對化,可謂差之毫釐,謬以千里。無論是卦爻象還是卦爻辭都是用來表達卦爻"意"的。在象、辭和意三者之間,意是主要的,象和辭都是表意的手段。意是内容,象和辭是形式,形式是爲内容服務的。熱衷於探究卦爻象與卦爻辭之間的關係,往往就忽視了對卦爻意的探討,可説是買櫝還珠,留下了形式,而抛棄了内容。虞翻《易》學之弊大概正在於此吧!如果説虞翻以逸象詮釋卦爻辭尚有其合理性而值得肯定的話(如坎爲雲,證之以《易傳》"雲雷屯"之語,淵源有自),那麽,虞翻以逸象詮釋《易傳》則顯得極爲荒謬。《易傳》解説卦爻辭,重在闡發義理。虞氏將大量的道德訓誡之語離析爲八卦逸象(如以"坤爲作事""坎爲謀""乾爲始"詮釋訟

---

①《周易·繫辭下》"其取類也大",虞翻注:"謂乾陽也。爲天,爲父,觸類而長之,故大也。"
②[清]惠棟:《易漢學》卷3,鄭萬耕點校:《周易述(附易漢學、易例)》,中華書局,2007年,第574頁。
③劉玉建:《兩漢象數易學研究》,廣西教育出版社,1996年,第739頁。

卦《象傳》"君子以作事謀始"等），使人"逸象"障目而不見義理，無疑是一條錯誤的解《易》之路。

虞翻《易》學是兩漢以來象數《易》學的集大成者。在中國古代《易》學發展史上，對虞翻《易》學的研究集中在清代。在清代漢《易》研究之風興起之後，作爲兩漢以來象數《易》學集大成者的虞翻《易》學自然首先受到了人們的重視。清代研究虞翻《易》學最有名的是張惠言。張惠言在其代表《易》著《周易虞氏義》中大量運用了虞氏逸象。《周易虞氏義》是一部疏解、補注類的著作。其對《周易》疏解、補注的方式是：1. 唐李鼎祚《周易集解》中有虞翻《易》注者照録之，並對其中一些加以疏解。2. 唐李鼎祚《周易集解》中無虞翻《易》注者則根據其對虞翻《易》學的整體把握，按照虞翻的解《易》思路，加以補注。據筆者考察①，張惠言在疏解、補注《周易》時所運用的基本上是虞氏逸象或符合虞氏創立逸象的思路，説明張惠言精研虞氏《易》已到了融會貫通的程度，但百密一疏，也有一些缺失。缺失之一：誤以非虞氏逸象者爲虞氏逸象；缺失之二：作爲以補注爲主的著作，補注應力求全面，然而，有些應補且能補者，張惠言卻未補。

（一）誤以非虞氏逸象者爲虞氏逸象

· 乾爲揚

張惠言疏解大有卦《象》辭時以"乾爲揚"爲釋。② 考虞氏逸象，並無"乾爲揚"之説。張惠言以乾爲揚大概是根據李鼎祚在大

---

① 詳見楊效雷：《清儒〈易〉學舉隅》，香港國際學術文化資訊出版公司，2003年，第123~181頁。
② [清] 張惠言：《周易虞氏義》卷2，續修四庫全書本。

有卦《象》辭下所收錄的虞注。虞氏注大有卦《象》辭"遏惡揚善"時說:"乾爲揚善。"① 筆者認爲,根據虞氏此注,只宜以"乾爲善"爲虞氏逸象,而不宜以"乾爲揚"爲虞氏逸象。虞氏既以乾爲善,故以此逸象解大有卦《象》辭中的"揚善"。虞氏以"乾爲揚"解《易》之例,遍考現存虞注,絕無僅有。

• 坤爲帛

張惠言補注坤卦六五爻辭時以"坤爲帛"爲釋。② 考虞氏逸象,無"坤爲帛"之說。"坤爲帛"乃九家逸象。張惠言蓋誤以九家逸象爲虞氏逸象。

• 坤爲裕

張惠言疏解、補注晉卦初六爻辭和《象》辭時以"坤爲裕"爲釋。③ 考虞氏逸象,並無"坤爲裕"之說。張惠言以坤爲裕大概是根據李鼎祚在晉卦初六爻辭下所收錄的虞注。虞翻注晉卦初六爻辭"裕無咎"時說:"坤弱爲裕。"④ 筆者認爲,凡此句式,只宜以"坤爲弱"爲虞氏逸象,不宜以"坤爲裕"爲虞氏逸象。虞氏只是以"坤爲弱"這一逸象來解釋晉卦初六爻辭中的"裕",晉卦初六爻辭之外,未見虞氏以"坤爲裕"解釋其他卦爻辭。

• 震爲世

張惠言補注乾卦《文言》時以"震爲世"爲釋。⑤ 考虞氏逸象,並無"震爲世"之說。張惠言以震爲世大概是根據李鼎

---

① [唐] 李鼎祚:《周易集解》卷4,文淵閣四庫全書本。
② [清] 張惠言:《周易虞氏義》卷1,續修四庫全書本。
③ [清] 張惠言:《周易虞氏義》卷4,續修四庫全書本。
④ [唐] 李鼎祚:《周易集解》卷7,文淵閣四庫全書本。
⑤ [清] 張惠言:《周易虞氏義》卷1,續修四庫全書本。

祚在《周易·繫辭下》"後世聖人易之以宮室"① 下所收録的虞注。筆者認爲，虞氏以震爲後，故用以解"後世"，不宜以"震爲世"爲逸象。

·艮爲夫

張惠言疏解比卦卦辭時以"艮爲夫"爲釋。② 考虞氏逸象，無"艮爲夫"之説。張惠言以艮爲夫乃從"震爲夫"引申而來，然《周易·説卦》："震一索而得男，故謂之爲長男……艮三索而得男，故謂之少男。"震爲長男，故可稱夫；艮爲少男，豈可稱夫？

·兑爲書

張惠言補注巽卦九二爻辭時以"兑爲書"爲釋。③ 考虞氏逸象，無"兑爲書"之説。虞翻注《周易·繫辭下》"後世聖人易之以書契"時説："坤爲書，兑爲契。"④ 因此曾釗説："張取兑爲書契非是。坤爲書，兑爲契，兑非書也。"⑤

（二）當補且能補而未補者

·否卦九五爻辭"繫於苞桑"

考虞氏逸象，有"巽爲苞""巽爲桑"之説。李鼎祚在姤卦九五爻辭下所收録的虞注即以"巽爲苞"爲釋⑥，在無妄卦六三爻辭下所收録的虞注則以"巽爲桑"爲釋⑦。按照虞氏解《易》思路，此處完全可以用"巽爲苞""巽爲桑"爲釋，然

---

①［唐］李鼎祚：《周易集解》卷15，文淵閣四庫全書本。
②［清］張惠言：《周易虞氏義》卷1，續修四庫全書本。
③［清］張惠言：《周易虞氏義》卷6，續修四庫全書本。
④［唐］李鼎祚：《周易集解》卷15，文淵閣四庫全書本。
⑤［清］曾釗：《周易虞氏義箋》卷6，續修四庫全書本。
⑥［唐］李鼎祚：《周易集解》卷9，文淵閣四庫全書本。
⑦［唐］李鼎祚：《周易集解》卷6，文淵閣四庫全書本。

而，張惠言卻僅以"巽爲繩"補注否卦九五爻辭中的"繫"，而未以"巽爲苞""巽爲桑"補注否卦九五爻辭中的"苞桑"。

· 賁卦九三爻辭"賁如濡如，永貞吉"

考虞氏逸象，有"坤爲永"之說。虞翻注益卦六二爻辭"永貞吉"時即以"坤爲永"爲釋。① 按照虞氏解《易》思路，此處亦完全可以用"坤爲永"爲釋，然而，張惠言卻僅以"坎爲濡"補注賁卦九三爻辭中的"濡"，而未以"坤爲永"補注賁卦九三爻辭中的"永"。

· 困卦初六爻辭"三歲不覿"

考虞氏逸象，有"乾爲歲"之說。虞翻注同人卦九三爻辭"三歲不得"② 和坎卦上六爻辭"三歲不得"③ 時皆以"乾爲歲"爲釋。按照虞氏解《易》思路，此處亦完全可以用"乾爲歲"爲釋，然而，張惠言卻僅以"離爲覿"爲釋，卻未以"乾爲歲"爲釋。

· 井卦九三爻辭"爲我心惻"

考虞氏逸象，有"坤爲我"之說。虞翻注觀卦六三爻辭"觀我生"④、頤卦初九爻辭"觀我朵頤"⑤、益卦九五爻辭"有孚惠爲德"⑥、鼎卦九二爻辭"我仇有疾"⑦、中孚卦九二爻辭

---

① [唐] 李鼎祚：《周易集解》卷8，文淵閣四庫全書本。
② [唐] 李鼎祚：《周易集解》卷4，文淵閣四庫全書本。
③ [唐] 李鼎祚：《周易集解》卷6，文淵閣四庫全書本。
④ [唐] 李鼎祚：《周易集解》卷5，文淵閣四庫全書本。
⑤ [唐] 李鼎祚：《周易集解》卷6，文淵閣四庫全書本。
⑥ [唐] 李鼎祚：《周易集解》卷8，文淵閣四庫全書本。
⑦ [唐] 李鼎祚：《周易集解》卷10，文淵閣四庫全書本。

"我有好爵"① 和小過卦六五爻辭 "自我西郊"② 時,均以 "坤爲我" 爲釋。按照虞氏解《易》思路,此處亦完全可以用 "坤爲我" 爲釋,然而,張惠言卻僅以 "坎爲心" 爲釋,而未以 "坤爲我" 爲釋。

---

① [唐] 李鼎祚:《周易集解》卷12,文淵閣四庫全書本。
② [唐] 李鼎祚:《周易集解》卷12,文淵閣四庫全書本。

第二章 魏晉至宋元時期的《周易》詮釋

與漢代繁瑣的《周易》象數詮釋形成鮮明對比的是，魏晉至宋元時期，流行義理《易》學。王弼以"老莊玄學"解《易》，爲玄學《易》之代表；程頤以"理"解《易》，爲理學《易》之代表。朱熹以"筮"解《易》，被一些學者歸於象數《易》學。其實，以《易》爲卜筮之書，又指出筮中含理，是朱熹爲《周易》詮釋所開闢的新天地。在義理《易》學獨領風騷的時代背景下，吳澄的象數《易》學獨樹一幟。其獨具特色的卦統、卦主、卦變説，在《周易》詮釋史上影響深遠。

第一節　王弼的《周易》詮釋

王弼(226~249)，字輔嗣，魏山陽（今河南焦作）人。《三國志》附其傳於鍾會後，寥寥數語，稱其"好論儒道，辭才逸辯，注《易》及《老子》，爲尚書郎，年二十餘，卒"。裴松之注稍詳，稱裴徽"一見而異之"，何晏"甚奇弼"，淮南人劉陶"每與弼語，嘗屈弼"。太原王濟嘗云："見弼《易》注，所悟者多。"王弼卒後，晉景王聞之，"嗟歎者累日"①。王弼享壽雖僅二十四歲，然而其突出的《易》學成就，卻使他成爲《易》學史上具有里程碑作用的當之無愧的重要人物。

一、得意忘象

漢代象數《易》學名目繁多，牽強支離之弊叢生，"穿鑿瑣細"。在此背景下，王弼明確提出"得意忘象"的觀點："夫象者，出意者也。言者，明象者也。盡意莫若象，盡象莫若言。言生於象，故可尋言以觀象。象生於意，故可尋象以觀意。意以象盡，象以言著。故言者所以明象，得象而忘言。象者，所以存意，得意而忘象。猶蹄者所以在兔，得兔而忘蹄。筌者所以在魚，得魚而忘筌也。"② 在這裏，王弼依據《莊子·外物》"筌者所以在魚，得魚而忘筌。蹄者所以在兔，得兔而忘蹄。言

---

① [晉] 陳壽著，[劉宋] 裴松之注：《三國志》卷28，中華書局，1959年，第795~796頁。
② [魏] 王弼著，樓宇烈校釋：《周易注（附周易略例）》，中華書局，2011年，第414頁。

者所以在意，得意而忘言"，明確地表達了其義理詮《易》的方法論。

根據《周易·說卦》，乾爲馬，坤爲牛。漢儒執泥此象，王弼深不以爲然。王弼説："義苟在健，何必馬乎？類苟在順，何必牛乎？……爻苟和順，何必坤乃爲牛？義苟應健，何必乾乃爲馬？……而或者定馬於乾……案文責卦，有馬無乾，則僞説滋漫，難可紀矣。互體不足，遂及卦變，變又不足，推致五行。一失其原，巧愈彌甚……縱復或值，而義無所取，蓋存象忘意之由也。"① 如，大畜九三爻辭"良馬逐"，虞翻以"乾爲良馬"解之②，而王弼則以爻位釋之："至於九三，升於上九，而上九處天衢之亨，途徑大通，進無違距，可以馳騁，故曰'良馬逐'也。"③ 再如，中孚卦六四爻辭"馬匹亡"，虞翻注："乾、坎兩馬匹，初、四易位，震爲奔走，體遯山中，乾、坎不見，故馬匹亡。"④ 而王弼則一掃其繁瑣，以義理簡明釋之："馬匹亡者，棄群類也。"⑤ 又如，離卦卦辭"畜牝牛吉"，虞翻注："坤爲牝牛。乾二、五之坤成坎，體頤養象，故畜牝牛吉。"⑥ 虞翻認爲，離卦由"坤二、五之乾"變來，故以坤卦之象解離卦卦辭之"牛"。王弼則以柔中之理解之："柔處於內，而履正中，牝

---

① [魏] 王弼著，樓宇烈校釋：《周易注（附周易略例）》，中華書局，2011年，第415頁。
② [唐] 李鼎祚：《周易集解》卷6，文淵閣四庫全書本。
③ [魏] 王弼著，樓宇烈校釋：《周易注（附周易略例）》，中華書局，2011年，第144頁。
④ [唐] 李鼎祚：《周易集解》卷12，文淵閣四庫全書本。
⑤ [魏] 王弼著，樓宇烈校釋：《周易注（附周易略例）》，中華書局，2011年，第320頁。
⑥ [唐] 李鼎祚：《周易集解》卷6，文淵閣四庫全書本。

之善也。外強而內順，牛之善也。離之爲體，以柔順爲主者也，故不可以畜剛猛之物，而吉於畜牝牛也。"①

茲對比漢儒《易》注，多舉例證，以凸顯王弼"得意忘象"之特點。

乾卦九五爻辭"飛龍在天"，虞翻以爻變、互體、八卦逸象解之："謂四已變，則五體離，離爲飛，五在天，故'飛龍在天，利見大人'也。"② 四爻變後，三、四、五爻互離，離爲飛，故云"飛龍"。王弼則以德位之理釋之："不行不躍，而在乎天，非飛而何？故曰飛龍也。龍德在天，則大人之路亨也。夫位以德興，德以位敘，以至德而處盛位，萬物之覩，不亦宜乎！"③

坤卦六三爻辭"含章可貞，或從王事，無成有終"，虞翻以爻變、八卦逸象、互體解之："三失位，發得正，故'可貞'也。三已發成泰，乾爲王，坤爲事，震爲從，故'或從王事'。"④ 三爻陰爻陽位不正，變而之正，故云"可貞"。初、二、三爻變後，坤變爲泰，泰之下卦乾爲主，泰之上卦坤爲事，三、四、五爻互震，震爲從，故云"或從王事"。王弼則以柔下之理釋之："三，處下卦之極，而不疑於陽，應斯義者也。不爲事始，須唱乃應，待命乃發，含美而可正者也，故曰'含章可貞'也。有事則從，不敢爲首，故曰'或從王事'也。不爲事

---

① [魏] 王弼著，樓宇烈校釋：《周易注（附周易略例）》，中華書局，2011年，第165頁。
② [唐] 李鼎祚：《周易集解》卷1，文淵閣四庫全書本。
③ [魏] 王弼著，樓宇烈校釋：《周易注（附周易略例）》，中華書局，2011年，第2頁。
④ [唐] 李鼎祚：《周易集解》卷2，文淵閣四庫全書本。

主，順命而終，故曰'無成有終'也。"①

屯卦卦辭"元亨利貞"，虞翻以卦變解之："坎二之初，剛柔交震，故'元亨'。之初得正，故'利貞'矣。"② 坎卦初、二互易，則坎變爲屯。變前，坎卦初、二爻皆失位，變後當位，故云"利貞"。王弼則以陰陽交易之理釋之："剛柔始交，是以屯也。不交則否，故屯乃大亨也。大亨則無險，故利貞。"③

蒙卦初六爻辭"發蒙，利用刑人，用説桎梏，以往吝"，虞翻以爻變、八卦逸象、互體解之："初爲蒙始，而失其位，發蒙之正，以成兑，兑爲刑人，坤爲用，故曰'利用刑人'矣。坎爲穿木，震足，艮手，互與坎連，故稱'桎梏'。初發成兑，兑爲説，坎象毁壞，故曰'用説桎梏'。之應歷險，故'以往吝'。"④ 初爻失位，變而之正，下卦爲兑，兑爲刑人，坤爲用，故曰"利用刑人"。下卦坎爲穿木，二、三、四互震，震爲足，上卦艮爲手，互震與坎相連，故云"桎梏"。初爻變後，下卦由坎變兑，兑爲説，坎爲桎梏，故云"用説桎梏"。初爻應四，須經坎，坎爲險，故云"以往吝"。王弼則以"蒙發疑明""刑不可長"之理釋之："處蒙之初，二照其上，故蒙發也。蒙發疑明，刑説當也。以往吝，刑不可長。"⑤

需卦九二爻辭"需於沙，小有言，終吉"，虞翻以卦變、八

---

① [魏] 王弼著，樓宇烈校釋：《周易注（附周易略例）》，中華書局，2011年，第18頁。
② [唐] 李鼎祚：《周易集解》卷2，文淵閣四庫全書本。
③ [魏] 王弼著，樓宇烈校釋：《周易注（附周易略例）》，中華書局，2011年，第25頁。
④ [唐] 李鼎祚：《周易集解》卷2，文淵閣四庫全書本。
⑤ [魏] 王弼著，樓宇烈校釋：《周易注（附周易略例）》，中華書局，2011年，第32頁。

卦逸象、互體、半象、爻變解之："沙謂五……大壯震爲言，兌爲口，四之五，震象半見，故'小有言'。二變應之。"① 需卦由大壯卦變來。大壯下卦震爲言，三、四、五互兌，兌爲口，四、五兩爻組成半震之象，故云"小有言"。二爻失位，變而之正，上應九五，故"終吉"。王弼則以"近不逼難""遠不後時""履健居中"之理釋之："轉近於難，故曰'需於沙'也。不至致寇，故曰'小有言'也。近不逼難，遠不後時，履健居中，以待其會，雖小有言，以吉終也。"②

訟卦卦辭"有孚，窒惕，中吉"，虞翻以卦變解之："遯三之二也。孚謂二。窒，塞止也。惕，懼二也。二失位，故不言貞。遯將成否，則子弒父，臣弒君。三來之二，得中，弒不得行，故中吉也。"③ 訟由遯卦變來。遯卦三、二兩爻互易，則遯卦變訟。遯卦陰消陽，再消一陽，將成否，三、二兩爻互易，否卦未成，故云"中吉"。王弼則以"惕可獲吉"之理釋之："皆惕，然後可以獲中吉。"④

師卦六五爻辭"田有禽，利執言，無咎"，虞翻以互體、八卦逸象、爻變解之："震爲言，五失位，變之正，艮爲執，故'利執言無咎'。"⑤ 二、三、四爻互震，震爲言。五爻變後，三、四、五互艮，艮爲執。五爻變後當位，故云"利執言無咎"。王弼則以貴柔思想釋之："處師之時，柔得尊位，陰不先

---

① [唐] 李鼎祚：《周易集解》卷2，文淵閣四庫全書本。
② [魏] 王弼著，樓宇烈校釋：《周易注（附周易略例）》，中華書局，2011年，第37頁。
③ [唐] 李鼎祚：《周易集解》卷3，文淵閣四庫全書本。
④ [魏] 王弼著，樓宇烈校釋：《周易注（附周易略例）》，中華書局，2011年，第40頁。案，"皆"字，據孫星衍《周易集解》本當爲"能"。
⑤ [唐] 李鼎祚：《周易集解》卷3，文淵閣四庫全書本。

唱，柔不犯物，犯而後應，往必得直，故'田有禽'也。物先犯己，故可以執言而無咎也。"①

比卦初六爻辭"有孚盈缶"，虞翻以八卦逸象、爻變解之："坤器爲缶，坎水流坤，初動成屯，屯者，盈也，故'盈缶'。"② 比下卦坤爲缶，上卦坎爲信，初爻變後，比變屯，屯爲盈，故云'有孚盈缶'。王弼則以著信立誠之理解之："處比之始，爲比之首者也。夫以不信爲比之首，則禍莫大焉，故必'有孚盈缶'，然後乃得免比之咎。"③

小畜卦初九爻辭"復自道"，虞翻以旁通解之："謂從豫四之初成復卦，故'復自道'。"④ 小畜與豫卦旁通，豫卦四、初兩爻互易後，豫變復卦，故云"復自道"。王弼則以"順而無違"之理釋之："處乾之始，以升巽初，四爲己應，不距己者也。以陽升陰，復自其道，順而無違，何所犯咎？得義之吉。"⑤

履卦初九爻辭"素履，往無咎"，虞翻以互體、八卦逸象、爻變解之："應在巽，爲白，故'素履'。四失位，變往得正，故'往無咎'。"⑥ 初九之應在九四，六三、九四、九五互巽，巽爲白，故云"素履"。九四爻變，之正當位，故云"往無咎"。王弼則以質素之理釋之："處履之初，爲履之始，履道惡

---

① [魏] 王弼著，樓宇烈校釋：《周易注（附周易略例）》，中華書局，2011年，第49頁。
② [唐] 李鼎祚：《周易集解》卷3，文淵閣四庫全書本。
③ [魏] 王弼著，樓宇烈校釋：《周易注（附周易略例）》，中華書局，2011年，第53頁。
④ [唐] 李鼎祚：《周易集解》卷3，文淵閣四庫全書本。
⑤ [魏] 王弼著，樓宇烈校釋：《周易注（附周易略例）》，中華書局，2011年，第58頁。
⑥ [唐] 李鼎祚：《周易集解》卷3，文淵閣四庫全書本。

華，故素乃無咎。處履以素，何往不從？"①

泰卦六四爻辭"翩翩，不富以其鄰"，虞翻以爻變、互體、八卦逸象解之："二、五變時，四體離飛，故'翩翩'。坤虛無陽，故'不富'。兌西震東，故稱'其鄰'。"②泰卦九二、六五爻變，下卦爲離，二、三、四爻互離，三、四、五爻互離，離爲飛，故云"翩翩"。泰上卦坤爲虛，故云"不富"。泰二、三、四互兌，三、四、五互震，兌爲西，震爲東，故云"其鄰"。王弼則以處下不爭之理釋之："乾樂上復，坤樂下復。四處坤首，不固所居，見命則退，故曰'翩翩'也。坤爻皆樂下，己退則從，故不待富而用其鄰也。"③

否卦上九爻辭"先否後喜"，虞翻以爻變、互體解之："下反於初，成益，體震，民說無疆，故'後喜'。"④否卦上九與初爻置換後，初、二、三、四、五互益，下卦爲震，故云"先否後喜"。王弼則僅以先傾後通之理釋之："先傾後通，故後喜也。始以傾爲否，後得通乃喜。"⑤

同人卦九五爻辭"同人先號咷而後笑"，虞翻以互體、八卦逸象、旁通解之："應在二，巽爲號咷，乾爲先，故先號咷。師震在下，故後笑。震爲後笑也。"⑥同人卦二、三、四爻互

---

① [魏] 王弼著，樓宇烈校釋：《周易注（附周易略例）》，中華書局，2011年，第65頁。
② [唐] 李鼎祚：《周易集解》卷4，文淵閣四庫全書本。
③ [魏] 王弼著，樓宇烈校釋：《周易注（附周易略例）》，中華書局，2011年，第70頁。
④ [唐] 李鼎祚：《周易集解》卷4，文淵閣四庫全書本。
⑤ [魏] 王弼著，樓宇烈校釋：《周易注（附周易略例）》，中華書局，2011年，第75頁。
⑥ [唐] 李鼎祚：《周易集解》卷4，文淵閣四庫全書本。

巽，巽爲號咷，上卦爲乾，乾爲先，故云"先號咷"。同人與師卦旁通，師卦二、三、四爻互震，震爲後，爲笑，故云"後笑"。王弼則以貴柔尚中之思想釋之："體柔居中，衆之所與，執剛用直，衆所未從，故近隔乎二剛，未獲厥志，是以先號咷也。居中處尊，戰必克勝，故後笑也。"①

大有卦初九爻辭"無交害，匪咎，艱則無咎"，虞翻以旁通、爻變、八卦逸象解之："害謂四，四離火爲惡人，故'無交害'。初動，震爲交，比坤爲害。……陽動，比初成屯，屯，難也，變得位，艱則無咎。"② 大有初、四相應，應在離中，離爲惡人。四爻變，三、四、五互震，震爲交。大有與比卦旁通，比下卦坤爲害。故云"無交害"。比初爻變，比變屯卦，屯爲難，故云"艱則無咎"。王弼則以居安思危之理釋之："以夫剛健，爲大有之始，不能履中，滿而不溢，術斯以往，後害必至，其欲匪咎，艱則無咎也。"③

謙卦上六爻辭"鳴謙，利用行師征邑國"，虞翻以互體、八卦逸象解之："應在震，故曰鳴謙。體師象，震爲行，坤爲邑國，利五之正，己得從征，故'利用行師征邑國'。"④ 謙上六、九三相應，九三、六四、六五互震，震爲鳴，故云"鳴謙"。謙卦二、三、四、五、上爻互師，三、四、五互震，震爲行，上卦爲坤，坤爲邑國，故云"利用行師征邑國"。王弼則以謙順有

---

① [魏] 王弼著，樓宇烈校釋：《周易注（附周易略例）》，中華書局，2011年，第79頁。
② [唐] 李鼎祚：《周易集解》卷4，文淵閣四庫全書本。
③ [魏] 王弼著，樓宇烈校釋：《周易注（附周易略例）》，中華書局，2011年，第83頁。
④ [唐] 李鼎祚：《周易集解》卷4，文淵閣四庫全書本。

度之理釋之:"最處於外,不與內政,故有名而已,志功未得也。處外而履謙順,可以征邑國而已。"①

豫卦初六爻辭"鳴豫凶",虞翻以八卦逸象解之:"應震善鳴,失位,故'鳴豫凶'也。"②初六應九四,九四在震卦之中,震爲鳴,九四陽爻陰位不正,故云"鳴豫凶"。王弼則以"樂過則淫,志窮則凶"之理釋之:"處豫之初,而特得志於上,樂過則淫,志窮則凶,豫何可鳴?"③

隨卦六二爻辭"係小子,失丈夫",虞翻以互體、八卦逸象解之:"應在巽,巽爲繩,故稱'係'。小子謂五。兌爲少,故曰'小子'。丈夫謂四,體大過老夫,故稱'丈夫'。"④ 隨卦六二應九五,六三、九四、九五互巽,巽爲繩,九五又在兌卦之中,兌爲少,故稱"係小子"。三、四、五、上互大過,故稱"失丈夫"。王弼則以"隨此失彼,弗能兼與"之理釋之:"陰之爲物,以處隨世,不能獨立,必有係也。居隨之時,體於柔弱,而以乘夫剛動,豈能秉志,違於所近?隨此失彼,弗能兼與。五處己上,初處己下,故曰'係小子,失丈夫'也。"⑤

蠱卦初六爻辭"幹父之蠱,有子考,無咎,厲,終吉",虞翻以卦變、八卦逸象解之:"泰乾爲父,坤爲事,故'幹父之蠱'。初、上易位,艮爲子,父死大過稱考,故'有子考'。變

---

① [魏]王弼著,樓宇烈校釋:《周易注(附周易略例)》,中華書局,2011年,第90頁。
② [唐]李鼎祚:《周易集解》卷4,文淵閣四庫全書本。
③ [魏]王弼著,樓宇烈校釋:《周易注(附周易略例)》,中華書局,2011年,第93頁。
④ [唐]李鼎祚:《周易集解》卷5,文淵閣四庫全書本。
⑤ [魏]王弼著,樓宇烈校釋:《周易注(附周易略例)》,中華書局,2011年,第98頁。

而得正，故'無咎，厲，終吉'也。"① 蠱由泰卦變來。泰卦初、上兩爻互易則成蠱卦。泰下卦乾爲父，上卦坤爲事，故云"幹父之蠱"。泰變爲蠱後，蠱上卦爲艮，艮爲子，泰下卦乾象不見，蠱初、二、三、四互大過，故云"有子考"。王弼則以貴柔思想釋之："處事之首，始見任者也。以柔巽之質，幹父之事，能承先軌，堪其任者也。故曰'有子'也。任爲事首，能堪其事，考乃無咎也，故曰'有子考無咎'也。當事之首，是以危也，能堪其事，故終吉也。"②

臨卦六三爻辭"甘臨"，虞翻以八卦逸象解之："兌爲口，坤爲土，土爰稼穡作甘，兌口銜坤，故曰'甘臨'。"③ 臨下卦兌爲口，上卦坤爲土，兌口銜坤土，故云"甘臨"。王弼則以"履非其位而凶"之理釋之："甘者，佞邪說媚，不正之名也。履非其位，居剛長之世，而以邪說臨物，宜其'無攸利'也。若能盡憂其危，改修其道，剛不害正，故咎不長。"④

觀卦六二爻辭"窺觀，利女貞"，虞翻以反象、互體、八卦逸象解之："臨兌爲女，窺觀稱窺，兌女反成巽，巽四、五得正，故'利女貞'。艮爲宮室，坤爲闔戶，小人而應五，故窺觀女貞，利不淫視也。"⑤ 觀、臨卦象相反。臨下卦兌爲女，觀上卦巽四、五爻當位，觀三、四、五互艮，艮爲宮室，觀下卦坤

---

① [唐] 李鼎祚：《周易集解》卷5，文淵閣四庫全書本。
② [魏] 王弼著，樓宇烈校釋：《周易注（附周易略例）》，中華書局，2011年，第103頁。
③ [唐] 李鼎祚：《周易集解》卷5，文淵閣四庫全書本。
④ [魏] 王弼著，樓宇烈校釋：《周易注（附周易略例）》，中華書局，2011年，第107頁。
⑤ [唐] 李鼎祚：《周易集解》卷5，文淵閣四庫全書本。

爲闔户，故云"窺觀，利女貞"。王弼則以"大觀廣鑒"之理釋之："處在於內，寡所鑒見，體於柔弱，從順而已，猶有應焉，不爲全蒙，所見者狹，故曰'窺觀'。居內得位，柔順寡見，故曰'利女貞'，婦人之道也。處大觀之時，居中得位，不能大觀廣鑒，窺觀而已，誠可醜也。"①

噬嗑卦卦辭"亨，利用獄"，虞翻以卦變、互體、八卦逸象解之："否五之坤初，坤初之五，剛柔交，故亨也。坎爲獄，艮爲手，離爲明，四以不正而係於獄。上當之三，蔽四成豐，折獄致刑，故'利用獄'。坤爲用也。"②噬嗑由否卦變來。否卦五、初兩爻互易，剛柔相交，故云"亨"。噬嗑卦三、四、五爻互坎，坎爲獄，二、三、四爻互艮，艮爲手，上卦離爲明，否下卦坤爲用，故云"利用獄"。王弼則以"刑克以通"之理釋之："噬，齧也。嗑，合也。凡物之不親，由有間也；物之不齊，由有過也。有間與過，齧而合之，所以通也。刑克以通，獄之利也。"③

賁卦六五爻辭"賁於丘園，束帛戔戔，吝，終吉"，虞翻以八卦逸象、爻變解之："艮爲山，五半山，故稱丘。木果曰園，故'賁於丘園'也。六五失正，動之成巽，巽爲帛，爲繩，艮手持，故'束帛'。以艮斷巽，故'戔戔'。失位無應，故'吝'。變而得正，故'終吉'矣。"④賁上卦爲艮，艮爲山，六

---

①［魏］王弼著，樓宇烈校釋：《周易注（附周易略例）》，中華書局，2011年，第110~111頁。
②［唐］李鼎祚：《周易集解》卷5，文淵閣四庫全書本。
③［魏］王弼著，樓宇烈校釋：《周易注（附周易略例）》，中華書局，2011年，第116頁。
④［唐］李鼎祚：《周易集解》卷5，文淵閣四庫全書本。

五爻在半山，故云"丘"。六五爻變後，上卦變巽，巽爲帛，爲繩，故云"束帛"。王弼則以"泰而能約"之理釋之："處得尊位，爲飾之主，飾之盛者也。施飾於物，其道害也。施飾丘園，盛莫大焉，故賁於束帛，丘園乃落，賁於丘園，帛乃戔戔。用莫過儉，泰而能約，必吝焉乃得終吉也。"①

剥卦初六爻辭"剥牀以足，蔑貞凶"，虞翻以卦變、八卦逸象、反象解之："此卦坤變乾也，動初成巽，巽木爲牀，復震在下爲足，故'剥牀以足'。蔑，無。貞，正也。失位無應，故'蔑貞凶'。震在陰下，象曰'以滅下也'。"②剥乃陰消乾而變來之卦，陰消乾初爻，乾下卦變巽，巽爲牀，剥、復象反，復下卦震爲足，故云"剥牀以足"。初六陽爻陰位，故云"蔑貞凶"。王弼則以"正削而凶來"之理釋之："牀者，人之所以安也。剥牀以足，猶云剥牀之足也。蔑猶削也。剥牀之足，滅下之道也。下道始滅，剛殞柔長，則正削而凶來也。"③

復卦上六爻辭"迷復，凶，有災眚，用行師，終有大敗，以其國君凶，至於十年不克征"，虞翻以八卦逸象、爻變、互體、旁通解之："坤冥爲迷，高而無應，故凶。五變正時，坎爲災眚，故有災眚也。三復位時而體師象，故用行師。陰逆不順，坤爲死喪，坎流血，故終有大敗。姤乾爲君，滅藏於坤，坤爲異邦，故國君凶矣。坤爲至，爲十年，陰逆坎臨，故不克征，

---

① [魏]王弼著，樓宇烈校釋：《周易注（附周易略例）》，中華書局，2011年，第320頁。
② [唐]李鼎祚：《周易集解》卷5，文淵閣四庫全書本。
③ [魏]王弼著，樓宇烈校釋：《周易注（附周易略例）》，中華書局，2011年，第127頁。

謂五變設險，故帥師敗，喪君而無征也。"① 復上卦坤爲迷，故云"迷復"。五爻變後，上卦變坎，坎爲災眚，故云"有災眚"。三爻變後，二、三、四、五、上爻互師，故云"用行師"。坤爲死喪，坎爲流血，故云"終有大敗"。復、姤旁通。姤上卦乾爲君，復上卦坤爲異邦，故云"國君凶"。坤爲至，爲十年，故云"十年不克征"。王弼則以"以迷求復，終必大敗"之理釋之："最處復後，是迷者也。以迷求復，故曰迷復也。用之行師，難用有克也，終必大敗。用之於國，則反乎君道也。大敗乃復量斯勢也，雖復十年修之，猶未能征也。"②

無妄初九爻辭"無妄，往吉"，虞翻以爻變解之："謂應四也。四失位，故命變之正。四變，得位，承五，應初，故往吉矣。"③ 無妄四爻變後，得位，承五，應初，故云"往吉"。王弼則以"以貴下賤"之理釋之："體剛處下，以貴下賤，行不犯妄，故往得其志。"④

大畜卦初九爻辭"有厲"，虞翻以爻變、互體解之："謂二變正，四體坎，故稱災也。"⑤ 大畜九二爻陽爻陰位不正，變而之正後，二、三、四爻互坎，坎爲險，故云"有厲"。而王弼則以"畜己者未可犯"之理釋之："四乃畜己，未可犯也，故進

---

① [唐] 李鼎祚:《周易集解》卷6，文淵閣四庫全書本。
② [魏] 王弼著，樓宇烈校釋:《周易注（附周易略例）》，中華書局，2011年，第134頁。
③ [唐] 李鼎祚:《周易集解》卷6，文淵閣四庫全書本。
④ [魏] 王弼著，樓宇烈校釋:《周易注（附周易略例）》，中華書局，2011年，第139頁。
⑤ [唐] 李鼎祚:《周易集解》卷6，文淵閣四庫全書本。

則有厲,已則利也。"①

頤卦初九爻辭"舍爾靈龜,觀我朵頤,凶",虞翻以卦變、八卦逸象、互體解之:"晉離爲龜,四之初,故舍爾靈龜。坤爲我,震爲動,謂四失離入坤,遠應多懼,故凶矣。"② 頤由晉卦變來,晉四、初二爻互易,則成頤。晉上卦離爲龜,四爻本在離內,與初爻互易,不在離內,故云"舍爾靈龜"。頤二、三、四爻互坤,三、四、五爻亦互坤,坤爲我,頤下卦震爲動,故云"觀我朵頤"。王弼則以"守道則福至,求祿則辱來"之理釋之:"以陽處下,而爲動始,不能令物由己養,動而求養者也。夫安身莫若不競,修己莫若自保。守道則福至,求祿則辱來。居養賢之世,不能貞其所履,以全其德,而舍其靈龜之明兆,羨我朵頤而躁求。離其致養之至道,窺我寵祿而競進。凶莫甚焉。"③

大過九二爻辭"枯楊生稊,老夫得其女妻",虞翻以八卦逸象、互體解之:"巽爲楊,乾爲老,老楊故枯……兑爲雨澤,枯楊得澤復生稊,二體乾老,故稱老夫,女妻謂上兑,兑爲少女,故曰女妻。"④ 大過下卦巽爲楊,二、三、四爻,三、四、五爻皆互乾,乾爲老,故云"枯楊",云"老夫"。上卦兑爲雨澤,爲少女,故云"生稊",云"女妻"。王弼則以"拯弱興衰"之理釋之:"以陽處陰,能過其本而救其弱者也。上無其

---

① [魏] 王弼著,樓宇烈校釋:《周易注(附周易略例)》,中華書局,2011年,第143頁。
② [唐] 李鼎祚:《周易集解》卷6,文淵閣四庫全書本。
③ [魏] 王弼著,樓宇烈校釋:《周易注(附周易略例)》,中華書局,2011年,第148頁。
④ [唐] 李鼎祚:《周易集解》卷6,文淵閣四庫全書本。

應，心無特吝，處過以此，無衰不濟也，故能令枯楊更生稊，老夫更得少妻。拯弱興衰，莫盛斯爻。"①

坎卦六四爻辭"樽酒簋貳用缶，納約自牖，終無咎"，虞翻以互體、八卦逸象解之："震主祭器，故有樽簋。坎爲酒，簋，黍稷器，三②至五有頤口象，震獻在中，故爲簋。坎爲水，震爲足，坎酒在上，樽酒之象。貳，副也。坤爲缶。禮有副樽，故貳用缶耳。坎爲納也，四陰小，故約。艮爲牖，坤爲戶，艮小光照戶牖之象。"③ 坎卦二、三、四爻互震，上卦坎爲酒，故云"樽酒"。二、三、四、五爻互頤，故云"簋"。坤爲缶，故云"缶"。坎爲納，故云"納"。三、四、五爻互艮，艮爲牖，故云"牖"。王弼則以貴柔之思想釋之："處重險而履正，以柔居柔，履得其位，以承於五。……處坎以斯，雖復一樽之酒，二簋之食，瓦缶之器，納此至約，自進於牖，乃可羞之於王公，薦之於宗廟，故終無咎也。"④

離卦上九爻辭"王用出征，有嘉折首，獲匪其醜，無咎"，虞翻以旁通、卦變、互體解之："王謂乾。乾二、五之坤成坎，體師象，震爲出，故'王用出征'。首謂坤。二來折乾，故'有嘉折首'。醜，類也。乾征得坤陰類，乾陽物，故'獲非其醜，無咎'矣。"⑤ 離、坎旁通，坎初、二、三、四爻互師，二、三、四爻互震，故云"王用出征"。乾二、五之坤成坎，坤

---

① [魏] 王弼著，樓宇烈校釋：《周易注（附周易略例）》，中華書局，2011年，第153~154頁。
② 案，"三"當爲"二"之訛。
③ [唐] 李鼎祚：《周易集解》卷6，文淵閣四庫全書本。
④ [魏] 王弼著，樓宇烈校釋：《周易注（附周易略例）》，中華書局，2011年，第160頁。
⑤ [唐] 李鼎祚：《周易集解》卷6，文淵閣四庫全書本。

爲首，故云"有嘉折首"。乾、坤異類，故云"獲匪其醜"。王弼則以"除其非類，以去民害"之理釋之："處離之極，離道已成，則除其非類，以去民害，王用出征之時也。故必有嘉折首，獲匪其醜，乃得無咎也。"①

咸卦初六爻辭"咸其拇"，虞翻以八卦逸象、旁通、互體解之："拇，足大指也。艮爲指，坤爲拇，故'咸其拇'。"②咸卦下卦爲艮，艮爲指，咸、損旁通，損三、四、五爻互坤，坤爲拇，故云"咸其拇"。王弼則以"崇靜"思想釋之："處咸之初，爲感之始，所感在末，故有志而已。如其本實，未至傷靜。"③

恒卦卦辭"亨，無咎，利貞"，虞翻以卦變解之："乾初之坤四，剛柔皆應，故'通，無咎，利貞'矣。"④恒卦由泰卦變來，泰初爻與四爻互易後，泰變恒。恒初六、九四相應，九二、六五相應，九三、上六相應，故云"乾初之坤四，剛柔皆應"。王弼則以"恒通利正"之理釋之："恒而亨，以濟三事也。恒之爲道，亨乃無咎也。恒通無咎，乃利正也。"⑤

遯卦初六爻辭"遯尾厲，勿用有攸往"，虞翻以八卦逸象、爻變解之："艮爲尾也，初失位，動而得正，故'遯尾之厲'。

---

① [魏] 王弼著，樓宇烈校釋：《周易注（附周易略例）》，中華書局，2011年，第167頁。
② [唐] 李鼎祚：《周易集解》卷7，文淵閣四庫全書本。
③ [魏] 王弼著，樓宇烈校釋：《周易注（附周易略例）》，中華書局，2011年，第171頁。
④ [唐] 李鼎祚：《周易集解》卷7，文淵閣四庫全書本。
⑤ [魏] 王弼著，樓宇烈校釋：《周易注（附周易略例）》，中華書局，2011年，第174頁。

應成坎為災,在艮宜靜,若不往於四,則無災矣。"① 遯下卦為艮,艮為尾。初六、九二、九四爻變之正後,二、三、四爻互坎,坎為災,為厲,故云"遯尾厲,勿用有攸往"。王弼則以"逃遯之世,宜速遠而居先"之理釋之:"遯之為義,辟內而之外者也。尾之為物,最在體後者也。處遯之時,不往何災?而為遯尾,禍所及也。危至而後求行,難可免乎?厲則勿用有攸往也。"②

大壯卦九二爻辭"貞吉",虞翻以爻變解之:"變得位,故貞吉。"③ 王弼則以"居中履謙"之理釋之:"居得中位,以陽居陰,履謙不亢,是以貞吉。"④

晉卦初六爻辭"晉如,摧如,貞吉,罔孚,裕無咎",虞翻以八卦逸象、互體解之:"晉,進,摧憂愁也,應在四,故'晉如',失位,故'摧如',動得位,故'貞吉'。應離為罔,四坎稱孚,坤弱為裕,欲四之五成巽,初受其命,故'無咎'也。"⑤ 晉初六應九四,九四在離,離為罔,又在坎(三、四、五爻互坎),坎為孚,故云"罔孚"。晉下卦坤為弱,為裕,故云"裕"。王弼則以"進明退順"之理釋之:"處順之初,應明之始,明順之德,於斯將隆。進明退順,不失其正,故曰'晉如,摧如,貞吉'也。處卦之始,功業未著,物未之信,故曰

---

① [唐] 李鼎祚:《周易集解》卷7,文淵閣四庫全書本。
② [魏] 王弼著,樓宇烈校釋:《周易注(附周易略例)》,中華書局,2011年,第180~181頁。
③ [唐] 李鼎祚:《周易集解》卷7,文淵閣四庫全書本。
④ [魏] 王弼著,樓宇烈校釋:《周易注(附周易略例)》,中華書局,2011年,第185頁。
⑤ [唐] 李鼎祚:《周易集解》卷7,文淵閣四庫全書本。

'罔孚'。方踐卦始,未至履位,以此爲足,自喪其長者也,故必裕之然後無咎。"①

明夷卦六二爻辭"明夷於左股,用拯馬壯,吉",《九家易》以互體、八卦逸象解之:"九三體坎,坎爲馬也。"② 明夷二、三、四爻互坎,坎爲馬,故云"馬"。王弼則以柔中思想釋之:"以柔居中,用夷其明,進不殊類,退不近難,不見疑憚,順以則也,故可用拯馬而壯吉也。"③

家人六四爻辭"富家大吉",虞翻以爻變、互體、八卦逸象解之:"三變體艮,艮爲篤實,坤爲大業。"④ 家人卦九三爻變後,三、四、五爻互艮,二、三、四爻互坤,艮爲篤實,坤爲大業,故云"富家大吉"。王弼則以貴柔思想釋之:"能以其富,順而處位,故大吉也。若但能富其家,何足爲大吉?體柔居巽,履得其位,明於家道,以近至尊,能富其家也。"⑤

睽卦初九爻辭"悔亡,喪馬勿逐,自復",虞翻以爻變、互體、八卦逸象解之:"四動得位,故'悔亡'。應在於坎,坎爲馬,四而失位,之正入坤,坤爲喪,坎象不見,故'喪馬'。震爲逐,艮爲止,故'勿逐'。坤爲自,二至五體復象,故'自復'。四動,震馬來,故'勿逐自復'也。"⑥ 睽卦初九、九四

---

① [魏] 王弼著,樓宇烈校釋:《周易注(附周易略例)》,中華書局,2011年,第189頁。
② [唐] 李鼎祚:《周易集解》卷7,文淵閣四庫全書本。
③ [魏] 王弼著,樓宇烈校釋:《周易注(附周易略例)》,中華書局,2011年,第195頁。
④ [唐] 李鼎祚:《周易集解》卷8,文淵閣四庫全書本。
⑤ [魏] 王弼著,樓宇烈校釋:《周易注(附周易略例)》,中華書局,2011年,第201頁。
⑥ [唐] 李鼎祚:《周易集解》卷8,文淵閣四庫全書本。

爻位相應,九四爻變後得位,故云"悔亡"。三、四、五爻互坎,坎爲馬,九四爻變後,三、四、五爻互坤,坤爲喪,故云"喪馬"。九四爻變後,二、三、四爻互震,四、五、上爻成艮,震爲逐,艮爲止。故云"勿逐"。九四爻變後,三、四、五爻互坤,坤爲自,二、三、四、五互復,故云"自復"。王弼則以"遜接惡人以避咎"之理釋之:"處睽之初,居下體之下,無應獨立,悔也。與四合志,故得悔亡。馬者,必顯之物。處物之始,乖而喪其馬,物莫能同其私,必相顯也,故勿逐而自復也。時方乖離,而位乎窮下,上無應可援,下無權可恃,顯德自異,爲惡所害,故見惡人乃得免咎也。"①

蹇卦卦辭"不利東北",虞翻以月體納甲解之:"艮,東北之卦,月消於艮,喪乙滅癸。"②艮納乙癸,故云"喪乙滅癸"。王弼則以"世道多難,率物以適平易"之理釋之:"西南,地也。東北,山也。以難之平則難解,以難之山則道窮。"③

解卦卦辭"利西南",虞翻以卦變、八卦逸象解之:"臨初之四,坤,西南卦,初之四,得坤衆。"④解卦由臨卦變來。臨初、四兩爻互易後,則成解。卦變前,上卦爲坤;卦變後,上卦爲震。故云"利西南"。王弼則以"解難濟險,利施於衆"之理釋之:"西南,衆也。解難濟險,利施於衆也,亦不困於東

---

① [魏] 王弼著,樓宇烈校釋:《周易注(附周易略例)》,中華書局,2011年,第204頁。
② [唐] 李鼎祚:《周易集解》卷8,文淵閣四庫全書本。
③ [魏] 王弼著,樓宇烈校釋:《周易注(附周易略例)》,中華書局,2011年,第209頁。
④ [唐] 李鼎祚:《周易集解》卷8,文淵閣四庫全書本。

北，故不言不利東北也。"①

損卦六三爻辭"三人行，則損一人；一人行，則得其友"，虞翻以卦變、八卦逸象解之："泰乾三爻爲三人，震爲行，故'三人行'。損初②之上，故'則損一人'。一人謂泰初之上，損剛益柔，故一人行。兌爲友，初之上，據坤應兌，故則得其友，言致一也。"③ 損由泰卦變來。泰下卦乾三爻爲三人，九三、六四、六五互震，震爲行，故云"三人行"。泰三、上兩爻互易變損，故云"損一人"。卦變後，下卦爲兌，兌爲友，故云"得其友"。王弼則以"天地相應"之理釋之："損之爲道，損下益上，其道上行。三人謂自六三已上三陰也。三陰並行，以承於上，則上失其友，內無其主，名之曰益，其實乃損，故天地相應，乃得化淳，男女匹配，乃得化生，陰陽不對，生可得乎？故六三獨行，乃得其友，三陰俱行，則必疑矣。"④

益卦六二爻辭"或益之十朋之龜，弗克違，永貞吉"，虞翻以卦變、互體、反象、八卦逸象解之："謂上從外來益初，故或益之。二得正遠應，利三之正，己得承之。坤數十，損兌爲朋，謂三變離爲龜，故十朋之龜。坤爲永，上之三⑤得正，故永貞吉。"⑥ 益由否卦變來，否上卦四爻與下卦初爻互易，則變益，故云"或益之"。益二、三、四互坤，坤爲十，益、損反象，損

---

① [魏] 王弼著，樓宇烈校釋：《周易注（附周易略例）》，中華書局，2011年，第214頁。
② 初，當爲"三"。
③ [唐] 李鼎祚：《周易集解》卷8，文淵閣四庫全書本。
④ [魏] 王弼著，樓宇烈校釋：《周易注（附周易略例）》，中華書局，2011年，第222頁。
⑤ 三，當爲"初"。
⑥ [唐] 李鼎祚：《周易集解》卷8，文淵閣四庫全書本。

下卦兑爲朋，益三爻變後，下卦爲離，三、四、五爻互離，離爲龜，故云"十朋之龜"。益二、三、四爻互坤，坤爲永，否上卦四爻與下卦初爻互易後，得位，故云"永貞吉"。王弼則以"貴柔"思想釋之："以柔居中而得其位，處内履中，居益以冲，益自外來，不召自至，不先不爲，則朋龜獻策，同於損卦六五之位，位不當尊，故吉在永貞也。"①

夬卦卦辭"揚於王庭"，虞翻以旁通、八卦逸象解之："剛決柔，與剝旁通。乾爲陽，爲王，剝艮爲庭，故'揚於王庭'矣。"② 夬下卦乾爲揚，爲王，夬、剝旁通，剝上卦艮爲庭，故云"揚於王庭"。王弼則以"公正而無私隱"之理釋之："揚於王庭，其道公也。"③

姤卦初六爻辭"羸豕孚蹢躅"，虞翻以反象、八卦逸象解之："三，夬之四。在夬，動而體坎，坎爲豕，爲孚，巽繩操之，故稱羸也。巽爲舞，爲進退，操而舞，故'羸豕孚蹢躅'。"④ 姤、夬反象，姤三爻即夬四爻，夬四爻變，上卦變坎，坎爲豕，爲孚，姤下卦爲巽，巽爲繩，爲舞，爲進退，故云"羸豕孚蹢躅"。王弼則以"崇靜"思想釋之："羸豕謂牝豕也。羣豕之中，豭強而牝弱，故謂之羸豕也。孚猶務躁也。夫陰質而躁恣者，羸豕特甚焉。言以不貞之陰，失其所牽，其爲淫醜，

---

① [魏] 王弼著，樓宇烈校釋：《周易注（附周易略例）》，中華書局，2011年，第228頁。
② [唐] 李鼎祚：《周易集解》卷9，文淵閣四庫全書本。
③ [魏] 王弼著，樓宇烈校釋：《周易注（附周易略例）》，中華書局，2011年，第233頁。
④ [唐] 李鼎祚：《周易集解》卷9，文淵閣四庫全書本。

若贏豕之孚務蹢躅也。"①

萃卦卦辭"亨,王假有廟",虞翻以卦變解之:"觀上之四也。觀乾爲王。假,至也。艮爲廟,體觀享祀。上之四,故'假有廟,致孝享'矣。"② 萃由觀卦變來。觀上爻與四爻互易則變萃。觀上爻爲乾爻,乾爲王,萃二、三、四爻互艮,艮爲廟,故云"王假有廟"。王弼則以"聚乃通"之理釋之:"聚乃通也。假,至也。王以聚至有廟也。"③

升卦卦辭"元亨",虞翻以卦變、互體解之:"臨初之三,又有臨象,剛中而應,故'元亨'也。"④ 升由臨卦變來。臨初爻與三爻互易,則變升。臨初爻與三爻互易後,二、三、四、五、上爻互臨,故云"臨初之三,又有臨象"。王弼則以巽順之理釋之:"巽順可以升。"⑤

困卦卦辭"亨",虞翻以卦變解之:"否二之上,乾坤交,故通也。"⑥ 困由否卦變來,否下卦之二爻與上卦之上爻互易,則變困。上下交易,故云"亨"。王弼則以"窮則變,變則通"之理釋之:"窮必通也,處窮而不能自通者,小人也。"⑦

井卦卦辭"改邑不改井",虞翻以卦變、八卦逸象解之:

---

① [魏] 王弼著,樓宇烈校釋:《周易注(附周易略例)》,中華書局,2011年,第240頁。
② [唐] 李鼎祚:《周易集解》卷9,文淵閣四庫全書本。
③ [魏] 王弼著,樓宇烈校釋:《周易注(附周易略例)》,中華書局,2011年,第244頁。
④ [唐] 李鼎祚:《周易集解》卷9,文淵閣四庫全書本。
⑤ [魏] 王弼著,樓宇烈校釋:《周易注(附周易略例)》,中華書局,2011年,第250頁。
⑥ [唐] 李鼎祚:《周易集解》卷9,文淵閣四庫全書本。
⑦ [魏] 王弼著,樓宇烈校釋:《周易注(附周易略例)》,中華書局,2011年,第254頁。

"泰初之五也。坤爲邑，乾初之五，折坤，故'改邑'。初爲舊井，四應瓬之，故'不改井'。"① 井由泰卦變來。泰初爻與五爻互易則變井。泰上卦坤爲邑，泰變井後，坤象不見，故云"改邑"。泰初爻爲舊井，井五爻即泰初爻，故云"不改井"。王弼則以"有常不變，終始無改"之理釋之："井以不變爲德者也。"②

革卦卦辭"已日乃孚，元亨利貞，悔亡"，虞翻以卦變、爻變、互體解之："悔亡謂四也。四失正，動得位，故'悔亡'。離爲日，孚謂坎，四動體離，五在坎中，故已日乃孚，以成既濟，'乾道變化，各正性命，保合太和，乃利貞'，故'元亨利貞，悔亡'矣。"③ 革九四爻變後得位，故云"悔亡"。九四爻變後，上卦爲坎，二、三、四爻亦互坎，坎爲孚，故云"已日乃孚"。九四爻變後，卦變既濟，三、四、五、上亦互既濟，故云"元亨利貞"。王弼則以"革而當，其悔乃亡"之理釋之："夫民可與習常，難與適變；可與樂成，難與慮始。故革之爲道，即日不孚，已日乃孚也。孚然後乃得元亨利貞悔亡也。已日而不孚，革不當也。悔吝之所生，生乎變動者也。革而當，其悔乃亡也。"④

鼎卦九二爻辭"鼎有實，我仇有疾，不我能即，吉"，虞翻以旁通、互體、爻變解之："二爲實，故鼎有實也。坤爲我，謂

---

① [唐] 李鼎祚：《周易集解》卷10，文淵閣四庫全書本。
② [魏] 王弼著，樓宇烈校釋：《周易注（附周易略例）》，中華書局，2011年，第261頁。
③ [唐] 李鼎祚：《周易集解》卷10，文淵閣四庫全書本。
④ [魏] 王弼著，樓宇烈校釋：《周易注（附周易略例）》，中華書局，2011年，第266頁。

四也。二據四婦，故相與爲仇。謂三變時，四體坎，坎爲疾，故我仇有疾。四之二歷險，二動得正，故'不我能即，吉'。"①鼎、屯旁通，屯二、三、四爻互坤，坤爲我，故云"我"。鼎九三爻變，三、四、五爻互坎，坎爲疾，故云"疾"。二爻變後得位，故云"吉"。王弼則以"益之則溢，反傷其實"之理釋之："以陽之質，處鼎之中，有實者也。有實之物，不可復加，益之則溢，反傷其實。我仇謂五也。困於乘剛之疾，不能就我，則我不溢，得全其吉也。"②

震卦卦辭"亨"，虞翻以卦變解之："臨二之四，天地交，故通。"③震由臨卦變來。臨二爻與四爻互易，則變震。二爻在下卦，四爻在上卦，上下交易，故云"亨"。王弼則以"懼而獲通"之理釋之："懼以成則，是以亨。"④

艮卦卦辭"艮其背，不獲其身，行其庭，不見其人，無咎"，虞翻以卦變、八卦逸象、互體解之："觀五之三也。艮爲多節，故稱背。觀坤爲身，觀五之三，折坤爲背，故'艮其背'。坤象不見，故'不獲其身'。震爲行人，艮爲庭，坎爲隱伏，故'行其庭，不見其人'。三得正，故無咎。"⑤艮由觀卦變來。觀五爻與三爻互易，則變艮。艮爲多節，故稱"背"。觀下卦坤爲身，卦變後，下卦坤變艮，故云"艮其背"，又云"不獲其身"。艮三、四、五爻互震，震爲行人，上、下卦均爲

---

① [唐] 李鼎祚：《周易集解》卷 10，文淵閣四庫全書本。
② [魏] 王弼著，樓宇烈校釋：《周易注（附周易略例）》，中華書局，2011年，第 272 頁。
③ [唐] 李鼎祚：《周易集解》卷 10，文淵閣四庫全書本。
④ [魏] 王弼著，樓宇烈校釋：《周易注（附周易略例）》，中華書局，2011年，第 276 頁。
⑤ [唐] 李鼎祚：《周易集解》卷 10，文淵閣四庫全書本。

艮,艮爲庭,故云"行其庭"。二、三、四爻互坎,坎爲隱伏,故云"不見其人"。王弼則以"施止得所,則其道易也;施止不得其所,則其功難成"之理釋之:"凡物對面而不相通,否之道也。艮者,止而不相交通之卦也。各止而不相與,何得无咎?唯不相見,乃可也。施止於背,不隔物欲,得其所止也。背者,无見之物。无見則自然靜止,靜止而无見,則不獲其身矣。相背者,雖近而不相見,故'行其庭,不見其人'也。夫施止不於无見,令物自然而止,而強止之,則奸邪並興,近而不相得,則凶。其得无咎,艮其背,不獲其身,行其庭,不見其人故也。"①

漸卦卦辭"女歸吉,利貞",虞翻以反象解之:"反成歸妹,兑女歸吉。"② 漸、歸妹反象,故云"兑女歸吉"。王弼則以"止不爲暴,巽能用謙"之理釋之:"以止巽爲進,故女歸吉也。"③

歸妹九二爻辭"眇而視,利幽人之貞",虞翻以互體、爻變解之:"震上兑下,離目不正,故眇而視。幽人,謂二。初動,二在坎中,故稱幽人。變得正,震喜兑説,故利幽人之貞。"④歸妹卦二、三、四爻互離,"離目不正",故云"眇而視"。初爻變後,下卦爲坎,故云"幽人"。二爻變後,下卦爲震,震爲喜,故云"利幽人之貞"。王弼則以"居内處中,能守其常"

---

① [魏]王弼著,樓宇烈校釋:《周易注(附周易略例)》,中華書局,2011年,第282頁。
② [唐]李鼎祚:《周易集解》卷11,文淵閣四庫全書本。
③ [魏]王弼著,樓宇烈校釋:《周易注(附周易略例)》,中華書局,2011年,第286頁。
④ [唐]李鼎祚:《周易集解》卷11,文淵閣四庫全書本。

之理釋之："雖失其位，而居内處中，眇猶能視，足以保常也。在内履中，而能守其常，故利幽人之貞也。"①

豐卦卦辭"勿憂，宜日中"，虞翻以爻變、互體解之："五動之正，則四變成離，離日中，當五，在坎中，坎爲憂，故'勿憂，宜日中'。"②豐五爻、四爻變後，三、四、五互離，故云"宜日中"，爻變之前，二、三、四、五互坎，坎爲憂，故云"勿憂"。王弼則以"勿憂之德，宜照天下"之理釋之："豐之爲義，闡弘微細，通夫隱滯者也。爲天下之主，而令微隱者不亨，憂未已也，故至豐亨，乃得勿憂也。用夫豐亨不憂之德，宜處天中以徧照者也，故曰宜日中也。"③

旅卦九三爻辭"旅焚其次，喪其僮僕，貞厲"，虞翻以八卦逸象、爻變解之："離爲火，艮爲僮僕，三動艮壞，故'焚其次'。坤爲喪，三動艮滅入坤，故'喪其僮僕'。動而失正，故'貞厲'矣。"④旅上卦離爲火，故云"焚"。下卦艮爲僮僕，三爻變後，下卦爲坤，坤爲喪，故云"喪其僮僕"。三爻變後，不當位，故云"貞厲"。王弼則以"與萌侵權，主之所疑"之理釋之："居下體之上，與二相得，以寄旅之身而爲施下之道，與萌侵權，主之所疑也，故次焚僕喪而身危也。"⑤

巽卦卦辭"小亨，利有攸往，利見大人"，虞翻以卦變、互

---

①［魏］王弼著，樓宇烈校釋：《周易注（附周易略例）》，中華書局，2011年，第290頁。
②［唐］李鼎祚：《周易集解》卷11，文淵閣四庫全書本。
③［魏］王弼著，樓宇烈校釋：《周易注（附周易略例）》，中華書局，2011年，第294頁。
④［唐］李鼎祚：《周易集解》卷11，文淵閣四庫全書本。
⑤［魏］王弼著，樓宇烈校釋：《周易注（附周易略例)》，中華書局，2011年，第300頁。

體解之:"遯二之四,柔得位而順五剛,故小亨也。大人謂五,離目爲見,二失位,利在往應五,故利有攸往,利見大人矣。"① 巽由遯卦變來。遯二爻與四爻互易則變巽。遯二爻與四爻互易後,巽六四得位,且上承九五。巽三、四、五互離,離爲見,故云"利見"。王弼則以巽悌之理釋之:"全以巽爲德,是以小亨也。上下皆巽,不違其令,命乃行也。……巽悌以行,物無距也。大人用之,道愈隆。"②

兑卦九二爻辭"孚兑,吉,悔亡",虞翻以爻變解之:"孚謂五也。四已變,五在坎中,稱孚。二動得位應之,故'孚兑,吉,悔亡'矣。"③ 兑卦九四爻變後,上卦變坎,坎爲孚。九二爻變後,得位,應五,五爻在坎,故云"孚兑,吉,悔亡"。王弼則以"說不失中"之理釋之:"說不失中,有孚者也。失位而說,孚吉乃悔亡也。"④

渙卦初六爻辭"用拯馬壯,吉",虞翻以八卦逸象、爻變、互體解之:"坎爲馬,初失正,動,體大壯,得位,故拯馬壯吉,悔亡之矣。"⑤ 渙下卦坎爲馬,初爻變後,初、二、三、四爻體大壯,故云"用拯馬壯"。王弼則以"處散之初,乖散未甚"之理釋之:"渙,散也。處散之初,乖散未甚,故可以遊

---

① [唐] 李鼎祚:《周易集解》卷11,文淵閣四庫全書本。
② [魏] 王弼著,樓宇烈校釋:《周易注(附周易略例)》,中華書局,2011年,第303~304頁。
③ [唐] 李鼎祚:《周易集解》卷11,文淵閣四庫全書本。
④ [魏] 王弼著,樓宇烈校釋:《周易注(附周易略例)》,中華書局,2011年,第309頁。
⑤ [唐] 李鼎祚:《周易集解》卷12,文淵閣四庫全書本。

行,得其志而違於難也。"①

節卦初九爻辭"不出户庭",虞翻以卦變、互體、八卦逸象解之:"泰坤爲户,艮爲庭,震爲出。"② 節由泰卦變來。泰下卦坤爲户,節三、四、五爻互艮,艮爲庭,二、三、四爻互震,震爲出,故云"不出户庭"。王弼則以"慎密不失"之理釋之:"爲節之初,將整離散而立制度者也。故明於通塞,慮於險僞,不出户庭,慎密不失,然後事濟而無咎也。"③

中孚九二爻辭"鳴鶴在陰,其子和之,我有好爵,吾與爾靡之",虞翻以互體、八卦逸象、卦變、爻變、五行解之:"靡,共也。震爲鳴,訟離爲鶴,坎爲陰夜,鶴知夜半,故'鳴鶴在陰'。二動成坤,體益,互艮爲子,震、巽同聲者相應,故'其子和之'。坤爲身,故稱我。吾謂五也。離爲爵,爵,位也。坤爲邦國,五在艮,閽寺庭闕之象,故稱'好爵'。五利二變之正應,以故'吾與爾靡之'矣。"④ 中孚卦二、三、四爻互震,震爲鳴,故云"鳴"。中孚由訟卦變來,訟二、三、四爻互離,離爲鶴,故云"鶴"。訟下卦爲坎,坎爲陰夜,故云"陰"。中孚三、四、五爻互艮,艮爲子,故云"子"。中孚九二變後,上卦巽,下卦震,震、巽五行同屬木,"同聲者相應",故云"和之"。九二變後,三、四、五爻互坤,坤爲身,故云"我"。訟二、三、四爻互離,離爲爵,故云"爵"。王弼則以"履中任

---

①[魏]王弼著,樓宇烈校釋:《周易注(附周易略例)》,中華書局,2011年,第312頁。
②[唐]李鼎祚:《周易集解》卷12,文淵閣四庫全書本。
③[魏]王弼著,樓宇烈校釋:《周易注(附周易略例)》,中華書局,2011年,第315~316頁。
④[唐]李鼎祚:《周易集解》卷12,文淵閣四庫全書本。

真"之理釋之:"處內而居重陰之下,而履不失中,不徇於外,任其真者也。立誠篤志,雖在闇昧,物亦應焉,故曰'鳴鶴在陰,其子和之'也。不私權利,唯德是與,誠之至也,故曰'我有好爵',與物散之。"①

小過卦辭"飛鳥遺之音,不宜上,宜下,大吉",虞翻以卦變、八卦逸象、互體解之:"離爲飛鳥,震爲音,艮爲止,晉上之三,離去震在,鳥飛而音止,故'飛鳥遺之音'。上陰乘陽,故不宜上;下陰順陽,故宜下,大吉。"② 小過由晉卦變來。晉上卦離爲飛鳥,小過上卦震爲音,下卦艮爲止,晉變小過後,離象不見,唯見震、艮之象,故云"飛鳥遺之音"。王弼則以"下則得安"之理釋之:"飛鳥遺其音聲,哀以求處,上愈無所適,下則得安。愈上則愈窮,莫若飛鳥也。"③

既濟六二爻辭"婦喪其茀,勿逐,七日得",虞翻以卦變、八卦逸象解之:"離爲婦,泰坤爲喪,茀髮謂鬒髮也,一名婦人之首飾,坎爲玄云,故稱髮,《詩》曰'鬒髮如云'。乾爲首,坎爲美,五取乾二之坤爲坎,坎爲盜,故'婦喪其茀'。"④ 既濟下卦離爲婦,既濟由泰變來,泰上卦坤爲喪,既濟二、三、四爻互坎,坎爲玄云,泰下卦乾爲首,既濟上卦坎爲美,爲盜,故云"婦喪其茀"。王弼則以"處既濟之時,不容邪道"之理釋之:"居中履正,處文明之盛,而應乎五陰之光盛者也,然居

---

① [魏] 王弼著,樓宇烈校釋:《周易注(附周易略例)》,中華書局,2011年,第320頁。
② [唐] 李鼎祚:《周易集解》卷12,文淵閣四庫全書本。
③ [魏] 王弼著,樓宇烈校釋:《周易注(附周易略例)》,中華書局,2011年,第323頁。
④ [唐] 李鼎祚:《周易集解》卷12,文淵閣四庫全書本。

初、三之間，而近不相得，上不承三，下不比初。夫以光盛之陰，處二陽之間，近而不相得，能無見侵乎？故曰'喪其茀'也。稱婦者，以明自有夫而它人侵之也。茀，首飾也。夫以中道，執乎貞正，而見侵者，眾之所助也。處既濟之時，不容邪道者也。時既明峻，眾又助之，竊之者逃竄而莫之歸矣。量斯勢也，不過七日。不須己逐而自得也。"①

未濟九四爻辭"貞吉，悔亡"，虞翻以爻變解之："動正得位，故吉而悔亡矣。"② 九四爻變後，得位，故云"貞吉，悔亡"。王弼則以"志在乎正，則吉而悔亡"之理釋之："處未濟之時，而出險難之上，居文明之初，體乎剛質，以近至尊，雖履非其位，志在乎正，則吉而悔亡矣。"③

顯而易見，王弼力圖擺脫漢人解《易》的象數框架，而立足於義理來詮釋卦爻辭，較諸漢《易》之瑣細，確有言辭簡練，令人耳目一新之感。後世以程頤《伊川易傳》爲代表的理學易，即繼承了王弼的詮釋思路。王弼"得意忘象"的詮釋思路得到了後人的高度評價。孔穎達稱王弼《易》注"獨冠古今"④，黃宗羲稱："有魏王輔嗣出而注《易》，得意忘象，得象忘言，日時歲月，五氣相推，悉皆擯落，多所不關，庶幾潦水盡而寒潭清矣。……其廓清之功，不可泯也！"⑤ 以上評價，良

---

①[魏]王弼著，樓宇烈校釋：《周易注（附周易略例）》，中華書局，2011年，第330頁。
②[唐]李鼎祚：《周易集解》卷12，文淵閣四庫全書本。
③[魏]王弼著，樓宇烈校釋：《周易注（附周易略例）》，中華書局，2011年，第336頁。
④劉玉建：《〈周易正義〉導讀》，齊魯書社，2005年，第86頁。
⑤[清]胡渭：《易圖明辨》卷10《象數流弊》，中華書局，2008年，第261~262頁。

有以也。

　　需要指出,清《四庫全書總目》經部《易》類小序稱王弼"盡黜象數",未爲確論。如宋儒朱震云:"王弼譏互體、卦變,然注睽六二曰:'始雖受困,終獲剛助。'睽自初至五成困,此用互體也。注損九二曰:'柔不可全益,剛不可全削,下不可以無正,初九已損剛以順柔,九二履中,而復損己以益柔,則剝道成焉。'此卦變也。"① 至於王弼歸本十翼,以承、乘、比、應之象數義理詮釋《周易》古經之例,更是不勝枚舉。因此,王弼掃象,只摒棄無益於義理探究、泥於象數的前儒詮《易》之弊,而並非無視《易》象,抛棄《易》象。《周易·繫辭下》:"易者,象也。"象乃《易》所固有,言義理不可能脱離《易》象。王弼説:"夫象者,出意者也。"又説:"盡意莫若象。"這都反映了王弼對象的重視。

二、説以老莊

　　清《四庫全書總目》經部《易》類小序稱王弼"盡黜象數",未爲確論,但稱王弼注《易》"説以老莊",則十分得當。兹具體梳理相關例證,以闡明王弼"説以老莊"的特點。

(一) 以老莊"無爲"思想詮《易》

　　老莊之基本思想曰"無爲"。詮釋隨卦《象》辭時,王弼云:"物皆説隨,可以無爲,不勞明鑒。"② 詮釋離卦九三爻辭

---

① [宋] 朱震:《漢上易傳·叢説》,文淵閣四庫全書本。
② [魏] 王弼著,樓宇烈校釋:《周易注(附周易略例)》,中華書局,2011年,第97頁。

時，王弼云："明在將終，若不委之於人，養志無爲，則至於耄老有嗟，凶矣。"① 詮釋晉卦上九爻辭時，王弼云："失夫道化無爲之事，必須攻伐，然後服邑，危乃得吉，吉乃無咎，用斯爲正，亦以賤矣。"② 詮釋革卦上六爻辭時，王弼云："功成則事損，事損則無爲，故居則得正而吉，征則躁擾而凶也。"③

無爲的含義主要是不妄爲。詮釋乾卦《文言》時，王弼云："龍之爲德，不爲妄者也。……人不妄動，則時皆可知也。"④ 詮釋无妄初九爻辭時，王弼云："體剛處下，以貴下賤，行不犯妄，故往得其志。"⑤

不妄爲即因任自然而爲。詮釋坤卦六二爻辭時，王弼云："任其自然而物自生，不假修營而功自成，故不習焉而無不利。"⑥ 詮釋損卦《彖》辭時，王弼云："自然之質，各定其分，短者不爲不足，長者不爲有餘，損益將何加焉？"⑦ 詮釋艮卦卦辭時，王弼云："夫施止不於無見，令物自然而止，而強止之，

---

① [魏] 王弼著，樓宇烈校釋：《周易注（附周易略例）》，中華書局，2011年，第166頁。
② [魏] 王弼著，樓宇烈校釋：《周易注（附周易略例）》，中華書局，2011年，第191頁。
③ [魏] 王弼著，樓宇烈校釋：《周易注（附周易略例）》，中華書局，2011年，第268頁。
④ [魏] 王弼著，樓宇烈校釋：《周易注（附周易略例）》，中華書局，2011年，第6頁。
⑤ [魏] 王弼著，樓宇烈校釋：《周易注（附周易略例）》，中華書局，2011年，第139頁。
⑥ [魏] 王弼著，樓宇烈校釋：《周易注（附周易略例）》，中華書局，2011年，第17頁。
⑦ [魏] 王弼著，樓宇烈校釋：《周易注（附周易略例）》，中華書局，2011年，第220頁。

則奸邪並興，近而不相得則凶。"①

無爲應用於行政，即"不自任察""不言而教"。老子云："聖人處無爲之事，行不言之教。"② 又云："不言之教，無爲之益，天下希及之。"③ 詮釋蒙卦六五爻辭時，王弼云："不自任察而委於二，付物以能，不勞聰明，功斯克矣。"④ 詮釋大有卦六五爻辭時，王弼云："不言而教行，何爲而不威如？"⑤ 詮釋明夷卦《象》辭時，王弼云："蒞衆顯明，蔽僞百姓者也，故以蒙養正，以明夷蒞衆。"⑥

無爲的另一方面的含義爲：心無掛礙，逍遙自在。詮釋大有卦上九爻辭時，王弼云："處大有之上而不累於位……居豐有之世，而不以物累其心，高尚其志。"⑦ 詮釋蠱卦上九爻辭時，王弼云："最處事上而不累於位，不事王侯，高尚其事也。"⑧ 詮釋遯卦上九爻辭時，王弼云："最處外極，無應於内，超然絕

---

① [魏] 王弼著，樓宇烈校釋：《周易注（附周易略例）》，中華書局，2011年，第282頁。
② 陳鼓應：《老子注譯及評介》，中華書局，1984年，第64頁。
③ 陳鼓應：《老子注譯及評介》，中華書局，1984年，第237頁。
④ [魏] 王弼著，樓宇烈校釋：《周易注（附周易略例）》，中華書局，2011年，第33頁。
⑤ [魏] 王弼著，樓宇烈校釋：《周易注（附周易略例）》，中華書局，2011年，第85頁。
⑥ [魏] 王弼著，樓宇烈校釋：《周易注（附周易略例）》，中華書局，2011年，第194頁。
⑦ [魏] 王弼著，樓宇烈校釋：《周易注（附周易略例）》，中華書局，2011年，第85頁。
⑧ [魏] 王弼著，樓宇烈校釋：《周易注（附周易略例）》，中華書局，2011年，第104頁。

志，心無疑顧，憂患不能累，矰繳不能及，是以'肥遯，無不利'也。"① 詮釋夬卦九三爻辭時，王弼云："君子處之，必能棄夫情累，決之不疑，故曰'夬夬'也。"② 詮釋漸卦上九爻辭時，王弼云："進處高絜，不累於位，無物可以屈其心而亂其志，峨峨清遠，儀可貴也，故曰'其羽可用爲儀，吉'。"③

（二）以老莊"處下不争"思想詮《易》

與儒家"君子惡居下流"的思想相反，道家主張"處下""不争"。王弼亦以此思想注《易》。詮釋乾卦九三爻辭時，王弼云："純修上道，則處下之禮曠。" 詮釋乾卦《文言》時，王弼云："以君德而處下體，資納於物者也。"④ 詮釋坤卦六三爻辭時，王弼云："不爲事始，須唱乃應……有事則從，不敢爲首……不爲事主，順命而終。"⑤ 詮釋小畜卦上九《象》辭時，王弼云："夫處下可以征而無咎者，唯泰也則然。"⑥ 詮釋謙卦九三爻辭時，王弼云："上承下接，勞謙匪解，是以吉也。"⑦ 詮釋噬嗑卦六三爻辭時，王弼云："承於四而不乘剛，雖失其

---

① [魏] 王弼著，樓宇烈校釋：《周易注（附周易略例）》，中華書局，2011年，第182頁。
② [魏] 王弼著，樓宇烈校釋：《周易注（附周易略例）》，中華書局，2011年，第235頁。
③ [魏] 王弼著，樓宇烈校釋：《周易注（附周易略例）》，中華書局，2011年，第288頁。
④ [魏] 王弼著，樓宇烈校釋：《周易注（附周易略例）》，中華書局，2011年，第2、4頁。
⑤ [魏] 王弼著，樓宇烈校釋：《周易注（附周易略例）》，中華書局，2011年，第18頁。
⑥ [魏] 王弼著，樓宇烈校釋：《周易注（附周易略例）》，中華書局，2011年，第60頁。
⑦ [魏] 王弼著，樓宇烈校釋：《周易注（附周易略例）》，中華書局，2011年，第89頁。

正，刑不侵順，故雖遇毒，小吝無咎。"① 詮釋賁卦初九爻辭時，王弼云："在賁之始，以剛處下，居於無位，棄於不義，安夫徒步以從其志者也。"② 詮釋無妄卦初九爻辭時，王弼云："體剛處下，以貴下賤，行不犯妄，故往得其志。"③ 詮釋大過卦初六爻辭時，王弼云："以柔處下，過而可以無咎，其唯慎乎！"④ 詮釋損卦六五爻辭時，王弼云："以柔居尊而爲損道，江海處下，百谷歸之，履尊以損，則或益之矣。……陰非先唱，柔非自任，尊以自居，損以守之。故人用其力，事順其功。智者慮能，明者慮策，弗能違也，則衆才之用事矣，獲益而得十朋之龜，足以盡天人之助也。"⑤ 詮釋革卦九四爻辭時，王弼云："初九處下卦之下，九四處上卦之下，故能變也。"⑥ 詮釋小過卦辭時，王弼云："上愈無所適，下則得安。愈上則愈窮，莫若飛鳥也。"⑦ 詮釋未濟卦初六爻辭時，王弼云："以陰處下，

---

① [魏] 王弼著，樓宇烈校釋：《周易注（附周易略例）》，中華書局，2011年，第118頁。
② [魏] 王弼著，樓宇烈校釋：《周易注（附周易略例）》，中華書局，2011年，第121頁。
③ [魏] 王弼著，樓宇烈校釋：《周易注（附周易略例）》，中華書局，2011年，第139頁。
④ [魏] 王弼著，樓宇烈校釋：《周易注（附周易略例）》，中華書局，2011年，第153頁。
⑤ [魏] 王弼著，樓宇烈校釋：《周易注（附周易略例）》，中華書局，2011年，第222頁。
⑥ [魏] 王弼著，樓宇烈校釋：《周易注（附周易略例）》，中華書局，2011年，第368頁。
⑦ [魏] 王弼著，樓宇烈校釋：《周易注（附周易略例）》，中華書局，2011年，第323頁。

非爲進亢，遂其志者也。困則能反，故不曰凶。"①

處下則不爭，不爭則吉。老子云："水善利萬物而不爭，處衆人之所惡，故幾於道。……夫唯不爭，故無尤。"② 又云："夫唯不爭，故天下莫能與之爭。"③ 又云："天之道，不爭而善勝。"④ 詮釋謙卦上六《象》辭時，王弼云："未有居衆人之所惡而爲動者所害，處不競之地而爲爭者所奪。"⑤ 詮釋蠱卦《彖》辭時，王弼云："既巽又止，不競爭也。有事而無競爭之患，故可以有爲也。"⑥ 詮釋頤卦初九爻辭時，王弼云："夫安身莫若不競，修己莫若自保。守道則福至，求祿則辱來。"⑦

（三）以老莊"崇静"思想詮《易》

"崇静"亦爲老莊思想之特質。老子云："致虛極，守静篤。萬物並作，吾以觀其復。夫物芸芸，各歸其根。歸根曰静，静曰復命，復命曰常，知常曰明。不知常，妄作凶。"⑧ 又云："重爲輕根，静爲躁君。"⑨ 又云："静勝躁，寒勝熱，清静爲天

---

①［魏］王弼著，樓宇烈校釋：《周易注（附周易略例）》，中華書局，2011年，第335頁。
②陳鼓應：《老子注譯及評介》，中華書局，1984年，第89頁。
③陳鼓應：《老子注譯及評介》，中華書局，1984年，第154頁。
④陳鼓應：《老子注譯及評介》，中華書局，1984年，第334頁。
⑤［魏］王弼著，樓宇烈校釋：《周易注（附周易略例）》，中華書局，2011年，第90頁。
⑥［魏］王弼著，樓宇烈校釋：《周易注（附周易略例）》，中華書局，2011年，第102頁。
⑦［魏］王弼著，樓宇烈校釋：《周易注（附周易略例）》，中華書局，2011年，第148頁。
⑧陳鼓應：《老子注譯及評介》，中華書局，1984年，第124頁。
⑨陳鼓應：《老子注譯及評介》，中華書局，1984年，第171頁。

下正。"① 詮釋坤卦《文言》時，王弼云："其德至靜，德必方也。"② 詮釋屯卦初九爻辭時，王弼云："夫息亂以靜，守靜以侯。"③ 詮釋咸卦初六爻辭時，王弼云："處咸之初，爲感之始，所感在末，故有志而已。如其本實，未至傷靜。"詮釋咸卦六二爻辭時，王弼云："咸道轉進，離拇升腓，腓體動躁者也。感物以躁，凶之道也。由躁故凶，居則吉矣。"④ 詮釋恒卦上六爻辭時，王弼云："夫靜爲躁君，安爲動主，故安者上之所處也，靜者可久之道也。"⑤ 詮釋革卦上六爻辭時，王弼云："居則得正而吉，征則躁擾而凶也。"⑥ 詮釋艮卦初六爻辭時，王弼云："至靜而定，故利永貞。"⑦

"崇靜"與"無爲"相關聯，與"處下不爭"亦相關聯。無爲，故崇靜；處下不爭，故崇靜。老子云："我無爲，而民自化；我好靜，而民自正。"⑧ 又云："牝常以靜勝牡，以靜爲下。"⑨ 詮釋無妄卦上九爻辭時，王弼云："處不可妄之極，唯

---

① 陳鼓應：《老子注譯及評介》，中華書局，1984年，第241頁。
② [魏] 王弼著，樓宇烈校釋：《周易注（附周易略例）》，中華書局，2011年，第19頁。
③ [魏] 王弼著，樓宇烈校釋：《周易注（附周易略例）》，中華書局，2011年，第25~26頁。
④ [魏] 王弼著，樓宇烈校釋：《周易注（附周易略例）》，中華書局，2011年，第171頁。
⑤ [魏] 王弼著，樓宇烈校釋：《周易注（附周易略例）》，中華書局，2011年，第177頁。
⑥ [魏] 王弼著，樓宇烈校釋：《周易注（附周易略例）》，中華書局，2011年，第268頁。
⑦ [魏] 王弼著，樓宇烈校釋：《周易注（附周易略例）》，中華書局，2011年，第282頁。
⑧ 陳鼓應：《老子注譯及評介》，中華書局，1984年，第284頁。
⑨ 陳鼓應：《老子注譯及評介》，中華書局，1984年，第301頁。

宜静保其身而已,故不可以行也。"① 詮釋頤卦初九爻辭時,王弼云:"居養賢之世,不能貞其所履以全其德,而舍其靈龜之明兆,羨我朵頤而躁求,離其致養之至道,窺我寵禄而競進,凶莫甚焉。"② 詮釋中孚卦《象》辭時,王弼云:"柔在内,則静而順;説而以巽,則乖争不作。如此,則物無巧競。"③

復卦内震外坤,本爲陽動於下之象,而王弼卻以老子"崇静"思想解之。詮釋復卦《彖》辭時,王弼云:"復者,反本之謂也,天地以本爲心者也。凡動息則静,静非對動者也。語息則默,默非對語者也。然則天地雖大,富有萬物,雷動風行,運化萬變,寂然至無,是其本矣。故動息地中,乃天地之心見也。"詮釋復卦《象》辭時,王弼云:"爲復則至於寂然大静,先王則天地而行者也。動復則静,行復則止,事復則無事也。"④

(四) 以老莊"貴柔"思想詮《易》

傳統儒家思想尚剛,而傳統道家思想則貴柔。老子云:"天下之至柔,馳騁天下之至堅。"⑤ 又云:"人之生也柔弱,其死也堅强。草木之生也柔脆,其死也枯槁。故堅强者死之徒,柔

---

① [魏] 王弼著,樓宇烈校釋:《周易注(附周易略例)》,中華書局,2011年,第140頁。
② [魏] 王弼著,樓宇烈校釋:《周易注(附周易略例)》,中華書局,2011年,第148頁。
③ [魏] 王弼著,樓宇烈校釋:《周易注(附周易略例)》,中華書局,2011年,第219頁。
④ [魏] 王弼著,樓宇烈校釋:《周易注(附周易略例)》,中華書局,2011年,第132頁。
⑤ 陳鼓應:《老子注譯及評介》,中華書局,1984年,第237頁。

弱者生之徒。是以兵強則滅，木強則折。強大處下，柔弱處上。"① 又云："天下莫柔弱於水，而攻堅強者莫之能勝，以其無以易之。弱之勝強，柔之勝剛，天下莫不知，莫能行。"② 王弼以"貴柔"思想詮釋《周易》之例甚夥，茲擇要列之於下。

詮釋坤卦卦辭時，王弼云："至順而後乃亨，故唯利於牝馬之貞。"詮釋坤卦《彖》辭時，王弼云："地之所以得無疆者，以卑順行之故也。"詮釋坤卦初六爻辭時，王弼云："始於履霜，至於堅冰，所謂至柔而動也剛。陰之為道，本於卑弱而後積著者也。"詮釋坤卦六五爻辭時，王弼云："以柔順之德，處於盛位，任夫文理者也。"詮釋坤卦上六爻辭時，王弼云："陰之為道，卑順不盈，乃全其美。"③

詮釋需卦九三爻辭時，王弼云："以剛逼難，欲進其道，所以招寇而致敵也。"④ 詮釋訟卦六三爻辭時，王弼云："體夫柔弱以順於上……不見侵奪，保全其有，故得食其舊德而不失也。……柔體不爭，係應在上，眾莫能傾，故曰終吉。"⑤ 詮釋師卦六五爻辭時，王弼云："處師之時，柔得尊位，陰不先唱，柔不犯物，犯而後應，往必得直，故田有禽也。"⑥

---

① 陳鼓應：《老子注譯及評介》，中華書局，1984 年，第 342 頁。
② 陳鼓應：《老子注譯及評介》，中華書局，1984 年，第 350 頁。
③ [魏] 王弼著，樓宇烈校釋：《周易注（附周易略例）》，中華書局，2011 年，第 16~19 頁。
④ [魏] 王弼著，樓宇烈校釋：《周易注（附周易略例）》，中華書局，2011 年，第 37 頁。
⑤ [魏] 王弼著，樓宇烈校釋：《周易注（附周易略例）》，中華書局，2011 年，第 43 頁。
⑥ [魏] 王弼著，樓宇烈校釋：《周易注（附周易略例）》，中華書局，2011 年，第 49 頁。

詮釋同人卦九五爻辭時，王弼云："體柔居中，眾之所與；執剛用直，眾所未從。……不能使物自歸而用其強直，故必須大師克之，然後相遇也。"① 詮釋大有卦六五爻辭時，王弼云："君尊以柔，處大以中，無私於物，上下應之，信以發志，故其孚交如也。" 詮釋大有卦上九爻辭時，王弼云："雖不能體柔，而以剛乘柔，思順之義也。"②

詮釋大過卦初六爻辭時，王弼云："以柔處下，過而可以無咎，其唯慎乎！"③ 詮釋明夷卦六二爻辭時，王弼云："以柔居中，用夷其明，進不殊類，退不近難，不見疑憚，'順以則'也，故可用拯馬而壯吉也。"④ 詮釋家人卦六四爻辭時，王弼云："體柔居巽，履得其位，明於家道，以近至尊，能富其家也。"⑤ 詮釋損卦六四爻辭時，王弼云："履得其位，以柔納剛，能損其疾也。"⑥ 詮釋益卦六二爻辭時，王弼云："以柔居中，而得其位。……六二居益之中，體柔當位，而應於巽，享帝之美，在此時也。"⑦ 詮釋益卦六四爻辭時，王弼云："居益之時，

---

① [魏] 王弼著，樓宇烈校釋：《周易注（附周易略例）》，中華書局，2011年，第79頁。
② [魏] 王弼著，樓宇烈校釋：《周易注（附周易略例）》，中華書局，2011年，第84、85頁。
③ [魏] 王弼著，樓宇烈校釋：《周易注（附周易略例）》，中華書局，2011年，第153頁。
④ [魏] 王弼著，樓宇烈校釋：《周易注（附周易略例）》，中華書局，2011年，第195頁。
⑤ [魏] 王弼著，樓宇烈校釋：《周易注（附周易略例）》，中華書局，2011年，第201頁。
⑥ [魏] 王弼著，樓宇烈校釋：《周易注（附周易略例）》，中華書局，2011年，第222頁。
⑦ [魏] 王弼著，樓宇烈校釋：《周易注（附周易略例）》，中華書局，2011年，第228頁。

處巽之始，體柔當位……以斯告公，何有不從？以斯依遷，誰有不納也？"①

詮釋升卦卦辭時，王弼云："巽順可以升。"詮釋升卦六五爻辭時，王弼云："升得尊位，體柔而應……故得貞吉升階而尊也。"② 詮釋鼎卦六五爻辭時，王弼云："居中以柔，能以通理，納乎剛正，故曰'黃耳金鉉，利貞'也。"③ 詮釋漸卦卦辭時，王弼云："以止巽爲進，故'女歸吉'也。"④

詮釋旅卦六二爻辭時，王弼云："得位居中，體柔奉上，以此寄旅，必獲次舍。"⑤ 詮釋既濟卦時，王弼云："既濟之要，在柔得中也。"⑥ 詮釋未濟卦時，王弼云："以柔處中，不違剛也；能納剛健，故得亨也。"詮釋未濟卦九四爻辭時，王弼云："五居尊以柔，體乎文明之盛，不奪物功者也，故以大國賞之也。"詮釋未濟卦六五爻辭時，王弼云："夫以柔順文明之質，居於尊位，付與於能，而不自役，使武以文，御剛以柔，斯誠君子之光也。付物以能，而不疑也，物則竭力，功斯克矣，故

---

① [魏] 王弼著，樓宇烈校釋：《周易注（附周易略例）》，中華書局，2011年，第229頁。
② [魏] 王弼著，樓宇烈校釋：《周易注（附周易略例）》，中華書局，2011年，第250~252頁。
③ [魏] 王弼著，樓宇烈校釋：《周易注（附周易略例）》，中華書局，2011年，第273頁。
④ [魏] 王弼著，樓宇烈校釋：《周易注（附周易略例）》，中華書局，2011年，第286頁。
⑤ [魏] 王弼著，樓宇烈校釋：《周易注（附周易略例）》，中華書局，2011年，第300頁。
⑥ [魏] 王弼著，樓宇烈校釋：《周易注（附周易略例）》，中華書局，2011年，第329~330頁。

曰'有孚吉'。"①

此外，王弼還以老子"功遂身退""抱朴""反者，道之動"等思想詮釋《周易》，茲不悉舉。②

漢魏之際，士人喜談玄理，鍾愛老、莊。正始時期對老、莊的普遍愛好已經成爲了文人的風尚。如，裴徽"才理清明，能釋玄虛，每論《易》及老、莊之道，未嘗不注精於嚴、瞿之徒也"③，何晏"少以才秀知名，好老、莊言"④。裴徽、何晏都與王弼有過交往。"時裴徽爲吏部郎，弼未弱冠，往造焉，徽一見而異之，問弼曰：'夫無者，誠萬物之所資也，然聖人莫肯致言，而老子申之無已者何？'弼曰：'聖人體無，無又不可以訓，故不説也。老子是有者也，故恒言無所不足。'……於時何晏爲吏部尚書，甚奇弼，歎之曰：'仲尼稱後生可畏，若斯人者，可與言天人之際乎！'"⑤王弼本人"少而察惠，十餘歲便好莊、老，通辯能言，爲傅嘏所知。"⑥以上爲王弼以老、莊思想詮釋《周易》的"先行結構"。當古人對《周易》進行理解與詮釋活動時，以一系列的"先行結構"爲出發點。這些"先行結構"

---

① [魏] 王弼著，樓宇烈校釋：《周易注（附周易略例）》，中華書局，2011年，第334~337頁。
② 如，王弼注小畜卦上九爻辭："滿而又進，必失其道。"注履卦初九爻辭："履道惡華，故素乃無咎。"注同人卦九四爻辭："不克則反，反則得吉也。"
③ [晉] 陳壽著，[劉宋] 裴松之注：《三國志》卷29，中華書局，1959年，第819頁。
④ [晉] 陳壽著，[劉宋] 裴松之注：《三國志》卷9，中華書局，1959年，第292頁。
⑤ [晉] 陳壽著，[劉宋] 裴松之注：《三國志》卷28，中華書局，1959年，第795頁。
⑥ [劉宋] 劉義慶著，[南梁] 劉孝標注，余嘉錫箋疏：《世説新語箋疏》卷上《文學》注引《弼別傳》，中華書局，2007年，第231頁。

决定了中國古代不同歷史時期的《周易》詮釋的特色。

洪漢鼎先生指出，"在我國有着濃厚基礎的經典詮釋傳統中，哲學詮釋學找到了進一步發展的力量，但我國的經典詮釋從總的方面來說，並没有達到海德格爾那種原始的詮釋學，在傳統與現實、繼承與創新的關係上，它不像西方經典詮釋重視後者，而是更重視前者。"① 這句話用來評價王弼，是得當的。王弼以老、莊思想詮《易》，前人多以之爲脱離本義的發揮，其實"尚柔"等思想，本來就是《易經》所固有的（如，坤卦卦辭"利牝馬之貞"、大畜卦六五爻辭"豶豕之牙"、離卦卦辭"畜牝牛吉"等所反映的都是《易經》所固有的"尚柔"思想），因此王弼以老莊思想詮《易》，雖受當時視域影響，但大多是符合《易經》本義的。

---

①洪漢鼎：《詮釋學與中國經典詮釋問題及未來》，《武漢大學學報》2012年第4期。

第二節 程頤的《周易》詮釋

程頤(1033~1107),字正叔,洛陽伊川人,世稱"伊川先生",是王弼之後義理《易》學的集大成者。英國著名漢學家葛瑞漢認爲:"在新儒學復興儒學的運動中,真正有創見的人物是程伊川……程伊川是兩千年來最偉大的儒學思想家!"[①] 程頤繼王弼之後,將義理《易》學推向了一個新的階段。朱熹評論説:"已前解《易》,多只説象數,自程門以後,人方都作道理説了。"[②] 皮錫瑞云:"程子於《易》,頗推王弼,然其説理,非弼所及!且不雜以老氏之旨,尤爲醇正。顧炎武謂見《易》説數十家,未見有過於《程傳》者,以其説理爲最精也。"[③] 著名《易》學大家朱伯崑先生在其皇皇巨著《易學哲學史》第二卷中説:"從《易》學史上看,流傳下來的義理學派的代表著作,可以説前有王弼《周易注》,後有《程氏易傳》。"[④]

《程氏易傳》又稱《伊川易傳》,凝聚了程頤一生的心血,體現了程頤一生之踐履。程頤弟子尹焞説:"先生踐履盡《易》,其作《傳》只是因而寫成,熟讀玩味,即可見矣。"又云:"先生平生用意,惟在《易傳》,求先生之學者,觀此足

---

① 葛瑞漢:《中國的兩位哲學家:二程兄弟的新儒學》,大象出版社,2004年,第32頁。
② [宋]朱熹著,朱傑人等主編:《朱子全書》第16册《朱子語類》卷67,上海古籍出版社、安徽教育出版社,2002年,第2216頁。
③ 皮錫瑞著,潘斌整理:《皮錫瑞儒學論集》,四川大學出版社,2010年,第60頁。
④ 朱伯崑:《易學哲學史》第2卷,崑崙出版社,2005年,第195頁。

矣。"① 在這裏，尹焞指出，探究程頤學術，應主要依據《伊川易傳》。此言對當今學人，亦多有啓發。觀學界研究程頤諸論著，對《伊川易傳》的徵引，遠不如對程頤其他著述的徵引，是爲一大缺憾。程頤本人對《伊川易傳》亦非常重視。② 程頤的《易》學思想，早在青年時期，就已卓然成家③，但《伊川易傳》卻直至元符二年（1099），程頤 67 歲時方才成書。成書後，又過了 7 年，才出以示人。此時，程頤已是 74 歲高齡。次年，程頤便撒手人寰。④

一、以"理"詮《易》

四庫館臣在《伊川易傳》的提要中説："程子不信邵子之數，故邵子以數言《易》，而程子此傳則言理。"以"理"解《易》，是程頤《周易》詮釋最顯著的特色。

在《伊川易傳》序中，程頤説："至微者理也，至著者象也。體用一源，顯微無間。"⑤ "理"是程頤哲學的最高範疇。程頤以"理"爲本體，藉詮釋《周易》，確立了其系統完備的

---

① ［宋］李幼武：《宋名臣言行録》外集卷 3，文淵閣四庫全書本。
② 程頤説："某於《易傳》，殺曾下工夫。"（《程氏外書》卷 5）
③ 《程氏外書》卷 12："横渠昔在京師，坐虎皮，説《周易》，聽從甚衆。一夕，二程先生至，論《易》。次日，横渠撤去虎皮，曰：'吾平日爲諸公説者皆亂道。有二程近到，深明《易》道，吾所弗及，汝輩可師之。' 横渠乃歸陝西。"
④ 朱熹在《伊川先生年譜》中説："元符二年正月，《易傳》成而序之。……崇寧五年，復宣義郎，致仕。時《易傳》成書已久，學者莫得傳授。先生曰：'自量精力未衰，尚覬有少進耳。'其後寢疾，始以授尹焞、張繹。大觀元年九月庚午，卒於家，年七十有五。"
⑤ 梁韋弦：《〈程氏易傳〉導讀》，齊魯書社，2003 年，第 49 頁。

"理"學體系。"理"是自然界和社會的最高原則,是天下萬物都要遵循而不可違反的永恒存在,包括事物之理、性命之理、善惡是非之理、吉凶消長之理等。君王之道和臣子之道等,都是由"理"所規定的。① 在《伊川易傳》中,講到"理"的地方很多。

乾卦初九爻辭"潛龍勿用",程頤注:"理無形也,故假象以顯義。"② 一物有一物之理,所謂"理一分殊"。此處之"理"乃"乾道變化,陽氣消息,聖人進退"之理。乾初九在乾卦之初,陽氣方萌,若龍之潛隱,當晦養以俟時。上九爻辭"亢龍有悔",程頤注:"至於亢者,不知進退存亡得喪之理也。"③ 此處之"理"乃知進知退,知存知亡,知得知喪之理。乾卦《文言》"嘉會足以合禮",程頤注:"得會通之嘉,乃合於禮也。不合禮,則非理,豈得爲嘉?非理,安有亨乎?"④ 程頤視人間的"禮"爲"天理"在人間投射的映象。遵循人間的"禮",就是在遵循神聖莊嚴的"天理"。循理則吉,反之則凶,故曰"非理,安有亨乎"。

坤卦《彖》辭"先迷失道,後順得常",程頤注:"先唱則迷失陰道,後和則順而得其常理。"⑤ 此處所謂"常理"指爲人臣、爲人妻、爲人子者所應遵循之"理"。爲人臣者不可與君爭先,爲人妻者不可與夫爭先,爲人子者不可與父爭先。六五爻辭"黃裳元吉",程頤注:"廢興,理之常也;以陰居尊位,非

---

① 任繼愈:《中國哲學史》第3冊,人民出版社,1964年,第219頁。
② 梁韋弦:《〈程氏易傳〉導讀》,齊魯書社,2003年,第51頁。
③ 梁韋弦:《〈程氏易傳〉導讀》,齊魯書社,2003年,第60頁。
④ 梁韋弦:《〈程氏易傳〉導讀》,齊魯書社,2003年,第55頁。
⑤ 梁韋弦:《〈程氏易傳〉導讀》,齊魯書社,2003年,第62頁。

常之變也。"① 程頤認爲，革故鼎新符合"理"，而以陰居尊不符合"理"。前者反映了程頤認識的進步性，後者反映了程頤認識的歷史局限性。

屯卦六二爻辭"匪寇婚媾"，程頤注："婚媾，正應也；寇，非理而至者。"② 此處之"理"指婚媾之理。上六爻辭"泣血漣如"，程頤注："夫卦者，事也；爻者，事之時也。分三而又兩之，足以包括衆理。引而伸之，觸類而長之，天下之能事畢矣。"③ 一事有一事之理，一時有一時之理，程頤認爲，六十四卦三百八十四爻囊括了事事時時之理。當屯之事，當上六之時，"在險之極，而無應援，居則不安，動無所之"，故而"泣血漣如"。

蒙卦卦辭"亨"，程頤注："蒙有開發之理，亨之義也。"④ 此處之"理"指發蒙啓智之理。"匪我求童蒙，童蒙求我"，程頤注："賢者在下，豈可自進以求於君？苟自求之，必無能信用之理。"⑤ 此處之"理"指"尊德樂道"之理。程頤説："古之人所以必待人君致敬盡禮而後往者，非欲自爲尊大，蓋其尊德樂道，不如是，不足與有爲也。"⑥

訟卦九四爻辭"不克訟，復即命，渝，安貞，吉"，程頤注："命謂正理，失正理爲方命，故以即命爲復也。……若義不

---

① 梁韋弦：《〈程氏易傳〉導讀》，齊魯書社，2003年，第64頁。
② 梁韋弦：《〈程氏易傳〉導讀》，齊魯書社，2003年，第69頁。
③ 梁韋弦：《〈程氏易傳〉導讀》，齊魯書社，2003年，第71頁。
④ 梁韋弦：《〈程氏易傳〉導讀》，齊魯書社，2003年，第72頁。
⑤ 梁韋弦：《〈程氏易傳〉導讀》，齊魯書社，2003年，第72頁。
⑥ 梁韋弦：《〈程氏易傳〉導讀》，齊魯書社，2003年，第72~73頁。

克訟而不訟，反就正理，變其不安貞爲安貞，則吉矣。"① 方，不順也。不順於命則違"理"，違"理"則凶。上九爻辭"終朝三褫之"，程頤注："人之肆其剛强，窮極於訟，取禍喪身，固其理也。"② 此處之"理"乃爭訟之理。"肆其剛强，窮極於訟"則違"理"，違"理"則凶。

履卦上卦爲乾天，下卦爲兌澤，程頤注："天而在上，澤而處下，上下之分，尊卑之義，理之當也。"③ 此處之"理"指上下尊卑之"禮"。履卦卦辭"履虎尾，不咥人，亨"，程頤注："天在上，而澤處下，以柔履藉於剛，上下各得其義，事之至順，理之至當也。"④ 此處之"理"亦指"上下之分，尊卑之義"。程頤認爲，如果能夠遵循此"理"，則"雖履至危之地，亦無所害"。履卦《象》辭"上天下澤，履"，程頤注："天在上，澤居下，上下之正理也。人之所履當如是，故取其象而爲履。"⑤ 此處之"理"亦指"上下之分，尊卑之義"。程頤對"上下之分，尊卑之義"非常重視，以至於說："夫上下之分明，然後民志有定；民志定，然後可以言治。民志不定，天下不可得而治也。"⑥ 蠱卦《彖》辭"剛上而柔下"，程頤注："男雖少而居上，女雖長而在下，尊卑得正，上下順理，治蠱之道也。"⑦ 夬卦《彖》辭"揚於王庭，柔乘五剛也"，程頤注："柔

---

① 梁韋弦：《〈程氏易傳〉導讀》，齊魯書社，2003年，第83頁。
② 梁韋弦：《〈程氏易傳〉導讀》，齊魯書社，2003年，第83頁。
③ 梁韋弦：《〈程氏易傳〉導讀》，齊魯書社，2003年，第99頁。
④ 梁韋弦：《〈程氏易傳〉導讀》，齊魯書社，2003年，第99頁。
⑤ 梁韋弦：《〈程氏易傳〉導讀》，齊魯書社，2003年，第100頁。
⑥ 梁韋弦：《〈程氏易傳〉導讀》，齊魯書社，2003年，第100頁。
⑦ 梁韋弦：《〈程氏易傳〉導讀》，齊魯書社，2003年，第136頁。

雖消矣，然居五剛之上，猶爲乘陵之象，陰而乘陽，非理之甚。"① 歸妹卦《彖》辭"無攸利，柔乘剛也"，程頤注："男女有尊卑之序，夫婦有唱隨之禮，此常理也。"② 此處之"理"皆指上下尊卑等序之禮。

荀子認爲，"禮"起源於"明分使羣"的需要。荀子説："禮也者，理之不可易者也。"③ 又説："禮之理誠深矣……其理誠大矣……其理誠高矣。"④ 荀子的以上言論，當爲程頤納"禮"於"理"的重要思想淵藪。

《周易·序卦》："物不可以終通，故受之以否。……物不可以久居其所，故受之以遯。……進必有所傷，故受之以明夷。……物不可以終難，故受之以解。……損而不已必益，故受之以益。益而不已必決，故受之以夬。……物不可以終動，止之。……物不可以終止，故受之以漸。"程頤將之納入其理學思想體系，説："夫物理，往來通泰之極則必否。"⑤ 又説："夫久則有去，相須之理也。……夫進之不已，必有所傷，理自然也。……物無終難之理，難極則必散。……盛衰損益如循環，損極必益，理之自然。……理無常益。"⑥ 又説："動靜相因，動則有靜，靜則有動，物無常動之理。……止必有進，屈伸消

---

① 梁韋弦：《〈程氏易傳〉導讀》，齊魯書社，2003年，第257頁。
② 梁韋弦：《〈程氏易傳〉導讀》，齊魯書社，2003年，第312頁。
③ [清] 王先謙著，沈嘯寰、王星賢點校：《荀子集解》卷14《樂論》，中華書局，1988年，第382頁。
④ [清] 王先謙著，沈嘯寰、王星賢點校：《荀子集解》卷13《禮論》，中華書局，1988年，第356頁。
⑤ 梁韋弦：《〈程氏易傳〉導讀》，齊魯書社，2003年，第108頁。
⑥ 梁韋弦：《〈程氏易傳〉導讀》，齊魯書社，2003年，第207、219、240、250、256頁。

息之理也。"①

泰卦九三爻辭"無平不陂，無往不復，艱貞，無咎"，程頤注："物理如循環，在下者必升，居上者必降，泰久而必否。……當知天理之必然，方泰之時，不敢安逸，常艱危其思慮，正固其施爲，如是則可以無咎。"② 在詮釋泰卦九三《象》辭時，程頤又進一步闡述說："陽降於下，必復於上；陰升於上，必復於下。屈伸往來之常理也。"③ 詮釋泰卦六四爻辭時，程頤又說："夫陰陽之升降，乃時運之否泰，或交或散，理之常也。……四已過中矣，理必變也。"④ 詮釋否卦卦辭時，程頤說："消長闔辟，相因而不息，泰極則復，否終則傾，無常而不變之理。"⑤ 詮釋否卦上九爻辭時，程頤說："物理，極而必反，故泰極則否，否極則泰。"⑥ 詮釋否卦上九《象》辭時，程頤說："否終則必傾，豈有長否之理？極而必反，理之常也。"⑦ 大有卦九四爻辭"匪其彭"，程頤注："賢智之人，明辨物理，當其方盛，則知咎之將至，故能損抑，不敢至於滿極也。"⑧ 上九爻辭"自天佑之，吉無不利"，程頤注："有極而不處，則無盈滿之災，能順乎理者也。"⑨ 蠱卦卦辭"元亨，利涉大川"，程頤注："既蠱則有復治

---

① 梁韋弦：《〈程氏易傳〉導讀》，齊魯書社，2003年，第301、306頁。
② 梁韋弦：《〈程氏易傳〉導讀》，齊魯書社，2003年，第106頁。
③ 梁韋弦：《〈程氏易傳〉導讀》，齊魯書社，2003年，第106頁。
④ 梁韋弦：《〈程氏易傳〉導讀》，齊魯書社，2003年，第106頁。
⑤ 梁韋弦：《〈程氏易傳〉導讀》，齊魯書社，2003年，第108頁。
⑥ 梁韋弦：《〈程氏易傳〉導讀》，齊魯書社，2003年，第111頁。
⑦ 梁韋弦：《〈程氏易傳〉導讀》，齊魯書社，2003年，第111頁。
⑧ 梁韋弦：《〈程氏易傳〉導讀》，齊魯書社，2003年，第119頁。
⑨ 梁韋弦：《〈程氏易傳〉導讀》，齊魯書社，2003年，第120頁。

之理。自古治必因亂，亂則開治，理自然也。"① 臨卦卦辭"至於八月有凶"，程頤注："在陰陽之氣言之，則消長如循環，不可易也；以人事言之，則陽爲君子，陰爲小人，方君子道長之時，聖人爲之誡，使知極則有凶之理，而虞備之，常不至於滿極，則無凶也。"② 剥卦《彖》辭"君子尚消息盈虛，天行也"，程頤注："君子存心消息盈虛之理，而能順之，乃合乎天行也。"③ 離卦九三爻辭"鼓缶而歌"，程頤注："以理言之，盛必有衰，始必有終，常道也。達者順理爲樂……鼓缶而歌，樂其常也。"④ 以上，程頤對"泰極則否，否極則泰"之"理"反復加以詮釋。

"泰極則否，否極則泰"之"理"即動息相感，往來屈伸之"理"。詮釋咸卦九四爻辭時，程頤說："尺蠖之行，先屈而後信（伸），蓋不屈則無信（伸），信（伸）而後有屈，觀尺蠖，則知感應之理矣。"⑤ 睽卦六三爻辭"無初有終"，程頤注："睽極有終合之理。……合以正道，自無終睽之理，故賢者順理而安行，智者知幾而固守。"⑥ 上九爻辭"先張之弧，後說之弧"，程頤注："物理，極而必反。……大凡失道既極，則必反正理。"⑦ 困卦上六爻辭"困於葛藟，於臲卼，曰動悔，有悔，征吉"，程頤說："物極則反，事極則變，困既極矣，理當變

---

① 梁韋弦：《〈程氏易傳〉導讀》，齊魯書社，2003年，第135頁。
② 梁韋弦：《〈程氏易傳〉導讀》，齊魯書社，2003年，第140~141頁。
③ 梁韋弦：《〈程氏易傳〉導讀》，齊魯書社，2003年，第159頁。
④ 梁韋弦：《〈程氏易傳〉導讀》，齊魯書社，2003年，第194頁。
⑤ 梁韋弦：《〈程氏易傳〉導讀》，齊魯書社，2003年，第201頁。
⑥ 梁韋弦：《〈程氏易傳〉導讀》，齊魯書社，2003年，第232頁。
⑦ 梁韋弦：《〈程氏易傳〉導讀》，齊魯書社，2003年，第234頁。

矣。"① 歸妹卦《象》辭 "永終知敝"，程頤注："必知其有敝壞之理，而戒慎之。"② 既濟卦卦辭 "終止則亂"，程頤注："天下之事，不進則退，無一定之理。……時極道窮，理當必變也。……唯聖人爲能通其變於未窮，不使至於極也。"③

以上之 "理" 皆日中而昃、月盈而虧、物壯而老、事極則反、陰陽消息、盛衰更替、吉凶轉化之理。此 "理" 不以人的意志爲轉移，完全可以解釋爲 "規律"。任繼愈先生主編的《中國哲學史》中論及二程理學時說："二程所謂'理'，它不同於事物的規律。"④ 此論斷有失偏頗。

陰陽消長之理乃自然之理（天理），人事當順之。程頤說："理有消衰，有息長，有盈滿，有虛損，順之則吉，逆之則凶。君子隨時敦尚，所以事天也。"⑤

陰陽消長，則剝極而復。詮釋剝卦上九爻辭 "碩果不食，君子得輿，小人剝廬" 時，程頤說："諸陽消剝已盡，獨有上九一爻尚存，如碩大之果不見食，將見復生之理。……陽無可盡之理，變於上則生於下，無間可容息也。聖人發明此理，以見陽與君子之道不可亡也。……理既如是，在卦亦衆陰宗陽，爲共載之象。"⑥ 詮釋《周易·序卦》"窮上反下" 時，程頤說："物無剝盡之理，故剝極則復來，陰極則陽生，陽剝極於上，而

---

① 梁韋弦：《〈程氏易傳〉導讀》，齊魯書社，2003 年，第 281 頁。
② 梁韋弦：《〈程氏易傳〉導讀》，齊魯書社，2003 年，第 313 頁。
③ 梁韋弦：《〈程氏易傳〉導讀》，齊魯書社，2003 年，第 350 頁。
④ 任繼愈：《中國哲學史》第 3 冊，人民出版社，1964 年，第 219 頁。
⑤ 梁韋弦：《〈程氏易傳〉導讀》，齊魯書社，2003 年，第 159 頁。
⑥ 梁韋弦：《〈程氏易傳〉導讀》，齊魯書社，2003 年，第 161 頁。

復生於下。"① 詮釋復卦《彖》辭時,程頤說:"消長相因,天之理也。"②

"天之理"即"天理"。程顥曾云:"吾學雖有所受,'天理'二字卻是自家體貼出來。"③ 然揆諸史籍,在程顥之前,早在莊子之時,就已提出"天理"概念。《莊子·養生主》中說,庖丁解牛的訣竅在於"依乎天理"。《莊子·天運》中說:"夫至樂者,先應之以人事,順之以天理。"《莊子·刻意》中說:"去知與故,循天之理。"《禮記·樂記》中亦提到"天理":"好惡無節於內,知誘於外,不能反躬,天理滅矣。夫物之感人無窮,而人之好惡無節,則是物至而人化物也。人化物也者,滅天理而窮人欲者也。"邵雍和張載也都多次提及"天理"。邵雍說:"能循天理動者,造化在我也。天下言讀書者不少,能讀書者少,若得天理真樂,何書不可讀,何堅不可破,何理不可精。得天理者,不獨潤身,亦能潤心,不獨潤心,至於性命亦潤。……得之與否,天也;得失不動心,所以順天也。強取必得,是逆天理也,逆天理者,患禍必至。"④ 張載說:"處剝之時,順上以觀天理之消息盈虛。"⑤ 又說:"人謀之所經畫,亦

---

① 梁韋弦:《〈程氏易傳〉導讀》,齊魯書社,2003年,第162頁。
② 梁韋弦:《〈程氏易傳〉導讀》,齊魯書社,2003年,第164頁。
③ [宋] 朱熹編:《二程外書》卷12,文淵閣四庫全書本。
④ [宋] 邵雍:《皇極經世書》卷14《觀物外篇下》,文淵閣四庫全書本。
⑤ [宋] 張載著,章錫琛點校:《張載集·橫渠易說·上經》,中華書局,1978年,第111頁。

莫非天理耳。"① 又説："燭天理如向明，萬象無所隱。"② 既然"天理"概念並非由程氏首先提出，程氏爲何要説"'天理'二字卻是自家體貼出來"呢？筆者認爲，程氏此言的確切含義並非指首先提出"天理"概念，而是指首先賦予其"禮""誠"等豐富的内涵，"把天理確立爲宇宙本體和價值本體的最高範疇"③。

　　作爲本體的"理"是唯一的，體現於具體事物上的"理"是千差萬別的。同人卦《彖》辭"唯君子爲能通天下之志"，程頤注："天下之志萬殊，理則一也。君子明理，故能通天下之志。"④ 在這裏，程頤表達了其"理一而分殊"的哲學觀點。作爲本體的"理"類似於一般規律，體現於具體事物上的"理"類似於特殊規律。詮釋咸卦九四爻辭時，程頤又説："天下之理一也，塗雖殊而其歸則同，慮雖百而其致則一，雖物有萬殊，事有萬變，統之以一，則無能違也。"⑤ 詮釋睽卦《彖》辭時，程頤説："物雖異，而理本同。"⑥ 體現於各種具體事物的"理"統一於作爲價值本體和宇宙本體的"理"。作爲價值本體和宇宙本體的"理"内在地蘊含着體現於各種具體事物的"理"。"理一"強調"同"，"分殊"強調"異"。余敦康先生認爲，"'理一而分殊'這個命題，其實質性的内涵就是儒家依據三代

---

① [宋] 張載著，章錫琛點校：《張載集·橫渠易説·繫辭下》，中華書局，1978年，第232頁。
② [宋] 張載著，章錫琛點校：《張載集·正蒙·大心篇》，中華書局，1978年，第26頁。
③ 余敦康：《漢宋易學解讀》，華夏出版社，2006年，第404頁。
④ 梁韋弦：《〈程氏易傳〉導讀》，齊魯書社，2003年，第113頁。
⑤ 梁韋弦：《〈程氏易傳〉導讀》，齊魯書社，2003年，第201頁。
⑥ 梁韋弦：《〈程氏易傳〉導讀》，齊魯書社，2003年，第230頁。

禮樂制度所提煉而成的一種文化價值理想"①。"理一"強調"同","分殊"強調"異"。"同"代表和合,"異"代表秩序。《禮記·樂記》中說:"樂者爲同,禮者爲異。"又說:"樂者,天地之和也;禮者,天地之序也。"余敦康先生說:"如果合同的一面強調得過頭,就會上下不分,貴賤不明;反之,如果別異的一面強調得過頭,就會離心離德,影響社會群體的凝聚。"②

程頤認爲,君王對土地、人口的絕對擁有權也是"理"的規定。大有卦九三爻辭"公用亨於天子",程頤注:"凡土地之富,人民之衆,皆王者之有也。此理之正也。"③

程頤理學體系中的"理"有時又指"自卑""自晦"之理。謙卦卦辭"亨,君子有終",程頤注:"達理,故樂天而不競。……自卑而人益尊之,自晦而德益光顯。此所謂君子有終也。"④ 益卦六二爻辭"或益之十朋之龜",程頤注:"夫滿則不受,虛則來物,理自然也。"⑤ 此處之"理"乃"滿招損,謙受益"之理。

豫卦《彖》辭"豫順以動",程頤注:"天地之道,萬物之理,唯至順而已。"⑥ 上下相順則吉,反之則凶,故程頤又說:

---

① 余敦康:《漢宋易學解讀》,華夏出版社,2006年,第415頁。
② 余敦康:《漢宋易學解讀》,華夏出版社,2006年,第416頁。
③ 梁韋弦:《〈程氏易傳〉導讀》,齊魯書社,2003年,第118頁。
④ 梁韋弦:《〈程氏易傳〉導讀》,齊魯書社,2003年,第121頁。
⑤ 梁韋弦:《〈程氏易傳〉導讀》,齊魯書社,2003年,第252頁。案,《論語·爲政》中的"君子不器",舊注未妥。筆者認爲,"不"可訓"丕","器"可訓"虛中受物"。《素問·保命全形論》"令器津泄"王冰注:"凡虛中而受物者皆謂之器。"
⑥ 梁韋弦:《〈程氏易傳〉導讀》,齊魯書社,2003年,第126頁。

"上下順從，其志得行也。"① "豫之時義大矣哉"，程頤注："欲人研味其理，優柔涵泳而識之也。"② 此處之"理"即"豫順以動"之理。

豫卦九四爻辭"大有得"，程頤注："居上位而至誠求助，理必得之。"③ 中孚卦九二爻辭"鳴鶴在陰，其子和之；我有好爵，吾與爾靡之"，程頤注："至誠感通之理，知道者為能識之。"④ 此處之"理"的具體內涵是：至誠則吉。

在《伊川易傳》中，"誠"字的出現頻率極高。"誠"的概念由來已久。《大學》中言"欲正其心者，先誠其意"，《中庸》中言"誠者，天之道也；誠之者，人之道也"。程頤的啟蒙老師周敦頤在《通書》中說："誠，聖人之本。"又說："聖，誠而已矣。""誠，五常之本，百行之源也。"⑤ 明薛文清說："《通書》，一誠字括盡。"⑥ 清黃宗羲說："周子之學，以誠為本。"⑦ 在周敦頤的基礎之上，程頤提出："誠者，實理也。"⑧ 將"誠"納入其理學思想體系。姜海軍說："在程頤的思想體系中，'誠'被作為天理的根本道德屬性、人倫的最高道德標準。"⑨ 又說："在程頤看來，'誠'不但是人所應具有的道德品質和道

---

① 梁韋弦：《〈程氏易傳〉導讀》，齊魯書社，2003年，第126頁。
② 梁韋弦：《〈程氏易傳〉導讀》，齊魯書社，2003年，第126頁。
③ 梁韋弦：《〈程氏易傳〉導讀》，齊魯書社，2003年，第129頁。
④ 梁韋弦：《〈程氏易傳〉導讀》，齊魯書社，2003年，第342頁。
⑤ [宋] 周敦頤著，陳克明點校：《周敦頤集》卷二《通書·誠》，中華書局，1990年，第13、15頁。
⑥ [明] 薛瑄：《讀書錄》卷8，文淵閣四庫全書本。
⑦ [清] 黃宗羲：《宋元學案》卷12《濂溪學案》下，中華書局，1986年，第523頁。
⑧ [宋] 楊時：《二程粹言》卷上《論道》，文淵閣四庫全書本。
⑨ 姜海軍：《程頤易學思想研究》，北京師範大學出版社，2010年，第187頁。

德境界,也是成爲貫通天人、連接物我的一個重要的哲學本體範疇。"①

賁卦《彖》辭"柔來而文剛,故亨;分剛上而文柔,故小利有攸往。天文也,文明以止,人文也",程頤注:"質必有文,自然之理;理必有對待,生生之本也。"② 此處之"理"指陰陽對待之理。陰陽對立統一的矛盾運動,是"生生之本"。程頤說:"有上則有下,有此則有彼,有質則有文,一不獨立,二則爲文,非知道者,孰能識之?"③

《周易·序卦》"復則不妄矣,故受之以無妄",程頤注:"復者,反於道也,既復於道,則合正理而無妄,故復之後受之以無妄也。"④ 此處之"理"的內涵是:以誠修心,以禮正身,而不爲人欲所牽。程頤說:"動以天,爲無妄;動以人欲,則妄矣。"⑤ 又說:"無妄者,理之正也。"⑥

能夠以誠修心,以禮正身,必然"剛中而應"。詮釋無妄卦《彖》辭"剛中而應"時,程頤說:"五以剛居中正,二復以中正相應,是順理而不妄也。"⑦

無妄卦六二爻辭"不耕獲,不菑畬",程頤注:"因事之當然,則是順理應物,非妄也,獲與畬是也。"⑧ 此處之"理"的具體內涵是:耕則必有獲,菑則必有畬。程頤說:"蓋耕則必有

---

① 姜海軍:《程頤易學思想研究》,北京師範大學出版社,2010年,第190頁。
② 梁韋弦:《〈程氏易傳〉導讀》,齊魯書社,2003年,第153頁。
③ 梁韋弦:《〈程氏易傳〉導讀》,齊魯書社,2003年,第153頁。
④ 梁韋弦:《〈程氏易傳〉導讀》,齊魯書社,2003年,第166頁。
⑤ 梁韋弦:《〈程氏易傳〉導讀》,齊魯書社,2003年,第166頁。
⑥ 梁韋弦:《〈程氏易傳〉導讀》,齊魯書社,2003年,第168頁。
⑦ 梁韋弦:《〈程氏易傳〉導讀》,齊魯書社,2003年,第167頁。
⑧ 梁韋弦:《〈程氏易傳〉導讀》,齊魯書社,2003年,第169頁。

獲，蓄則必有畜，是事理之固然，非心意之所造作也。"①

咸卦《彖》辭"天地感而萬物化生，聖人感人心而天下和平，觀其所感，而天地萬物之情可見矣"，程頤注："既言男女相感之義，復推極感道，以盡天地之理、聖人之用。"② 此處之"理"，指陰陽交感之理。程頤說："天地二氣交感而化生萬物，聖人至誠以感億兆之心而天下和平。天下之心所以和平，由聖人感之也。觀天地交感化生萬物之理與聖人感人心致和平之道，則天地萬物之情可見矣。感通之理，知道者默而觀之可也。"③ 詮釋歸妹卦《彖》辭"歸妹，天地之大義也"時，程頤又說："一陰一陽之謂道，陰陽交感，男女配合，天地之常理也。"④ 在這裏，程頤由陰陽二氣之交感，引申到君民的交感，此即所謂"推天道以明人事"。四庫館臣說："邵子以數言《易》，而程子此傳則言理。一闡天道，一切人事，蓋古人著書，務抒所見，不妨各明一義。"⑤

陰陽之配合，男女之交媾，符合"理"，然欲而過度，則不符合"理"。這體現了程頤理學思想中關於"理"與"欲"的辯證關係。程頤說："夫陰陽之配合，男女之交媾，理之常也，然從欲而流放，不由義理，則淫邪無所不至，傷身敗德，豈人理哉！"⑥

程頤注《易》，繼承了王弼"卦者，時也；爻者，適時之

---

① 梁韋弦：《〈程氏易傳〉導讀》，齊魯書社，2003年，第169頁。
② 梁韋弦：《〈程氏易傳〉導讀》，齊魯書社，2003年，第198頁。
③ 梁韋弦：《〈程氏易傳〉導讀》，齊魯書社，2003年，第198頁。
④ 梁韋弦：《〈程氏易傳〉導讀》，齊魯書社，2003年，第312頁。
⑤《四庫全書總目》卷2，中華書局，1965年，第6頁下欄。
⑥ 梁韋弦：《〈程氏易傳〉導讀》，齊魯書社，2003年，第312~313頁。

變者也"的觀點，非常重視"時"①。不同的"時"有不同的"理"。詮釋咸卦六二爻辭"咸其腓，凶，居吉"時，程頤注："唯順理則不害。"此處之"理"的具體内涵是：在咸卦的第二階段，"先動求君則凶，居以自守則吉"②。

程頤思想體系中的"理"是自然之理與社會之理的統一。恒卦上卦爲震，震爲動，爲長男；下卦爲巽，巽爲順，爲長女。故程頤詮釋說："男在女上，男動於外，女順於内，人理之常，故爲恒也。"③ 此處之"理"，指社會之理。程頤將君臣、男女之別視爲人類社會的天經地義之"理"，反映了其認識的局限性。

恒卦《彖》辭"剛柔皆應"，程頤注："剛柔相應，理之常也。"④ 此處之"理"的具體内涵是：剛柔相應則吉。"天地之道，恒久而不已也"，程頤注："天地之所以不已，蓋有恒久之道。人能恒於可恒之道，則合天地之理也。"⑤ 此處之"理"的具體内涵是：有恒則吉。

"有恒"的含義並非泥常而不動，所以詮釋恒卦《彖》辭"利有攸往"時，程頤又說："天下之理，未有不動而能恒者

---

① 程頤主張讀《易》由王弼《易》注入手。在《與金堂謝君書》中，程頤說："若欲治《易》，先尋繹令熟，只看王弼、胡先生、王介甫三家文字，令通貫，餘人《易》說無取，枉費功。"（《二程文集》卷十）在《二程遺書》中又云："《易》有百餘家，難爲遍觀。如素未讀，不曉文義，且須看王弼、胡先生、荆公三家。理會得文義，且要熟讀，然後卻有用心處。"（《二程遺書》卷十九）但程頤以儒理注《易》與王弼以玄學注《易》不同。
② 梁韋弦：《〈程氏易傳〉導讀》，齊魯書社，2003年，第199頁。
③ 梁韋弦：《〈程氏易傳〉導讀》，齊魯書社，2003年，第203頁。
④ 梁韋弦：《〈程氏易傳〉導讀》，齊魯書社，2003年，第204頁。
⑤ 梁韋弦：《〈程氏易傳〉導讀》，齊魯書社，2003年，第204頁。

也。……凡天地所生之物，雖山嶽之堅厚，未有能不變者也，故恒非一定之謂也。一定則不能恒矣。唯隨時變易，乃常道也，故云'利有攸往'。明理之如是，懼人之泥於常也。"① 此處之"理"指變易之理。革卦《象》辭"澤中有火，革。君子以治曆明時"，程頤注："夫變易之道，事之至大，理之至明。"② 此處之"理"亦指變易之理。

恒卦九二爻辭"悔亡"，程頤注："九陽爻，居陰位，非常理也。"③ 此處之"理"的具體內涵是：得位而吉，反之則凶。"得位"思想的合理內核是：每一個人都有其位置和與之相應的規範，每一個人都應遵循與其位置所相應的規範。

大壯卦《象》辭"正大而天地之情可見矣"，程頤注："極正大之理，則天地之情可見矣。……正大之理，學者默識心通可也。"④ 此處之"理"的具體內涵是：正大則吉。

家人卦六二爻辭"無攸遂"，程頤注："人之處家，在骨肉父子之間，大率以情勝理，以恩奪義。"⑤ 在這裏，"理"與"情"對稱。順私情則逆天理，順天理必悟私情。在詮釋損卦卦辭時，程頤又將"天理"與"人欲"對稱："先王制其本者，天理也；後人流於末者，人欲也。損之義，損人欲以復天理而已。"⑥ 然而，天理與人欲並非絕對對立，詮釋益卦上九《象》辭時，程頤說："理者，天下之至公；利者，眾人所同欲。苟公

---

① 梁韋弦：《〈程氏易傳〉導讀》，齊魯書社，2003年，第204頁。
② 梁韋弦：《〈程氏易傳〉導讀》，齊魯書社，2003年，第287頁。
③ 梁韋弦：《〈程氏易傳〉導讀》，齊魯書社，2003年，第205頁。
④ 梁韋弦：《〈程氏易傳〉導讀》，齊魯書社，2003年，第211~212頁。
⑤ 梁韋弦：《〈程氏易傳〉導讀》，齊魯書社，2003年，第226頁。
⑥ 梁韋弦：《〈程氏易傳〉導讀》，齊魯書社，2003年，第246頁。

其心，不失其正理，則與衆同利，無侵於人，人亦欲與之。"①
好利而不自私，自益而不損人，在程頤看來，是符合"理"的。

《周易·序卦》"家道窮必乖，故受之以睽"，程頤注："家道窮則睽乖離散，理必然也。"② 此處之"理"乃家庭人倫之理。"程顥、程頤的倫理思想，是以天理論爲哲學依據，以五倫爲中心，從修身齊家到治國平天下爲序展開的，由此形成了他們的人倫觀、義利觀、公私觀、氣節觀和修養觀等一整套倫理思想"③。

睽卦《象》辭"同而異"，程頤注："夫聖賢之處世，在人理之常，莫不大同於世；俗所同者，則有時而獨異。蓋於秉彝，則同矣；於世俗之失，則異也。不能大同者，亂常咈理之人也；不能獨異者，隨俗習非之人也。要在同而能異耳。"④ 此處之"理"反映了"同"與"異"的辯證關係。《論語》中的"和而不同"，《中庸》中的"和而不流"，可爲注腳。

解卦卦辭"其來復吉"，程頤注："進復先代明王之治，是來復也，謂反正理也。"⑤ 顯然，在這裏，程頤以"先代明王之治"爲"正理"。

損卦卦辭"有孚，元吉，無咎，可貞，利有攸往"，程頤注："人之所損，或過，或不及，或不常，皆不合正理，非有孚也，非有孚則無吉而有咎，非可貞之道，不可行也。"⑥ 此處之

---

① 梁韋弦：《〈程氏易傳〉導讀》，齊魯書社，2003 年，第 255 頁。
② 梁韋弦：《〈程氏易傳〉導讀》，齊魯書社，2003 年，第 229 頁。
③ 盧連章：《程顥、程頤評傳》，南京大學出版社，2001 年，第 251 頁。
④ 梁韋弦：《〈程氏易傳〉導讀》，齊魯書社，2003 年，第 230 頁。
⑤ 梁韋弦：《〈程氏易傳〉導讀》，齊魯書社，2003 年，第 240 頁。
⑥ 梁韋弦：《〈程氏易傳〉導讀》，齊魯書社，2003 年，第 245~246 頁。

"理"指中庸之理。震卦六五爻辭"震往來厲，億無喪有事"，程頤注："天下之理莫善於中。"① 此處之"理"亦指中庸之理。程頤說："諸卦二、五雖不當位，多以中爲美；三、四雖當位，或以不中爲過。中常重於正也。蓋中則不違於正，正不必中也。"②

"當位"和"得中"都是《易傳》解《易》之例，然而孰輕孰重，《易傳》之中並無明確答案。程頤在《周易》詮釋史上首次提出了"中重於正"的觀點。揆諸《周易》64卦，"得中"而不"當位"者，有乾九二、坤六五、蒙九二、蒙六五、需九二、訟九二、師九二、師六五、小畜九二、履九二、泰九二、泰六五、大有九二、大有六五、謙六五、豫六五、蠱九二、蠱六五、臨九二、臨六五、噬嗑六五、賁六五、剝六五、復六五、大畜九二、大畜六五、頤六五、大過九二、坎九二、離六五、恒九二、恒六五、大壯九二、大壯六五、晉六五、明夷六五、睽九二、睽六五、解九二、解六五、損九二、損六五、夬九二、姤九二、升九二、升六五、困九二、井九二、鼎九二、鼎六五、震六五、艮六五、歸妹九二、歸妹六五、豐六五、旅六五、巽九二、兌九二、渙九二、節九二、中孚九二、小過六五、未濟九二、未濟六五，共計64爻。其中乾九二、坤六五、蒙九二、蒙六五、需九二、訟九二、師九二、小畜九二、履九二、泰九二、泰六五、大有九二、大有六五、謙六五、豫六五、蠱六五、臨九二、臨六五、噬嗑六五、賁六五、剝六五、復六五、大畜六五、頤六五、大過九二、坎九二、離六五、恒九二、

---

①梁韋弦：《〈程氏易傳〉導讀》，齊魯書社，2003年，第300頁。
②梁韋弦：《〈程氏易傳〉導讀》，齊魯書社，2003年，第300頁。

大壯九二、大壯六五、晉六五、明夷六五、睽九二、睽六五、解九二、解六五、損九二、損六五、夬九二、姤九二、升九二、升六五、困九二、鼎九二、鼎六五、震六五、艮六五、歸妹九二、歸妹六五、豐六五、旅六五、巽九二、兌九二、渙九二、中孚九二、小過六五、未濟九二和六五爻辭中都有主吉之語，所佔比例超過90%，所以程頤"中重於正"的觀點言而有據。①"中"既重於"正"，如果"中""正"兼而有之，則必吉。詮釋漸卦九五爻辭"終莫之勝"時，程頤注："中正之道，有必亨之理。"②

夬卦初九《象》辭"不勝而往，咎也"，程頤注："理不能勝，而且往，其咎可知。"③姤卦九五《象》辭"志不捨命"，程頤注："命，天理也。"④顯然，這裏的"理"指事物發展的必然性。

順"理"則隨"時"，詮釋萃卦卦辭時，程頤說："蓋隨時之宜，順理而行，故彖云'順天命也'。……大凡興工立事，貴得可爲之時，萃而後用，是以動而有裕，天理然也。"⑤詮釋萃卦《彖》辭時，程頤說："物聚而力贍，乃可以有爲，故'利

---

①案，蠱卦九二爻辭中的"不"未必是否定副詞，而可訓爲語氣助詞。如，"水火不相射"，或作"水火相射"；"四體不勤，五穀不分"，或解作"四體是勤，五穀是分"。《詩·曹風·候人》"維鵜在梁，不濡其翼"陳奐傳疏、《小雅·賓之初筵》"彼醉不臧"馬瑞辰傳箋通釋均曰："不，語詞。"如此，爻辭"中而吉"者所占比例將更高。
②梁韋弦：《〈程氏易傳〉導讀》，齊魯書社，2003年，第310頁。
③梁韋弦：《〈程氏易傳〉導讀》，齊魯書社，2003年，第258頁。
④梁韋弦：《〈程氏易傳〉導讀》，齊魯書社，2003年，第265頁。
⑤梁韋弦：《〈程氏易傳〉導讀》，齊魯書社，2003年，第267頁。

有攸往'，皆天理然也，故云順天命也。"① 當"物聚而力贍"之時，方可有爲。詮釋困卦九四爻辭時，程頤說："當困之時，上下相求，理當然也。"② 艮卦《彖》辭"動靜不失其時"，程頤注："行止動靜不以時，則妄也。不失其時，則順理而合義。"③

通過對程頤以"理"解《易》的文字的梳理，我們可以看到，程頤思想體系中的"理"的內涵十分豐富。只有統而觀之，才能全面認識程頤思想體系中的"理"，而不至於掛一漏萬，以偏概全。

二、以"民生"思想詮《易》

孫中山先生嘗言："我輩之三民主義首淵源於孟子，更基於程伊川之說。孟子實爲我等民主主義之鼻祖。社會改造本導於程伊川，乃民生主義之先覺。"④ 孫中山之所以尊孟子爲"民主主義之鼻祖"，大概基於孟子的以下論述："左右皆曰賢，未可也；諸大夫皆曰賢，未可也；國人皆曰賢，然後察之，見賢焉，然後用之。左右皆曰不可，勿聽；諸大夫皆曰不可，勿聽；國人皆曰不可，然後察之，見不可焉，然後去之。左右皆曰可殺，勿聽；諸大夫皆曰可殺，勿聽；國人皆曰可殺，然後察之，見

---

① 梁韋弦：《〈程氏易傳〉導讀》，齊魯書社，2003年，第268頁。
② 梁韋弦：《〈程氏易傳〉導讀》，齊魯書社，2003年，第280頁。
③ 梁韋弦：《〈程氏易傳〉導讀》，齊魯書社，2003年，第302頁。
④ 《孫中山全集》卷9《與日人某君的談話》（1924年2月），中華書局，2011年，第532頁。

可殺焉，然後殺之。故曰，國人殺之也。"① 一個人被任用、被罷免、被刑殺，最終根據國人的意見來決定。這與孫中山所提出的四大民權（選舉權、罷免權、創制權、復決權）的確有極大的關聯。孫中山之所以尊程頤爲"民生主義之先覺"，是基於程頤重民、保民的大量論述。兹列《伊川易傳》中程頤以民生思想詮《易》者，作爲孫中山之言的注腳，兼明程頤詮《易》特色。

師卦卦辭"貞"，程頤注："師之道，以正爲本。興師動衆以毒天下而不以正，民弗從也，強驅之耳，故師以貞爲主。"② 案，程頤以"正"釋"貞"，不得本義。據甲骨卜辭例，"貞"當訓"占問"。

師卦卦辭"吉無咎"，程頤注："師旅之興，不無傷財害人，毒害天下，然而民心從之者，以其義動也。古者東征西怨，民心從也。如是，故吉而無咎。"③ 案，程頤並不絕對地反對戰爭，對於有利於民的仁義之戰，他是支持的。這與孟子的思想相同。據《孟子·梁惠王下》記載，齊宣王曾問孟子是否應該消滅燕國，孟子回答："取之而燕民悦，則取之。……取之而燕民不悦，則勿取。"④ 可與程頤此注相發明。

師卦六五爻辭"利執言"，程頤注："師之興，必以蠻夷猾夏，寇賊奸宄，爲生民之害，不可懷來，然後奉辭以誅之。"⑤ 案，此注反映了程頤興師以保民的思想。

---

① 楊伯峻：《孟子譯注》卷2《梁惠王章句下》，中華書局，1960年，第41頁。
② 梁韋弦：《〈程氏易傳〉導讀》，齊魯書社，2003年，第84頁。
③ 梁韋弦：《〈程氏易傳〉導讀》，齊魯書社，2003年，第85頁。
④ 楊伯峻：《孟子譯注》卷2《梁惠王章句下》，中華書局，1960年，第44頁。
⑤ 梁韋弦：《〈程氏易傳〉導讀》，齊魯書社，2003年，第87頁。

比卦卦辭"不寧方來",程頤注:"民不能自保,故戴君以求寧。君不能獨立,故保民以爲安。不寧而來比者,上下相應也。以聖人之公言之,固至誠求天下之比以安民也;以後王之私言之,不求下民之附,則危亡至矣。"①案,程頤認爲,君民只有上下相應,國家才能長治久安。在這裏,程頤更加強調君愛民。無論從公義的角度,還是從利害的角度,君都應愛民。

程頤主張君愛民,不忌諱從利害的角度宣講,與孟子不同。據《孟子·告子下》記載,秦、楚構兵,宋牼打算去勸和,孟子問宋牼打算如何來勸,宋牼說:"我將言其不利也。"孟子卻說:"先生之志則大矣,先生之號則不可。先生以利說秦楚之王,秦楚之王悦於利,以罷三軍之師,是三軍之士樂罷而悦於利也。爲人臣者懷利以事其君,爲人子者懷利以事其父,爲人弟者懷利以事其兄。是君臣、父子、兄弟終去仁義,懷利以相接,然而不亡者,未之有也。先生以仁義說秦楚之王,秦楚之王悦於仁義,而罷三軍之師,是三軍之士樂罷而悦於仁義也。爲人臣者懷仁義以事其君,爲人子者懷仁義以事其父,爲人弟者懷仁義以事其兄,是君臣、父子、兄弟去利,懷仁義以相接也。然而不王者,未之有也。何必曰利?"②孟子認爲,宋牼應以仁義勸和,而不應以利害勸和。孟子之言雖然雄辯,但實際效果必不如在勸以仁義的同時,兼說以利害。

比卦《象》辭"建萬國",程頤注:"建立萬國,所以比民也。"③案,比卦《象》辭本義,並未言"比民",程頤以"比

---

① 梁韋弦:《〈程氏易傳〉導讀》,齊魯書社,2003年,第90頁。
② 楊伯峻:《孟子譯注》卷12《告子章句下》,中華書局,1960年,第280頁。
③ 梁韋弦:《〈程氏易傳〉導讀》,齊魯書社,2003年,第90頁。

民"解之，是基於民本思想的發揮。

履卦《象》辭"辯上下，定民志"，程頤注："夫上下之分明，然後民志有定；民志定，然後可以言治。民志不定，天下不可得而治也。"① 案，程頤在強調君上民下的等序的同時，也強調了安定民心的重要性。

泰卦《象》辭"左右民"，程頤注："民之生必賴君上爲之法制以教率輔翼之，乃得遂其生養，是左右之也。"② 案，程頤認爲，以法制教導規範民衆也是愛民的表現。

泰卦上六爻辭"勿用師"，程頤注："民心離散，不從其上，豈可用也！"③ 案，此注爲程頤基於民本思想的引申。朱熹從卜筮的角度對此爻的注釋是："戒占者不可力争，但可自守。"④

否卦《彖》辭"上下不交而天下無邦"，程頤注："上施政以治民，民戴君而從命，上下相交，所以治安也。今上下不交，是天下無邦國之道也。"⑤ 案，否卦上卦爲乾，下卦爲坤，乾天之氣輕清而上揚，坤地之氣重濁而下降，天、地之氣不相交，有君、民不相交之象，故程頤以君、民關係釋之。

隨卦九四爻辭"有孚在道以明"，程頤注："唯孚誠積於中，動爲合於道，以明哲處之，則又何咎！古之人有行之者，伊尹、周公、孔明是也。皆德及於民，而民隨之。"⑥ 案，程頤注《易》重視人道教訓，故常引史事以發明《易》理。如：詮

---

① 梁韋弦：《〈程氏易傳〉導讀》，齊魯書社，2003年，第100頁。
② 梁韋弦：《〈程氏易傳〉導讀》，齊魯書社，2003年，第104頁。
③ 梁韋弦：《〈程氏易傳〉導讀》，齊魯書社，2003年，第107頁。
④ [宋] 朱熹：《周易本義》，宋咸淳元年吳革刻本，全1函6冊，第1冊，第22頁。
⑤ 梁韋弦：《〈程氏易傳〉導讀》，齊魯書社，2003年，第108~109頁。
⑥ 梁韋弦：《〈程氏易傳〉導讀》，齊魯書社，2003年，第133頁。

《周易·文言·乾》"見龍在田，利見大人，君德也"，引舜、禹、伊尹、傅説之史事以證之；詮坤卦六五爻辭，引后羿、王莽、女媧、武則天、湯、武之史事以證之；詮屯卦九五爻辭，引魯昭公、高貴鄉公、盤庚、周宣王、唐僖宗、唐昭宗之史事以證之；詮蒙卦上九爻辭，引舜征有苗、周公誅三監、秦皇、漢武窮兵誅伐之史事以證之；詮師卦卦辭，引司馬穰苴誅莊賈、淮陰侯韓信爲大將之史事以證之；詮師卦九二爻辭，引周公史事以證之；詮師卦六五爻辭，引秦皇、漢武"窮山林以索禽獸"、晉荀林父邲之戰、唐郭子儀相州之敗以證之；詮師卦上六爻辭，引漢英布、彭越之史事以證之；詮比卦六二《象》辭，引伊尹、武侯"必待禮至，然後出"之史事以證之；詮否卦九五爻辭，引漢王允、唐李德裕之史事以證之；詮謙卦九三爻辭，引周公"有功勞而持謙德"之史事以證之；詮豫卦六五爻辭，引漢、魏末世之君"權雖失而位未亡"的史事以證之；詮隨卦九四爻辭，引伊尹、周公、孔明、唐郭子儀之史事以證之；詮蠱卦九二爻辭，引周公輔成王之史事以證之；詮蠱卦六五爻辭，引太甲、成王"以臣而用譽"之史事以證之；詮蠱卦上九爻辭，引伊尹、太公望、曾子、子思之史事以證之；詮剝卦六三《象》辭，引東漢呂強之史事以證之；詮頤卦六五爻辭，引成王"幾不保於周公"之史事以證之；詮頤卦上九爻辭，引伊尹、周公"憂勤敬畏"之史事以證之；詮大過卦卦名，引堯、舜之禪讓，湯、武之放伐以證之；詮坎卦六四爻辭，引"漢祖愛戚姬，將易太子"和"趙王太后愛其少子長安君，不肯使質於齊"之史事以證之；詮遯卦《彖》辭，引孔、孟、王允、謝安"知道之將廢"而不肯"坐視其亂而不救"之史事以證之；詮遯卦九三爻辭，引"蜀先主之不忍棄士民"以證之；詮明夷卦初九爻辭，引"穆生之去楚""袁閎於黨事未起之前……而獨潛身土室"以證之；詮明夷卦九三爻辭和《象》辭，引"湯、武之事"以證之；詮明夷卦六五《象》辭，引揚雄逼於禍患而"失其所守"以證之；詮蹇卦九五爻辭，引"湯、武得伊、呂""劉禪之孔明、唐肅宗之郭子儀、德宗之李晟"以證"自古聖王濟天下之蹇，未有不由賢聖之臣爲之助者……中常之君，得剛明之臣而能濟大難者則有矣"；詮蹇卦九五《象》辭，引漢李固、王允，晉周顗、王導"守節秉義，而才不足以濟"以證之；詮解卦卦辭，引"湯除桀之虐……武王誅紂之暴"以證之；詮解卦九二爻辭，引"桓敬之不去武三思"以證之；詮姤卦九五爻辭，引"高宗感於夢寐，文王遇於漁釣"以證之；詮革卦上六爻辭，引商辛以證"天下自棄自暴者，非必皆昏愚也，往往強戾而才力有過人者"；詮兌卦九五爻辭，引"堯舜之盛，未嘗無戒""四凶處堯朝，隱惡而順命""雖舜之聖，且畏巧言令色"以證之；詮既濟卦六二爻辭，引唐太宗之史事證之。儘管程頤有大量以史證《易》的詮釋，但程頤並不屬於兩派六宗之"史事宗"，而屬於"儒理宗"。曾華東先生說："《伊川易傳》裏面是有不少引史證《易》，但那顯然不是他解《易》的主要方法。他主要是以儒理解《易》，以達到理《易》合一的地步。……朱熹的學術系統'史匯歸於理'的看法，也是來自於程頤的史依理的看法。"①

蠱卦《象》辭"振民育德"，程頤注："在己則養德，於天

---

① 曾華東：《以史證易——楊萬裏易學哲學研究》，人民出版社，2011年，第55~56頁。

下則濟民，君子之所事無大於此二者。"① 案，養德屬內聖，濟民屬外王。儒學者，內聖外王之學也。

臨卦《象》辭"教思無窮"，程頤注："君子觀親臨之象，則教思無窮。親臨於民，則有教導之意思也。"② 案，程頤認爲，教導於民也是愛民的表現之一。

觀卦九五爻辭"觀我生"，程頤注："人君欲觀己之施爲善否，當觀於民。民俗善，則政化善也。"③ 案，朱熹將"觀我生"詮釋爲"觀己所行"④，而程頤根據《易傳》將"觀我生"詮釋爲"觀民"。

剝卦《象》辭"上以厚下安宅"，程頤注："下者，上之本，未有基本固而能剝者也，故上之剝必自下，下剝則上危矣。爲人上者知理之如是，則贍養人民以厚其本，乃所以安其居也。"⑤ 案，程頤此注即《尚書·五子之歌》中"民惟邦本，本固邦寧"之義。

無妄卦《象》辭"茂對時，育萬物"，程頤注："王者體天之道，養育人民，以至昆蟲草木，使各得其宜，乃對時育物之道也。"⑥ 案，程頤認爲，爲君之道，當仁愛於民，並將仁愛之心延展於自然萬物。當儒家將仁愛之心延展於自然萬物後，儒學便有了生態學上的意義，被稱爲"生態倫理學"。程頤哲學

---

①梁韋弦：《〈程氏易傳〉導讀》，齊魯書社，2003年，第136頁。
②梁韋弦：《〈程氏易傳〉導讀》，齊魯書社，2003年，第141頁。
③梁韋弦：《〈程氏易傳〉導讀》，齊魯書社，2003年，第147頁。
④[宋]朱熹：《周易本義》，宋咸淳元年吳革刻本，全1函6冊，第1冊，第35頁。
⑤梁韋弦：《〈程氏易傳〉導讀》，齊魯書社，2003年，第159頁。
⑥梁韋弦：《〈程氏易傳〉導讀》，齊魯書社，2003年，第168頁。

的最高範疇是"理","理"是自然界和社會的最高原則,爲君之道是"理"的體現之一。

大畜卦六五《象》辭"六五之吉,有慶也",程頤注:"在上者不知止惡之方,嚴刑以敵民欲,則其傷甚而無功。若知其本,制之有道,則不勞無傷而俗革,天下之福慶也。"① 程頤認爲,民有利欲之心,出乎自然,爲君之道,當"修政教,使之有農桑之業"。改善民生,輔以教化,才是國泰民安的根本之計。

頤卦《象》辭"養賢以及萬民",程頤注:"養賢所以養萬民也。"② 案,賢出於民而反哺於民。

頤卦六二爻辭"顛頤",程頤注:"天子養天下,諸侯養一國,臣食君上之禄,民賴司牧之養,皆以上養下,理之正也。"③ 案,程頤認爲,上、下等序是"理",上養下也是"理"。認爲上、下等序是"理",反映了程頤"視域"的局限性;認爲上養下是"理",對孫中山提出"民生主義"的確有啓迪。

坎卦《象》辭"王公設險以守其國",程頤注:"觀坎之象,知險之不可陵也,故設爲城郭溝池之險,以守其國,保其民人。"④ 案,坎卦《象》辭原文僅有"守其國",程頤詮釋時增"保其民人"。從訓詁學的角度看,屬"增文爲訓",不可取,然而從哲學詮釋學的角度看,卻是無可厚非的。

解卦《象》辭"天地解而雷雨作,雷雨作而百果草木皆甲坼",程頤注:"王者法天道,行寬宥,施恩惠,養育兆民,至

---

①梁韋弦:《〈程氏易傳〉導讀》,齊魯書社,2003年,第175~176頁。
②梁韋弦:《〈程氏易傳〉導讀》,齊魯書社,2003年,第177頁。
③梁韋弦:《〈程氏易傳〉導讀》,齊魯書社,2003年,第178頁。
④梁韋弦:《〈程氏易傳〉導讀》,齊魯書社,2003年,第188頁。

於昆蟲草木。"① 案，程頤此注基於儒家推己及人以至於自然萬物的仁愛觀。此仁愛觀是程頤詮《易》之"先行結構"。

益卦《彖》辭"損上益下，民說無疆"，程頤注："損於上而益下，則民說之無疆。"② 案，益卦由否卦而來。否卦九四來初成初九，初六往四成六四，則否卦變益卦，所以説"損上益下"。損上者，損上卦之九四爻；益下者，益下卦之初六爻。

益卦六三爻辭"益之，用凶事，無咎"，程頤注："居下當稟承於上，乃專任其事，唯救民之凶災，拯時之艱急，則可也。乃處急難變故之權宜，故得無咎。若平時，則不可也。"③ 案，程頤認爲，爲"救民之凶災"，可臨時變通而"專任其事"。此注基於儒學"經權之變"的思想。"經"指原則性，"權"指靈活性。《孟子·離婁上》："男女授受不親，禮也；嫂溺援之以手者，權也。"④

益卦六四爻辭"遷國"，程頤注："自古國邑，民不安其居則遷。遷國者，順下而動也。"⑤ 案，程頤認爲，爲君之道，當以安民爲先務。此思想源遠流長。盤庚勸導臣民遷殷時，就一再表白是出於安民的目的。《尚書·盤庚中》："盤庚乃登進厥民，曰：'……古我前后，罔不惟民之承。……殷降大虐，先王不懷厥攸作，視民利用遷。……予若籲懷茲新邑，亦惟汝故。'"⑥

---

① 梁韋弦：《〈程氏易傳〉導讀》，齊魯書社，2003年，第241頁。
② 梁韋弦：《〈程氏易傳〉導讀》，齊魯書社，2003年，第251頁。
③ 梁韋弦：《〈程氏易傳〉導讀》，齊魯書社，2003年，第254頁。
④ 楊伯峻：《孟子譯注》卷7《離婁章句上》，中華書局，1960年，第177頁。
⑤ 梁韋弦：《〈程氏易傳〉導讀》，齊魯書社，2003年，第254頁。
⑥ [漢] 孔安國注，[唐] 孔穎達疏：《尚書正義》卷8《盤庚中》，北京大學出版社，2000年，第279~280頁。

姤卦九四爻辭"包無魚，起凶"，程頤注："以不中正而失其民，所以凶也。……民心既離，難將作矣。"① 案，九四與初六爻位相應，卻未能與初六爻相遇，有"上失下民"之象，所以《易傳》曰："無魚之凶，遠民也。"程頤認爲，上失下民，當歸咎於上德之不修，所以程頤説："下之離，由己之失德也。"又説："下之離，由己致之。遠民者，己遠之也。爲上者有以使之離也。"這反映了儒學"反躬自省"的思想。《論語·衛靈公》："躬自厚而薄責於人，則遠怨矣。"②

困卦九二爻辭"困於酒食"，程頤注："君子之所欲者，澤天下之民，濟天下之困也。"③ 案，程頤此注與孫中山"民生主義"的思想有極大之關聯。

旅卦《象》辭"不留獄"，程頤注："獄者，不得已而設。民有罪而入，豈可留滯淹久也？"④ 案，程頤此注基於儒家德治爲先的思想。

兑卦《彖》辭"説以先民，民忘其勞；説以犯難，民忘其死"，程頤注："君子之道，其説於民，如天地之施，感於其心，而説服無斁。"⑤ 程頤認爲，爲君之道，以民心悦服爲本。《孟子·離婁上》："得其心，斯得民矣。"⑥

涣卦九五爻辭"涣汗其大號"，程頤注："當使號令洽於民心，如人身之汗，浹於四體，則信服而從矣。"⑦ 案，程頤此注

---

① 梁韋弦：《〈程氏易傳〉導讀》，齊魯書社，2003年，第264頁。
② 楊伯峻：《論語譯注》，中華書局，1980年，第165頁。
③ 梁韋弦：《〈程氏易傳〉導讀》，齊魯書社，2003年，第278頁。
④ 梁韋弦：《〈程氏易傳〉導讀》，齊魯書社，2003年，第323頁。
⑤ 梁韋弦：《〈程氏易傳〉導讀》，齊魯書社，2003年，第330頁。
⑥ 楊伯峻：《孟子譯注》卷7《離婁章句上》，中華書局，1960年，第171頁。
⑦ 梁韋弦：《〈程氏易傳〉導讀》，齊魯書社，2003年，第336頁。

是基於儒家民本思想的引申發揮，未必是渙卦九五爻辭的本義。朱熹將"渙汗其大號"解釋爲"散其號令"①，高亨根據馬王堆帛書本《周易》將"渙汗其大號"易爲"渙其汗大號"，解釋爲"流其汗又大哭"②，皆與民本思想無關。

節卦《象》辭"節以制度，不傷財，不害民"，程頤注："人欲之無窮也，苟非節以制度，則侈肆至於傷財害民矣。"③程頤認爲，制度對人心的節制，有助於重民、保民的實施。

既濟卦九三爻辭"高宗伐鬼方"，程頤注："威武可及，而以救民爲心，乃王者之事也。"④案，程頤此注是基於儒家民本思想的引申，爻辭本無此義。

綜上所述，程頤藉詮釋《周易》，闡發了其重民、保民的思想。有些爲《周易》所固有，有些則是基於其"先行結構"的引申發揮。程頤有關重民、保民的論述，是孫中山提出其"民生主義"的思想材料，但歷史地看，程頤談重民、保民主要立足於穩固專制君王的統治，而這與"民生主義"的立足點是大相徑庭的。

三、"卦才"和"乾坤卦變"説

程頤認爲，讀《易》之法，當努力挖掘《易》中的義理，

---

① [宋] 朱熹：《周易本義》，宋咸淳元年吳革刻本，全1函6册，第2册，第44頁。
② 高亨：《周易大傳今注》，齊魯書社，1998年，第355頁。
③ 梁韋弦：《〈程氏易傳〉導讀》，齊魯書社，2003年，第338頁。
④ 梁韋弦：《〈程氏易傳〉導讀》，齊魯書社，2003年，第351頁。

而不必斤斤於象數。他說："今人若不先明義理，不可治經。"①又說："古之學者，先由經以識義理。"② 又說："有理而後有象，有象而後有數。《易》因象以明理，由象以知數，得其義則象數在其中矣。必欲窮象之隱微，盡數之毫忽，乃尋流逐末，術家之所尚，非儒者之所務也。"③

程頤詮《易》雖首重義理，但於象數《易》例，亦有貢獻。如"中重於正"說、"同德相應"說④、"卦才"說、"乾坤卦變"說等。下重點論述"卦才"和"乾坤卦變"說。

程頤在《伊川易傳》中頻繁使用"卦才"這個概念。除了上引之例，程頤在詮釋蒙、需、訟、小畜、大有、臨、噬嗑、

---

① [宋] 朱熹編：《二程遺書》卷2上，文淵閣四庫全書本。
② [宋] 朱熹編：《二程遺書》卷15，文淵閣四庫全書本。
③ [宋] 朱熹編：《二程遺書》卷21上，文淵閣四庫全書本。
④ 一般來說，陽爻與陰爻相應，但有時，陽爻與陽爻、陰爻與陰爻亦相應，程頤稱之爲"同德相應"。如，乾卦九二與九五同爲陽爻，程頤注："乾坤純體，不分剛柔，而以同德相應。"（《伊川易傳》卷1）晉卦六二與六五同爲陰爻，程頤注："能守中正之道，久而必亨，況大明在上而同德，必受大福也。"（《伊川易傳》卷3）睽卦初九和九四同爲陽爻，程頤注："初與四雖非應，而同德相與，故相遇。"（《伊川易傳》卷3）困卦九二、九五同爲陽爻，程頤注："二以剛中之德困於下，上有九五剛中之君，道同德合，必來相求。……五雖在困，而有剛中之德，下有九二剛中之賢，道同德合，徐必相應而來，共濟天下之困，是始困而徐有喜說也。……陰陽相應者，自然相應也，如夫婦骨肉分定也；五與二皆陽爻，以剛中之德同而相應，相求而後合者也，如君臣朋友義合也。"（《伊川易傳》卷4）豐卦九四和初九皆陽爻，程頤注："初、四皆陽而居初，是其德同，又居相應之地，故爲夷主。居大臣之位，而得在下之賢同德相輔，其助豈小也哉？故吉也。"（《伊川易傳》卷4）小過卦六二和六五同爲陰爻，程頤注："五陰而尊，祖妣之象，與二同德相應。"（《伊川易傳》卷4）程頤的"同德相應"說本乎《周易‧文言》："同聲相應，同氣相求，水流濕，火就燥，雲從龍，風從虎，聖人作而萬物覩，本乎天者親上，本乎地者親下，則各從其類也。"

復、大畜、大過、離、咸、恒、遯、家人、睽、蹇、益、夬、萃、升、困、革、鼎、艮、漸、旅、巽、渙、節、小過、既濟、未濟等卦時都明確運用"卦才"概念。據筆者分析，"卦才"指由卦象、爻象引申出來的，可應用於人事的道德、才能、智慧，以及社會形勢、關係等。《廣韻·咍韻》："才，質也。"《尚書·咸有一德》"任官惟賢才"，蔡沈《集傳》："才者，能也。"《論語·泰伯》"才難"，劉寶楠《正義》："古之所謂才，皆言人有德能治事者也。"《淮南子·主術》"任人之才"，高誘注："才，智也。"《論語·泰伯》"才難"，朱熹《集注》："才者，德之用也。"

詮釋蒙卦卦辭"亨"時，程頤說："卦才時中，乃致亨之道。……時謂得君之應，中謂處得其中。"① 程頤認爲，蒙卦卦辭之所以言"亨"，是因爲九二爻與六五爻相應，且居下卦之中。有此君臣相應的關係，有守"中"之智，則必然亨通。

詮釋需卦卦辭"有孚，光亨，貞吉，利涉大川"，程頤說："以卦才言之，五居君位，爲需之主，有剛健中正之德，而誠信充實於中，中實有孚也。有孚則光明而能亨通，得貞正而吉也。以此而需，何所不濟，雖險無難矣，故'利涉大川'也。"② 程頤認爲，需卦卦辭之所以言"吉"，是因爲九五爻有"剛健中正"之德。

詮釋訟卦卦辭"中吉"時，程頤說："據卦才而言，九二以剛自外來而成訟，則二乃訟之主也。……二以陽剛，自外來

---

① 梁韋弦：《〈程氏易傳〉導讀》，齊魯書社，2003年，第72頁。
② 梁韋弦：《〈程氏易傳〉導讀》，齊魯書社，2003年，第76頁。

而得中，爲以剛來訟而不過之義，是以吉也。"① 訟卦卦辭之所以言"吉"，是因爲訟卦九二有剛中之德。

詮釋小畜卦《彖》辭"健而巽，剛中而志行，乃亨"時，程頤說："以卦才言也。內健而外巽，健而能巽也；二、五居中，剛中也。陽性上進，下復乾體，志在於行也；剛居中爲剛而得中，又爲中剛。言畜陽則以柔巽，言能亨則由剛中。以成卦之義言，則爲陰畜陽；以卦才言，則陽爲剛中。才如是，故畜雖小而能亨也。"② 小畜卦卦辭之所以言"亨"，是因爲小畜卦上卦爲巽順，下卦爲乾健，九二、九五剛爻而居中，有乾健、巽順、剛中之德，則亨。

詮釋大有卦卦辭"元亨"時，程頤說："卦之才可以元亨也。凡卦德，有卦名自有其義者，如比吉，謙亨是也；有因其卦義便爲訓戒者，如師貞丈人吉、同人於野亨是也；有以其卦才而言者，大有元亨是也。由剛健文明，應天時行，故能元亨也。"③ 大有卦卦辭之所以爲"元亨"是因爲，大有卦上卦爲離，爲文明，下卦爲乾，爲剛健，乾又爲天，離又爲時，有剛健文明之德，應天時行之智，則必亨。王弼認爲，"大有則必元亨"④，程頤駁之曰："非大有之義便有元亨，由其才，故得元亨。大有而不善者與不能亨者，有矣。"⑤

詮釋臨卦卦辭"元亨利貞"時，程頤說："以卦才言也。

---

① 梁韋弦：《〈程氏易傳〉導讀》，齊魯書社，2003年，第80頁。
② 梁韋弦：《〈程氏易傳〉導讀》，齊魯書社，2003年，第95頁。
③ 梁韋弦：《〈程氏易傳〉導讀》，齊魯書社，2003年，第116頁。
④ 劉玉建：《〈周易正義〉導讀》，齊魯書社，2005年，第178頁。
⑤ 梁韋弦：《〈程氏易傳〉導讀》，齊魯書社，2003年，第116頁。

臨之道如卦之才，則大亨而正也。"① 臨卦上卦爲坤，爲順，下卦爲兌，爲悅，九二剛爻居中，與六五相應，"和悅而順"，"剛得中道而有應助"②，則必吉，故臨卦卦辭言"元亨利貞"。另，臨卦"二陽長於下而漸進"之象所代表的社會正邪力量對比的形式，亦屬臨卦卦才之範疇。

詮釋噬嗑卦《彖》辭"剛柔分，動而明，雷電合而章"時，程頤說："以卦才言也。剛爻與柔爻相間，剛柔分而不相雜，爲明辨之象。明辨，察獄之本也。動而明，下震上離，其動而明也。雷電合而章，雷震而電耀，相須並見，合而章也。"③ 噬嗑卦上卦爲離，爲明，爲電；下卦爲震，爲動，爲雷。雷震而電耀，照、威並行，用獄之道也，故噬嗑卦卦辭言"利用獄"。

詮釋復卦卦辭"出入無疾"時，程頤說："卦之才有無疾之義，乃復道之善也。"④ 復卦上卦爲坤，爲順；下卦爲震，爲動，"下動而上順，是動而以順行也"。一陽始生，至微，"必待諸陽之來，然後能生物之功而無差忒"，故復卦卦辭曰"出入無疾"。

詮釋大畜卦《彖》辭"剛健、篤實、輝光，日新其德"時，程頤說："以卦之才德而言也。乾體剛健，艮體篤實，人之才，剛健篤實，則所畜能大，充實而有輝光，畜之不已，則其德日新也。"⑤ 大畜卦上卦爲艮，爲篤實；下卦爲乾，爲剛健，

---

① 梁韋弦：《〈程氏易傳〉導讀》，齊魯書社，2003年，第140頁。
② 梁韋弦：《〈程氏易傳〉導讀》，齊魯書社，2003年，第140頁。
③ 梁韋弦：《〈程氏易傳〉導讀》，齊魯書社，2003年，第149頁。
④ 梁韋弦：《〈程氏易傳〉導讀》，齊魯書社，2003年，第163頁。
⑤ 梁韋弦：《〈程氏易傳〉導讀》，齊魯書社，2003年，第172頁。

"剛健篤實，則所畜能大"，故大畜卦卦辭曰"利"曰"吉"。另，六五下應乾之中爻，亦屬大畜卦卦才之範疇。

詮釋大過卦《彖》辭"剛過而中，巽而說行"時，程頤說："言卦才之善也。剛雖過，而二、五皆得中，是處不失中道也；下巽上兌，是以巽順和說之道而行也。"① 大過卦上卦爲兌，爲悅；下卦爲巽，爲順，九二、九五"處不失中道"，能"以巽順和說之道而行"，故大過卦卦辭曰"利有攸往，亨"。

詮釋離卦《彖》辭"重明以麗乎正，乃化成天下"時，程頤說："以卦才言也。上下皆離，重明也；五、二皆處中正，麗乎正也。君臣上下皆有明德而處中正，可以化天下，成文明之俗也。"② 離卦上、下體皆離，六二、六五得中，"君臣上下皆有明德，而處中正③，可以化天下，成文明之俗"，故離卦卦辭曰"亨"曰"吉"。

詮釋咸卦卦辭"取女吉"時，程頤說："以卦才言也。卦有柔上剛下，二氣感應相與，止而說，男下女之義。以此義取女，則得正而吉也。"④ 咸卦上卦爲兌，爲柔；下卦爲艮，爲剛，剛陽往上，柔陰往下，陰陽二氣"感應以相與"。另，咸上體兌爲悅，爲少女，下體艮爲止，爲少男，悅而知止，以男下女，故卦辭曰"取女吉"。

詮釋恒卦《彖》辭"剛上而柔下，雷風相與，巽而動，剛

---

① 梁韋弦：《〈程氏易傳〉導讀》，齊魯書社，2003 年，第 183 頁。
② 梁韋弦：《〈程氏易傳〉導讀》，齊魯書社，2003 年，第 192~193 頁。
③ 六二陰爻處陰位，固可曰"中正"，六五陰爻處陽位，何曰"中正"？蓋當離之時，陰爻處陽位，有"以柔順麗於中正"之義。程頤說："學者知時義而不失輕重，則可以言《易》矣。"
④ 梁韋弦：《〈程氏易傳〉導讀》，齊魯書社，2003 年，第 198 頁。

柔皆應，恒"時，程頤說："卦才有此四者，成恒之義也。"①恒卦上卦爲震，爲剛，下卦爲巽，爲柔，"剛處上而柔居下，乃恒道也"；上卦震爲雷，爲動，下卦巽爲風，爲順，"雷震則風發"，巽順而動，"天地造化，恒久不已者，順動而已。巽而動，常久之道也"；恒卦初與四、二與五、三與上皆剛柔相應，"剛柔相應，理之常也"。有"剛上柔下"之秩，有"巽而動"之智，有"剛柔皆應"之勢，故恒卦卦辭曰"亨"。

詮釋遯卦《彖》辭"剛當位而應，與時行也"時，程頤說："雖遯之時，君子處之，未有必遯之義。五以剛陽之德，處中正之位，又下與六二以中正相應，雖陰長之時，如卦之才，尚當隨時消息，苟可以致其力，無不至誠自盡以扶持其道，未必於遯藏而不爲，故曰'與時行'也。"②遯卦九五爻剛爻居中得正，下與六二相應，有此剛陽中正之德，又下有應助之勢，故遯卦卦辭曰"亨"。

詮釋家人卦《彖》辭"女正位乎內，男正位乎外，男女正，天地之大義也"時，程頤說："彖以卦才而言。陽居五，在外也；陰居二，處內也。男女各得其正位也，尊卑內外之道正，合天地陰陽之大義也。"③家人卦九五陽爻在外卦，六二陰爻在內卦，代表"女正位乎內，男正位乎外"的社會關係。程頤認爲，陽居五、陰居二，代表"男女各得其正位"，故家人卦卦辭曰"利女貞"。

詮釋睽卦卦辭"小事吉"時，程頤說："以卦才之善，雖

---

① 梁韋弦：《〈程氏易傳〉導讀》，齊魯書社，2003年，第203頁。
② 梁韋弦：《〈程氏易傳〉導讀》，齊魯書社，2003年，第208頁。
③ 梁韋弦：《〈程氏易傳〉導讀》，齊魯書社，2003年，第225頁。

處睽時而小事吉也。"① 以睽卦卦名之義，卦辭當言"凶"，而睽卦卦辭卻云"小事吉"。程頤認爲，這是由於卦才的緣故。睽卦上卦爲離，爲明，下卦爲兌，爲悅，"說順而附麗於明"；六五爻以柔道居於尊位，得中而下與九二爻相應。卦才"說而麗乎明，柔進而上行，得中而應乎剛"，故卦辭曰"小事吉"。

詮釋蹇卦《彖》辭"見險而能止，知矣哉"時，程頤說："以卦才言處蹇之道也。上險而下止，見險而能止也。犯險而進，則有悔咎，故美其能止爲知也。"② 蹇卦上卦爲坎，爲險，下卦爲艮，爲止，有見險而能止之智，則吉，故蹇卦卦辭曰"吉"。另，蹇卦六爻，除了初爻外，餘皆得位，這也是蹇卦卦辭曰"吉"的原因之一。案，程頤認爲，蹇卦初爻亦得位。其言曰："初六雖以陰居陽，而處下，亦陰之正也。"③ 陰爻居陽位，陽爻居陰位，程頤因"時"而釋，或以"吉"論之，亦爲程頤對象數《易》例的創發。

詮釋益卦《彖》辭"動而巽，日進無疆"時，程頤說："又以二體言卦才。下動而上巽，動而巽也。爲益之道，其動巽順於理，則其益日進，廣大無有疆限也。動而不順於理，豈能成大益也？"④ 益卦下體爲震，爲動，上體爲巽，爲順。"其動巽順於理，則其益日進，廣大無有疆限也"，故益卦卦辭曰"利有攸往，利涉大川"。

詮釋夬卦《彖》辭"健而說，決而和"時，程頤說："健

---

① 梁韋弦：《〈程氏易傳〉導讀》，齊魯書社，2003年，第229頁。
② 梁韋弦：《〈程氏易傳〉導讀》，齊魯書社，2003年，第235頁。
③ 梁韋弦：《〈程氏易傳〉導讀》，齊魯書社，2003年，第236頁。
④ 梁韋弦：《〈程氏易傳〉導讀》，齊魯書社，2003年，第251頁。

而說，決而和，以二體言卦才也。下健而上說，是健而能說；決而能和，決之至善也。兌說爲和。"① 夬卦下卦爲乾，爲健，上卦爲兌，爲悅，爲決，"健而能說，決而能和"，故夬卦卦辭曰"利有攸往"。

詮釋萃卦《彖》辭"順以說，剛中而應，故聚也"時，程頤說："順以說，以卦才言也。上說而下順，爲上以說道使民，而順於人心；下說上之政令，而順從於上。既上下順說，又陽剛處中正之位，而下有應助。如此，故能聚也。欲天下之萃，才非如是不能也。"② 萃卦下卦爲坤，爲順，上卦爲兌，爲悅，九五爻剛爻居中得正，下與六二爻相應。卦有"上悅而下順""剛健中正而有應助"之才，故萃卦卦辭曰"利有攸往"。

詮釋升卦卦辭"元亨"時，程頤說："升進則有亨義，而以卦才之善，故元亨也。"③ 升卦上卦爲坤，下卦爲巽，皆爲順，代表順時而升；九二爻剛爻居中，上與六五相應。卦有此"才"，故卦辭曰"亨"曰"吉"。

詮釋困卦時，程頤說："如卦之才，則困而能亨。"④ 困卦上卦爲兌，爲悅，下卦爲坎，爲險，"下險而上說，爲處險而能說，雖在困窮艱險之中，樂天安義，自得其說樂也"，卦有此才，故卦辭曰"亨"。

詮釋革卦《彖》辭"文明以說，大亨以正"時，程頤說："以卦才言革之道也。離爲文明，兌爲說，文明則理無不盡，事

---

① 梁韋弦：《〈程氏易傳〉導讀》，齊魯書社，2003年，第257頁。
② 梁韋弦：《〈程氏易傳〉導讀》，齊魯書社，2003年，第267頁。
③ 梁韋弦：《〈程氏易傳〉導讀》，齊魯書社，2003年，第272頁。案，此條注文可證，"卦才"不包括卦名之義。
④ 梁韋弦：《〈程氏易傳〉導讀》，齊魯書社，2003年，第276頁。

無不察，説則人心和順。革而能照察事理，和順人心，可致大亨，而得貞正。"① 革卦下卦爲離，爲文明，上卦爲兌，爲悦，"文明則理無不盡，事無不察，説則人心和順"，卦有此"才"，故革卦卦辭曰"元亨"。

詮釋鼎卦卦辭"元吉亨"時，程頤説："以卦才言也。如卦之才，可以致元亨也。"② 鼎卦下卦爲巽，代表"巽順於理"，上卦爲離，代表"中虚於上"，六五爻居中而以柔應剛，卦有此"才"，故卦辭曰"元吉亨"。③

詮釋艮卦《彖辭》"上下敵應，不相與也"時，程頤説："以卦才言也。上下二體，以敵相應，無相與之義。陰陽相應則情通而相與，乃以其敵，故不相與也。不相與則相背，爲艮其背止之義也。"④ 艮卦六爻皆不相應，故卦辭曰"艮其背"。

詮釋漸卦卦辭"女歸吉，利貞"時，程頤説："以卦才兼漸義而言也。乾坤之變爲巽艮，巽艮重而爲漸。在漸體而言，中二爻交也。由二爻之交，然後男女各得正位。初、終二爻雖不當位，亦陽上陰下，得尊卑之正。男女各得其正，亦得位也。與歸妹正相對，女之歸，能如是之正，則吉也。"⑤ 漸卦除了初、上二爻，中間四爻皆得位，卦有此"才"，故卦辭曰"女歸吉，利貞"。其中以"陽上陰下"論初、上爻位，有助於辯

---

① 梁韋弦：《〈程氏易傳〉導讀》，齊魯書社，2003年，第287頁。
② 梁韋弦：《〈程氏易傳〉導讀》，齊魯書社，2003年，第292頁。
③ 程頤以爲"元吉亨"之"吉"爲衍文，説："止當云元亨，文義'吉'字。"丁四新校注鼎卦時説："彖辭句首，今本作'鼎元吉亨'四字。檢圖版，帛本實僅殘三字位置。"（《楚竹書與漢帛書周易校注》，上海古籍出版社，2011年，第459頁）故程頤之説是。
④ 梁韋弦：《〈程氏易傳〉導讀》，齊魯書社，2003年，第303頁。
⑤ 梁韋弦：《〈程氏易傳〉導讀》，齊魯書社，2003年，第306頁。

證認識象數《易》例中的"當位説"。

詮釋旅卦卦辭"小亨"時，程頤説："以卦才言也。如卦之才，可以小亨。"① 旅卦六五以柔中之道順乎上下之陽爻，下卦爲艮，爲止，上卦爲離，爲明，"所止能麗於明"。卦有此"才"，故卦辭曰"小亨，旅，貞吉"。

詮釋巽卦卦辭"小亨，利有攸往，利見大人"時，程頤説："卦之才可以小亨，利有攸往，利見大人也。"② 巽卦九五陽剛居巽而得中正，代表"巽順於中正之道"，上、下卦之柔爻皆巽順於剛爻，卦"才"如是，故卦辭曰"小亨，利有攸往，利見大人"。

詮釋渙卦《彖》辭"渙亨，剛來而不窮，柔得位乎外而上同"時，程頤説："渙之能亨者，以卦才如是也。渙之成渙，由九來居二，六上居四也。剛陽之來，則不窮極於下而處得其中；柔之往，則得正位於外而上同於五之中。巽順於五，乃上同也。四、五，君臣之位。當渙而比，其義相通。同五，乃從中也。當渙之時而守其中，則不至於離散，故能亨也。"③ 渙卦九二"處得其中"，六四"得正於外而上同於五之中"，卦有此"才"，故卦辭曰"亨"。

渙卦初六爻辭"用拯馬壯，吉"，程頤注："二有剛中之才，初陰柔順，兩皆無應，無應則親比相求。初之柔順而托於剛中之才以拯其渙，如得壯馬以致遠，必有濟矣，故吉也。"④ 程頤認爲，渙卦初六爻辭之所以言"吉"，是因爲初六能承順

---

① 梁韋弦：《〈程氏易傳〉導讀》，齊魯書社，2003年，第322頁。
② 梁韋弦：《〈程氏易傳〉導讀》，齊魯書社，2003年，第326頁。
③ 梁韋弦：《〈程氏易傳〉導讀》，齊魯書社，2003年，第334頁。
④ 梁韋弦：《〈程氏易傳〉導讀》，齊魯書社，2003年，第335頁。

於九二，而九二剛爻居中，有剛中之才。案，此注暗含程頤的卦主思想。渙卦以九二爻爲卦主。

詮釋節卦《彖》辭時，程頤說："以卦才言也。内兌外坎，說以行險也。人於所說，則不知已；遇艱險，則思止。方説而止，爲節之義。當位以節，五居尊，當位也，在澤上，有節也。當位而以節，主節者也。處得中正，節而能通也。中正則通，過則苦矣。"① 節卦卦辭之所以言"亨"，主要是因爲節卦有"方悦而止"之才。

詮釋小過卦《彖》辭時，程頤說："《彖》以卦才言吉義。柔得中，二、五居中也。陰柔得位，能致小事吉耳，不能濟大事也。剛失位而不中，是以不可大事。大事非剛陽之才不能濟，三不中，四失位，是以不可大事。"② 程頤認爲，小過卦卦辭之所以說"可小事"，是因爲，小過卦有"柔得中"之才，之所以不可大事，是因爲"剛失位而不中"。

詮釋既濟卦《彖》辭時，程頤說："卦才剛柔正當其位。當位者，其常也，乃正固之義，利於如是之貞也。陰陽各得正位，所以爲既濟也。"③ 既濟卦六爻皆當位，卦有此"才"，故卦辭言"吉"。

詮釋未濟卦《彖》辭時，程頤說："以卦才言也。所以能亨者，以柔得中也。五以柔居尊位，居剛而應剛，得柔之中也。剛柔得中，處未濟之時，可以亨也。"④ 程頤認爲，未濟卦卦辭之所以言"亨"，是因爲"柔得中"之卦才。

---

① 梁韋弦：《〈程氏易傳〉導讀》，齊魯書社，2003年，第338頁。
② 梁韋弦：《〈程氏易傳〉導讀》，齊魯書社，2003年，第345頁。
③ 梁韋弦：《〈程氏易傳〉導讀》，齊魯書社，2003年，第349頁。
④ 梁韋弦：《〈程氏易傳〉導讀》，齊魯書社，2003年，第353頁。

"卦才"是與"卦義"相對的概念。如，詮釋謙卦卦辭時，程頤說："人以謙巽自處，何往而不亨乎？"① 此純從"卦義"角度論卦辭之"亨"。詮釋節卦卦辭時，程頤說："節之道，自有亨義。事有節則能亨也。又卦之才，剛柔分處，剛得中而不過，亦所以爲節，所以能亨也。"② 此兼從"卦義"和"卦才"兩方面論卦辭之"亨"。詮釋小過卦時，程頤也從"卦義"和"卦才"兩方面，論卦辭之"亨"。從卦義的角度，程頤認爲，"事固有待過而後能亨者，過之所以能亨也"，從卦才的角度，程頤認爲，小過卦之"亨"是由於"柔得中"。③ 王弼詮釋大有卦卦辭時說："大有則必元亨矣。"程頤認爲，王弼的詮釋忽視了卦才，故云："非大有之義便有元亨，由其才，故得元亨。"④

程頤卦才說本於《易傳·彖》，然《彖》無"卦才"概念。余敦康先生說："一卦六爻在特定時限内所形成的組合關係謂之卦體，其總體特徵與基本性質謂之卦義，也叫做卦德，六爻在此組合關係中所具有的功能謂之卦用，也叫做卦才。"⑤ 基於對《伊川易傳》中"卦才說"的梳理，筆者認爲，余老先生對"卦才"的定義，有欠妥貼。如，詮釋大有卦時，程頤說："卦之德，内剛健而外文明，六五之君應於乾之九二，五之性柔順而明，能順應乎二，二，乾之主也，是應乎乾也，順應乾行，順乎天時也，故曰'應乎天而時行'。其德如此，是以元亨也。"同時又說："非大有之義便有元亨，由其才故得元亨。"

---

① 梁韋弦：《〈程氏易傳〉導讀》，齊魯書社，2003年，第121頁。
② 梁韋弦：《〈程氏易傳〉導讀》，齊魯書社，2003年，第337頁。
③ 梁韋弦：《〈程氏易傳〉導讀》，齊魯書社，2003年，第345頁。
④ 梁韋弦：《〈程氏易傳〉導讀》，齊魯書社，2003年，第116頁。
⑤ 余敦康：《漢宋易學解讀》，華夏出版社，2006年，第427頁。

並說："凡卦德，有卦名自有其義者，如比吉、謙亨，是也；有因其卦義便爲訓戒者，如師貞丈人吉、同人於野亨，是也；有以其卦才而言者，大有元亨，是也。由剛健文明，應天時行，故能元亨也。"① 大有卦下卦爲乾，爲剛健，上卦爲離，爲文明，大有六五，應於下卦九二，"二，乾之主也"，代表天時，故大有有"剛健文明，應天時行"之卦才。可見，"卦德"是一個包括"卦義"和"卦才"的大概念。

卦變說在《易》學史上一直是聚訟紛紜的話題，不但象數派講卦變，義理派也講卦變，即使是王弼，在個別卦的詮釋中也運用了此說②，而後世程頤、朱熹等更是明確地運用卦變說來詮釋《周易》。

"卦變的概念，有其特定的内涵，指在一卦之中，由於陰、陽爻位置的變化，導致一卦變爲另一卦。"③ "卦變"說符合《周易》的變易之道，可溯源於《易傳》。

訟《彖》"剛來而得中"，蜀才曰："此本遯卦，案二進居三，三降居二，是剛來而得中也。"④ 遯䷠九三與六二換位後，遯九三變訟九二。由上降下爲"來"，遯九三剛爻降下二位而

---

①梁韋弦：《〈程氏易傳〉導讀》，齊魯書社，2003 年，第 116 頁。
②如，賁《彖》"柔來而文剛，故亨；分剛上而文柔，故小利有攸往"，王弼注："剛柔不分，文何由生，故坤之上六來居二位，柔來文剛之義也。柔來文剛，居位得中，是以亨。乾之九二分居上位，分剛上而文柔之義也。剛上文柔，不得中位，不若柔來文剛，故小利有攸往。"泰上、二換位成賁。王弼之注顯然據此而發。林忠軍先生曾認爲，王弼視卦變爲僞說而盡掃之。(《象數易學發展史》第 1 卷，齊魯書社，1994 年，第 192 頁) 此論斷稍顯絕對。
③林忠軍：《象數易學發展史》第 1 卷，齊魯書社，1994 年，第 191 頁。
④[唐] 李鼎祚：《周易集解》卷 3，文淵閣四庫全書本。

成訟九二，得訟下卦之中，故曰"剛來而得中"。

隨《彖》"剛來而下柔"，虞翻曰："否乾上來之坤初，故剛來而下柔。"① 否䷋上九與初六換位後，否上九變隨初九。否上九降下初位而成隨初九，在六二、六三二柔爻之下，故曰"剛來而下柔"。

蠱《彖》"剛上而柔下"，虞翻曰："泰初之上，故剛上；坤上之初，故柔下。"② 泰䷊初、上換位後，泰初九變蠱上九，泰上六變蠱初六。泰初九剛爻往上，故曰"剛上"；泰上六柔爻來下，故曰"柔下"。

噬嗑《彖》"剛柔分"，盧氏曰："此本否卦。乾之九五分降坤初，坤之初六分升乾五，是剛柔分也。"③ 否䷋五、初換位後，否九五變噬嗑初九，否初六變噬嗑六五。否上卦乾分九五剛爻來下，否下卦坤分初六柔爻往上，故曰"剛柔分"。

賁《彖》"柔來而文剛……分剛上而文柔"，荀爽曰："此本泰卦。謂陰從上來，居乾之中，文飾剛道，交於中和，故亨也；分乾之二居坤之上，上飾柔道，兼據二陰，故小利有攸往矣。"④ 泰䷊二、上換位後，泰上六變賁六二，泰九二變賁上九。泰上六柔爻降下乾剛之中，泰下卦乾分九二剛爻升至坤柔爻之上，故曰"柔來而文剛……分剛上而文柔"。

無妄《彖》"剛自外來"，蜀才曰："此本遯卦。案，剛自上降，爲主於初。"⑤ 遯䷠三、初換位後，遯九三變無妄初九。

---

① [唐] 李鼎祚：《周易集解》卷5，文淵閣四庫全書本。
② [唐] 李鼎祚：《周易集解》卷5，文淵閣四庫全書本。
③ [唐] 李鼎祚：《周易集解》卷5，文淵閣四庫全書本。
④ [唐] 李鼎祚：《周易集解》卷5，文淵閣四庫全書本。
⑤ [唐] 李鼎祚：《周易集解》卷6，文淵閣四庫全書本。

遘剛爻自上來下，故曰"剛自外來"。案，此條注文反映了蜀才的"卦主"思想。無妄卦以初爻爲卦主。

大畜《彖》"剛上"，蜀才曰："此本大壯卦。案，剛自初升，爲主於外，剛陽居上，尊尚賢也。"① 大壯☷四、上換位後，大壯九四變大畜上九。九四剛爻往上，故曰"剛上"。

咸《彖》"柔上而剛下"，蜀才曰："此本否卦。案，六三升上，上九降三，是柔上而剛下。"② 否☷三、上換位後，否六三變咸上六，否上九變咸九三。否六三柔爻往上，否上九剛爻來下，故曰"柔上而剛下"。

損《彖》"損下益上……損剛益柔"，蜀才曰："此本泰卦。案，坤之上九③下處乾三，乾之九三上升坤六，損下益上者也。"④ 泰☷三、上換位後，泰九三變損上九，泰上六變損六三。損乾之九三剛爻以益坤上之柔，故曰"損下益上"。

益《彖》"損上益下……自上下下"，蜀才曰："此本否卦。案，乾之上九⑤下處坤初，坤之初六上升乾四，損上益下者也。"⑥ 否☷四、初換位後，否九四變益初九，否初六變益六四。損否上卦之九四，以益下卦之初，故曰"損上益下……自上下下"。

渙《彖》"剛來而不窮，柔得位乎外而上同"，盧氏曰："此本否卦。乾之九四來居坤中，剛來成坎，水流而不窮也；坤

---

① [唐] 李鼎祚：《周易集解》卷6，文淵閣四庫全書本。
② [唐] 李鼎祚：《周易集解》卷7，文淵閣四庫全書本。
③ 九，當爲"六"之訛。
④ [唐] 李鼎祚：《周易集解》卷8，文淵閣四庫全書本。
⑤ 上九，當爲"九四"。
⑥ [唐] 李鼎祚：《周易集解》卷8，文淵閣四庫全書本。

之六二上升乾四，柔得位乎外，上承貴王，與上同也。"① 否䷋四、二換位後，否九四變渙九二，否六二變渙六四。否九四剛爻降下，下卦成坎水，水流不窮，故曰"剛來而不窮"；否六二柔爻升爲六四，得位於外卦而上承九五，故曰"柔得位乎外而上同"。

節《彖》"剛柔分而剛得中"，盧氏曰："此本泰卦。分乾九三升坤五，分坤六五下處乾三，是剛柔分而剛得中也。"② 泰䷊五、三換位後，泰六五變節六三，泰九三變節九五。分泰上卦六五柔爻來下，分泰下卦九三剛爻往上而得上卦之中爻，故曰"剛柔分而剛得中"。

王弼對"卦變"說明黜暗用，而程頤則明確提出自己的卦變說。朱伯崑先生稱之爲"乾坤卦變"說。③ 詮釋賁卦《彖》辭時，程頤說："卦之變，皆自乾坤。先儒不達，故謂賁本是泰卦，豈有乾坤重而爲泰，又由泰而變之理？下離本乾中爻，變而成離；上艮本坤上爻，變而成艮。離在內，故云柔來；艮在上，故云剛上，非自下體而上也。乾坤變而爲六子，八卦重而爲六十四，皆由乾坤之變也。"④ 在這裏，程頤對前儒的卦變說提出批評，認爲《彖》傳中的"上下往來"並非指卦中諸爻的升降換位。以賁《彖》爲例，"柔來而文剛，分剛上而文柔"，並非指泰上降二，二升上，而是指賁六二由乾九二變來，賁上九由坤上六變來。程頤認爲六十四卦都是由乾、坤兩卦變化而

---

① [唐] 李鼎祚：《周易集解》卷12，文淵閣四庫全書本。
② [唐] 李鼎祚：《周易集解》卷12，文淵閣四庫全書本。
③ 朱伯崑：《易學哲學史》第2卷，崑崙出版社，2005年，第203頁。
④ 梁韋弦：《〈程氏易傳〉導讀》，齊魯書社，2003年，第154頁。

來。所謂"柔來",是指乾卦中任意一陽爻變成陰爻而形成三女之卦(巽、離、兌);所謂"剛來",是指坤卦中任意一陰爻變爲陽爻而形成三男之卦(震、坎、艮)。

程頤此説本於《説卦》:"乾天也,故稱父;坤地也,故稱母。震一索而得男,故謂之長男;巽一索而得女,故謂之長女;坎再索而得男,故謂之中男;離再索而得女,故謂之中女;艮三索而得男,故謂之少男;兑三索而得女,故謂之少女。"不過,如此一來,程頤所説的"卦變"已不是林忠軍先生所定義的"卦變",而是吴澄所説的"變卦"了。"卦變"與"變卦"的區別是:某卦因陰、陽爻位置變換而形成另一卦,稱"卦變"。某卦因陰、陽爻性質變化而形成另一卦,稱"變卦"。

有學者認爲:"如果所謂的升降往來是就卦中諸爻而言,那麽此説對於訟卦《彖》辭的'剛來而得中'以及無妄卦《彖》辭的'剛自外來而主於内'就無法皆解釋。訟卦上乾下坎,'剛來得中'是指處於内坎之九二,如果説此剛爻是移而至内,那麽外卦應該有陰爻,但此卦上爲乾,三爻皆陽。無妄卦上乾下震,'剛自外來而爲主於内'是指處於下震之初九,同樣,若説此剛爻自外卦而來,那麽外卦也當有陰爻,但乾體純陽。這是主張由卦内諸爻升降而形成新卦的卦變説者所不能解釋的。"① 筆者認爲,此段論述,顯然是由於對前人卦變説有所誤解。訟《彖》"剛來而得中"指遯☶九三來二,無妄"剛自外來而爲主於内"指遯☶九三來初,並非不能解釋。

程頤在詮釋賁《彖》時,雖然明確提出了其"乾坤卦變"

---

① 楊東:《王弼易學與程頤易學的比較研究》,四川社會科學院碩士學位論文,2002年,第34頁。

説，但在詮釋隨、恒、益、渙等卦時，卻又不自覺地運用了他所批駁的前人的"卦變"説。如，詮釋隨卦時，程頤説："又以卦變言之，乾之上來居坤之下，坤之初往居乾之上。"① 此注很難用"乾坤卦變"説來解釋，而只能理解爲，隨卦由否卦而來，否卦上、初換位，上九來下，變隨初九，初六往上，變隨上六。再如，詮釋恒《彖》時，程頤説："剛上而柔下，謂乾之初上居於四，坤之四下居於初。"② 此注宜理解爲，泰初、四換位，初九往上成恒九四，六四來下成恒初六。又如，詮釋益《彖》時，程頤説："陽下居初，陰上居四，爲自上下下之義。"③ 此注宜理解爲：否初、四換位，否九四來下變益初九，否初六往上變益六四。詮釋渙《彖》時，程頤説："渙之成渙，由九來居二，六上居四也。"④ 此注宜理解爲：否二、四換位，否九四來下變渙九二，否六二往上變渙六四。

---

① 梁韋弦：《〈程氏易傳〉導讀》，齊魯書社，2003年，第130~131頁。
② 梁韋弦：《〈程氏易傳〉導讀》，齊魯書社，2003年，第203頁。
③ 梁韋弦：《〈程氏易傳〉導讀》，齊魯書社，2003年，第251頁。
④ 梁韋弦：《〈程氏易傳〉導讀》，齊魯書社，2003年，第334頁。

第三節 朱熹的《周易》詮釋

朱熹（1130~1200），字元晦，一字仲晦，號晦庵、晦翁，祖籍徽州婺源（今屬江西），出生於南劍州尤溪（今屬福建）。"十一歲，受學於家庭。"幼穎悟，父嘗指天示之曰："天也。"熹問："天之上何物？"其父異之。群兒戲沙上，熹獨端坐，而以指畫沙。視之，八卦也。① 父臨終前，囑熹往事武夷三先生（胡憲、劉勉之、劉子翬）。武夷三先生皆治《易》，劉勉之受《易》於蜀人譙定，胡憲除了受《易》於譙氏外，又受到大《易》學家朱震的影響，而劉子翬則自稱於《易》得入德之門。朱熹《周易》詮釋的特點主要有二：其一，以筮解《易》；其二，以圖解《易》。

一、以筮詮《易》

朱熹之時，絕大多數《易》學家都不以卜筮之書來判定《周易》古經的性質。在他們的心目中，《周易》古經是法天地以設政教的王者之書，是"極天地之淵蘊，盡人事之終始"的聖學經典。而朱熹則明確指出：《易》本爲卜筮而作。

乾道七年（1171），朱熹對蔡季通說："此書（《易》）近細讀之，恐程《傳》得之已多，但不合全說作義理，不就卜筮上看，故其說有無頓著處耳。"② 此時，朱熹已認識到，純以義

---

① [元] 脱脱等：《宋史》卷429《道學三·朱熹、張栻》，中華書局，1977年，第12751頁。
② [宋] 朱熹著，朱傑人等主編：《朱子全書》第22册《文集》卷44《答蔡季通》，上海古籍出版社、安徽教育出版社，2002年，第1992頁。

理解《易》，恐不得《周易》古經之本義。淳熙二年（1175），朱熹從文本性質上斷定，《易》就是卜筮之書。他對張栻說："近又讀《易》見一意思。聖人作《易》本是使人卜筮，以決所行之可否，而因之以教人爲善。如嚴君平所謂與人子言依於孝，與人臣言依於忠者。故卦爻之辭，只是因依象類，虛設於此，以待扣而決者，使以所值之辭決所疑之事，似若假之神明，而亦必有是理而後有是辭，但理無不正，故其丁寧告戒之詞，皆依於正。天下之動，所以正夫一，而不繆於所之也。以此意讀之，以覺卦爻、十翼指意通暢，但文意字義，猶時有窒礙。蓋亦合純作義理説者，所以強通而不覺其礙者也。今亦錄首篇二卦拜呈。此説乍聞之必未以爲然，然且置之，勿以示人，時時虛心略賜省閲，久之或信其不妄耳。"①

朱熹主張"《易》本爲卜筮而作"，一基於史實考辨，二基於邏輯質疑，三基於《周易》古經文本分析，四基於《易傳》。

基於史實考辨，朱熹説："《易》只是爲卜筮而作，故《周禮》分明言太卜掌三《易》：《連山》《歸藏》《周易》。古人於卜筮之官立之凡數人。秦去古未遠，故《周易》亦以卜筮得不焚。"② 又説："《易》自是別是一個道理，不是教人底書。故《記》中只説先王崇四術，順詩、書、禮、樂以造士，不説《易》也。《語》《孟》中亦不説《易》，至《左傳》《國語》方

---

① [宋] 朱熹著，朱傑人等主編：《朱子全書》第 21 册《文集》卷 31《答張敬夫》，上海古籍出版社、安徽教育出版社，2002 年，第 1350 頁。
② [宋] 朱熹著，朱傑人等主編：《朱子全書》第 16 册《朱子語類》卷 105，上海古籍出版社、安徽教育出版社，2002 年，第 2625 頁。

說，然亦只是卜筮爾。"①

基於邏輯質疑，朱熹說："聖人要說理，何不就理上直剖判說？何故恁地回互假託，教人不可曉？又何不別作一書？何故要假卜筮說？又何故說許多吉凶悔吝？"② 又說："若果爲義理作時，何不直述一件文字？"③

基於《周易》古經文本分析，朱熹說："《易》本爲卜筮設。如曰'利涉大川'，是利於行舟也；'利有攸往'，是利於起行也。"④ 又說："如'利用祭祀''利用享祀'，只是卜祭則吉；'田獲三狐''田獲三品'，只是卜田則吉；'公用享於天子'，只是卜朝覲則吉；'利建侯'，只是卜立君則吉；'利用爲依遷國'，只是卜遷國則吉；'利用侵伐'，只是卜侵伐則吉之類，但推之於事，或有如此說者耳。"⑤ 又說："何以見得《易》專爲占筮之用，如'王用亨於岐山''於西山'，皆是'享'字。古字多通用。若卜人君欲祭祀山，占得此即吉。'公永亨於天子'，若諸侯占得此卦，自利於近天子耳。"⑥

基於《易傳》，朱熹說："且如《易》之作，本之爲卜筮。

---

① [宋]朱熹著，朱傑人等主編：《朱子全書》第15册《朱子語類》卷67，上海古籍出版社、安徽教育出版社，2002年，第1658頁。
② [宋]朱熹著，朱傑人等主編：《朱子全書》第15册《朱子語類》卷66，上海古籍出版社、安徽教育出版社，2002年，第1623頁。
③ [宋]朱熹著，朱傑人等主編：《朱子全書》第15册《朱子語類》卷66，上海古籍出版社、安徽教育出版社，2002年，第1622頁。
④ [宋]朱熹著，朱傑人等主編：《朱子全書》第15册《朱子語類》卷66，上海古籍出版社、安徽教育出版社，2002年，第1633頁。
⑤ [宋]朱熹著，朱傑人等主編：《朱子全書》第21册《文集》卷33《答呂伯恭》，上海古籍出版社、安徽教育出版社，2002年，第1465頁。
⑥ [宋]朱熹著，朱傑人等主編：《朱子全書》第16册《朱子語類》卷73，上海古籍出版社、安徽教育出版社，2002年，第1853頁。

如'極數知來之謂占''莫大乎蓍龜''是興神物以前民用''動則觀其變而玩其占'等語,皆見得是占筮之意。"① 又説:"聖人分明説:'昔者聖人之作《易》也,觀象設卦,繫辭焉而明吉凶。'幾多分曉!某所以説《易》只是卜筮書者,此類可見。"② 又説:"看《繫辭》須先看其自大衍之數以下,皆是説卜筮。若不是卜筮,卻是説一無底物。"③

對《易經》性質的不同認定,會導致不同的詮釋路向,進而形成不同的詮釋特點。朱熹既認定《周易》古經本爲卜筮而作,故主張在卜筮的語境下詮釋卦爻辭。朱熹把卦爻辭分爲象辭、占辭和象占相渾之辭三類。他説:"《易》有象辭,有占辭,有象占相渾之辭。"④ 象辭是對卦爻象的文字表達,占辭是吉凶悔吝之類的斷語。如乾卦九二爻辭"見龍在田,利見大人",朱熹説:"其象爲見龍在田,其占爲利見大人。"⑤ "見龍在田"是象辭,"利見大人"是占辭。有些卦爻辭無吉凶悔吝之類的斷語,而吉凶悔吝之意寓於其中,是爲"象占相渾之辭"。如蠱卦上九爻辭"不事王侯,高尚其事",朱熹説:"剛

---

① [宋]朱熹著,朱傑人等主編:《朱子全書》第15册《朱子語類》卷66,上海古籍出版社、安徽教育出版社,2002年,第1621頁。
② [宋]朱熹著,朱傑人等主編:《朱子全書》第15册《朱子語類》卷66,上海古籍出版社、安徽教育出版社,2002年,第1629頁。
③ [宋]朱熹著,朱傑人等主編:《朱子全書》第15册《朱子語類》卷66,上海古籍出版社、安徽教育出版社,2002年,第1627頁。
④ [宋]朱熹著,朱傑人等主編:《朱子全書》第15册《朱子語類》卷67,上海古籍出版社、安徽教育出版社,2002年,第1669頁。
⑤ [宋]朱熹:《周易本義》,宋咸淳元年吴革刻本,全1函6册,第1册,第2頁。

陽居上，在事之外，故爲此象，而占與戒皆在其中矣。"① 這就是象占相渾之辭。

朱熹認爲，卦爻辭由卦爻象而來。如泰卦上六爻辭"城覆於隍，勿用師，自邑告命，貞吝"，朱熹説："須有這個城底象，隍底象，邑底象。城、隍、邑皆土地，在坤爻中自有此象。"② 雖然卦爻辭與卦爻象之間有必然的關聯，但不可諱言，由於時移事異，有些關聯，難以考見。朱熹説："諸爻之象，聖人必有所據，非是白撰，但今不可考耳。"③ 如屯卦六二爻辭"十年乃字"，朱熹説："《易》中此等取象不可曉。如説'十年''七日''八月'等處，必有所指，但今不可穿鑿，姑闕之可也。"④

由於卦爻辭與卦爻象之間的有些關聯難以考見，所以不必如漢儒那樣"附會穿鑿"以求解。朱熹批評漢儒説："漢儒求之《説卦》而不得，則遂相與創爲互體、卦變、五行、納甲、飛伏之法，參互以求，而幸其偶合，其説雖詳，然其不可通者終不可通，其可通者又皆附會穿鑿，而非有自然之勢。唯其一二之適然無待於巧説者，爲若可信。然上無關於義理之本原，下無所資於人事之訓戒，則又何必苦心極力以求於此，而欲必

---

① [宋] 朱熹：《周易本義》，宋咸淳元年吳革刻本，全1函6册，第1册，第33頁。
② [宋] 朱熹著，朱傑人等主編：《朱子全書》第15册《朱子語類》卷70，上海古籍出版社、安徽教育出版社，2002年，第1761頁。
③ [宋] 朱熹著，朱傑人等主編：《朱子全書》第16册《朱子語類》卷75，上海古籍出版社、安徽教育出版社，2002年，第1915頁。
④ [宋] 朱熹著，朱傑人等主編：《朱子全書》第15册《朱子語類》卷70，上海古籍出版社、安徽教育出版社，2002年，第1744頁。案，在《周易本義》中，朱熹對"十年""七日""八月"皆有解。

得之哉!"①

朱熹雖反對漢儒泥象，但也不贊許王弼以來忘象的解《易》思路。他説："《易》之有象，其取之有所從，其推之有所用，非苟爲寓言也。然兩漢諸儒必欲究其所從，則既滯泥而不通。王弼以來，直欲推其所用，則又疏略而無據。二者皆失之一偏而不能闕其所疑之過也。"② 因此，朱熹詮《易》，重象而不泥象，十分簡明。趙子欽評其"《本義》太略"，朱熹解釋説："《易》中取象，似天地生物。有生得極細巧底，有生得粗拙突兀底。趙子欽云'《本義》太略'，此譬如燭籠，添了一條竹片，便障予一路明，盡徹去了，使它通體光明，豈不更好！蓋是著不得詳說。如此看來，則取象處如何拘得！"③ 又説："古人取象，也只看大意略如此仿佛，不能端的。若要解到親切處，便都没法去處了。"④ 又説："聖人取象，亦只是個大概仿佛意思如此。若著言語窮他，便有説不去時。"⑤

説"《易》本爲卜筮而作"，又承認《易》爲聖人所作，就需要回答：聖人卜筮，用意何在？朱熹認爲，聖人卜筮，乃因卜筮而設教。朱熹説："古人淳樸，不似後世機智，事事理會得，

---

① [宋] 朱熹著，朱傑人等主編：《朱子全書》第 23 册《文集》卷 67《易象説》，上海古籍出版社、安徽教育出版社，2002 年，第 3255 頁。案，在《周易本義》中，朱熹亦以卦變解説《易》。
② [宋] 朱熹著，朱傑人等主編：《朱子全書》第 23 册《文集》卷 67《易象説》，上海古籍出版社、安徽教育出版社，2002 年，第 3255 頁。
③ [宋] 黎靖德編，王星賢點校：《朱子語類》卷 67，中華書局，1988 年，第 1655 頁。
④ [宋] 朱熹著，朱傑人等主編：《朱子全書》第 15 册《朱子語類》卷 70，上海古籍出版社、安徽教育出版社，2002 年，第 1746 頁。
⑤ [宋] 朱熹著，朱傑人等主編：《朱子全書》第 15 册《朱子語類》卷 72，上海古籍出版社、安徽教育出版社，2002 年，第 1833 頁。

於事既不能無疑，即須來占方知吉凶，聖人就上爲之戒，便是"開物成務"之道。若不以卜筮言之，則開物成務何所措？'動則觀其變而玩其占''極數知來之謂占'，此即是《易》之用。使人占決於《易》，便是聖人家至户到以教之也。"① 又説："聖人作《易》，本是使人卜筮，以決所行之可否，而因之以教人爲善。如嚴君平所謂，與人子言依於孝，與人臣言依於忠者。"②

朱熹認爲，卦爻辭中的吉凶悔吝，包含了是非善惡的價值判斷。朱熹説："《易》中都是'貞吉'，不曾有不貞吉；都是'利貞'，不曾説利不貞。"③ 又説："如占得乾，此卦固是吉辭，曰'元亨'，元亨，大亨也。卦固是大亨，然下即云利正。是雖大亨，正即利，而不正即不利也。使天下因是事而占，因占而得其吉。而至理之權輿，聖人之至教，寓於其間矣。"④ 因此，朱熹在《周易本義》中卦卦標明聖人爲戒之意。

乾卦卦辭"元亨利貞"，朱熹注："元，大也；亨，通也；利，宜也；貞，正而固也。文王以爲乾道大通而至正，故於筮得此卦而六爻皆不變者言其占當得大通，而必利在正固，然後可以保其終也。此聖人所以作《易》教人卜筮而可以開物成務之精意。餘卦放此。"⑤

坤卦卦辭"元亨，利牝馬之貞。君子有攸往，先迷後得，主利，西南得朋，東北喪朋，安貞吉"，朱熹注："遇此卦者，

---

① [宋] 朱鑑編：《文公易説》卷 21，文淵閣四庫全書本。
② [宋] 朱熹著，朱傑人等主編：《朱子全書》第 21 册《文集》卷 31《答張敬夫》，上海古籍出版社、安徽教育出版社，2002 年，第 1350 頁。
③ [元] 董真卿：《周易會通》卷首《朱子説易綱領》，文淵閣四庫全書本。
④ [宋] 朱鑑編：《文公易説》卷 21，文淵閣四庫全書本。
⑤ [宋] 朱熹：《周易本義》，宋咸淳元年吴革刻本，全 1 函 6 册，第 1 册，第 2 頁。

其占爲大亨,而利以順健爲正,如有所往,則先迷後得而主於利,往西南則得朋,往東北則喪朋,大抵能安於正則吉也。"①

屯卦卦辭"元亨利貞,勿用有攸往,利建侯",朱熹注:"震動在下,坎險在上,是能動乎險中。能動雖可以亨,而在險則宜守正而未可遽進,故筮得之者,其占爲大亨而利於正,但未可遽有所往耳。又,初九陽居陰下而爲成卦之主,是能以賢下人,得民而可君之象,故筮立君者,遇之則吉也。"②

蒙卦卦辭"亨,匪我求童蒙,童蒙求我,初筮告,再三瀆,瀆則不告,利貞",朱熹注:"亨以下,占辭也。九二,内卦之主,以剛居中,能發人之蒙者,而與六五陰陽相應,故遇此卦者,有亨道也。我,二也;童蒙,幼穉而蒙昧,謂五也。筮者明,則人當求我而其亨在人;筮者昧,則我當求人而亨在我。人求我者,當視其可否而應之;我求人者,當致其精一而扣之。而明者之養蒙與蒙者之自養,又皆利於以正也。"③

需卦卦辭"有孚光亨,貞吉,利涉大川",朱熹注:"其卦九五以坎體中實,陽剛中正,而居尊位,爲有孚得正之象。坎水在前,乾健臨之,將涉水而不輕進之象。故占者爲有所待而能有信則光亨矣。若又得正,則吉而利涉大川。正固無所不利,而涉川尤貴於能待,則不欲速而犯難也。"④

---

① [宋] 朱熹:《周易本義》,宋咸淳元年吴革刻本,全1函6册,第1册,第5頁。
② [宋] 朱熹:《周易本義》,宋咸淳元年吴革刻本,全1函6册,第1册,第7頁。
③ [宋] 朱熹:《周易本義》,宋咸淳元年吴革刻本,全1函6册,第1册,第9~10頁。
④ [宋] 朱熹:《周易本義》,宋咸淳元年吴革刻本,全1函6册,第1册,第11頁。

訟卦卦辭"有孚，窒惕，中吉，終凶，利見大人，不利涉大川"，朱熹注："九二中實，上無應與，又爲加憂，且以卦變自遯而來，爲剛來居二，而當下卦之中，有有孚而見窒，能懼而得中之象。上九過剛，居訟之極，有終極其訟之象。九五剛健中正，以居尊位，有大人之象。以剛乘險，以實履陷，有不利涉大川之象。故戒占者必有爭辨之事而隨其所處爲吉凶也。"①

師卦卦辭"貞，丈人吉，無咎"，朱熹注："丈人，長老之稱。用師之道，利於得正，而任老成之人，乃得吉而無咎。戒占者亦必如是也。"②

比卦卦辭"吉，原筮，元永貞，無咎，不寧方來，後夫凶"，朱熹注："九五以陽剛居上之中而得其正，上下五陰比而從之，以一人而撫萬邦，以四海而仰一人之象，故筮者得之，則當爲人所親輔，然必再筮以自審，有元善長永正固之德，然後可以當眾之歸而無咎。其未比而有所不安者，亦將皆來歸之。若又遲而後至，則此交已固，彼來已晚，而得凶矣。若欲比人，則亦以是而反觀之耳。"③

小畜卦辭"亨，密云不雨，自我西郊"，朱熹注："內健外巽，二五皆陽，各居一卦之中而用事，能剛而能中，其志得行之象，故其占當得亨通。然畜未極而施未行，故有'密云不雨，自我西郊'之象。蓋密云，陰物；西郊，陰方。我者，文王自

---

① [宋] 朱熹：《周易本義》，宋咸淳元年吳革刻本，全 1 函 6 册，第 1 册，第 13 頁。
② [宋] 朱熹：《周易本義》，宋咸淳元年吳革刻本，全 1 函 6 册，第 1 册，第 15 頁。
③ [宋] 朱熹：《周易本義》，宋咸淳元年吳革刻本，全 1 函 6 册，第 1 册，第 16 頁。

我也。文王演易於羑里,視岐周爲西方,正小畜之時也①。筮者得之,則占亦如其象云。"②

履卦卦辭"履虎尾,不咥人,亨",朱熹注:"以兑遇乾,和説以躡剛強之後,有履虎尾而不見傷之象,故其卦爲履,而占如是也。人能如是,則處危而不傷矣。"③

泰卦卦辭"小往大來,吉亨",朱熹注:"小謂陰,大謂陽,言坤往居外,乾來居内。又自歸妹來,則六往居四,九來居三也。占者有剛陽之德,則吉而亨矣。"④

否卦卦辭"否之匪人,不利君子貞,大往小來",朱熹注:"正與泰反,故曰匪人,謂非人道也。其占不利於君子之正道。蓋乾往居外,坤來居内,又自漸卦而來,則九往居四,六來居三也。"⑤

同人卦辭"同人於野,亨,利涉大川,利君子貞",朱熹注:"爲卦内文明而外剛健,六二中正而有應,則君子之道也。占者能如是,則亨而又可涉險。然必其所同合於君子之道,乃爲利也。"⑥

---

① 案,朱熹認爲,《周易》中所説具體事件,如"帝乙歸妹""箕子明夷""高宗伐鬼方"之類,"疑皆當時帝乙、高宗、箕子曾占得此爻,故後人因而記之,而聖人以入爻也"。(《朱子語類》卷66)
② [宋] 朱熹:《周易本義》,宋咸淳元年吴革刻本,全1函6册,第1册,第18頁。
③ [宋] 朱熹:《周易本義》,宋咸淳元年吴革刻本,全1函6册,第1册,第20頁。
④ [宋] 朱熹:《周易本義》,宋咸淳元年吴革刻本,全1函6册,第1册,第21頁。
⑤ [宋] 朱熹:《周易本義》,宋咸淳元年吴革刻本,全1函6册,第1册,第22~23頁。
⑥ [宋] 朱熹:《周易本義》,宋咸淳元年吴革刻本,全1函6册,第1册,第24頁。

大有卦辭"元亨",朱熹注:"乾健離明,居尊應天,有亨之道。占者有其德,則大善而亨也。"①

謙卦卦辭"亨,君子有終",朱熹注:"山至高而地至卑,乃屈而止於其下,謙之象也。占者如是,則亨通而有終矣。"②

豫卦卦辭"利建侯行師",朱熹注:"九四一陽,上下應之,其志得行,又以坤遇震,爲順以動,故其卦爲豫,而其占利以立君用師也。"③

隨卦卦辭"元亨利貞,無咎",朱熹注:"己能隨物,物來隨己,彼此相從,其通易矣,故其占爲元亨,然必利於正,乃得無咎。若所隨不正,則雖大亨,而不免於有咎矣。《春秋傳》穆姜曰:'有是四德,隨而無咎,我皆無之,豈隨也哉?'今案,四德雖非本義,然其下云云,深得占法之意。"④

蠱卦卦辭"元亨,利涉大川,先甲三日,後甲三日",朱熹注:"蠱壞之極,亂當復治,故其占爲元亨而利涉大川。甲,日之始,事之端也。先甲三日,辛也;後甲三日,丁也。前事過中而將壞,則可自新爲後事之端而不使至於大壞;後事方始而尚新,然便當致其丁寧之意,以監前事之失而不使至於速壞。

---

① [宋] 朱熹:《周易本義》,宋咸淳元年吳革刻本,全1函6册,第1册,第25頁。
② [宋] 朱熹:《周易本義》,宋咸淳元年吳革刻本,全1函6册,第1册,第27頁。
③ [宋] 朱熹:《周易本義》,宋咸淳元年吳革刻本,全1函6册,第1册,第28頁。
④ [宋] 朱熹:《周易本義》,宋咸淳元年吳革刻本,全1函6册,第1册,第30頁。

聖人之深戒也。"①

臨卦卦辭"元亨利貞，至於八月有凶"，朱熹注："其爲卦，下兌說，上坤順，九二以剛居中，上應六五，故占者大亨而利於正，然至於八月當有凶也。八月，謂自復卦一陽之月至於遯卦二陰之月，陰長陽遯之時也。或曰，八月謂夏正八月，於卦爲觀，亦臨之反對也。又因占而戒之。"②

觀卦卦辭"盥而不薦，有孚顒若"，朱熹注："盥，將祭而潔手也。薦，奉酒食以祭也。顒然，尊嚴之貌，言致其潔清而不輕於用，則其孚信在中，而顒然可仰。戒占者宜如是也。"③

噬嗑卦辭"亨，利用獄"，朱熹注："其占當得亨通者，有間故不通，齧之而合，則亨通矣。又三陰三陽，剛柔中半，下動上明，下雷上電，本自益卦六四之柔上行以至於五而得其中，是以以陰居陽，雖不當位，而利用獄，蓋治獄之道，惟威與明，而得中之爲貴，故筮得之者，有其德則可應其所占也。"④

賁卦卦辭"亨，小利有攸往"，朱熹注："內離而外艮，有文明而各得其分之象，故爲賁。占者以其柔來文剛，陽得陰助，而離明於內，故爲亨；以其剛上文柔，而艮止於外，故小利有

---

① [宋] 朱熹：《周易本義》，宋咸淳元年吳革刻本，全1函6冊，第1冊，第31~32頁。
② [宋] 朱熹：《周易本義》，宋咸淳元年吳革刻本，全1函6冊，第1冊，第33頁。
③ [宋] 朱熹：《周易本義》，宋咸淳元年吳革刻本，全1函6冊，第1冊，第34頁。
④ [宋] 朱熹：《周易本義》，宋咸淳元年吳革刻本，全1函6冊，第1冊，第36頁。

攸往。"①

剥卦卦辭"不利有攸往",朱熹注:"陰盛陽衰,小人壯而君子病。又內坤外艮,有順時而止之象。故占得之者,不可有所往也。"②

復卦卦辭"亨,出入無疾,朋來無咎,反復其道,七日來復,利有攸往",朱熹注:"以其陽既往而復反,故有亨通。又內震外坤,有陽動於下而以順上行之象,故其占又爲己之出入既得無疾,朋類之來亦得無咎。又自五月姤卦一陰始生,至此七爻而一陽來復,乃天運之自然,故其占又爲反復其道,至於七日當得來復。又以剛德方長,故其占又爲利有攸往也。"③

無妄卦卦辭"元亨利貞,其匪正,有眚,不利有攸往",朱熹注:"二體震動而乾健,九五剛中而應六二,故其占大亨,而利於正,若其不正,則有眚而不利有所往也。"④

大畜卦卦辭"利貞,不家食吉,利涉大川",朱熹注:"內乾剛健,外艮篤實輝光,是以能日新其德,而爲畜之大也。以卦變言,此卦自需而來,九五而上;以卦體言,六五尊而尚之;以卦德言,又能止健。皆非大正不能。故其占爲利正而不家食吉也。又六

---

① [宋] 朱熹:《周易本義》,宋咸淳元年吳革刻本,全1函6冊,第1冊,第37頁。
② [宋] 朱熹:《周易本義》,宋咸淳元年吳革刻本,全1函6冊,第1冊,第38~39頁。
③ [宋] 朱熹:《周易本義》,宋咸淳元年吳革刻本,全1函6冊,第1冊,第40頁。
④ [宋] 朱熹:《周易本義》,宋咸淳元年吳革刻本,全1函6冊,第1冊,第41頁。

五下應於乾,爲應乎天,故其占又爲利涉大川也。"①

頤卦卦辭"貞吉,觀頤,自求口實",朱熹注:"貞吉者,占者得正則吉。觀頤,謂觀其所養之道。自求口實,謂觀其所以養身之術。皆得正則吉也。"②

大過卦辭"棟橈,利有攸往,亨",朱熹注:"四陽雖過而二五得中,內巽外説,有可行之道,故利有所往而得亨也。"③

坎卦卦辭"有孚,維心亨,行有尚",朱熹注:"中實爲有孚心亨之象,以是而行,必有功矣,故其象占如此。"④

離卦卦辭"利貞,亨,畜牝牛吉",朱熹注:"物之所麗,貴乎得正。牝牛,柔順之物,故占者能正則亨,而畜牝牛則吉也。"⑤

咸卦卦辭"亨,利貞,取女吉",朱熹注:"其占亨而利正,取女則吉,蓋感有必通之理,然不以正,則失其亨,而所爲皆凶矣。"⑥

恒卦卦辭"亨,無咎,利貞,利有攸往",朱熹注:"其占爲能久於其道則亨而無咎,然又必利於守正,則乃爲得所常之

---

①[宋] 朱熹:《周易本義》,宋咸淳元年吴革刻本,全1函6册,第1册,第43頁。
②[宋] 朱熹:《周易本義》,宋咸淳元年吴革刻本,全1函6册,第1册,第44頁。
③[宋] 朱熹:《周易本義》,宋咸淳元年吴革刻本,全1函6册,第1册,第45頁。
④[宋] 朱熹:《周易本義》,宋咸淳元年吴革刻本,全1函6册,第1册,第47頁。
⑤[宋] 朱熹:《周易本義》,宋咸淳元年吴革刻本,全1函6册,第1册,第48頁。
⑥[宋] 朱熹:《周易本義》,宋咸淳元年吴革刻本,全1函6册,第2册,第1頁。

道，而利有所往也。"①

遯卦卦辭"亨，小利貞"，朱熹注："其占爲君子能遯則身雖退而道亨，小人則利以守正，不可以浸長之故而遂侵迫於陽也。"②

大壯卦辭"利貞"，朱熹注："陽壯，則占者吉亨不假言，但利在正固而已。"③

晉卦卦辭"康侯用錫馬蕃庶，晝日三接"，朱熹注："其爲卦，上離下坤，有日出地上之象，順而麗乎大明之德。又其變自觀而來，爲六四之柔進而上行以至於五。占者有是三者，則亦當有是寵也。"④

明夷卦辭"利艱貞"，朱熹注："爲卦下離上坤，日入地中，明而見傷之象，故爲明夷。又其上六爲暗之主，六五近之。故占者利於艱難以守正，而自晦其明也。"⑤

家人卦辭"利女貞"，朱熹注："利女貞者，欲先正乎內也。內正，則外無不正矣。"⑥

睽卦卦辭"小事吉"，朱熹注："以卦德言之，內說而外

---

① [宋] 朱熹：《周易本義》，宋咸淳元年吳革刻本，全1函6册，第2册，第2頁。
② [宋] 朱熹：《周易本義》，宋咸淳元年吳革刻本，全1函6册，第2册，第4頁。
③ [宋] 朱熹：《周易本義》，宋咸淳元年吳革刻本，全1函6册，第2册，第5頁。
④ [宋] 朱熹：《周易本義》，宋咸淳元年吳革刻本，全1函6册，第2册，第7頁。
⑤ [宋] 朱熹：《周易本義》，宋咸淳元年吳革刻本，全1函6册，第2册，第8頁。
⑥ [宋] 朱熹：《周易本義》，宋咸淳元年吳革刻本，全1函6册，第2册，第10頁。

明；以卦變言之，則自離來者柔進居三，自中孚來者柔進居五，自家人來者兼之；以卦體言之，則六五得中而下應九二之剛。是以其占不可大事，而小事尚有吉之道也。"① 案，此注本乎《彖辭》。

蹇卦卦辭"利西南，不利東北，利見大人，貞吉"，朱熹注："當蹇之時，必見大人，然後可以濟難，又必守正，然後得吉，而卦之九五，剛健中正，有大人之象，自二以上五爻，皆得正位，則又貞之義也，故其占又曰'利見大人，貞吉'。蓋見險者，貴於能止，而又不可終於止。處險者，利於進而不可失其正也。"② 案，此注在《彖辭》基礎之上進一步闡發，反映了重"時"的思想。

解卦卦辭"利西南，無所往，其來復吉，有攸往，夙吉"，朱熹注："難之既解，利於平易安靜，不欲久爲煩擾。"③

損卦卦辭"有孚，元吉，無咎，可貞，利有攸往，曷之用？二簋可用享"，朱熹注："損所當損，而有孚信，則其占當有此下四者之應矣。"④

益卦卦辭"利有攸往，利涉大川"，朱熹注："卦之九五、六二，皆得中正。下震、上巽，皆木之象。故其占利有所往，

---

① [宋] 朱熹：《周易本義》，宋咸淳元年吳革刻本，全1函6册，第2册，第11頁。
② [宋] 朱熹：《周易本義》，宋咸淳元年吳革刻本，全1函6册，第2册，第13頁。
③ [宋] 朱熹：《周易本義》，宋咸淳元年吳革刻本，全1函6册，第2册，第14頁。
④ [宋] 朱熹：《周易本義》，宋咸淳元年吳革刻本，全1函6册，第2册，第15頁。

而利涉大川也。"①

夬卦卦辭"揚於王庭，孚號有厲，告自邑，不利即戎，利有攸往"，朱熹注："以五陽去一陰，決之而已，然其決之也，必正名其罪，而盡誠以呼號其衆，相與合力，然亦尚有危厲，不可安肆，又當先治其私，而不可專尚威武，則利有所往也。皆戒之之辭。"② 案，此注不同於《彖辭》。

姤卦卦辭"女壯，勿用取女"，朱熹注："遇已非正，又一陰而遇五陽，則女德不貞而壯之甚也，取以自配，必害乎陽，故其象占如此。"③

萃卦卦辭"亨，王假有廟，利見大人，亨，利貞，用大牲吉，利有攸往"，朱熹注："廟所以聚祖考之精神，又人必能聚己之精神，則可以至於廟而承祖考也。物既聚則必見大人，而後可以得亨，然又必利於正。所聚不正，則亦不能亨也。大牲必聚而後有，聚則可以有所往。皆占吉而有戒之辭。"④

升卦卦辭"元亨，用見大人，勿恤，南征吉"，朱熹注："內巽外順，九二剛中而五應之，是以其占如此。"⑤

困卦卦辭"亨，貞大人吉，無咎，有言不信"，朱熹注：

---

① [宋] 朱熹：《周易本義》，宋咸淳元年吳革刻本，全1函6冊，第2冊，第17頁。
② [宋] 朱熹：《周易本義》，宋咸淳元年吳革刻本，全1函6冊，第2冊，第19頁。
③ [宋] 朱熹：《周易本義》，宋咸淳元年吳革刻本，全1函6冊，第2冊，第20頁。
④ [宋] 朱熹：《周易本義》，宋咸淳元年吳革刻本，全1函6冊，第2冊，第22頁。
⑤ [宋] 朱熹：《周易本義》，宋咸淳元年吳革刻本，全1函6冊，第2冊，第24頁。

"坎險兌說，處險而說，是身雖困而道則亨也。二、五剛中，又有大人之象，占者處困能亨，則得其正矣。非大人其孰能之？故曰'貞'。又曰'大人'者，明不正之小人不能當也。有言不信，又戒以當務晦默，不可尚口，益取窮困。"①

井卦卦辭"改邑不改井，無喪無得，往來井井，汔至，亦未繘井，羸其瓶，凶"，朱熹注："其占爲事仍舊，無得喪，而又當敬勉，不可幾成而敗也。"②

革卦卦辭"已日乃孚，元亨利貞，悔亡"，朱熹注："以其內有文明之德，而外有和說之氣，故其占爲有所更革皆大亨而得其正。所革皆當，而所革之悔亡也，一有不正，則其所革不信不通，而反有悔矣。"③

鼎卦卦辭"元吉，亨"，朱熹注："有內巽順而外聰明之象。卦自巽來，陰進居五，而下應九二之陽，故其占曰元亨。"④

震卦卦辭"亨，震來虩虩，笑言啞啞，震驚百里，不喪匕鬯"，朱熹注："此卦之占，爲能恐懼則致福，而不失其所主之重。"⑤

艮卦卦辭"艮其背，不獲其身；行其庭，不見其人。無

---

① [宋] 朱熹：《周易本義》，宋咸淳元年吳革刻本，全1函6冊，第2冊，第25頁。
② [宋] 朱熹：《周易本義》，宋咸淳元年吳革刻本，全1函6冊，第2冊，第27頁。
③ [宋] 朱熹：《周易本義》，宋咸淳元年吳革刻本，全1函6冊，第2冊，第28頁。
④ [宋] 朱熹：《周易本義》，宋咸淳元年吳革刻本，全1函6冊，第2冊，第30頁。
⑤ [宋] 朱熹：《周易本義》，宋咸淳元年吳革刻本，全1函6冊，第2冊，第32頁。

咎",朱熹注:"艮其背,則止於所當止也。止於所當止,則不隨身而動矣,是不有其身也。如是,則雖行於庭除有人之地而亦不見其人矣。蓋艮其背而不獲其身者,止而止也;行其庭而不見其人者,行而止也。動靜各止其所而皆主夫靜焉,所以得無咎也。"①

漸卦卦辭"女歸吉,利貞",朱熹注:"爲卦止於下而巽於上,爲不進之義,有女歸之象焉。又自二至五,位皆得止,故其占爲女歸吉,而又戒以利貞也。"②

歸妹卦辭"征凶,無攸利",朱熹注:"卦之諸爻,自二至五,皆不得正。三、五又皆以柔乘剛。故其占征凶而無所利也。"③

豐卦卦辭"亨,王假之,勿憂,宜日中",朱熹注:"王者至此,盛極當衰,則又有憂道焉。聖人以爲徒憂無益,但能守常不至於過盛則可矣,故戒'勿憂,宜日中'也。"④

旅卦卦辭"小亨,旅貞吉",朱熹注:"旅非常居,若可苟者,然道無不在,故自有其正而不可須臾離也。"⑤

巽卦卦辭"小亨,利有攸往,利見大人",朱熹注:"陰爲

---

① [宋] 朱熹:《周易本義》,宋咸淳元年吳革刻本,全1函6冊,第2冊,第33~34頁。
② [宋] 朱熹:《周易本義》,宋咸淳元年吳革刻本,全1函6冊,第2冊,第35頁。
③ [宋] 朱熹:《周易本義》,宋咸淳元年吳革刻本,全1函6冊,第2冊,第36頁。
④ [宋] 朱熹:《周易本義》,宋咸淳元年吳革刻本,全1函6冊,第2冊,第38頁。
⑤ [宋] 朱熹:《周易本義》,宋咸淳元年吳革刻本,全1函6冊,第2冊,第39頁。

主，故其占爲'小亨'。以陰從陽，故又'利有攸往'。然必知所從，乃得其正，故又曰'利見大人'也。"①

兌卦卦辭"亨，利貞"，朱熹注："蓋說有亨道，而其妄說不可以不戒，故其占如此。"②

渙卦卦辭"亨，王假有廟，利涉大川，利貞"，朱熹注："其曰利貞，則占者之深戒也。"③

節卦卦辭"亨，苦節，不可貞"，朱熹注："節固自有亨道矣。又其體陰陽各半，而二、五皆陽，故其占得亨。然至於太甚，則苦矣，故又戒以不可守以爲正也。"④

中孚卦辭"豚魚吉，利涉大川，利貞"，朱熹注："至信可感，豚魚涉險難，而不可以失其正，故占者能致豚魚之應則吉而利涉大川，又必利於正也。"⑤

小過卦辭"亨，利貞，可小事，不可大事，飛鳥遺之音，不宜上，宜下，大吉"，朱熹注："既過於陽，可以亨矣，然必利於守正，則又不可不戒也。"⑥

既濟卦辭"亨，小利貞，初吉，終亂"，朱熹注："大抵此

---

① [宋] 朱熹：《周易本義》，宋咸淳元年吳革刻本，全1函6册，第2册，第40~41頁。
② [宋] 朱熹：《周易本義》，宋咸淳元年吳革刻本，全1函6册，第2册，第42頁。
③ [宋] 朱熹：《周易本義》，宋咸淳元年吳革刻本，全1函6册，第2册，第43頁。
④ [宋] 朱熹：《周易本義》，宋咸淳元年吳革刻本，全1函6册，第2册，第45頁。
⑤ [宋] 朱熹：《周易本義》，宋咸淳元年吳革刻本，全1函6册，第2册，第46頁。
⑥ [宋] 朱熹：《周易本義》，宋咸淳元年吳革刻本，全1函6册，第2册，第47~48頁。

卦及六爻占辭皆有警戒之意，時當然也。"①

未濟卦辭"亨，小狐汔濟，濡其尾，無攸利"，朱熹注："幾濟而濡尾，猶未濟也。占者如此，何所利也哉？"②

以《易》爲卜筮之書，又指出筮中含理，是朱熹爲《周易》詮釋所開闢的新天地。朱熹説："今人只見説《易》爲卜筮書，便群起而爭之，不知聖人乃是因此立教。"③ 又説："今人説《易》，所以不將卜筮爲主者，只是嫌怕小却這道理，故憑虛失實，茫昧臆度而已。殊不知由卜筮而推，則上通鬼神，下通事物，精極於無形，粗極於有象，如包罩在此，隨取隨得。"④ 可見，朱熹以《易》爲卜筮之書，與前人以《易》爲聖人傳道明理之書，並非絕對對立。朱熹以《易》爲卜筮之書的觀點，可涵攝於其理學思想體系之中。

二、以圖詮《易》

順着"《易》乃卜筮之書"的看法，朱熹提出了伏羲、文王（周公）、孔子分開來看的"三聖《易》"說。他説："今人讀《易》，當分爲三等：伏羲自是伏羲之《易》，文王自是文王

---

① [宋] 朱熹：《周易本義》，宋咸淳元年吴革刻本，全1函6册，第2册，第49頁。
② [宋] 朱熹：《周易本義》，宋咸淳元年吴革刻本，全1函6册，第2册，第51頁。
③ [宋] 朱熹著，朱傑人等主編：《朱子全書》第15册《朱子語類》卷66，上海古籍出版社、安徽教育出版社，2002年，第1627頁。
④ [宋] 朱熹著，朱傑人等主編：《朱子全書》第16册《朱子語類》卷75，上海古籍出版社、安徽教育出版社，2002年，第2558~2559頁。

之《易》,孔子自是孔子之《易》。"① 伏羲之《易》"只是要作卜筮用",文王之《易》"早不是伏羲之《易》,已是文王、周公自説他一般道理了",孔子之《易》"又非文王之《易》矣","到得孔子,儘是説道理"。②

在朱熹以前,人們普遍認爲經傳同體無異,因此以傳解經也就成了自然而然的事情。朱熹的"三聖《易》"説提出後,"經傳分觀"説開始與傳統的"以傳解經"説分庭抗禮,堪稱《周易》詮釋史上的革命性事件。

爲糾正傳統"以傳解經"之偏頗,朱熹《周易本義》改用吕祖謙編訂的經傳分編本。其云:"熹嘗以謂《易經》本爲卜筮而作,皆因吉凶以示訓戒,故其言雖約,而所包甚廣。夫子作傳,亦略舉其一端,以見凡例而已。然自諸儒分經合傳之後,學者便文取義,往往未及玩心全經,而遂執傳之一端以爲定説。於是,一卦一爻僅爲一事,而《易》之爲用反有所局,而無以通乎天下之故。若是者,熹蓋病之。"③

《周易》經、傳古本,分編不相雜屬,費直以《彖》《象》《文言》解經,然並未附傳於經,鄭玄附《彖》《象》於卦、爻辭後,王弼又附《文言》於乾、坤之後,這便是流行至今的

---

① [宋] 朱熹著,朱傑人等主編:《朱子全書》第15册《朱子語類》卷66,上海古籍出版社、安徽教育出版社,2002年,第1629頁。
② [宋] 朱熹著,朱傑人等主編:《朱子全書》第15册《朱子語類》卷66,上海古籍出版社、安徽教育出版社,2002年,第1630頁。
③ [宋] 朱熹著,朱傑人等主編:《朱子全書》第24册《文集》卷82《書臨漳所刻四經後·易》,上海古籍出版社、安徽教育出版社,2002年,第3889~3890頁。

《周易》經、傳合編本。① 朱熹認爲,《周易》古經是一"空的物事","其言雖約,而所包甚廣",經、傳合編本會誤導學者以傳之詮釋爲經之唯一義,不利於經、傳分觀,故採用經、傳不相雜屬的古本。

詮釋學(hermestic)的詞根是 hermes(赫爾默斯)。赫爾默斯是傳説中來往於奧林匹亞神山與凡間的信使,負責傳達神的意旨。神的意旨需要赫爾默斯解釋,故詮釋學(hermestic)以 hermes(赫爾默斯)爲詞根。詮釋包括權威性詮釋和探究性詮釋。權威性詮釋以赫爾默斯的解釋爲唯一標準,而探究性詮釋則以爲,神意内涵十分豐富,在不同的時間,針對不同的人,有不同的指導作用,所以赫爾默斯的解釋並非絶對唯一標準。傳統的"以傳解經"説屬權威性詮釋(以《易傳》的解釋爲唯一標準),而朱熹提出的"經、傳分觀"説則屬探究性詮釋。朱熹説:"卦爻之辭,只是因依象類,虚設於此,以待扣而決者。"② 又説:"《易》是虚設之辭,不可以實跡論。"③ 又説:"其他經,先因其事,方有其文。……若《易》,只則是個空底物事,未有是事,預先説是理,故包得盡許多道理,看甚人做事,皆撞著他。"④ 又説:"聖人一部《易》,皆是假借虚設之

---

① 案,此前流行附傳於經的經傳合編本。《四庫全書總目・周易注》:"自鄭玄傳費直之學,始析《易傳》以附經,至弼又更定之。"[宋]朱震:"康成始以《彖》《象》連經文……魏王弼又以《文言》附乾坤二卦。"(《漢上易傳・叢説》)
② [宋]朱熹著,朱傑人等主編:《朱子全書》第 21 册《文集》卷 31《答張敬夫》,上海古籍出版社、安徽教育出版社,2002 年,第 1350 頁。
③ [宋]朱鑑編:《文公易説》卷 18,文淵閣四庫全書本。
④ [宋]朱熹著,朱傑人等主編:《朱子全書》第 15 册《朱子語類》卷 66,上海古籍出版社、安徽教育出版社,2002 年,第 1631 頁。

辭。蓋緣天下之理若正說出，便只作一件用。唯以象言，則當卜筮之時，看是甚事，都應得。"① 又說："《易》如一個鏡相似，看甚物來都照得。"②

朱熹關於《周易》詮釋的這一重要思想，被馮友蘭先生所繼承。馮友蘭說："每一卦都代表一個範疇，每一條卦、爻辭都代表一個公式，每一個公式都表示一個或許多關於自然界或社會的原則。"③ 又說："《易經》可以説是一部事物規律的'代數學'。……六十四卦，三百八十四爻及其卦辭、爻辭可以代入事物的一切規律。"④《周易》古經包含宇宙萬物之理，隨占而應，因感而通，具有廣泛的適應性，針對不同的卜筮訴求，都各有其指導意義。

朱熹將伏羲《易》、文王《易》、孔子《易》區別對待，卦爻辭反映了文王《易》，十翼反映了孔子《易》，《周易本義》九圖中的先天四圖，則反映了伏羲之《易》。朱熹說："伏羲之易初無文字，只有一圖以寓其象數，而天地萬物之理、陰陽始終之變具焉。" 認爲如不推本伏羲作《易》畫卦之所由，則"學者必將誤認文王所演之易便爲伏羲始畫之易，只從中半説起，不識向上根原矣。……必欲知聖人作易之本，則當考伏羲之畫；若只欲知今《易》書文義，則但求之文王之經、孔子之

---

① [宋] 朱熹著，朱傑人等主編：《朱子全書》第15冊《朱子語類》卷67，上海古籍出版社、安徽教育出版社，2002年，第1656頁。
② [宋] 朱熹著，朱傑人等主編：《朱子全書》第15冊《朱子語類》卷67，上海古籍出版社、安徽教育出版社，2002年，第1647頁。
③ 馮友蘭：《中國哲學史新編》，人民出版社，1998年，第647頁。
④ 馮友蘭：《中國哲學史新編》，人民出版社，1998年，第652頁。

傳足矣。"① 先天四圖包括伏羲八卦次序圖、伏羲八卦方位圖、伏羲六十四卦次序圖和伏羲六十四卦方位圖。

"先天"二字，出自《周易·文言·乾》："夫大人者，與天地合其德，與日月合其明，與四時合其序，與鬼神合其吉凶，先天而天弗違，後天而奉天時。"其中的"先天"，指在天時之先。而先天學之"先天"則是"出於自然、不用安排"②的意思。朱熹認爲，先天之學，"康節自思量出來"③。程顥也以爲邵雍"所自得者多"④。邵雍之所自得，蓋受揚雄《太玄》啓發。朱熹説："康節之學似揚子云。"⑤ 李光地云："揚雄作《太玄》，其法始於三方，重於九洲，又重於二十七部，又重於八十一家，則與先天極、儀、象、卦加倍之法相似也。流行之序，始於中羨從，中於更睟廓，終於減沈成，則與先天始復終乾、始姤終坤之序相似也。首用九九，策用六六，則與先天卦用八八、策用七七之數相似也。意者康節讀揚雄之書，而心悟作《易》之本與？……故康節深服《太玄》，以爲見天地之心，蓋其學所啓發得力處也。"⑥

---

① [宋] 朱熹著，朱傑人等主編：《朱子全書》第 21 册《文集》卷 38《答袁機仲》，上海古籍出版社、安徽教育出版社，2002 年，第 1665 頁。
② [宋] 朱熹著，朱傑人等主編：《朱子全書》第 16 册《朱子語類》卷 100，上海古籍出版社、安徽教育出版社，2002 年，第 2552 頁。
③ [宋] 朱熹著，朱傑人等主編：《朱子全書》第 15 册《朱子語類》卷 65，上海古籍出版社、安徽教育出版社，2002 年，第 1618 頁。
④ [宋] 朱熹著，朱傑人等主編：《朱子全書》第 12 册《伊洛淵源録》卷 5，上海古籍出版社、安徽教育出版社，2002 年，第 985 頁。
⑤ [宋] 朱熹著，朱傑人等主編：《朱子全書》第 16 册《朱子語類》卷 100，上海古籍出版社、安徽教育出版社，2002 年，第 2545 頁。
⑥ [清] 李光地等：《周易折中》卷 19《啓蒙上》，巴蜀書社，1998 年，第 1080 頁。

《周易·繫辭上》："易有太極，是生兩儀，兩儀生四象，四象生八卦。"朱熹引邵雍之言，以伏羲先天八卦次序圖解之云："邵子曰：一分爲二，二分爲四，四分爲八也。"①

上圖最下行爲太極，"一分爲二"則爲陰、陽。以陽爲基，上加一陽，則爲老陽；上加一陰，則爲少陰。以陰爲基，上加一陽，則爲少陽；上加一陰，則爲老陰。老陽、少陰、少陽、老陰，是爲四象，即邵子所云"二分爲四"。以老陽爲基，上加一陽，則爲乾；上加一陰，則爲兌。以少陰爲基，上加一陽，則爲離；上加一陰，則爲震。以少陽爲基，上加一陽，則爲巽；上加一陰，則爲坎。以老陰爲基，上加一陽，則爲艮；上加一陰，則爲坤。乾、兌、離、震、巽、坎、艮、坤，是爲八卦。此即邵子所云"四分爲八"。依此八卦生成次序，由右而左，分別是乾、兌、離、震、巽、坎、艮、坤。故朱熹又引邵雍之言，解《周易·說卦》"易，逆數也"："邵子曰：乾一、兌二、離三、震四、巽五、坎六、艮七、坤八，自乾至坤皆得未生之卦，若逆推四時之比也。"②

---

① [宋] 朱熹：《周易本義》，宋咸淳元年吳革刻本，全1函6冊，第3冊，第3頁。
② [宋] 朱熹：《周易本義》，宋咸淳元年吳革刻本，全1函6冊，第3冊，第3頁。

在伏羲八卦次序圖的基礎上，依次往上加一陽或加一陰，就成爲六十四卦。這便是伏羲先天六十四卦次序圖：

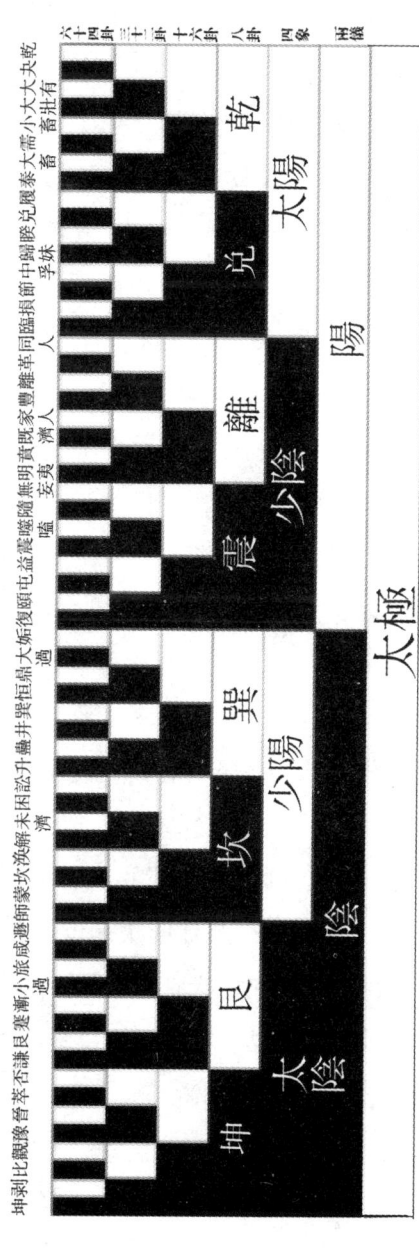

朱熹說:"前八卦次序圖即《繫辭傳》所謂'八卦成列'者,此圖即所謂'因而重之'者也,故下三畫即前圖之八卦,上三畫則各以其序重之,而下卦因亦各衍而爲八也。若逐爻漸生,則邵子所謂'八分爲十六''十六分爲三十二''三十二分爲六十四'者,尤見法象自然之妙也。"① 以乾爲基,往上漸次增一陽,或增一陰,則生成乾、夬、大有、大壯、小畜、需、大畜、泰;以兌爲基,往上漸次增一陽,或增一陰,則生成履、兌、睽、歸妹、中孚、節、損、臨;以離爲基,往上漸次增一陽,或增一陰,則生成同人、革、離、豐、家人、既濟、賁、明夷;以震爲基,往上漸次增一陽,或增一陰,則生成無妄、隨、噬嗑、震、益、屯、頤、復;以巽爲基,往上漸次增一陽,或增一陰,則生成姤、大過、鼎、恒、巽、井、蠱、升;以坎爲基,往上漸次增一陽,或增一陰,則生成訟、困、未濟、解、渙、坎、蒙、師;以艮爲基,往上漸次增一陽,或增一陰,則生成遯、咸、旅、小過、漸、蹇、艮、謙;以坤爲基,往上漸次增一陽,或增一陰,則生成否、萃、晉、豫、觀、比、剝、坤。以乾爲基所生成之八卦,下卦皆爲乾,上卦依次是乾、兌、離、震、巽、坎、艮、坤;以兌爲基所生成之八卦,下卦皆爲兌,上卦依次是乾、兌、離、震、巽、坎、艮、坤;以離爲基所生成之八卦,下卦皆爲離,上卦依次是乾、兌、離、震、巽、坎、艮、坤;以震爲基所生成之八卦,下卦皆爲震,上卦依次是乾、兌、離、震、巽、坎、艮、坤;以巽爲基所生成之八卦,下卦皆爲巽,上卦依次是乾、兌、離、震、巽、坎、艮、坤;以坎

---

① [宋] 朱熹:《周易本義》,宋咸淳元年吳革刻本,全1函6冊,第3冊,第7頁。

爲基所生成之八卦，下卦皆爲坎，上卦依次是乾、兌、離、震、巽、坎、艮、坤；以艮爲基所生成之八卦，下卦皆爲艮，上卦依次是乾、兌、離、震、巽、坎、艮、坤；以坤爲基所生成之八卦，下卦皆爲坤，上卦依次是乾、兌、離、震、巽、坎、艮、坤。如以"1"表示陽爻，"0"表示陰爻，則最右列之乾可用 111111 表示。將 111111 轉換爲十進位數字，則爲 63（$1×2^0+1×2^1+1×2^2+1×2^3+1×2^4+1×2^5$）。乾左列之夬可用 011111 表示。將 011111 轉換爲十進位數字，則爲 62（$0×2^0+1×2^1+1×2^2+1×2^3+1×2^4+1×2^5$）。夬左列之大有可用 101111 表示。將 101111 轉換爲十進位數字，則爲 61（$1×2^0+0×2^1+1×2^2+1×2^3+1×2^4+1×2^5$）。依次類推，伏羲六十四卦次序圖，由右而左，依次對應於六十四個自然數（63 至 0）。的確如朱熹所言："尤見法象自然之妙也！"

《周易·説卦傳》："天地定位，山澤通氣，雷風相薄，水火不相射，八卦相錯。數往者順，知來者逆。"朱熹引邵雍之言，以伏羲先天八卦方位圖解之云："邵子曰：乾南，坤北，離東，坎西，震東北，兌東南，巽西南，艮西北。自震至乾爲順，自巽至坤爲逆。"①

---

①[宋]朱熹：《周易本義》，宋咸淳元年吳革刻本，全 1 函 6 册，第 3 册，第 4 頁。

上圖，震一陽，離、兌二陽，乾三陽，巽一陰，坎、艮二陰，坤三陰，反映了陰陽消長之意。朱熹認爲，此圖"雖似稍涉安排，然亦莫非自然之理"①。

伏羲先天八卦方位圖擴而充之，則爲伏羲六十四卦方位圖：

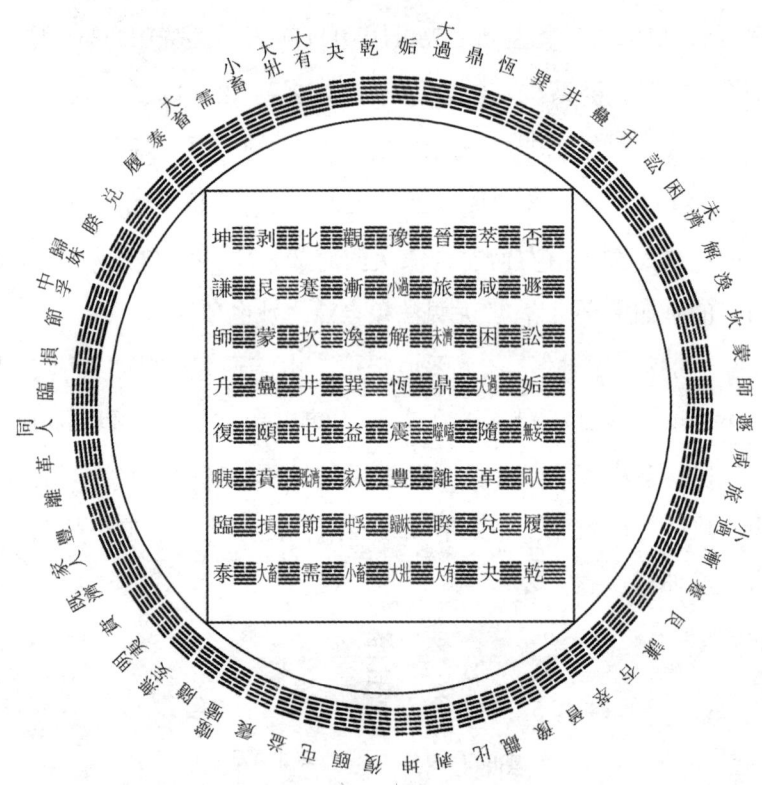

---

①[宋]朱熹著，朱傑人等主編：《朱子全書》第25冊《別集》卷6《答黃商伯》，上海古籍出版社、安徽教育出版社，2002年，第4963頁。

上圖，陰陽對待，呈均衡之勢。朱熹引邵雍之言云：："復至乾，凡百一十有二陽；姤至坤，凡八十陽。姤至坤，凡百一十有二陰；復至乾，凡八十陰。"① 又云："易是互相博易之義，觀先天圖便可見。東邊一畫陰，便對西邊一畫陽。蓋東一邊本皆是陽，西一邊本皆是陰。東邊陰畫，皆是自西邊來；西邊陽畫，都是自東邊來。姤在西，是自東邊五畫陽過；復在東，是西邊五畫陰過。"② 圓圖"其陽在南，其陰在北"，方圖"其陽在北，其陰在南"，也反映了陰陽對待之意。朱熹說："此圖圓布者，乾盡午中，坤盡子中，離盡卯中，坎盡酉中。陽生於子中，極於午中；陰生於午中，極於子中。其陽在南，其陰在北。方布者乾始於西北，坤盡於東南，其陽在北，其陰在南。此二者，陰陽對待之數。圓於外者爲陽，方於中者爲陰。圓者動而爲天，方者静而爲地者也。"③

伏羲先天四圖中，伏羲八卦次序圖爲關鍵，其餘三圖（伏羲六十四卦次序圖、伏羲八卦方位圖、伏羲六十四卦方位圖）皆由伏羲八卦次序圖而來。朱熹認爲，伏羲八卦次序圖所反映的生化模式是"《易》學綱領，開卷第一義"。他說："'易有太極，是生兩儀'者，一理之判，始生一奇一偶，而爲一畫者二也。'兩儀生四象'者，兩儀之上各生一奇一偶，而爲二畫者四也。'四象生八卦'者，四象之上各生一奇一偶，而爲三畫者八

---

① [清] 李光地等：《周易折中》卷19《啓蒙上》，巴蜀書社，1998年，第1079頁。
② [宋] 朱熹著，朱傑人等主編：《朱子全書》第15册《朱子語類》卷65，上海古籍出版社、安徽教育出版社，2002年，第1614頁。
③ [宋] 朱熹：《周易本義》，宋咸淳元年吴革刻本，全1函6册，第3册，第9頁。

也。爻之所以有奇有偶，卦之所以三畫而成者，以此而已，是皆自然流出，不假安排。聖人又已分明説破，亦不待更著言語，別立議論而後明也。此乃《易》學綱領，開卷第一義。"①

易乃陰陽之變，太極乃陰陽之理。陰陽是形而下者，太極是形而上者。朱熹説："所謂太極者，便只是在陰陽裏。所謂陰陽者，便只是在太極裏。而今人説，陰陽上別有一個無形無影底是太極，非也。"② 又説："天下未有無理之氣，亦未有無氣之理。"③ 許多學者據此認爲，朱熹的理氣論是理氣合一論。蕭漢明先生指出："這個見解原則上並無不妥，但欠周全。"④ 筆者深以爲然。或問：先有理，抑先有氣？朱熹曰："理未嘗離乎氣，然理，形而上者；氣，形而下者。自形而上下言，豈無先後？"⑤ 可見，簡單地談理氣合一，缺乏辯證。因此，蕭漢明先生提出了朱熹理氣論上的"本原""禀賦"二重觀："從形上、形下的意義上看理氣，是他在理氣關係上的本原論，而從理氣的實存狀態上看理氣，則是他在理氣關係上的禀賦論。"⑥ 朱熹答趙致道云："若論本原，即有理然後有氣，故理不可以偏全論；若論禀賦，則有是氣而後理隨以具，故有是氣則有是理，

---

① [宋] 朱熹著，朱傑人等主編：《朱子全書》第22册《文集》卷45《答虞士朋》，上海古籍出版社、安徽教育出版社，2002年，第2057頁。
② [宋] 周敦頤：《元公周先生濂溪集》卷2《晦庵文集並語録問答》，岳麓書社，2006年，第22頁。
③ [宋] 朱熹著，朱傑人等主編：《朱子全書》第14册《朱子語類》卷1，上海古籍出版社、安徽教育出版社，2002年，第114頁。
④ 蕭漢明：《〈周易本義〉導讀》，齊魯書社，2003年，第36頁。
⑤ [宋] 朱熹著，朱傑人等主編：《朱子全書》第14册《朱子語類》卷1，上海古籍出版社、安徽教育出版社，2002年，第115頁。
⑥ 蕭漢明：《〈周易本義〉導讀》，齊魯書社，2003年，第36~37頁。

無是氣則無是理。"① 答黃道夫云:"天地之間,有理有氣。理也者,形而上之道也,生物之本也;氣也者,形而下之器也,生物之具也。是以人物之生,必稟此理,然後有性;必稟此氣,然後有形。"② 朱熹所言"太極生陰陽,理生氣也。陰陽既生,則太極在其中,理復在其內"③ 可能比較貼切地反映了朱熹的理氣觀。

與先天四圖對應的是後天文王八卦次序圖和方位圖。"先天者,伏羲所畫之《易》也;後天者,文王所演之《易》也。"④《周易·說卦》:"乾,天也,故稱乎父。坤,地也,故稱乎母。震,一索而得男,故謂之長男。巽,一索而得女,故謂之長女。坎,再索而得男,故謂之中男。離,再索而得女,故謂之中女。艮,三索而得男,故謂之少男。兌,三索而得女,故謂之少女。"朱熹初以"揲蓍求爻"解之⑤,後修正此觀點⑥,而以文王八卦次序圖詮釋之:

---

① [宋] 朱熹著,朱傑人等主編:《朱子全書》第23冊《朱子語類》卷58,上海古籍出版社、安徽教育出版社,2002年,第2863頁。
② [宋] 朱熹著,朱傑人等主編:《朱子全書》第23冊《晦庵先生朱文公文集》卷58,上海古籍出版社、安徽教育出版社,2002年,第2755頁。
③ [明] 呂柟:《朱子抄釋》卷2,文淵閣四庫全書本。
④ [宋] 朱熹著,朱傑人等主編:《朱子全書》第21冊《文集》卷38《答袁機仲》,上海古籍出版社、安徽教育出版社,2002年,第1665頁。
⑤ 案,"索,求也,謂揲蓍以求爻也。"見朱熹《周易本義》,宋咸淳元年吳革刻本,全1函6冊,第6冊,第5頁。
⑥ [宋] 黎靖德編《朱子語類》卷77:"'震一索而得男'一段,看來不當作揲蓍看。揲蓍有不依這序時,便說不通。大概只是乾求於坤而得震、坎、艮,坤求於乾而得巽、離、兌。一、二、三者,以其畫卦之次序言也。"

```
            文王八卦次序
    ┌─────────────┬─────────────┐
    │     坤      │     乾      │
    │     母      │     父      │
    ├──┬──┬──────┼──────┬──┬──┤
    │兌│離│巽    │      艮│坎│震│
    ├──┼──┼──────┼──────┼──┼──┤
    │  │  │      │       │  │  │
    ├──┼──┼──────┼──────┼──┼──┤
    │兌│離│巽    │艮     │坎│震│
    │爲│爲│爲    │爲     │爲│爲│
    │少│中│長    │少     │中│長│
    │女│女│女    │男     │男│男│
    │得│得│得    │得     │得│得│
    │坤│坤│坤    │乾     │乾│乾│
    │上│中│初    │上     │中│初│
    │爻│爻│爻    │爻     │爻│爻│
    └──┴──┴──────┴──────┴──┴──┘
```

上圖之所以被稱爲後天圖，蓋"初間畫卦時，也不是恁地。只是畫成八卦後，便見有此象耳"①。朱熹説："八卦次序是伏羲底，此時未有文王次序。三索而爲六子，這是文王底。各自有個道理。"② 文王八卦次序所含有之"道理"，即胡方平所説"陰陽互根"之義："三男，陽也，乾之似也，乃歸之於坤求而後得；三女，陰也，坤之似也，乃歸之於乾求而後得。何也？蓋三男本坤體，各得乾一陽而成，此陽根於陰，故歸之坤也；三女本乾體，各得坤一陰而成，此陰根於陽，故歸之乾也。邵子曰：'母孕長男而爲復，父生長女而爲姤。'陰陽互根之義，可見矣。"③

需要指出，朱熹在《易學啓蒙》中的説法不同於在《語

---

① [宋] 朱熹著，朱傑人等主編：《朱子全書》第15册《朱子語類》卷65，上海古籍出版社、安徽教育出版社，2002年，第1605頁。
② [宋] 朱熹著，朱傑人等主編：《朱子全書》第16册《朱子語類》卷77，上海古籍出版社、安徽教育出版社，2002年，第1974頁。
③ [宋] 胡方平：《易學啓蒙通釋》卷上，文淵閣四庫全書本。

類》中的説法。在《易學啓蒙》中，朱熹説："坤求於乾，得其初九而爲震，故曰'一索而得男'。乾求於坤，得其初六，而爲巽，故曰'一索而得女'。坤再求而得乾之九二以爲坎，故曰'再索而得男'。乾再求而得坤之六二以爲離，故曰'再索而得女'。坤三求而得乾之九三以爲艮，故曰'三索而得男'。乾三求而得坤之六三以爲兑，故曰'三索而得女'。"① 此段文字與《語類》卷七十七"乾求於坤而得震、坎、艮，坤求於乾而得巽、離、兑"的説法，表面上看來，似乎是矛盾的。其實，兩者皆可通。正如張栻所説："老陽爲父，故乾爲父；老陰爲母，故坤爲母。老陽能變，故自下而索，震爲長男；自中而索，坎爲中男；自上而索，艮爲少男。老陰能變，故自下而索，巽爲長女；自中而索，離爲中女；自上而索，兑爲少女。"② 税與權《易學啓蒙小傳》亦以"乾索坤生三男""坤索乾生三女"爲説。③ 有學者認爲，"《語類》所言，當屬一時之誤記"，恐不可取。

《周易·説卦》："帝出乎震，齊乎巽，相見乎離，致役乎坤，説言乎兑，戰乎乾，勞乎坎，成言乎艮。萬物出乎震，震，東方也。齊乎巽，巽，東南也。齊也者，言萬物之絜齊也。離也者，明也，萬物皆相見，南方之卦也。聖人南面而聽天下，向明而治，蓋取諸此也。坤也者，地也，萬物皆致養焉，故曰致役乎坤。兑，正秋也，萬物之所説也，故曰説言乎兑。戰乎乾，乾，西北之卦也，言陰陽相薄也。坎者，水也，正北方之卦也，勞卦也，萬物之所歸也，故曰勞乎坎。艮，東北之卦也，

---

① [宋] 朱熹著，朱傑人等主編：《朱子全書》第 1 册《啓蒙·原卦畫》，上海古籍出版社、安徽教育出版社，2002 年，第 244 頁。
② [宋] 張栻：《南軒易説》卷 3《説卦》，文淵閣四庫全書本。
③ [宋] 税與權：《易學啓蒙小傳》，文淵閣四庫全書本。

萬物之所成終而所成始也，故曰成言乎艮。神也者，妙萬物而爲言者也。動萬物者，莫疾乎雷，撓萬物者，莫疾乎風，燥萬物者，莫熯乎火，說萬物者，莫說乎澤，潤萬物者，莫潤乎水，終萬物始萬物者，莫盛乎艮。故水火相逮，雷風不相悖，山澤通氣，然後能變化既成萬物也。"

朱熹以文王八卦方位圖詮釋之：

上圖，震卦居東，於時爲春，萬物生發，故曰"萬物出乎震"；巽卦東南，時當春夏之交，萬物生長齊整，故曰"齊乎巽"；離卦居南，於時爲夏，萬物競相顯現，故曰"萬物皆相見"；坤卦西南，時當夏秋之交，萬物致養之時，故曰"萬物皆致養也"；兌卦居西，於時爲秋，萬物無不欣悅，故曰"萬物之所說也"；乾卦西北，時當秋冬之交，陰、陽交戰，故曰"戰乎乾""陰陽相薄"；坎卦居北，於時爲冬，萬物勞倦而歸藏，故曰"勞卦也，萬物之所歸也"；艮卦東北，時當冬春之交，舊歲將終，新歲將始，故曰"萬物之所成終而所成始也"。

伏羲八卦方位圖，乾南坤北；文王八卦方位圖，乾西北，坤西南。乾、坤方位移轉的原因，朱熹的解釋是："乾坤之交者，自其所已成而反其所由生也。故再變則乾退乎西北，坤退乎西南也。"① 乾成於南（午位），而生於北（子位）；坤成於北（子位），而生於南（午位）。此即朱子所云"自其所已成而反其所由生也"。至於何以"再變"而"乾退乎西北，坤退乎西南"，朱熹没有解釋，清儒李光地的解釋可取："陽自静以之動，故氣肇於子。然自亥月而已眹兆胚胎，故古人以亥月爲陽月，言天道於是始也。陰自動以之静，故功著於午。然至未以後育養蕃庶，故古人以未爲中央，言土德於是王也。"②

伏羲八卦方位圖，離東坎西；文王八卦方位圖，離南坎北。離、坎方位移轉的原因，朱熹的解釋是："坎離之變者，東自上而西，西自下而東也。故乾、坤既退，則離得乾位，而坎得坤位也。"③ 至於離何以得乾位而居南，坎何以得坤位而居北，朱熹也没有解釋。李光地解釋説："若乃火雖始於東，而盛於南；水雖始於西，而盛於北。"④ 此解釋與邵雍所言"乾生於子，坤生於午"的思路大致相仿，較爲可取。

伏羲八卦方位圖，震東南、兑東北；文王八卦方位圖，震東、兑西。震、兑方位移轉的原因，朱熹的解釋是："震用事者

---

① [宋] 朱熹著，朱傑人等主編：《朱子全書》第 1 册《啓蒙·原卦畫》，上海古籍出版社、安徽教育出版社，2002 年，第 243 頁。
② [清] 李光地等：《周易折中》卷 19《啓蒙上》，巴蜀書社，1998 年，第 1082 頁。
③ [宋] 朱熹著，朱傑人等主編：《朱子全書》第 1 册《啓蒙·原卦畫》，上海古籍出版社、安徽教育出版社，2002 年，第 243 頁。
④ [清] 李光地等：《周易折中》卷 19《啓蒙上》，巴蜀書社，1998 年，第 1082 頁。

發生於東方,巽代母者長養於東南也。"① 李光地的解釋是:"雷霆之氣,雖動於寅,而發聲於卯;膏澤之潤,雖暢於巳,而收功於酉。"②

伏羲八卦方位圖,巽西南、艮西北;文王八卦方位圖,巽東南、艮東北。巽、艮方位移轉的原因,朱熹的解釋是:"艮東北、巽東南者,少男進之後,而長女退之先。"③ 艮屬陽,巽屬陰,陽進而陰退,故艮由先天卦位(西南)順行而至後天卦位(東北),巽由先天卦位(西北)逆行而至後天卦位(東南)。此說較爲牽強,不如李光地的解釋貼切:"風在西南,則凉風也,成萬物者也,故《春秋傳》曰'風落山';在東南,則和風也,生萬物者也,故《熏風之操》曰"可以阜吾民之財"。艮在西北,則動極而靜者也,故《大傳》曰'艮以止之';在東北,則靜極復動者也,故《大傳》曰'萬物之所成終而所成始也'。凡此,皆先天、後天相爲發明之妙。要之,無非造化之所以流行而發育者。"④

《周易本義》中尚列有"卦變圖"。朱熹認爲,卦變屬後天之學。他說:"《彖傳》或以卦變爲說,今作圖以明之。蓋

---

① [宋] 朱熹著,朱傑人等主編:《朱子全書》第 1 册《啓蒙·原卦畫》,上海古籍出版社、安徽教育出版社,2002 年,第 243 頁。
② [清] 李光地等:《周易折中》卷 19《啓蒙上》,巴蜀書社,1998 年,第 1082 頁。
③ [宋] 朱熹著,朱傑人等主編:《朱子全書》第 1 册《啓蒙·原卦畫》,上海古籍出版社、安徽教育出版社,2002 年,第 243 頁。
④ [清] 李光地等:《周易折中》卷 19《啓蒙上》,巴蜀書社,1998 年,第 1082~1083 頁。

《易》中之一義，非畫卦作《易》之本指也。"① 又説："今所謂'卦變'者，亦是有卦之後，聖人見得有此象，故發於《象》辭。……若論先天，一卦亦無。既畫之後，乾一兑二，離三震四，至坤居末，又安得有乾坤而變爲六子之理？凡今《易》中所言，皆是後天之易。且以此見得康節先天後天之説最爲有功。"②

依朱熹"卦變圖"，凡一陰一陽之卦，皆從復、姤而來；凡二陰二陽之卦，皆從臨、遯而來；凡三陰三陽之卦，皆從泰、否而來；凡四陰四陽之卦，皆從大壯、觀而來；凡五陰五陽之卦，皆從剥、夬而來。

（卦變圖）

---

① [宋] 朱熹：《周易本義》，宋咸淳元年吴革刻本，全1函6册，第3册，第12頁。
② [宋] 朱熹著，朱傑人等主編：《朱子全書》第15册《朱子語類》卷67，上海古籍出版社、安徽教育出版社，2002年，第1667頁。

泰 歸妹 節 豐 既濟 隨 恒 井 困 咸 否 漸 旅 渙 未濟 蠱 益 噬嗑 賁 損　凡三陰三陽之卦各二十皆自泰否而來
　　損　　噬嗑　　既濟　蠱　　井　咸　漸　渙　　隨　節　歸妹　泰
　　　　　　賁　　未濟　　　　恒　　　　　　　　豐　　既濟
　　　　　　　　　旅　　　　　困　　　　　　　　隨
　　　　　　　　　否　　　　　　　　　　　　　　噬嗑
　　　　　　　　　　　　　　　　　　　　　　　　益

臨 明夷 震 屯 升 解 坎 小過 蹇 萃 遯 訟 巽 鼎 無妄 家人 離 中孚 睽 大畜　凡四陰四陽之卦各十有五皆自大壯觀而來
　　　　　頤　　　蒙　艮　晉　　　大過　　　　　　　革　兌　需　大壯　二陰二陽圖已見前
　　　　　　　　　　　　觀

復 師 謙 豫 比　姤 同人 履 小畜 大有　凡五陰五陽之卦各六皆自剝夬而來
　　　　剝　　　　　　　夬　一陰一陽圖已見前

由上圖可見，各組諸卦，下卦均依乾一、兑二、離三、震四、巽五、坎六、艮七、坤八的先天卦序順逆推排，下卦相同者，其上卦亦依先天卦序順逆推排。"卦變説在朱熹那裏屬於後天之學，但他卻以先天卦序作爲其卦變圖的排列原則，這顯然是朱熹對先天爲體、後天爲用思想的運用和落實"①。

朱熹《周易本義》中尚有"河圖""洛書"，然所謂"河圖"實則爲"大衍圖"，所謂"洛書"實則爲"九宫圖"②，兹不具論。

---

① 張克賓：《朱熹易學思想研究》，人民出版社，2015年，第206頁。
② 參見楊效雷：《清儒易學舉隅》，香港國際學術文化資訊出版公司，2003年；《河圖、洛書非點陣之圖考》，《南開學報》2004年第3期。

第四節　吳澄的《周易》詮釋

吳澄是元代中期極有聲望的學者之一，與元初許衡並稱。吳澄死後，揭傒斯奉詔撰寫的《神道碑》稱："皇元受命，天降真儒，北有許衡，南有吳澄，所以恢宏至道，潤色鴻業，有以知斯文未喪，景運方興。"①《宋元學案》也肯定許、吳是元代為數不多的大學者："有元之學者，魯齋（許衡）、静修（劉因）、草廬（吳澄）三人耳。"② 許衡、劉因、吳澄三人相比，若論《易》學貢獻，當首推吳澄。四庫館臣稱吳澄"在元人説《易》諸家，固終為巨擘焉"③。

元代是象數《易》學進入成熟穩定階段的重要時期。在這一時期，元代《易》學家們一方面對前代的《易》學成就進行總結、歸納、梳理，對象數《易》學進行理論定位，另一方面，又在前代的基礎上，對象數《易》學的體例進行積極的創新和改良，從而完善了象數之學④。其中，吳澄的成就尤為突出。四庫館臣説："自唐定《正義》，《易》遂以王弼為宗，象數之學，久置不講，澄為《纂言》，一決於象，史謂其能盡破傳注之穿鑿，故言《易》者多宗之。"⑤

四庫館臣此言，稍顯絕對，因吳澄詮釋《周易》，在注重象

---

①［元］吳澄：《吳文正集·附錄》，文淵閣四庫全書本。
②［清］黃宗羲輯：《宋元學案》卷91《静修學案》，《黃宗羲全集》第6冊，浙江古籍出版社，1999年，第555頁。
③《四庫全書總目》卷4，中華書局，1965年，第22頁下欄。
④謝輝：《元代象數易學的成就》，《歷史文獻研究》第29輯，華東師範大學出版社，2010年，第234頁。
⑤《四庫全書總目》卷4，中華書局，1965年，第23頁上欄。

數的同時，也從理氣觀、心性論等方面對《易》做了義理闡發，而且與此前諸家傳注比較，吳澄之言，亦未必盡妥，但吳澄在以象解《易》方面的成就，的確是毋庸質疑的。吳澄以象解《易》的成就，主要體現於其卦統説、卦主説和卦變説。①

一、卦統説

所謂"卦統"，即"以八經卦之純體、合體者爲經，六十四卦之雜體者爲緯"②。六十四卦中乾、坤、坎、離、震、巽、艮、兑八個純卦和乾坤、坎離、震巽、艮兑相合而成的泰、否、既濟、未濟、咸、恒、損、益八個"對體相重"之卦爲經卦，其餘四十八個卦爲緯卦。乾、坤爲父、母之純卦，統屯、蒙、需、訟、師、比、小畜、履八個緯卦；泰、否爲父、母之合卦，統同人、大有、謙、豫、隨、蠱、臨、觀、噬嗑、賁、剥、復、無妄、大畜、頤、大過十六個緯卦；坎、離爲中男、中女之純卦，作爲上篇之終；咸、恒爲少男與少女、長男與長女之合卦，統遯、大壯、晉、明夷、家人、睽、蹇、解八個緯卦；損、益爲少男與少女、長男與長女之合卦，統夬、姤、萃、升、困、井、革、鼎八個緯卦；震、艮爲長男、少男之純卦，統漸、歸妹、豐、旅四個緯卦；巽、兑爲長女、少女之純卦，統涣、節、

---

① 皮錫瑞在《經學歷史》中説："若元人則株守宋儒之説，而於注疏所得甚淺。"今人梁韋弦於《宋易在元代的發展》（《周易研究》1992 年第 3 期）一文中説："元代《易》學是對宋代《易》學的繼承，元人研究《周易》的方法和内容基本不出宋人的範圍。"通過對吳澄《易》學著作的研讀，筆者認爲，以上評價都有商榷餘地。
② 《四庫全書總目》卷 4，中華書局，1965 年，第 23 頁上欄。

中孚、小過四個緯卦；既濟、未濟爲中男、中女之合卦，作爲下篇之終。①

要而言之，上篇始於乾坤父母之純卦，次以乾坤父母之合卦，而終之以坎離中男中女之純卦；下篇始於兌艮少女少男、震巽長男長女之合卦，次以震艮長男少男、巽兌長女少女之純卦，而終之以離坎中女中男之合卦。反映了尚中、尚陽、尚禮的思想。中男、中女之純居上篇之終，中男、中女之合居下篇之終，尚中也；長男、少男在前，長女、少女在後，尚陽也；長男在前，少男在後，長女在前，少女在後，尚禮也。

頤與大過、中孚與小過，兩兩之間正對（相錯）而不反易（相綜），如同乾與坤、坎與離，故頤與大過置於上篇緯卦之後而附坎、離純體之前，中孚與小過則置於下篇緯卦之後而附坎、離合體之前。

上篇之卦始純次合而終於純，下篇之卦始合次純而終於合。純體統卦八而合體所統倍之。

緯卦中，少、長相合正對（相錯）者有四卦（頤與大過、中孚與小過），少、長相合反易（相綜）者有四卦（隨與蠱、漸與歸妹）。在此八卦中，凡内長外少（長男、長女爲内卦）者則居上篇，凡内少外長（少女、少男爲内卦）者則居下篇。

緯卦中，二陽四陰、二陰四陽反易（相綜）者有四卦（臨與觀、遯與大壯），一陽五陰、一陰五陽反易（相綜）者有四卦（剝與復、夬與姤）。在此八卦中，凡二陽者，居上篇；凡二陰者，居下篇；凡一陽者，居上篇；凡一陰者，居下篇。

---

① 本節各部分對吳澄思想之概述，參見其《易纂言外翼》。於此統一交代，後不一一注明。

緯卦中，中男合乾父、中女合坤母反易（相綜）者有四卦（需與訟、晉與明夷），少、長二男合乾父，少、長二女合坤母，反易（相綜）者有四卦（無妄與大畜、萃與升）。在此八卦中，凡男合父者，居上篇；凡女合母者，居下篇。

緯卦中，少、長二男合中男，少、長二女合中女，反易（相綜）者有四卦（屯與蒙、革與鼎）。在此四卦中，少、長二男合中男者，居上篇；少、長二女合中女者，居下篇。

緯卦中，少、長二男合中女，少、長二女合中男，反易（相綜）者有四卦（噬嗑與賁、困與井）。在此四卦中，少、長二男合中女者，居上篇；少、長二女合中男者，居下篇。

緯卦中，三男、三女從父、母之卦，凡男從母、女從父，各異其類者，除夬、姤外，皆居上篇。（因夬、姤已歸於一陰五陽類卦，故例外。）

緯卦中，三男三女自相從之卦，凡內少外長，各逆其次者，皆居下篇。如，家人卦的內卦爲中女而外卦爲長女，睽卦的內卦爲少女而外卦爲中女，蹇卦的內卦爲少男而外卦爲中男，解卦的內卦爲中男而外卦爲長男，這些卦都屬於"內少外長，各逆其次"者。

茲據吳澄《易纂言外翼》列六十四卦卦統表於下：

卦名	類型	分篇之由
乾坤	經卦	
屯蒙	少長二男合中男、少長二女合中女，反易（相綜）之卦	男合男①

---

① 案，男合男者居上經，女合女者居下經，反映了"尚陽"之思想。

续表1

卦名	类型	分篇之由
需讼	中男合父、中女合母反易（相综）之卦	男合父①
师比	三男、三女从父、母之卦	各异其类②
小畜履	三男、三女从父、母之卦	各异其类
泰否	经卦	
同人大有	三男、三女从父、母之卦	各异其类
谦豫	三男、三女从父、母之卦	各异其类
随蛊	少长相合反易（相综）之卦	内长外少③
临观	二阳四阴、二阴四阳反易（相综）之卦	二阳④
噬嗑贲	少长二男合中女、少长二女合中男，反易（相综）之卦	少长二男合中女⑤
剥复	一阳五阴、一阴五阳反易（相综）之卦	一阳⑥
无妄大畜	少长二男合父，少长二女合母，反易（相综）之卦	男合父
颐大过	少长相合正对（相错）之卦	内长外少
坎离	经卦	
咸恒	经卦	
遯大壮	二阳四阴、二阴四阳反易（相综）之卦	二阴

---

①案，男合父者居上经，女合母者居下经，亦反映了"尚阳"之思想。
②案，各异其类者居上经，各同其类者居下经，反映了阴阳交易之思想。
③案，内长外少者居上经，内少外长者居下经，反映了"尚礼"之思想。
④案，二阳者居上经，二阴者居下经，反映了"尚阳"之思想。
⑤案，少、长二男合中女者居上经，少、长二女合中男者居下经，或亦有"尚阳"思想隐寓其中。（离日在上，坎月在下。）
⑥案，一阳者居上经，一阴者居下经，亦反映了"尚阳"之思想。

續表2

卦名	類　　型	分篇之由
晉明夷	中男合父、中女合母反易（相綜）之卦	女合母（各同其類）
家人睽	三男三女自相從之卦	內少外長
蹇解	三男三女自相從之卦	內少外長
損益	經卦	
夬姤	一陽五陰、一陰五陽反易（相綜）之卦	一陰
萃升	少長二男合父、少長二女合母，反易（相綜）之卦	女合母（各同其類）
困井	少長二男合中女、少長二女合中男，反易（相綜）之卦	少長二女合中男
革鼎	少長二男合中男、少長二女合中女，反易（相綜）之卦	女合女
震艮	經卦	
漸歸妹	少長相合反易（相綜）之卦	內少外長
豐旅	三男三女自相從之卦	內少外長
巽兌	經卦	
渙節	三男三女自相從之卦	內少外長
中孚小過	少長相合正對（相錯）之卦	內少外長
既濟未濟	經卦	

吳澄"卦統說"反映了尚陽、尚禮、陰陽交易等思想，可以比較理想地解釋《周易》古經卦序和上、下分篇之由的象數依據，是吳澄在《周易》詮釋史上的重要貢獻之一。吳澄"卦統說"對後世影響深遠，如沈有鼎先生的"主卦、散（從）卦"說，即源於吳澄的"經卦、緯卦"說。卦序研究的集大成者李尚信先生認爲，吳澄"對經卦排列規律的認識應該說是很

正確的，但他對緯卦排列規律的認識卻相當牽強繁瑣"①。筆者通過對吳澄"卦統說"的分類排比研究，對尚信先生的這一論斷持保留意見。

二、卦主說

吳澄認爲，六十四卦別卦中每一卦都以內卦或外卦爲主，而八經卦中每一卦都以某爻爲主，所以六十四別卦中每一卦都有一個主爻。此即其不同於前人的卦主說。

《周易·說卦》："乾，天也，故稱乎父；坤，地也，故稱乎母。震一索而得男，故謂之長男；巽一索而得女，故謂之長女；坎再索而得男，故謂之中男；離再索而得女，故謂之中女；艮三索而得男，故謂之少男；兌三索而得女，故謂之少女。"

乾爲父，坤爲母。乾初交坤爲震，坤初交乾爲巽，乾二交坤爲坎，坤二交乾爲離，乾三交坤爲艮，坤三交乾爲兌。所以，吳澄認爲，小成之卦（三爻經卦）中，震卦和巽卦以初爻爲卦主，坎卦和離卦以中爻爲卦主，艮卦和兌卦以上爻爲卦主。此因乾坤交易而定。

由震而兌而乾，陽漸增，由巽而艮而坤，陰漸增，故吳澄又根據陰陽消息而認定：震卦和巽卦以初爻爲卦主，兌卦和艮卦以中爻爲卦主，乾卦和坤卦以上爻爲卦主。

艮卦和兌卦的卦主從乾坤交易的角度來看，爲上爻；從陰陽消息的角度來看，爲中爻。十二消息卦的卦主認定，須根據艮、兌之中爻；其餘各卦卦主的認定，則須根據艮、兌之上爻。

---

① 李尚信：《卦序與解卦理路》，巴蜀書社，2008年，第7頁。

十二消息卦中，復卦一陽、姤卦一陰，以初爻爲卦主；臨卦二陽、遯卦二陰，以二爻爲卦主；泰卦三陽、否卦三陰，以三爻爲卦主；大壯卦四陽、觀卦四陰，以四爻爲卦主；夬卦五陽、剝卦五陰，以五爻爲卦主；乾卦六陽、坤卦六陰，以上爻爲卦主。

十二消息卦的卦主，無論根據陰陽消息之理來定，還是根據小成之卦（三爻經卦）來定，結果是完全統一的。

大成之卦（六爻別卦）中，乾、坤、否、泰四卦據小成之卦（三爻經卦）中的乾☰、坤☷定其卦主。"重者悔爲主，合者貞爲主"①，故乾卦和坤卦以上爻爲卦主，否卦和泰卦以三爻爲卦主。

大成之卦（六爻別卦）中，坎、離、屯、鼎、需、晉、比、大有、蹇、睽、井、噬嗑、節、旅、蒙、革、訟、明夷、師、同人、解、家人、困、賁、渙、豐、未濟、既濟二十八卦據小成之卦（三爻經卦）中的坎、離定其卦主。其中前十四卦，上卦皆爲坎☵或離☲，故以五爻定卦主；後十四卦，下卦皆爲坎☵或離☲，故以二爻定卦主。

大成之卦（六爻別卦）中，震、巽、大壯、觀、小過、中孚、豫、小畜、復、姤、無妄、升、益、恒、隨、蠱十六卦據小成之卦（三爻經卦）中的震、巽定其卦主。其中前八卦，上卦皆爲震☳或巽☴，故以四爻定卦主；後八卦，下卦皆爲震☳或巽☴，故以初爻定卦主。

大成之卦（六爻別卦）中，艮、兌、頤、大過、大畜、萃、謙、履、咸、損、漸、歸妹、遯、臨、剝、夬十六卦據小成之

---

① [元] 吳澄：《易纂言外翼》卷1，文淵閣四庫全書本。

卦（三爻經卦）中的艮、兌定其卦主。其中前六卦，上卦皆爲艮☶或兌☱，故以上爻定卦主。中六卦，下卦皆爲艮☶或兌☱，故以三爻定卦主。後四卦爲十二消息卦，遯二陰、臨二陽，故以二爻定卦主；剝五陰、夬五陽，故以五爻定卦主。

出於"貴中"的考慮，卦中有坎卦和離卦，則以坎、離定卦主，卦中無坎卦和離卦，方以震、巽、艮、兌定卦主。吳澄說："坎、離得乾、坤中畫，自主其重卦、合卦，而又各主十二卦。所主倍於震、巽、艮、兌四卦者，貴中也。故卦之有坎、離者，必以坎、離爲主，惟無坎、離者，然後震、巽、艮、兌爲主也。"

至於乾坤只主四卦（乾、坤、否、泰），吳澄解釋說："乾坤，父母也，其尊無上，故自主其重卦、合卦，而不復爲他卦主者，猶黃鐘、大呂二律之獨尊，但自爲宮，而不復爲他卦役也。"①

吳澄在詮釋《周易》文本時，在每卦之後都標注卦主。茲據《易纂言》列表於下：

卦名	卦主	定卦主的依據
乾	上九	以上卦之乾定卦主（重者悔爲主）
坤	上六	以上卦之坤定卦主（重者悔爲主）
屯	九五	以上卦之坎定卦主
蒙	九二	以下卦之坎定卦主
需	九五	以上卦之坎定卦主

① [元] 吳澄：《易纂言外翼》卷1，文淵閣四庫全書本。案，據《太乙數統宗大全》，太乙十二運之第一運含乾、坤、否、泰四卦。吳澄"卦主說"與之相合。

續表1

卦名	卦主	定卦主的依據
訟	九二	以下卦之坎定卦主
師	九二	以下卦之坎定卦主
比	九五	以上卦之坎定卦主
小畜	六四	以上卦之巽定卦主
履	六三	以下卦之兌定卦主
泰	九三	以下卦之乾定卦主（合者貞爲主）
否	六三	以下卦之坤定卦主（合者貞爲主）
同人	六二	以下卦之離定卦主
大有	六五	以上卦之離定卦主
謙	九三	以下卦之艮定卦主
豫	九四	以上卦之震定卦主
隨	初九	以下卦之震定卦主（合者貞爲主）
蠱	初六	以下卦之巽定卦主（合者貞爲主）
臨	九二	以下卦之兌定卦主（陰陽消息兌主中）
觀	六四	以上卦之巽定卦主
噬嗑	六五	以上卦之離定卦主
賁	六二	以下卦之離定卦主
剝	六五	以上卦之艮定卦主（陰陽消息艮主中）
復	初九	以下卦之震定卦主
無妄	初九	以上卦之震定卦主
大畜	上九	以上卦之艮定卦主

續表2

卦名	卦主	定卦主的依據
頤	上九	以上卦之艮定卦主①
大過	上六	以上卦之兌定卦主
坎	九五	以上卦之坎定卦主（重者悔爲主）
離	六五	以上卦之離定卦主（重者悔爲主）
咸	九三	以下卦之艮定卦主（合者貞爲主）
恒	初六	以下卦之巽定卦主（合者貞爲主）
遯	六二	以下卦之艮定卦主（陰陽消息艮主中）
大壯	九四	以上卦之震定卦主
晉	六五	以上卦之離定卦主
明夷	六二	以下卦之離定卦主
家人	六二	以下卦之離定卦主
睽	六五	以上卦之離定卦主
蹇	九五	以上卦之坎定卦主
解	九二	以下卦之坎定卦主
損	六三	以下卦之兌定卦主（合者貞爲主）
益	初九	以下卦之震定卦主（合者貞爲主）
夬	九五	以上卦之兌定卦主（陰陽消息兌主中）
姤	初六	以上卦之巽定卦主

①頤上卦艮，下卦震，之所以用艮定卦主，而不用震定卦主，是因爲頤與大過正對（相錯）而不反易（相綜）。凡正對而不反易者以外卦定卦主。吳澄在《易纂言外翼》卷1中說："頤、大過、中孚、小過、隨、蠱、漸、歸妹，雷、風、山、澤之互相合者。四卦無反對，四卦有反對。四卦無反對者，悔爲主；四卦有反對者，貞爲主也。"（案，文淵閣四庫本《易纂言外翼》有脫文。下加橫綫者爲筆者據文義所補。）

續表3

卦名	卦主	定卦主的依據
萃	上六	以上卦之兑定卦主
升	初六	以下卦之巽定卦主
困	九二	以下卦之坎定卦主
井	九五	以上卦之坎定卦主
革	六二	以下卦之離定卦主
鼎	六五	以上卦之離定卦主
震	九四	以上卦之震定卦主（重者悔爲主）
艮	上九	以上卦之艮定卦主（重者悔爲主）
漸	九三	以下卦之艮定卦主（合者貞爲主）
歸妹	六三	以下卦之兑定卦主（合者貞爲主）
豐	六二	以下卦之離定卦主
旅	六五	以上卦之離定卦主
巽	六四	以上卦之巽定卦主（重者悔爲主）
兑	上六	以上卦之兑定卦主（重者悔爲主）
涣	九二	以下卦之坎定卦主
節	九五	以上卦之坎定卦主
中孚	六四	以上卦之巽定卦主（正對而不反易者悔爲主）
小過	九四	以上卦之震定卦主（正對而不反易者悔爲主）
既濟	六二	以下卦之離定卦主（合者貞爲主）
未濟	九二	以下卦之坎定卦主（合者貞爲主）

由上可見，吳澄的"卦主"説，邏輯推理十分嚴密。乾、坤、否、泰四卦之外，先看是否有坎、離。有坎、離，則以坎、離定卦主；無坎、離，再看震、巽、艮、兑。卦中有艮、兑，先看是否屬十二消息卦。如屬十二消息卦，則艮、兑以中爻爲

主；如非十二消息卦，則艮、兌以上爻爲主。震、巽、艮、兌自相重之卦，以上卦定卦主；震、巽、艮、兌互相合之卦，除頤、大過、中孚、小過外，皆以下卦定卦主。

卦主思想在《易傳》中已見其端倪。《周易·繫辭下》："陽卦多陰，陰卦多陽。"陰爻多、陽爻少者，以陽爻爲卦主；陽爻多、陰爻少者，以陰爻爲卦主。吳澄對小成之卦（三爻經卦）卦主的認定基本上根據這一理論，而又根據月體納甲之説，以兌、艮主中，乾、坤主上。在吳澄之前，京房、王弼等都曾以卦主解《易》，吳澄"卦主説"充分吸收前人成果而更加系統完備。

吳澄"卦主説"體現於具體的爻辭詮釋中。如，詮釋坤卦上六爻辭云："坤之六陰皆民也，上六化陽，象龍，臨於五民之上，則民而爲君矣。"[1] 坤以上六爲卦主，故云"民而爲君"。再如，詮釋屯卦九五爻辭云："筮得此爻者，若所遇之時與象相類，在下卑小之人主事可吉，在上尊大之人主事則凶也。"[2] 屯以九五爲卦主，故云"在上尊大之人"。又如，詮釋蒙卦九二爻辭云："二剛而得中，能包裹羣蒙者。"[3] 蒙以九二爲卦主，故云"能包裹羣蒙"[4]。筆者認爲，吳澄以"卦主説"詮釋《周易》古經爻辭，不可盡以爲據。如，剥卦一陽五陰，據陽卦多陰的原則，宜以上九爻爲卦主。剥六三與卦主上九相應，故爻辭曰"無咎"；六五承卦主上九，故爻辭曰"無不利"；其餘各爻（初六、六二、六四）與卦主上九無承應關係，故爻辭皆曰

---

[1] 王新春等：《〈易纂言〉導讀》，齊魯書社，2006年，第85頁。
[2] 王新春等：《〈易纂言〉導讀》，齊魯書社，2006年，第89頁。
[3] 王新春等：《〈易纂言〉導讀》，齊魯書社，2006年，第92頁。
[4] 王新春等：《〈易纂言〉導讀》，齊魯書社，2006年，第92頁。

"凶"。從爻辭的吉凶來分析，亦宜以上九爻爲卦主。然而，依吳澄"卦主説"，剥卦的卦主卻是六五，難以使人認同。

三、卦變説

吳澄在《易纂言外翼》的自序中説："羲皇生卦，奇偶之上生奇偶而已。卦體既成，而推其用則無窮焉。乾坤變而爲六子、十辟，六子、十辟變而爲四十六卦。"

可見吳澄的卦變説是以乾、坤爲諸卦之源，由乾、坤而生震、巽、坎、離、艮、兑六子卦和復、臨、泰、大壯、夬、姤、遯、否、觀、剥十辟卦，進而由六子卦和十辟卦變生其餘四十六卦。遺憾的是，《易纂言外翼》中關於吳澄的卦變説僅存其目，具體内容不得而詳，但明朱升《周易旁注前圖》中所載卦變圖，出自吳澄①，故可據以探究吳澄的卦變説。

根據朱升《周易旁注前圖》（續修四庫全書本）中所載卦變圖，凡一陽之卦，皆自復、剥而變。一陽在内體者，自復變；一陽在外體者，自剥變。凡一陰之卦自姤、夬變。一陰在内體者，自姤變；一陰在外體者，自夬變。凡二陽之卦，皆自臨、觀而變。二陽在内體者，自臨變；二陽在外體者，自觀變。凡二陰之卦皆自遯、大壯而變。二陰在内體者，自遯變；二陰在外體者，自大壯變。凡三陽三陰之卦，皆自泰、否而變。二陽在内體，一陽在外體者，自泰變；二陰在内體，一陰在外體者，自否變。以上爲十辟卦的變卦原則。

---

① [清] 黄宗羲《宋元學案》卷92《草廬學案》引謝山之言云："世所傳朱楓林卦變圖以十辟、六子爲例，實則本諸草廬云。"

二陽、二陰之卦，其二陽、二陰專在內體，或專在外體者，自臨、觀、遯、大壯而變，其分在內、外兩體者，自六子卦而變。凡二陽分別在內、外兩體者，自三男卦變。二陽在二、上或三、五（坎、艮之位），自震變；二陽在初、上或三、四（震、艮之位），自坎變；二陽在初、五或二、四（震、坎之位），自艮變。凡二陰分別在內、外兩體者，自三女卦變。二陰在二、上或三、五（離、兌之位），自巽變；二陰在初、上或三、四（巽、兌之位），自離變；二陰在初、五或二、四（巽、離之位），自兌變。

吳澄在詮釋《周易》時，於八純卦、十辟卦以外的每卦之後，都標注卦變。茲據《易纂言》，結合朱升《周易旁注前圖》，列表於下：

卦名	類　　型	從何卦變	判定依據
屯	二陽之卦，二陽分在內外	自艮變	二陽在震、坎之位
蒙	二陽之卦，二陽分在內外	自震變	二陽在坎、艮之位
需	二陰之卦	自大壯變	二陰在外體
訟	二陰之卦	自遯變	二陰在內體
師	一陽之卦	自復變	一陽在內體
比	一陽之卦	自剝變	一陽在外體
小畜	一陰之卦	自夬變	一陰在外體
履	一陰之卦	自姤變	一陰在內體
同人	一陰之卦	自姤變	一陰在內體
大有	一陰之卦	自夬變	一陰在外體
謙	一陽之卦	自復變	一陽在內體
豫	一陽之卦	自剝變	一陽在外體

續表1

卦名	類型	從何卦變	判定依據
隨	三陽三陰之卦	自否變	二陰在內，一陰在外
蠱	三陽三陰之卦	自泰變	二陽在內，一陽在外
噬嗑	三陽三陰之卦	自否變	二陰在內，一陰在外
賁	三陽三陰之卦	自泰變	二陽在內，一陽在外
無妄	二陰之卦	自遯變	二陰在內
大畜	二陰之卦	自大壯變	二陰在外
頤	二陽之卦，二陽分在內外	自坎變	二陽在震、艮之位
大過	二陰之卦，二陰分在內外	自離變	二陰在巽、兌之位
咸	三陽三陰之卦	自否變	二陰在內，一陰在外
恒	三陽三陰之卦	自泰變	二陽在內，一陽在外
晉	二陽之卦	自觀變	二陽在外
明夷	二陽之卦	自臨變	二陽在內
家人	二陰之卦，二陰分在內外	自兌變	二陰在巽、離之位
睽	二陰之卦，二陰分在內外	自巽變	二陰在離、兌之位
蹇	二陽之卦，二陽分在內外	自震變	二陽在坎、艮之位
解	二陽之卦，二陽分在內外	自艮變	二陽在震、坎之位
損	三陽三陰之卦	自泰變	二陽在內，一陽在外
益	三陽三陰之卦	自否變	二陰在內，一陰在外
萃	二陽之卦	自觀變	二陽在外
升	二陽之卦	自臨變	二陽在內
困	三陽三陰之卦	自否變	二陰在內，一陰在外
井	三陽三陰之卦	自泰變	二陽在內，一陽在外
革	二陰之卦，二陰分在內外	自巽變	二陰在離、兌之位

續表2

卦名	類　　型	從何卦變	判定依據
鼎	二陰之卦，二陰分在内外	自兑變	二陰在巽、離之位
漸	三陽三陰之卦	自否變	二陰在内，一陰在外
歸妹	三陽三陰之卦	自泰變	二陽在内，一陽在外
豐	三陽三陰之卦	自泰變	二陽在内，一陽在外
旅	三陽三陰之卦	自否變	二陰在内，一陰在外
渙	三陽三陰之卦	自否變	二陰在内，一陰在外
節	三陽三陰之卦	自泰變	二陽在内，一陽在外
中孚	二陰之卦，二陰分在内外	自離變	二陰在巽、兑之位
小過	二陽之卦，二陽分在内外	自坎變	二陽在震、艮之位
既濟	三陽三陰之卦	自泰變	二陽在内，一陽在外
未濟	三陽三陰之卦	自否變	二陰在内，一陰在外

　　吴澄"卦變説"充分反映了中國傳統的類比邏輯思維。如，凡與復卦有着同樣的類屬性（一陽在内）的卦皆由復卦變來，凡與剥卦有着同樣的類屬性（一陽在外）的卦皆由剥卦變來，凡與姤卦有着同樣的類屬性（一陰在内）的卦皆由姤卦變來，等等。周山先生説："西方文化注重演繹，東方文化注重類比。文化類型的差異，形成了邏輯類型的差異。"[①] 此論十分的當。

　　林忠軍先生指出："吴澄建立一個卦變説的體系，其目的是爲注經。"[②] 與此前虞翻、朱熹等人的"卦變説"相比，吴澄"卦變説"的卦變來源更加整齊劃一，能夠更好地滿足詮釋卦

[①] 周山主編：《中國傳統類比推理系統研究》，上海辭書出版社，2011年，第1頁。
[②] 林忠軍：《象數易學發展史》第2卷，齊魯書社，1998年，第512頁。

爻辭的需要。據筆者統計，吳澄詮釋屯卦卦辭、泰卦六五爻辭、同人卦初九爻辭、隨卦上六爻辭、復卦卦辭、無妄卦六三爻辭、頤卦六五爻辭、恒卦卦辭和初六及九四爻辭、明夷卦九三爻辭、蹇卦卦辭、解卦九四爻辭、損卦卦辭、升卦卦辭、困卦九二爻辭、井卦卦辭、革卦九四爻辭、旅卦六五爻辭時都運用了"卦變説"。如詮釋屯卦卦辭"勿用有攸往"云："卦變艮三往五，陽陷於二陰之中，故勿宜用之有所往。"① 詮釋泰卦六五爻辭"帝乙歸妹"云："泰卦互體及卦變皆成歸妹卦，故以歸妹爲辭。"② 詮釋同人卦初九爻辭"同人於門"云："同人自姤而變，六二自初往二，猶自門而出外也。"③

對卦爻辭中的重文，吳澄有時也從卦變説的角度解釋。如豐卦六二和九四爻辭中都有"日中見斗"之文，吳澄解釋説："卦因二、四相易而成此二象，故二爻之辭同。"④ 豐☰由泰☰變來。泰卦二爻往四，四爻來二，則泰變豐，此即吳澄所説"卦因二、四相易而成此二象"。

歷來持"卦變説"者，皆以《周易·彖辭》爲據。吳澄亦以"卦變説"詮釋《周易·彖辭》。如，訟卦《彖辭》"剛來而得中"，吳澄注："此以卦變言。……以九二之剛自三來二而得下卦之中也。"⑤ 訟☰由遯☰變來。訟卦卦主九二由遯卦九三而來，故云"九二之剛自三來二"。再如，履卦《彖》辭"履，

---

① 王新春等：《〈易纂言〉導讀》，齊魯書社，2006年，第86頁。
② 王新春等：《〈易纂言〉導讀》，齊魯書社，2006年，第118頁。
③ 王新春等：《〈易纂言〉導讀》，齊魯書社，2006年，第123頁。
④ 王新春等：《〈易纂言〉導讀》，齊魯書社，2006年，第283頁。
⑤ 王新春等：《〈易纂言〉導讀》，齊魯書社，2006年，第319頁。

柔履剛也"，吳澄注："以卦變釋卦名。"① 履☱☰由姤☰☴變來，姤卦初六本在剛爻之下，往三成履，在二剛爻之上，故曰"柔履剛"。又如，升卦《彖》辭"南征吉"，吳澄注："九三自初而升三。"② 升☷☴由臨☷☱變來。臨初九往上與三爻互易而成升。三，南。③ 故曰"南征吉"。

《周易·繫辭下》中的"變動不居，周流六虛，上下無常，剛柔相易，不可爲典要，唯變所適"，吳澄亦從卦變説的角度加以詮釋，認爲"唯變所適"指卦變之互易其位，而非爻變之變化其畫："變動，謂卦畫更變移動，兩易其位也；不居，不止定在一處也；周流，周遍流行也；六虛，卦之六位也。在上位者或降而下，在下位者或升而上，無有常處者，以剛柔二畫之互相易也。典要，典籍中之契要，常而不可易者也；不可爲典要，謂其易而不可常也，唯其變畫之所之適在何位爾。"④

以上詮釋皆可備一説。

吳澄以朱熹之後"道統"的接續者自居。吳澄曾言："道之大原出於天，神聖繼之。堯舜而上，道之元也；堯舜而下，其亨也；洙泗鄒魯，其利也；濂洛關閩，其貞也。分而言之，上古則羲黃其元，堯舜其亨，禹湯其利，文、武、周公其貞乎？中古之統，仲尼其元，顏、曾其亨乎？子思其利，孟子其貞乎？近古之統，周子其元，程、張其亨也，朱子其利也，孰爲今日

---

① 王新春等：《〈易纂言〉導讀》，齊魯書社，2006年，第322頁。
② 王新春等：《〈易纂言〉導讀》，齊魯書社，2006年，第348頁。
③ 吳澄認爲："以六畫之位而論，初，東；三，南；四，西；上，北；二、五，中也。"（《易纂言外翼》卷4）
④ 王新春等：《〈易纂言〉導讀》，齊魯書社，2006年，第481~482頁。

之貞乎？未之有也。然則可以終無所歸哉？"①

在近古之統中，吴澄把朱熹放在"利"的位置，而認爲"貞"的階段尚無人可繼，表明了欲繼朱熹接續道統的學術自許。這樣的學術自許，使他力求提出一套不同於前人的系統完備的象數解《易》體例。吴澄所提出的象數解《易》體例，雖未必盡合《周易》本義，但其學術追求，無疑值得稱許，其結論，總體而言，亦足成一家之説。因此，皮錫瑞等先生對元代《易》學的宏觀評價，有商榷之餘地。

---

① [明] 宋濂等：《元史》卷 171《吴澄傳》，中華書局，1976 年，第 4013 頁。

第三章 明清時期的《周易》詮釋

明清時期，義理層面的《周易》詮釋以王夫之和李塨爲代表。王夫之借《易》發揮其"氣本論"的哲學思想，李塨則以顔李學派思想爲指導，對《易》做了多種義理闡發。象數層面的《周易》詮釋以來知德和焦循爲代表。在《周易》詮釋史上，自王弼掃象後，忽視象、辭之間關係的探討，漸成學界主流。代表明代官方《易》學的胡廣奉敕編修的《周易傳義大全》亦未脱此窠臼。在此時代背景下，來知德明確提出"不知其象，《易》不注可也"的觀點，難能可貴。焦循於《周易》詮釋的突出貢獻是提出了一套獨特的《易》學構架。自宋明理學家多以哲學思辯的方法釋《易》，特別是發揮《易傳》中的重要觀念，《易》學主流遂以義理發明爲主，關於《易經》字詞古義的訓釋、六十四卦卦爻辭的整體架構，頗遭忽略。清初《易》學的發展，沿着回歸經典、尊史崇古的學術發展大勢，學者漸知重視本經及古義，但吳派由鈎沉漢《易》而走到了迷信漢《易》的極端，而皖派雖亦重視漢《易》，但卻認識到漢《易》非盡得《易》之本義，因而信其所當信，而疑其所可疑，是其所是，非其所非。皖派的釋經方法，至高郵王念孫、王引之父子而益精。高郵王氏父子在《經義述聞》一書中對漢《易》的辨駁，充分反映了皖派詮釋經典的特色。

第一節　來知德的《周易》詮釋

明代《易》學家中可稱道者，首推巴蜀隱士來知德。來氏以象解《易》的體例足以彰顯其《易》學成就，凸現其《易》學特點。本節擬對此加以論述。

一、不知其象，《易》不注可也

來知德，字矣鮮，號瞿塘，夔州梁山（今屬重慶）人[①]。嘉靖三十一年（1552）壬子科鄉試第五名[②]。後四上禮闈不第，以親疾，遂不就銓[③]。父母相繼去世後，廬墓六年，不飲酒茹葷，服除，傷不及祿養，終身麻衣蔬食，誓不見有司。自言學莫邃於《易》，於是先後隱居釜山和求溪山中，精研覃思二十九年，撰成《周易集注》十六卷。萬曆三十年（1602），總督王象乾、巡撫郭子章合詞論薦，特授翰林待詔。來知德力辭不就。詔以所授官致仕，有司月給米三石終其身[④]。年八十卒[⑤]。墓在梁山縣西十里[⑥]。入祀文廟[⑦]。

在《易》學史上，自王弼掃象後，忽視象、辭之間關係的探討，漸成學界主流。代表明代官方《易》學的胡廣奉敕編修

[①]［清］黃宗羲：《明儒學案》卷53，中華書局，1986年，第1285頁。
[②]《四川通志》卷43，文淵閣四庫全書本。
[③]《四川通志》卷10上，文淵閣四庫全書本。
[④]［清］張廷玉等：《明史》卷283《來知德傳》，中華書局，1974年，第7291頁。
[⑤]《四川通志》卷10上，文淵閣四庫全書本。
[⑥]《大清一統志》卷316，文淵閣四庫全書本。
[⑦]梁平縣政協文史委員會編：《梁平縣文史資料》第5輯，1999年，第38頁。

的《周易大全》亦未脱此窠臼。在此時代背景下，來知德明確提出"不知其象，《易》不注可也"①的觀點，難能可貴。

來知德隱居深山數十年，潛心探究辭、象之間的關聯，將卦爻辭與卦爻象之間的關聯，歸結爲以下十種情況：

1. 自卦情而取象。如，根據《周易·説卦》，乾爲馬，但乾卦爻辭不言馬而多稱龍。來知德認爲，這是因爲"乾道變化"，而龍乃變化之物，故以龍言之。據《朱子語類》，有人向朱熹請教辭、象之間的關聯問題，朱熹回答："《易》之象理會不得，如乾爲馬，而乾之卦卻專説龍，如此之類，皆不通。"②朱熹之所以如此回答，是由於其"不知以卦情立象也"。

2. 自卦畫而取象。如，剝卦爻辭之所以言"宅"、言"牀"、言"廬"，是因爲剝卦的卦畫"五陰在下，列於兩旁，一陽覆於其上，如宅，如牀，如廬"。

3. 自卦體而取象。凡陽在上者皆象艮、巽，陽在下者皆象震、兑，陽在上下者皆象離，陰在上下者皆象坎。如據《周易·説卦》，離爲龜，因益卦卦體陽在上下，象離，故益卦六二爻辭言"或益之十朋之龜"。

4. 自中爻而取象。中爻即漢儒所言互卦，二、三、四爻組成下互卦，三、四、五爻組成上互卦。來知德據《周易·繫辭下》"若夫雜物撰德，辨是與非，則非其中爻不備"，立中爻之名。漸卦二、三、四爻組成坎卦中滿之象，所以漸卦九三爻辭言"婦孕不育"；漸卦三、四、五爻組成離卦中虛之象，所以漸

---

① 周立升：《〈易經集注〉導讀》，齊魯書社，2009年，第58頁。
② [宋] 朱熹著，朱傑人等主編：《朱子全書》第16册《朱子語類》卷66，上海古籍出版社、安徽教育出版社，2002年，第2205頁。

卦九五爻辭言"婦三歲不孕"。此皆自中爻而取象的例證。

5. 自錯卦、綜卦而取象。錯卦即孔穎達所言反卦，綜卦即孔穎達所言覆卦。來知德據《周易·繫辭上》"參伍以變，錯綜其數"之文而立錯卦、綜卦之名。據《周易·說卦》，乾爲馬，因坤卦的錯卦爲乾卦，所以坤卦卦辭言"利牝馬之貞"。損卦和益卦互爲綜卦，損卦六五爻即益卦六二爻，所以損卦六五和益卦六二的爻辭皆言"或益之十朋之龜"。此皆自錯卦、綜卦而取象也。

6. 即陰陽而取象。如，據《周易·說卦》，坤爲牛，而離卦卦辭言"畜牝牛"，蓋因"離得坤之一畫"。此屬即陰陽而取象。

7. 相因而取象。如，革卦九五爻辭言"大人虎變"，上六爻辭則言"君子豹變"，"豹次於虎，故相因而言豹也"。

8. 自變爻而取象。如，師卦上六爻變後，上卦變艮，據《周易·說卦》，艮爲門闕，家之象也，所以師卦上六爻辭言"承家"。又，據《周易·說卦》，艮，止也，所以師卦上六爻辭又言"勿用"。此皆自變爻而取象。

9. 自爻位而取象。《周易·繫辭下》："二與四同功而異位，其善不同，二多譽，四多懼，近也。柔之爲道，不利遠者，其要無咎，其用柔中也；三與五同功而異位，三多凶，五多功，貴賤之等也。其柔危，其剛勝邪？"來氏詮《易》，據此而取象。如詮釋隨卦初九爻辭時，來氏說："二多譽，功之象也。"① 詮釋履卦九四爻辭時，來氏說："四多懼，愬愬之象也。"②

---

①周立升：《〈易經集注〉導讀》，齊魯書社，2009 年，第 209 頁。
②周立升：《〈易經集注〉導讀》，齊魯書社，2009 年，第 180 頁。

10. 自上下相易之卦而取象。如詮釋履卦九五爻辭"夬履"時，來氏說："夬與履皆乾、兌上下相易之卦。"①

二、以象詮《易》的意義

來知德對辭、象之間關聯的系統總結，雖未必盡合於《周易》作者之本意，但若謂必不合於《易》之本義，則筆者斷然不能苟同。如小畜卦卦辭中的"雲"，非以中爻離之錯卦坎卦解之，不明其所自來；小畜卦卦辭中的"西"，非以中爻兌卦之象解之，亦不明其所自來；泰卦九三爻辭中的"食"，只有以變爻之象兌卦解之，才能使其象數依據昭然若揭。

來知德以中爻、變爻之象解《易》，也得到了《易傳·小象》的印證。如來氏解蒙卦六五爻辭曰："蓋中爻爲坤順，五變爲巽，有此順巽之德，所以專心資剛明之賢也。"② 蒙卦上卦爲艮，下卦爲坎，《易傳·小象》不說"險以止"，而說"順以巽也"，蓋蒙卦三、四、五爻組成坤卦（據《周易·說卦》，坤，順也）。又，五爻變後，蒙卦上卦變爲巽卦。此例說明，"去古未遠"的《易傳·小象》的作者也以中爻、變爻之象詮釋《周易》經文。

不同版本的《易經》，文字多有歧異，判定孰是孰非，頗爲不易。來氏以象詮《易》，有助於解決這一問題。如屯卦六三爻辭中的"鹿"，一本作"麓"，來知德據屯卦之象說："鹿當作'麓'爲是，舊注亦有作'麓'者，蓋此卦有麓之象，故當作

---

①周立升：《〈易經集注〉導讀》，齊魯書社，2009年，第181頁。
②周立升：《〈易經集注〉導讀》，齊魯書社，2009年，第154頁。

麓，非無據也，中爻艮爲山，山足曰麓，三居中爻，艮之足，麓之象也。"①通行本《周易》屯卦六三爻辭中的"鹿"，王肅本作"麓"，來氏認爲，當以"麓"爲是。其理由是：屯卦三、四、五爻組成艮卦之象，據《周易·説卦》，艮爲山，三爻居於山足，故爻辭言"麓"。董恩林先生主編之《中國傳統文獻學概論》論及校勘的基本方法時，於對校、本校、他校、理校之外另立"音校"一目②。若"音校"之法可別立一目的話，則來氏的這種校勘方法，亦可立一新目，可命名爲"象校法"。

由於語言文字的多義性，古今學者對同一卦爻辭的詮釋，異説紛呈，那麼，哪種詮釋更加逼近《周易》古經的本義呢？需要本之象數。如需卦九二爻辭中的"言"，陳鼓應、趙建偉先生在《周易今注今譯》中以"愆"解之③，而來氏從象數角度詮釋時説："中爻爲兑，口舌小言之象也。"④需卦二、三、四爻組成兑卦之象，根據《周易·説卦》，兑爲口，所以需卦九二爻辭中的"言"不宜以"愆"解之。

來氏以象解《易》，往往能對《周易》卦爻辭做出嶄新的詮釋。如，對泰卦九二爻辭"包荒，用馮河，不遐遺，朋亡，得尚於中行"，程頤完全從義理的角度詮釋説："包荒、用馮河、不遐遺、朋亡，四者處泰之道也。人情安肆則政舒緩而法度廢弛，庶事無節。治之之道，必有包含荒穢之量，則其施爲寬裕詳密，弊革事理而人安之。若無含弘之度，有忿疾之心，則無深遠之慮，有暴擾之患，深弊未去，而近患已生矣，故在包荒

---

①周立升：《〈易經集注〉導讀》，齊魯書社，2009年，第149頁。
②董恩林：《中國傳統文獻學概論》，華中師範大學出版社，2008年，第94頁。
③陳鼓應、趙建偉：《周易今注今譯》，商務印書館，2005年，第73頁。
④周立升：《〈易經集注〉導讀》，齊魯書社，2009年，第157頁。

也。用馮河：泰寧之世，人情習於久安，安於守常，惰於因循，憚於更變，非有馮河之勇，不能有爲於斯時也。馮河，謂其剛果足以濟深越險也。自古泰治之世，必漸至於衰替，蓋由狃習安逸，因循而然。自非剛斷之君，英烈之輔，不能挺特奮發以革其弊也，故曰'用馮河'。或疑上云'包荒'則是包含寬容，此云'用馮河'則是奮發改革，似相反也。不知以含容之量施剛果之用乃聖賢之爲也。不遐遺：泰寧之時，人心狃於泰則苟安逸而已，惡能復深思遠慮及於遐遠之事哉？治夫泰者，當周及庶事，雖遐遠不可遺。若事之微隱，賢才之在僻陋，皆遐遠者也，時泰則固遺之矣。朋亡：夫時之既泰，則人習於安，其情肆而失節，將約而正之，非絕去其朋與之私，則不能也，故云'朋亡'。自古立法制事，牽於人情卒不能行者多矣。若夫禁奢侈則害於近戚，限田產則妨於貴家，如此之類，既不能斷以大公而必行，則是牽於朋比也。治泰不能朋亡，則爲之難矣。治泰之道，有此四者，則能合於九二之德，故曰得尚於中行，言能配合中行之義也。"① 朱熹也從義理角度詮釋說："占者能包容荒穢而果斷剛決，不遺遐遠而不昵朋比，則合乎此爻中行之道矣。"② 而來氏則從象數層面詮釋說："包荒者，包乎初也。初爲草茅，荒穢之象也。因本卦小往大來，陽來乎下，故包初。馮河者，二變則中爻成坎水矣，河之象也。河水在前，乾健利涉大川，馮之象也。用馮河者，用馮河之勇往也。二居柔位，故教之以勇。二變與五隔河，若馮河而往，則能就乎五矣。二

---

① 梁韋弦：《〈程氏易傳〉導讀》，齊魯書社，2003年，第105頁。
② [宋] 朱熹：《周易本義》，宋咸淳元年吳革刻本，全1函6冊，第1冊，第21頁。

與初爲遄，隔三、四與五爲遐，不遐遺者，不遺乎五也。朋者，初也，三陽同體牽連而進，二居其中，朋之象也，故咸卦中爻成乾，四居乾之中，亦曰朋從。朋亡者，亡乎初而事五也。尚者，尚往而事五也。中行指六五。六五小象曰"中以行願"是也。卦以上下交爲泰，故以'尚中行'爲辭。曰'得尚'者，慶倖之辭也。若惟知包乎荒，則必不能馮河而就五矣，必遐遺乎五矣，必不能亡朋矣。'用馮河'以下，聖人教占者之辭。陽來居內，不向乎外，有惟知包乎內卦之初，遐遺乎外卦君上之象，故聖人於初教之以征，於二教之以尚。"① 泰卦九二爻變後，二、三、四爻組成坎卦之象，坎爲河，所以九二爻辭中有"河"；九二爻與六五爻隔河相望，需渡河方得見，所以九二爻辭中有"用馮河"；九二與初九相比爲朋，與九五隔河爲遐，"不遐遺"的意思是不遺乎六五，"得尚於中行"的意思是得尚於六五。來氏的詮釋與程頤、朱熹的詮釋相比，最大的不同是將"不遐遺"理解爲不遺乎六五，將"得尚於中行"理解爲得尚於六五。來氏的詮釋有咸卦和六五小象的旁證，似比程、朱之解更爲可取。對此，來氏不無自豪地説："舊注不識象，所以失此爻之旨。"來氏此評，恰如其分。

　　來氏詮《易》，喜究諸卦之間的關聯，以論證自己以象詮《易》的體例並非個人虛構，而是《易》所固有。如大有初九爻辭"無交害"，來氏認爲其象數依據爲離。爲印證此解的正確性，他徵引睽卦初九爻辭説："睽卦離在前，亦曰見惡人。"② 再如謙卦上六爻辭"征邑國"，來氏認爲其象數依據爲坤。爲

---

①周立升：《〈易經集注〉導讀》，齊魯書社，2009年，第183~184頁。
②周立升：《〈易經集注〉導讀》，齊魯書社，2009年，第198頁。

印證此解，他徵引升卦九三爻辭、晉卦上九爻辭、泰卦上六爻辭、師卦上六爻辭、復卦上六爻辭、訟卦六二爻辭、益卦六四爻辭、夬卦卦辭、渙卦九五爻辭說：" 升卦坤在外，故曰'升虛邑'；晉卦坤在內，故曰'維用伐邑'；泰之上六曰'自邑告命'；師上六曰'開國承家'；復之上六曰'以其國君凶'；訟六二變坤曰'邑人三百户'；益之中爻坤，曰'爲依遷國'；夬下體錯坤，曰'告自邑'；渙九五變坤，曰'渙王居'……皆因坤土也。"① 升卦上卦爲坤，故其九三爻辭説"升虛邑"；晉卦下卦爲坤，故其上九爻辭説"維用伐邑"；泰卦上卦爲坤，故其上六爻辭説"自邑告命"；師卦上卦爲坤，故其上六爻辭説"開國承家"；復卦上卦爲坤，故其上六爻辭説"以其國君凶"；訟卦六二爻變後，下卦變坤，故其六二爻辭説"邑人三百户"；益卦二、三、四爻組成坤卦，故其六四爻辭説"爲依遷國"；夬卦的下卦的錯卦爲坤，故其卦辭説"告自邑"；渙卦九五爻變後，三、四、五組成坤卦之象，故其九五爻辭説"渙王居"。最後，來氏得出結論説："凡《易》中言'邑國'者，皆坤土也。"此結論基於全面系統的梳理統計，的當可靠。

三、以象詮《易》的弊病

讀《周易》古經，重在得其義。卦爻象和卦爻辭都是明義的工具，而非目的。苟明其義，不必拘泥於象、辭之間的關聯。如果對卦爻辭中的每一個字都斤斤於尋其象數依據，則難免支離、繁瑣，甚至於牽強、錯誤。來氏以象詮《易》，亦難免此

---

① 周立升：《〈易經集注〉導讀》，齊魯書社，2009 年，第 203 頁。

弊。如，詮釋訟卦九二爻辭時，來氏不僅以本卦之象爲"逋"尋找依據，而且以中爻和錯卦之象爲"三百"尋找依據。以本卦之象爲"逋"尋找依據可取①，而以中爻和錯卦之象爲"三百"尋找依據則未必。上海博物館館藏楚簡《周易》訟卦九二爻辭作"其邑人三四户無眚"。若"四"字不訛，則來氏以中爻和錯卦之象爲"三百"尋找象數依據的努力徒勞，其結論亦不可靠。誠如朱熹所言："卦中要看得親切，須是兼象看，但象不傳了。"② 象、辭之間必有關聯，但時移事異，有些關聯，今日已隱晦難見，因此，我們也不必強見之，否則，反倒流於附會。

來氏《周易集注》重在探討卦爻辭的象數依據，而未能將各卦六爻之辭作爲彼此聯繫的統一整體來疏解其義，亦爲來氏《易》注的一大不足。如詮釋蒙卦時，來氏綜合運用本卦之象、中爻之象、變爻之象和錯卦之象，解釋了蒙卦卦爻辭中的"桎梏""納婦""取女""童蒙""擊蒙"等，而對六爻辭之間的關係卻缺乏清晰的揭示。其實，蒙卦六爻之辭分別代表蒙卦的六個發展階段，在第一階段宜小懲大戒，在第二階段宜包容，在第三階段宜不爲外界所惑，在第四階段宜廓清迷惑，在第五階段宜保持童心，在第六階段宜保持清醒冷静。誠如王弼所言："夫卦者，時也。爻者，適時之變者也。"③

---

① 來氏以訟卦下卦坎爲"逋"之象數依據，固無不可，但筆者認爲，亦可以變爻之象坤爲"逋"之象數依據。九二爻變後，下卦爲坤，坤陰主伏藏。
② [宋] 朱熹著，朱傑人等主編：《朱子全書》第 16 册《朱子語類》卷 66，上海古籍出版社、安徽教育出版社，2002 年，第 2207 頁。
③ [魏] 王弼著，樓宇烈校釋：《周易注（附周易略例）》，中華書局，2011 年，第 409 頁。

來氏注《易》的用心不是從整體上疏解六十四卦之義，因而雖在以象解《易》方面，來氏做出了超越前人的突出貢獻，但對一些卦爻辭的義理闡發，卻不到位，甚至於不正確。如隨卦六二爻辭"係小子，失丈夫"，據程頤《伊川易傳》，小子指初九爻，丈夫指九五爻，六二爻與九五爻是正應，但六二爻距初九爻近，而距九五爻遠，所以《周易》爻辭的作者告誡人們，若係小子，則失丈夫；若係於初九，就會失去九五。程頤闡發其義理說："人之所隨，得正則遠邪，從非則失是，無兩從之理。"① 三國時馬援告誡其兄子嚴敦不要效法"清濁無所失"的杜季良，亦本"係小子，失丈夫"之理。程頤對"係小子，失丈夫"的詮釋，證之以《易傳·小象》，當契合於《周易》爻辭作者之本意。其義理闡發也十分到位。比較而言，來氏在詮釋隨卦六二爻辭時，僅着意於"係""小子""丈夫"的象數依據的分析，而對"係小子，失丈夫"所蘊含的義理的闡發，頗有隔靴搔癢之感。其以"小子"指六三，"丈夫"指初九之論，也有拘泥於象，膠柱鼓瑟之嫌。總之，在《周易》詮釋史的長河中，程頤言理甚備而析象不足，來知德則正好相反。

　　來氏以象詮《易》，自成一說，當時推爲絕學。來氏《易》注問世以後，宗法承述其說者頗多，而攻其說者亦不少。筆者以上所論，旨在前人相關研究成果的基礎之上拾遺補缺，不妥之處，敬請方家斬正。

---

① 梁韋弦：《〈程氏易傳〉導讀》，齊魯書社，2003年，第132頁。

第二節 王夫之的《周易》詮釋

王夫之是明末清初的著名思想家，許多學者指出：他將中國古代樸素唯物主義和辯證法推到了最高峰，因此，新中國成立以來，研究王夫之哲學思想的論著甚夥。本節擬在前人研究成果的基礎之上，以王夫之的哲學思想爲綱，從《周易》詮釋的角度，探討王夫之如何以其哲學思想豐富與發展《周易》的哲學內涵。需要指出，闡發義理時是否以探求《易》卦本義爲目的，是否密切結合《易》卦，是宋學《易》和漢學《易》的分水嶺。王夫之是宋學《易》的代表，其對《周易》的哲學發揮大多游離於《易》卦之外，脫離了《易》之本義。王夫之之所以能在《易》學上佔有一席之地，主要是由於其基於"求用"的對《周易》的哲學發揮，而不是由於其基於"求真"的對《周易》本義的考實，故本節在詮釋學的視角下考察王夫之的《易》學，不以結合《易》卦爲切入點。

一、以唯物主義自然觀詮《易》

物質世界究竟是客觀的存在還是主觀的幻化，唯物主義和唯心主義有不同的認識。唯物主義自然觀認爲，客觀世界是物質的真實存在。唯心主義自然觀認爲客觀世界是人們主觀的"心"的外現，是虛妄的存在。王夫之的自然觀是唯物主義的自然觀。王夫之堅信整個世界是"實有"的，反對將客觀世界的"實有"視爲"虛幻"。詮釋大有卦時，王夫之說："有者信也,無者疑也。昉我之生,泪我之亡,祖禰而上,子孫而下,觀變於天地而見其生,有何一之可疑者哉?桐非梓,梓非桐;狐非狸,狸非狐。天地以爲數,聖人以爲名。冬不可使炎,夏不可使寒;參不可使殺,砒不可使活;此春之芽絜彼春之苗,而不見其或貿。"① 詮釋《周易·說卦》時,他又明確指出:"實有無疑。"②

詮釋《周易·說卦》時,王夫之將客觀存在分爲四種情況加以論證。一、無論何時何地都能夠被感覺到的客觀存在。王夫之以天地爲例,說:"是故寥然虛清,確然凝立,無所不在,迎目而覺,遊心而不能越,是天地也。"③ 二、此地感覺不到,但彼地卻能感覺到的客觀存在。王夫之以山、澤爲例,說:"舟居而漁者,窮年見澤而不見山;岩棲而鋤者,窮年見山而不見澤。乃苟見之,則一如天地之固然,峙於前而不移也。"④ 三、此時感覺不到,但彼時卻能感覺到的客觀存在。王夫之說:"抑有不可期而自有期者,遇之而知其有,未遇而不知其何所藏也。……歷時而知之,始若可驚,繼乃知其亦固然也。"⑤ 四、無論何時何地都感覺不到,然而依理推之,應當存在。王夫之說:"其盈也,人不得而縮之;其縮也,人不得而盈之。爲功於萬物,而萬物不得執之以爲用。若夫陽燧可致,鑽木可取,方諸可聚,引渠可通,煬之瀹之而盛,撲之陧之而衰,雖陰陽之固

---

① [清] 王夫之:《周易外傳》卷2,中華書局,1977年,第37頁。
② [清] 王夫之:《周易外傳》卷7,中華書局,1977年,第263頁。
③ [清] 王夫之:《周易外傳》卷7,中華書局,1977年,第250頁。
④ [清] 王夫之:《周易外傳》卷7,中華書局,1977年,第251頁。
⑤ [清] 王夫之:《周易外傳》卷7,中華書局,1977年,第251頁。

然，而非但以目遇，以心覺也。"①

爲了進一步論證客觀世界的真實存在性，王夫之又從人們在日常生活中必須依於物的事實進行闡述。詮釋無妄卦時，王夫之說："既已爲人矣，非蟻之仰行，則依地住；非蚓之穴壤，則依空住；非蜀山之雪蛆不求暖，則依火住；非火山之鼠不求潤，則依水住；以至依粟已饑，依漿已渴。其不然而已於饑渴者，則非人矣。"② 人依地而行，依空而生，依火而求暖，依水而求潤，依粟而解饑，依漿而解渴。地、空、火、水、粟、漿都是人們生存所必需的客觀存在，不可謂之虛妄。王夫之又說："粟依土長，漿依水成，依種而生，依器而挹。"③ 糧食的生長離不開土壤和種子，製作酒漿離不開水，挹舀酒漿離不開器，土壤、種子、水和器也都是真實存在的，否則糧食何以生長，酒漿何以製作和挹舀？"物質世界的客觀實在性不僅在於它可以爲人的意識所複寫、攝影、反映，更在於它能夠爲人類的生活和實踐所確證。"④

詮釋《周易》大有卦時，王夫之還通過對中國哲學基本問題之一"體用"關係的分析，論證客觀世界的真實存在性。王夫之說："天下之用，皆其有者也。吾從其用而知其體之有，豈待疑哉？"⑤ 各種事物的實體是否真實存在，只要從它們的功效去觀察，就可以證實。"由物之用而知物皆實有，由此而確認在人的意識之外存在着一個以'實有'爲本質屬性的客觀的物質

---

① [清] 王夫之：《周易外傳》卷7，中華書局，1977年，第251頁。
② [清] 王夫之：《周易外傳》卷2，中華書局，1977年，第62頁。
③ [清] 王夫之：《周易外傳》卷2，中華書局，1977年，第62頁。
④ 蕭萐父、許蘇民：《王夫之評傳》，南京大學出版社，2007年，第96頁。
⑤ [清] 王夫之：《周易外傳》卷2，中華書局，1977年，第37頁。

世界……這在如今看來似乎是一個不證自明的公理，但在哲學認識的發展史上，卻是一條不知經歷了多少爭論才確定的公理。"① 王夫之對客觀世界真實性的論證方法，類似於佛教中"通過不斷地否定達到對事物本來面目的真實展示"② 的重要思維方法——遮詮法。

二、以"理氣"觀詮《易》

"理"和"氣"的關係，是隸屬於自然觀的中國哲學史上長期爭執的問題之一。老子認爲，"道"是先於天地而存在的，萬物是由"道"所派生的。他説："有物混成，先天地生。"③又説："道生一，一生二，二生三，三生萬物。"④ 老子的這一思想對宋代理學影響很大。宋代理學的開山祖師周敦頤將老子的"道生天地"表述爲"太極生陰陽"。他説："太極動而生陽，動極而靜，靜而生陰。"⑤ 朱熹承周敦頤之衣鉢，將"太極生陰陽"解釋爲"理生氣"。他説："總天地萬物之理，便是太極。"⑥ 又説："太極生陰陽，理生氣也。"⑦ 在理、氣關係上，

---

① 蕭萐父、許蘇民：《王夫之評傳》，南京大學出版社，2007年，第93頁。
② 姚衛群：《佛教中重要的思維方法——遮詮法》，《光明日報》，2014年7月14日，第16版。
③ 陳鼓應：《老子注譯及評介》，中華書局，1984年，第163頁。
④ 陳鼓應：《老子注譯及評介》，中華書局，1984年，第232頁。
⑤ [宋] 周敦頤著，陳克明點校：《周敦頤集》卷1《太極圖説》，中華書局，1990年，第4頁。
⑥ [宋] 朱熹著，朱傑人等主編：《朱子全書》第17册《朱子語類》卷94，上海古籍出版社、安徽教育出版社，2002年，第3127~3128頁。
⑦ [明] 吕柟：《朱子抄釋》卷2，文淵閣四庫全書本。

朱熹反復强調："有是理，後生是氣。"① 又説："氣是依傍這理行。"② 甚至説"未有天地之先，畢竟也只是理。有此理，便有此天地。若無此理，便亦無天地"③。

針對老子的"道生天地"説，詮釋乾卦時，王夫之批駁説："然則老子之言信乎？曰：非也。道者，天地精粹之用，與天地並行，而未有先後者也。使先天地以生，則有有道而無天地之日矣，彼何寓哉？而誰得'字之曰道'？"④ 針對周敦頤的"太極動而生陽，静而生陰"，詮釋《周易·繫辭上》第五章時，王夫之批駁説："動静者，陰陽交感之幾也。……其謂動屬陽，静屬陰者，以其性之所利而用之所著者言之爾，非動之外無陽之實體，静之外無陰之實體，因動静而始有陰陽也。"⑤ "太極"本來就包含陰陽二氣⑥，動静是陰陽二氣的運動。没有陰陽二氣，何來陰陽二氣的運動？所以陰陽二氣原本存在，並非由太極的動與静而産生。王夫之在《周易内傳·發例》中又説："今有物於此，運而用之則曰動，置而安處之則曰静，然必有物以效乎動静。太極無陰陽之實體，則抑何所運而何所置耶？"⑦

---

① [宋] 朱熹著，朱傑人等主編：《朱子全書》第 14 册《朱子語類》卷 1，上海古籍出版社、安徽教育出版社，2002 年，第 114 頁。
② [宋] 朱熹著，朱傑人等主編：《朱子全書》第 14 册《朱子語類》卷 1，上海古籍出版社、安徽教育出版社，2002 年，第 116 頁。
③ [宋] 朱熹著，朱傑人等主編：《朱子全書》第 14 册《朱子語類》卷 1，上海古籍出版社、安徽教育出版社，2002 年，第 114 頁。
④ [清] 王夫之：《周易外傳》卷 1，中華書局，1977 年，第 2 頁。
⑤ [清] 王夫之：《周易内傳》卷 5，續修四庫全書本。
⑥ 王夫之説："陰陽之本體，氤氲相得，和同而化，充塞於兩間，此所謂太極也。"(《周易内傳》卷 5) 又説："太極不可與陰陽析處而並列也。"(《周易外傳》卷 5)
⑦ [清] 王夫之：《周易内傳》卷末，續修四庫全書本。

与朱熹"理本"观点针锋相对,王夫之认为,"气"是"理"的物质始基,"理"是"气"所表现的规律。理与气同时存在,不可分离,无所谓先后。诠释震卦时,王夫之说:"夫理以充气,而气以充理,理气交充而互相持。"①

王夫之对"理"与"气"的关系的论证,更为辩证。正如萧萐父所说:"说气是第一,就意味着有无理之气;说理是第一,就意味着有无气之理。这两种说法在事实上是讲不通的,在逻辑上是不严谨的。王夫之不是这样。他有一种在确认世界的物质统一性前提下论定理气关系的更为准确的说法。"②

三、以"道器"观诠《易》

"理"与"气"的关系在中国哲学史上有时又被表述为"道"与"器"的关系。"道""器"这一对范畴本出于《周易》。《周易·系辞上》第十二章:"形而上者谓之道,形而下者谓之器。"朱熹将"形而上"的"道"理解为独立于具体事物之外且主宰着具体事物的"理"。他说:"天地之间,有理有气。理也者,形而上之道也,生物之本也;气也者,形而下之器也,生物之具也。"③ 王夫之则认为,"形而上者谓之道,形而下者谓之器"不能拘滞地理解。诠释《周易·系辞上》第十二章时,他说:"形而上者,非无形之谓,既有形矣,有形而后

---

① [清]王夫之:《周易外传》卷4,中华书局,1977年,第121页。
② 萧萐父、许苏民:《王夫之评传》,南京大学出版社,2007年,第109页。
③ [宋]朱熹著,朱杰人等主编:《朱子全书》第23册《晦庵先生朱文公文集》卷58,上海古籍出版社、安徽教育出版社,2002年,第2755页。

有形而上。"① 在這裏，王夫之徹底否定了有脱離具體事物而獨立存在的道。詮釋咸卦時，王夫之又説："道以陰陽爲體，陰陽以道爲體，交與爲體，終無有虛懸孤致之道。"②

王夫之認爲，形而上的"道"與形而下的"器"之間並没有絶然的界限，"道"與"器"是處於同一"形"中的。③ 詮釋咸卦時，他説："器道相須而大成。"④ 詮釋《周易・繫辭上》第十二章時，他説："上下無殊畛，而道器無易體。"又説："上之名立，而下之名亦立焉。上下皆名也。非有涯量之可別者也。"⑤ 在這裏，王夫之明確地指出，"道"和"器"作爲一對高度抽象的哲學範疇，有差别，是對立的，但是這種差别和對立是有聯繫的統一體中的對立。

王夫之强調"道""器"不可分離，"道"在"器"中。詮釋大有卦時，他説："據器而道存，離器而道毁。"⑥ 詮釋《周易・繫辭上》第十二章時，他説："天下唯器而已矣。道者器之道，器者不可謂之道之器也。……無其器則無其道，人鮮能言之，而固其誠然者也。……未有弓矢而無射道，未有車馬而無御道，未有牢醴璧幣、鐘盤管弦而無禮樂之道，則未有子

---

① [清] 王夫之：《周易外傳》卷 5，中華書局，1977 年，第 203 頁。
② [清] 王夫之：《周易外傳》卷 3，中華書局，1977 年，第 77 頁。
③ 關於道、器、形三者之間的關係，王夫之在《讀四書大全説》中有一段精闢的論述。他説："形而下者，可見可聞者也；形而上者，弗見弗聞者也。如一株柳，其爲枝爲葉可見矣，其生而非死亦可見矣，所以體之而使枝爲枝，葉爲葉，如此而生，如彼而死者，夫豈可得而見聞者哉？物之體則是形，所以體夫物者則分明是形以上那一層事，故曰'形而上'。"
④ [清] 王夫之：《周易外傳》卷 3，中華書局，1977 年，第 79 頁。
⑤ [清] 王夫之：《周易外傳》卷 5，中華書局，1977 年，第 203 頁。
⑥ [清] 王夫之：《周易外傳》卷 2，中華書局，1977 年，第 37 頁。

而無父道,未有弟而無死道。……故無其器則無其道,誠然之言也,而人特未之察耳。……老氏瞀於此,而曰道在虛。虛亦器之虛也;釋氏瞀於此,而曰道在寂。寂亦器之寂也。淫詞炙輠而不能離乎器,然且標離器之名以自神,將誰欺乎?"① 在這裏,王夫之以"未有弓矢而無射道,未有車馬而無御道,未有牢醴璧幣、鐘磬管弦而無禮樂之道"等人們耳熟能詳的例子,論證了"道"以"器"爲本,"道"依存於"器",没有"器"則不會有"道",從而鮮明地揭示了有某種事物才有某種事物的規律的觀點。鄭萬耕先生説:"王夫之作爲古代《易》學的集大成者,對《易》學史上的道器之辨也作了一次總結,比較正確地解決了道與器的關係問題。……從而在《易》學和哲學史上作出了重要貢獻。"②

從"無其器則無其道"的觀點出發,王夫之進而表達了其發展變化的歷史觀。詮釋《周易·繫辭上》第十二章時,他説:"洪荒無揖讓之道,唐虞無吊伐之道,漢唐無今日之道,則今日無他年之道者多矣。"③ 社會歷史在不斷地前進,"器"在不斷地發生變化,寄寓於"器"的"道"也將隨之發生變化。從"洪荒"到"唐虞"再到"漢唐","道"在不斷地發展演變,今日的"道"不可能始終不變。因此,詮釋《周易·繫辭下》第五章時,王夫之説:"今日之日月非用昨日之明也,今歲之寒暑非用昔歲之氣也。"④ 詮釋《周易·雜卦》時,他又説:"道

---

① [清] 王夫之:《周易外傳》卷5,中華書局,1977年,第203~204頁。
② 鄭萬耕:《〈周易〉文化對中國哲學的貢獻》,《中國哲學史》2013年第4期。
③ [清] 王夫之:《周易外傳》卷5,中華書局,1977年,第203頁。
④ [清] 王夫之:《周易外傳》卷6,中華書局,1977年,第218頁。

因時而萬殊。"①

王夫之在論證"器"和"道"的關係時，接觸到了"個別"與"一般"的哲學問題。"器"是個別，"道"是一般。王夫之所説的"無其器則無其道"②即没有"個別"就没有"一般"之意。只有充分地研究了"個別"，才能透徹地理解"一般"。一般寓於個別之中，一般只有通過個別才能體現出來。世界上不可能有脱離個別而獨立存在的一般。詮釋《周易·繫辭上》第十二章時，王夫之又説："人或昧於其道者，其器不成。"③意即，個別不能脱離一般，人們只有用一般來研究個別，才能獲得成功。

王夫之力主在遵循客觀規律的情況下"治器"，並在"治器"的具體過程中求"道"，對能夠"作器""述器"和"神明其器"的人，充分加以肯定。詮釋《周易·繫辭上》第十二章時，他説："治器者則謂之'道'，道得則謂之'德'，器成則謂之'行'，器用之廣則謂之'變通'，器效之著則謂之'事業'。"又説："'作者之謂聖'，作器也；'述者之謂明'，述器也；'神而明之，存乎其人'，神明其器也。識其品式，辨其條理，善其用，定其體，則'默而成之，不言而信'，皆有成器之在心而據之爲德也。"又説："君子之道，盡夫器而已矣。辭，所以顯器，而鼓天下之動，使勉於治器也。"④王夫之鼓勵人們積極行動起來，致力於"治器"，乃是鑒於明末士子空談心性

---

① [清] 王夫之：《周易外傳》卷7，中華書局，1977年，第285頁。
② [清] 王夫之：《周易外傳》卷5，中華書局，1977年，第203頁。
③ [清] 王夫之：《周易外傳》卷5，中華書局，1977年，第203頁。
④ [清] 王夫之：《周易外傳》卷5，中華書局，1977年，第203~204頁。

之弊。王夫之通過對"道""器"問題的論述，表達了他熱切希望人們務實的思想。

從"道""器"關係出發，王夫之於《易》學雖屬義理派，然而對象數亦非常重視，反對脫離象數談義理。詮釋《周易·繫辭下》第三章時，他説："天下無象外之道……欲詳道而略象，奚可哉？……故吉凶悔吝捨象而無所徵。"① 進而，王夫之對"泥象"和"廢象"兩種錯誤觀點批駁説："漢儒泥象，多取附會。流及於虞翻，而約象、互體、半象、變爻，曲以象物者，繁雜瑣屈，不可勝紀。王弼反其道而廢之，曰'得意而忘言，得言而忘象'。……然則匯象以成《易》，舉《易》而皆象，象即《易》也。何居乎以爲兔之蹄、魚之筌也？……舍筌、蹄而別有得魚得兔之理……舍象而別有得《易》之塗邪？……若彼泥象忘理以支離附會者，亦觀象以正之而精意自顯，亦何必忘之而始免於小言破道之咎乎？"② 又説："'得言忘象，得意忘言'，以辨虞翻之固陋則可矣，而於道則愈遠矣。"③

四、以陰陽對立統一的矛盾觀詮《易》

王夫之的哲學理論裏，包含了相當豐富的樸素辯證法思想。王夫之1646年後長期研究《周易》④，依據《易傳》中的"乾坤其《易》之蘊耶"和"乾坤毀，無以見《易》"的思想，提出了"乾坤並建"説。他説："《周易》之書，乾坤並建以爲

---

① [清] 王夫之：《周易外傳》卷6，中華書局，1977年，第212~213頁。
② [清] 王夫之：《周易外傳》卷6，中華書局，1977年，第212~214頁。
③ [清] 王夫之：《周易外傳》卷5，中華書局，1977年，第204頁。
④ 《周易內傳發例》："夫之自隆武丙戌始有志於讀《易》。"

首,《易》之體也。"① 又説:"乾坤並建而統《易》。"② 又説:"《周易》首乾坤,而非首乾也。"③

王夫之的"乾坤並建"説,被視爲王夫之《易》學思想之主幹。如朱伯崑先生説:"由於王夫之主'《易》之全體在象',視卦象爲其占學的依據,他進而探討了八卦和六十四卦卦象的邏輯結構以及六十四卦象形成的法則,提出'乾坤並建'説,作爲其《易》學及其哲學的綱領。"④ 廖名春先生説:"乾坤並建統宗全《易》,是船山易學的出發點與歸宿點,在他全部有關著作中,他始終堅持把這一理論作爲自己解《易》的最基本原則,並對之進行了反復詳盡的解説與闡發。"⑤

有學者認爲,王夫之提出"乾坤並建"是爲了反對"陽尊陰卑""陽主陰從"的説教。其實不然。筆者認爲,《易》學陰陽觀由三部分有機組成:陰陽交易觀、陰陽分判觀、尊陽抑陰觀。"乾坤並建"屬陰陽交易觀。提出"乾坤並建"並不意味着否定"尊乾陽,抑坤陰"。宋儒朱熹説:"雖是一陰一陽,《易》中之辭,大抵陽吉而陰凶。"⑥ 又説:"《易》則是個尊陽抑陰,進君子而退小人,明消長盈虚之理。"⑦ 關於《易》學"尊陽抑陰"觀,王夫之與朱熹的認識並無二致。如,詮釋乾卦

---

① [清] 王夫之:《周易内傳》卷1,續修四庫全書本。
② [清] 王夫之:《周易内傳》卷5,續修四庫全書本。
③ [清] 王夫之:《周易外傳》卷7,中華書局,1977年,第270頁。
④ 朱伯崑:《易學哲學史》第4卷,崑崙出版社,2005年,第68~69頁。
⑤ 廖名春、康學偉、梁韋弦:《周易研究史》,湖南出版社,1991年,第333頁。
⑥ [宋] 朱熹著,朱傑人等主編:《朱子全書》第16册《朱子語類》卷65,上海古籍出版社、安徽教育出版社,2002年,第2162頁。
⑦ [宋] 朱熹著,朱傑人等主編:《朱子全書》第16册《朱子語類》卷67,上海古籍出版社、安徽教育出版社,2002年,第2227頁。

時，王夫之說："陽貴陰賤。"詮釋坤卦時，他說："以陰柔爲先，則欲勝理，物喪志，而迷；以陰柔爲後，得陽剛爲主而從之，則合義而利。"① 詮釋歸妹卦時，他說："陽不爲陰屈，天經地義，垂之萬世。"詮釋旅卦時，他說："陽倡則陰必隨。"詮釋涣卦時，他說："陽爲主於陰，争息而血去矣。"詮釋小過卦時，他說："陰之爲道，柔弱曲謹而不能勝大任，故可小而不可大，乃聖人於此寓扶陽抑陰之深意。"② 詮釋《周易·繫辭》時，他說："乾者，陽氣之舒，天之所以運行。坤者，陰氣之凝，地之所以翕受。……惟其（指乾）健，故渾淪無際，函地於中而統之，雖至清至虛，而有形有質者皆其所役使，是以尊而無尚。惟其（指坤）順，故雖堅凝而有實體之可憑，而靜聽無形之搏挄，不自擅而惟其所變化，是以卑而不違。"③ 可見，王夫之也是主張"陽尊陰卑""陽主陰從"的。

"乾坤並建"是陰陽對立統一的矛盾觀。同一性和鬥爭性是矛盾的二重性。同一性首先表現爲：矛盾雙方是相互依存的，矛盾雙方中的任何一方都不能脫離對方而獨立存在。詮釋萃卦時，王夫之說："在天則有陽而必有陰，在地則有剛而必有柔，在人則有君子而必有小人，有中國而必有夷狄。"④ 詮釋《周易·繫辭上》時，他說："無有陰而無陽，無有陽而無陰，兩相倚而不離也。"⑤ 詮釋《周易·繫辭下》時，他說："陽合於陰，

---

①[清]王夫之：《周易内傳》卷1，續修四庫全書本。
②[清]王夫之：《周易内傳》卷4，續修四庫全書本。
③[清]王夫之：《周易内傳》卷5，續修四庫全書本。
④[清]王夫之：《周易内傳》卷3，續修四庫全書本。
⑤[清]王夫之：《周易内傳》卷5，續修四庫全書本。

陰體乃成；陰合於陽，陽體乃成。"① 詮釋《周易·說卦》時，他說："呼之必有吸，吸之必有呼……呼而不吸，則不成乎呼；吸而不呼，則不成乎吸。"又說："闔辟者疑相敵也，往來者疑相反也，然而以闔故辟，無闔則何辟？以辟故闔，無辟則何闔？"又說："陰陽不孤行於天地之間。"② 詮釋《周易·序卦》時，他說："乾不孤施，陰不獨與。"③ 詮釋《周易·雜卦》時，他說："一陰而不善，一陽而不善……其善者，則一陰一陽之道也。"④

矛盾的同一性其次表現爲：矛盾雙方互相貫通。詮釋頤卦時，王夫之說："天包地外而入於地中，無形而成用；地處天中而受天之持，有形而結體。"⑤ 詮釋《周易·繫辭上》時，他說："雷風不相薄，水火不相射，男女不相配，自有天地以來，未有能爲爾者也。"⑥ 詮釋《周易·繫辭下》時，他說："乾可以有坤，坤可以有乾。"⑦ 詮釋《周易·說卦》時，他說："陟山而知地之固不絕於天，臨澤而知天之固不絕於地，非截然分疆而不相出入也。"⑧ 詮釋《周易·序卦》時，他說："陰陽合德，水火相入。"⑨

針對《禮記·月令》中"春夏爲陽，秋冬爲陰"的說法，

---

① [清] 王夫之：《周易外傳》卷6，中華書局，1977年，第228頁。
② [清] 王夫之：《周易外傳》卷7，中華書局，1977年，第248、256、263頁。
③ [清] 王夫之：《周易外傳》卷7，中華書局，1977年，第269頁。
④ [清] 王夫之：《周易外傳》卷7，中華書局，1977年，第286頁。
⑤ [清] 王夫之：《周易外傳》卷2，中華書局，1977年，第68頁。
⑥ [清] 王夫之：《周易外傳》卷5，中華書局，1977年，第163頁。
⑦ [清] 王夫之：《周易外傳》卷6，中華書局，1977年，第244頁。
⑧ [清] 王夫之：《周易外傳》卷7，中華書局，1977年，第251頁。
⑨ [清] 王夫之：《周易外傳》卷7，中華書局，1977年，第273頁。

王夫之説:"春夏爲陽,秋冬爲陰,非必有截然分界之期而不相爲通。"① 詮釋《周易·繫辭上》時,他又説:"以爲分析而各一之者……陰歸於陰,陽歸於陽……則陰陽瓦解而道有餘地矣。"又説:"若守其一隅,準諸一切,則天理不相揜,而人事相違,又惡足以經緯乎兩間哉?……乃爲《月令》之説者曰:'春夏陽,秋冬陰,王者繼天而爲之子,春夏用賞,秋冬用刑。'是春夏廢陰,而秋冬廢陽也。"②

矛盾的同一性還表現爲:矛盾雙方在一定條件下可以互相轉化。詮釋大壯卦時,王夫之説:"陽化陰,則陰效陽爲;陰化陽,則陽從陰志。"③ 詮釋困卦時,他説:"流行而相嬗以化,則初無垠鄂之畫絶矣。"④ 詮釋《周易·繫辭上》時,他説:"陽之變,陰之化,皆自然必有之功效。"⑤ 詮釋《周易·繫辭下》時,他説:"往固可以復來。"⑥ 詮釋《周易·説卦》時,他説:"金煬則液,水凍則堅,一剛柔之無畛也。"⑦

從"矛盾轉化"的觀點出發,王夫之對生死問題做了精闢的論證。詮釋無妄卦時,他説:"由致新而言之,則死亦生之大造矣。"⑧ 詮釋《周易·繫辭上》時,他説:"人物之生,一源於二氣至足之化。其死也,反於絪緼之和,以待時而復,特變

---

① [清] 王夫之:《周易内傳》卷3,續修四庫全書本。
② [清] 王夫之:《周易外傳》卷5,中華書局,1977年,第177、185頁。
③ [清] 王夫之:《周易外傳》卷3,中華書局,1977年,第83頁。
④ [清] 王夫之:《周易外傳》卷3,中華書局,1977年,第108頁。
⑤ [清] 王夫之:《周易内傳》卷5,續修四庫全書本。
⑥ [清] 王夫之:《周易外傳》卷6,中華書局,1977年,第217頁。
⑦ [清] 王夫之:《周易外傳》卷7,中華書局,1977年,第248頁。
⑧ [清] 王夫之:《周易外傳》卷2,中華書局,1977年,第63頁。

不測而不仍其故爾。生非創有，死非消滅，陰陽自然之理也。"① 又說："陰陽之盈虛往來，有變易而無生滅，有幽明而無有無。"② 人與物的生，源於陰陽二氣對立統一的運動變化；人與物的死是回歸陰陽二氣的絪縕和合狀態。處於和合狀態的陰陽二氣繼續其對立統一的運動變化，當條件成熟時，又會重新由"死"而"生"。在這裏，王夫之還接觸到了物質不滅和能量守恒定律。

對於割裂矛盾雙方，將矛盾雙方截然對立的錯誤觀點，詮釋《周易·文言》時，王夫之批評說："天地、水火、男女、血氣可分陰陽而不可執，道之自然者類如此。泥於象跡名言者將使天地相爲冰炭，官骸相爲仇敵，溝劃而界分之，亦惡足以知道哉？"③ 詮釋《周易·說卦》時，他又說："天下有截然分析而必相對待之物乎？求之於天地，無有此也；求之於萬物，無有此也；反而求之於心，抑未諗其必然也。"又說："今夫審聲者，辨之於五音，而還相爲宮，不相奪矣。成文者，辨之於五色，而相得益彰，不相掩矣。別味者，辨之於五味，而參調已和，不相亂矣。使必一宮一商，一徵一羽，序而間之，則音必喑；一赤一玄，一青一白，列而緯之，則色必黯；一苦一鹹，一酸一辛，等而均之，則味必惡。取人禽魚獸之身，而判其血氣魂魄以各歸，則其生必死；取草木穀果之材，而齊其多少華實以均用，則其效不成。"④

---

①［清］王夫之：《周易內傳》卷5，續修四庫全書本。
②［清］王夫之：《周易內傳》卷5，續修四庫全書本。
③［清］王夫之：《周易內傳》卷1，續修四庫全書本。
④［清］王夫之：《周易外傳》卷7，中華書局，1977年，第247、249頁。

王夫之在注重矛盾同一性的同時，也承認矛盾的鬥爭性。詮釋同人卦時，王夫之說："同人者，爭戰之府也。"① 詮釋井卦時，他說："君子小人各有界畫，類聚群分，古今不易。"又說："不明於往來清濁之定分，則以敗國亡家而有餘。"② 詮釋革卦時，他說："當澤火相接之際，不能無爭。"詮釋艮卦時，他說："於相與並行之中，即有相制之用。"③ 詮釋未濟卦時，他說："若夫水火，吾未見其可共而處也，抑又未見其處而不爭也。"④ 詮釋《周易・繫辭》時，他說："（陰陽）判然各爲一物，其性情、才質、功效皆不可強之而同。"⑤ 詮釋《周易・說卦》時，他說："夫疏理其義而別之，有截然者矣。"⑥

　　王夫之雖然承認矛盾的鬥爭性，但是，從理論傾向上，更強調矛盾的同一性。詮釋坤卦時，他說："合異於同而經緯備。"⑦ 詮釋同人卦時，他說："一陰固願同於衆陽……衆陽亦欲同於一陰。"⑧ 詮釋解卦時，他說："雖雜處而不爭……陰陽交戰之患息矣。"⑨ 詮釋萃卦時，他說："陰陽之用，以和而相互爲功。"⑩ 詮釋革卦時，他說："兩間固有之水火，日流行而不相悖害。"詮釋震卦時，他說："和則爲祥。"⑪ 詮釋未濟卦

---

① [清] 王夫之：《周易外傳》卷2，中華書局，1977年，第35頁。
② [清] 王夫之：《周易內傳》卷3，續修四庫全書本。
③ [清] 王夫之：《周易內傳》卷4，續修四庫全書本。
④ [清] 王夫之：《周易外傳》卷4，中華書局，1977年，第155頁。
⑤ [清] 王夫之：《周易內傳》卷5，續修四庫全書本。
⑥ [清] 王夫之：《周易外傳》卷7，中華書局，1977年，第248頁。
⑦ [清] 王夫之：《周易內傳》卷1，續修四庫全書本。
⑧ [清] 王夫之：《周易內傳》卷2，續修四庫全書本。
⑨ [清] 王夫之：《周易內傳》卷3，續修四庫全書本。
⑩ [清] 王夫之：《周易外傳》卷7，中華書局，1977年，第105頁。
⑪ [清] 王夫之：《周易內傳》卷4，續修四庫全書本。

時，他說："其異焉者，中固有同然者。"① 詮釋《周易·繫辭上》時，他說："夫天下之賾，天下之動，事業之廣，物宜之繁，典禮之別，分爲陰，分爲陽，表裏相待而二，二異致而一。"② 詮釋《周易·繫辭下》時，他說："道之流行於人也，始於合，中於分，終於合。"③ 詮釋《周易·説卦》時，他說："天地以和順而爲命，萬物以和順而爲性。"又説："蓋陰陽者，終不如斧之斯薪，已分而不可合。"又説："和順因其自然，而不可限以截然分析之位者也。"④ 詮釋《周易·雜卦》時，他說："相反而固其會通。"又説："反者有不反者存。"⑤

王夫之更加強調矛盾的同一性，反映了中國傳統的"和合"思想。中國人民大學張立文先生説："和合的現代意義是指自然、社會、人際、心靈、文明間諸多形相、無形相衝突融合，與在衝突融合的動態變化過程中諸多形相、無形相和合爲新事物、新生命的總和。"又説："和合是中華優秀傳統文化的思想精華，是中華民族人文精神的基本理念與首要價值，是中華文化的時代精神與生命智慧，她是中華心、民族魂的體現，是當代核心價值觀的重要源泉。"⑥

矛盾具有普遍性和絕對性，世界上的各種事物，都由既對立而又不可分離的"陰陽"組成。任何事物都是矛盾的統一

---

① [清] 王夫之：《周易外傳》卷4，中華書局，1977年，第155頁。
② [清] 王夫之：《周易外傳》卷5，中華書局，1977年，第202頁。
③ [清] 王夫之：《周易外傳》卷6，中華書局，1977年，第215頁。
④ [清] 王夫之：《周易外傳》卷7，中華書局，1977年，第248、249、250頁。
⑤ [清] 王夫之：《周易外傳》卷7，中華書局，1977年，第286、287頁。
⑥《涵養社會主義核心價值觀的重要源泉（下）——崇正義·尚和合·求大同》，《光明日報》，2014年7月29日第16版。

體,各種事物都存在着陰陽,陰陽二氣對立統一的矛盾運動無處不在。詮釋咸卦時,王夫之說:"陰陽之變化爲兩間必有之理數。"① 詮釋《周易·繫辭上》第五章時,他說:"陰陽充滿乎兩間,而盈天地之間,惟陰陽而已矣。"又說:"陰陽交易之理流行於日用而不可離。"又說:"一陰一陽之道流行於兩間,充周於萬物。"② 陰陽二氣對立統一的矛盾運動不僅無處不在,而且無時不在。詮釋《周易·繫辭上》第十一章時,他說:"哀哉,其日習於太極而不察也!"③

陰陽二氣對立統一的矛盾運動是事物發生發展變化的内在動因。詮釋無妄卦時,王夫之說:"道有陰陽,陰陽生群有。"④ 詮釋咸卦時,他說:"陰陽一相接而萬物怒生。"⑤ 詮釋《周易·繫辭上》第五章時,他說:"未有之先此以生,已有之後此以成。"⑥ 詮釋《周易·繫辭上》第八章時,他說:"物之生,氣之成,氣化之消長,世運之治亂,人事之順逆,學術事功之得失,皆一陰一陽之錯綜所就。"⑦ 詮釋《周易·繫辭上》第九章時,他說:"天下之物與事莫非一陰一陽交錯所成。"⑧ 詮釋《周易·序卦》時,他說:"一陰一陽者,群所大因也。"又說:"衆變而不舍乾坤之大宗,闔於此闔,辟於此辟。"又說:"乾

---

① [清] 王夫之:《周易内傳》卷3,續修四庫全書本。
② [清] 王夫之:《周易内傳》卷5,續修四庫全書本。
③ [清] 王夫之:《周易外傳》卷5,中華書局,1977年,第200頁。
④ [清] 王夫之:《周易外傳》卷2,中華書局,1977年,第61頁。
⑤ [清] 王夫之:《周易内傳》卷3,續修四庫全書本。
⑥ [清] 王夫之:《周易外傳》卷5,中華書局,1977年,第180頁。
⑦ [清] 王夫之:《周易内傳》卷5,續修四庫全書本。
⑧ [清] 王夫之:《周易内傳》卷5,續修四庫全書本。

坤首建，極陰陽之至盛，以爲變化之由。"① 《周易》正是按照這種陰陽"動靜"的"條理"來揭示宇宙生成論的。乾象爲天，坤象爲地。天的"陽"性和地的"陰"性兩種對立勢力的互相"摩蕩"，使事物孳生、發展，從而產生了世界上的形形色色的事物。萬事萬物都是由"乾之六陽"與"坤之六陰"相摩相蕩而成。其所以如此，決定於乾坤的"相峙以並立"。只有乾坤"相峙以並立"，才能"互相推移"而發生變化。"純乾純坤"是不可能具有這種作用的。因此，王夫之斷言："《周易》並建乾坤，爲諸卦之統宗，不孤立也。"②

總之，王夫之通過對"陰陽並建"命題的闡述，對矛盾雙方的相互對立鬥爭、相互依存、貫通和相互轉化的關係做了相當深刻的論述，在當時來說，達到了樸素辯證法所可能達到的高峰。

五、以動靜對立統一的運動觀詮《易》

王夫之由肯定陰陽的對立統一，進而探討"動"與"靜"的問題。動靜問題是中國哲學史上自先秦以來一直爭論不休的問題之一。或"貴動"，或"主靜"；或根本否認靜止，或承認相對靜止的重大作用。王夫之在前人認識成果的基礎上，進一步對動靜之間的辯證關係做了全面、系統的深入探討。

首先，他認爲運動和物質不可分。王夫之通過對中國哲學史上傳統的"主靜"派哲學的考察，敏銳地意識到，他們都是

---

① [清] 王夫之：《周易外傳》卷7，中華書局，1977年，第266、268、271頁。
② [清] 王夫之：《周易內傳》卷1，續修四庫全書本。

脱離物質實體談動靜。王夫之則着重論證了物質實體與動靜，即陰陽二氣與動靜的關係。詮釋《周易·繫辭上》第五章時，他説："動者，陰陽之動；靜者，陰陽之靜。"① 這樣，王夫之就把運動和物質的氣結合了起來。

其次，王夫之肯定運動是絕對的，靜止是相對的。哲學史上主靜派強調靜止是事物的本質，認爲靜止是絕對的，而運動只不過是靜止的表現形式。王夫之則認爲，"動"和"靜"不能割裂，只有雙方既對立又共居，才能相互作用。詮釋豫卦時，他説："靜函動之理。"又説："動而無靜之體，非善動也；靜而無動之理，非善靜也。"② 詮釋震卦時，他説："動靜互涵，以爲萬變之宗。"③ 詮釋艮卦時，他説："動靜相函，靜以養動之才，則動不失靜之體。"④ 詮釋《周易·繫辭上》第二章時，他説："動不可靜，則氣浮而喪其心之所守；靜不能動，則心放而氣與俱餒。"⑤

對有靜而無動的觀點，王夫之批駁説："所貴於靜者，以動之已亟則流於偏而忘其全，故不如息動而使不流，而動豈可終息也哉？"⑥ 詮釋艮卦時，他又説："萬緣息而一念不興，專氣凝而守靜以篤，異端固有用是道者，而不能無咎，惟不知動之不可已。"⑦ 詮釋《周易·繫辭下》時，他説："且夫欲禁天下

---

① [清] 王夫之：《周易內傳》卷5，續修四庫全書本。
② [清] 王夫之：《周易內傳》卷2，續修四庫全書本。
③ [清] 王夫之：《周易外傳》卷4，中華書局，1977年，第122頁。
④ [清] 王夫之：《周易內傳》卷4，續修四庫全書本。
⑤ [清] 王夫之：《周易內傳》卷5，續修四庫全書本。
⑥ [清] 王夫之：《周易內傳》卷2，續修四庫全書本。
⑦ [清] 王夫之：《周易內傳》卷4，續修四庫全書本。

之動，則亦惡從而禁之？"① 王夫之動靜不可割裂的觀點，可涵攝於其"乾坤並建"的《易》學思想體系。

基於《易》學"乾坤並建"觀，王夫之反對把運動和靜止割裂開來的觀點；基於《易》學"尊陽抑陰"觀，王夫之更強調動。詮釋乾卦時，王夫之說："運動而不息。"② 又說："行，則周乎地外、入乎地中而皆行矣。"③ 詮釋臨卦時，他說："乾曰不息，坤曰時行，非有間斷也。"④ 詮釋復卦時，他說："夫天地之所以行四時、生百物，亘古今而不息者，皆此動之一幾相續不舍，而非窅然而清、塊然而寧之爲天地也，審矣。"又說："天地之心無一息而不動，無一息而非復。"⑤ 詮釋咸卦時，他說："天地之情不倦於屈伸。"⑥ 詮釋無妄卦時，他說："不動之常惟以動驗，既動之常不待反推。是靜因動而得常，動不因靜而載一。"⑦ 詮釋震卦時，他說："天下亦變矣。"又說："動者不借於靜，不亦諗乎？"又說："夫才以用而日生，思以引而不竭。"⑧ 詮釋《周易·繫辭上》第十章時，他說："變者，盡乎萬殊之理而無所滯也。"⑨ 詮釋《周易·繫辭下》第五章時，他說："天地之間流行不息，皆其生焉者也。"又說："太虛者，本動者也。動以入動，不息不滯。"又說："天地之間大矣，其

---

① [清] 王夫之：《周易外傳》卷6，中華書局，1977年，第206頁。
② [清] 王夫之：《周易內傳》卷1，續修四庫全書本。
③ [清] 王夫之：《周易外傳》卷1，中華書局，1977年，第1頁。
④ [清] 王夫之：《周易內傳》卷2，續修四庫全書本。
⑤ [清] 王夫之：《周易內傳》卷2，續修四庫全書本。
⑥ [清] 王夫之：《周易內傳》卷3，續修四庫全書本。
⑦ [清] 王夫之：《周易外傳》卷2，中華書局，1977年，第63頁。
⑧ [清] 王夫之：《周易外傳》卷4，中華書局，1977年，第120、121頁。
⑨ [清] 王夫之：《周易內傳》卷5，續修四庫全書本。

始終亦不息矣。"①

眾所周知，老子崇靜。老子説："致虛極，守靜篤，萬物並作，吾以觀復。"② 魏晉玄風大暢，崇尚老莊。王弼詮釋復卦《彖》辭"復，其見天地之心乎"時説："天地以本爲心者也，凡動息則靜……寂然至無，是其本矣。"孔穎達認爲"天地以本爲心"中的"本"指"靜"。③ 周敦頤亦以靜詮《易》。詮釋《周易·繫辭下》"吉凶悔吝者，生乎動者也"時，周敦頤説："吉一而已，動不可不慎乎！"④ 王夫之極力反對以"靜"詮《易》之説。詮釋復卦《彖》辭"復，其見天地之心乎"時，王夫之説："乃異端執天地之體以爲心，見其窅然而空，塊然而靜，謂之自然，謂之虛靜，謂之常寂光，謂之大圓鏡，則是執一嗒然交喪、頑而不靈之體以爲天地之心而欲效法之。……異端之愚，莫甚於此。……程子曰：'先儒皆以靜爲見天地之心，不知動之端乃天地之心，非知道者孰能識之。'卓哉，其言之乎！"⑤ 詮釋《周易·繫辭下》"吉凶悔吝者，生乎動者也"時，王夫之説："吉凶悔吝，辭之所著也。爻動則時位與事相值，而四者之占應之。此以申明動在其中之意，而言發動之爻爲所動之得失。昧者不察，乃謂因動而生四者，吉一而凶三，欲人之一於靜以遠害。此老莊之餘瀋，毀健順而戕生理而賊名教者

---

① [清] 王夫之：《周易外傳》卷 6，中華書局，1977 年，第 217、219、224 頁。
② 陳鼓應：《老子注譯及評介》，中華書局，1984 年，第 124 頁。
③ 劉玉建：《〈周易正義〉導讀》，齊魯書社，2005 年，第 214 頁。
④ [宋] 周敦頤著，陳克明點校：《周敦頤集》卷 2《通書·乾損益動》，中華書局，1990 年，第 38 頁。
⑤ [清] 王夫之：《周易内傳》卷 2，續修四庫全書本。

也。"① 在這裏，王夫之指出，運動是物質的本性，静止只是暫時的、相對的。

王夫之根據事物的運動變化原理，進而提出變化日新的觀點。詮釋無妄卦時，他說："推故而别致其新。"② 詮釋《周易·繫辭上》時，他說："新故相資而新其故。"③ 詮釋《周易·繫辭下》時，他說："天下日動，而君子日生；天下日生，而君子日動。動者，道之樞，德之牖也。"④

王夫之還認識到事物的絶對運動和相對静止的出現都不是偶然的，而是一種符合規律的現象。詮釋乾卦時，他說："動静各有其時，一動一静各有其紀，如是者乃謂之道。"⑤ 詮釋《周易·繫辭上》時，他說："動因道以動，静因道以静。"⑥ 這裏所說的"各有其時""各有其紀"和"因道"都是説事物的動静具有客觀規律性。

六、以"常""變"對立統一的變化觀詮《易》

王夫之在其《易》學著作中經常以"常""變"對立統一的變化觀對《周易》加以詮釋發揮。"常"與"變"在王夫之的不同著作的不同論述中往往有不同的含義。學者對"常"與"變"的理解也很不統一。筆者傾向於認爲，"常"與"變"如

---

① [清] 王夫之：《周易内傳》卷6，續修四庫全書本。
② [清] 王夫之：《周易外傳》卷2，中華書局，1977年，第63頁。
③ [清] 王夫之：《周易外傳》卷5，中華書局，1977年，第183頁。
④ [清] 王夫之：《周易外傳》卷6，中華書局，1977年，第207頁。
⑤ [清] 王夫之：《周易外傳》卷1，中華書局，1977年，第3頁。
⑥ [清] 王夫之：《周易外傳》卷5，中華書局，1977年，第179頁。

果用現代哲學語言來表述，基本上相當於"必然性"與"偶然性"。當然，王夫之有時將三綱五常之類的封建禮法也視之爲"常"，這是由王夫之的時代和階級局限性所決定的。階級與時代局限性屬《周易》詮釋的視域局限。此局限不僅體現於王夫之的《周易》詮釋中，亦體現於李塨等其他古代學者的《周易》詮釋中。略述於此，以例其餘。"歷史的分析方法"和"階級的分析方法"是重要的傳統史學方法論。① 前些年，因濫用這兩種方法而導致歷史研究的程式化，固然不足取，但將這兩種方法徹底拋棄，亦不足取。

"常"與"變"的關係，亦即必然性與偶然性的關係，是我國哲學史上的古老範疇。在中國哲學史上，或誇大必然性而否認偶然性，或誇大偶然性而忽視必然性。王夫之克服以上兩種片面性，認爲觀察事物的變化，既要重視偶然性，也要堅信必然性，把二者統一起來，才符合客觀實際。王夫之將這一思想貫穿滲透於他對《周易》的詮釋之中。

詮釋無妄卦時，王夫之說："蓋天地之大命，有千百年之大化，有數十年之時化，有一時之偶化，有六合之大化，有中土之時化，有一人一事之偶化。通而計之皆無妄，就一時一事而言之，則無妄者固有妄也。"② 此段引文中的"無妄"指事物發展變化過程中的必然性，"有妄"指事物發展變化過程中的偶然性。"無妄者固有妄"這一哲學觀點，正確地表述了"必然"與"偶然"的辯證統一。從階段和局部來看，變化是偶然的；

---

① 趙吉惠：《歷史學方法論》，四川人民出版社，1987年，第89~102頁，第128~145頁。
② [清] 王夫之：《周易內傳》卷2，續修四庫全書本。

從全過程和整體來看，變化是必然的。

詮釋《周易·繫辭上》第四章時，王夫之説："道，非無定則以爲物依，非有成心以爲期於物。予物有則，象數非因其適然；授物無心，象數亦非有其必然矣。"① 此段引文中的"非無定則"和"予物有則"指事物發生發展變化過程中的必然性，"非有成心""授物無心"指事物發生發展變化過程中的偶然性。王夫之又説："夫有則者，因器而無定則；無心者，萬物皆見其心。"② 事物的發生發展變化雖然是必然的，然而表現於具體事物，則是偶然的；雖然表面上看，事物發生發展的變化是偶然的，然而從本質上看，其中卻藴藏着事物發生發展變化的必然性。

詮釋《周易·繫辭上》第六章時，王夫之説："天之運也，地之遊也，日月之行也，寒暑氣候之節也，莫不各因其情以爲量，出入相互，往來相遇，無一定之度數，雜然各致，而推蕩以合符焉。"③ 此段引文中的"無一定之度數"指在事物的變化過程中有偶然因素在起作用。"推蕩以合符"是指縱觀全過程，變化不離常規，必然性寓於其中。

詮釋《周易·繫辭下》第八章時，王夫之説："陰陽之氣，絪緼而化醇，雖有大成之序，而實無序。以天化言之，寒暑之變有定矣，而由寒之暑，由暑之寒，風雨陰晴，遞變其間，非日日漸寒，日日漸暑，刻期不爽也。以人物言之，少老之變有定矣，而修短無期，衰旺無恒，其間血氣之消長，非王（旺）

---

① [清] 王夫之：《周易外傳》卷5，中華書局，1977年，第172頁。
② [清] 王夫之：《周易外傳》卷5，中華書局，1977年，第176頁。
③ [清] 王夫之：《周易外傳》卷5，中華書局，1977年，第185頁。

之中無偶衰，衰之後不再王（旺），漸王（旺）漸衰以趨於消滅，可刻期而數也。"① 陰陽之氣的變化，有必然性（大成之序），也有偶然性（無序）。以氣候的寒暑變遷爲例，總的變化趨勢是確定的，這是氣候變遷的必然性，但在具體的變化過程中，何日風雨，何日陰晴，又是偶然的。以人物由少而老的變化爲例，總的趨勢是必然的，但在具體的變化過程中，或壽或夭，或衰或旺，卻又是偶然的。在這裏，王夫之揚棄了"執常而棄變"和"執變而棄常"兩種形而上學的觀點，揭示了"常""變"統一的樸素辯證法思想。

王夫之還從筮法的角度對必然性與偶然性加以詮釋。詮釋《周易·繫辭上》第二章時，他説："有定者何也？非其七、九，則其六、八也，非其七、八，則其九、六也。"② 詮釋《周易·繫辭上》第四章時，他説："夫數之有七、八、九、六也，乾坤之有奇偶也，分二、掛一、揲四、歸奇之各有象也，四營之積一三二二，十有八變之乘三六以備陰陽也，三百六十、萬一千五百二十之各有當也，六變而七、九化而八之以往來爲晝夜也，象數昭垂，鬼不得私，而任謀於人。五十而用四十有九也，分而爲二，用其偶然而非有多寡之成數也，幽明互用，人不得測，而聽謀於鬼。"又説："夫不見七、八、九、六之成於無心以分二，而無心所分之二受則於七、八、九、六而不過也乎？"③ 詮釋《周易·繫辭上》第九章時，他説："故自此而七、八、九、六，合符而不爽，豈非其固然者哉？"又説："自掛一

---

① [清] 王夫之：《周易內傳》卷6，續修四庫全書本。
② [清] 王夫之：《周易外傳》卷5，中華書局，1977年，第168頁。
③ [清] 王夫之：《周易外傳》卷5，中華書局，1977年，第175、176頁。

象三以後，及於萬一千五百二十之象萬物，皆有成則之可法；分而爲兩，無成數而托於無心者，神之所爲無心而成化也。"又説："乃若四營、十八變之數有則者，亦與無心者相間。"又説："三變之數，中分無心。"① 詮釋《周易·繫辭下》第八章時，他説："四營十八變之無心，人自循其常耳。"②

根據《周易·繫辭》中所記載的傳統的筮法，經過四營、十八變後，餘數或爲二十八（4×7），或爲三十六（4×9），或爲二十四（4×6），或爲三十二（4×8）。只有這四種可能。這是體現於筮法中的必然性。分二、掛一、揲四、歸奇，每次所得數目各不相同，這是體現於筮法中的偶然性。因此，王夫之得出結論説："待謀於人而有則，則非適然之無端；聽謀於鬼而無心，則非必然之有畛。"③ 七、八、九、六之成數是必然的，分二、掛一、揲四、歸奇的過程是偶然的，必然寓於偶然之中，偶然之中體現着必然。

王夫之肯定事物的變化有必然性，也有偶然性，從而在陰陽對立統一的矛盾觀和動靜對立統一的運動觀的基礎上，建立了"常""變"對立統一的變化觀。詮釋乾卦時，他説："蹈常處變。"④ 詮釋恒卦時，他説："天地風雷之變而不失其常。"⑤ 詮釋震卦時，他説："變而非能改其常。"又説："天下亦變矣，所以變者亦常矣。"⑥ 詮釋《周易·繫辭上》第二章時，他説：

---

① [清] 王夫之：《周易外傳》卷5，中華書局，1977年，第194、195頁。
② [清] 王夫之：《周易外傳》卷6，中華書局，1977年，第234頁。
③ [清] 王夫之：《周易外傳》卷5，中華書局，1977年，第176頁。
④ [清] 王夫之：《周易內傳》卷1，續修四庫全書本。
⑤ [清] 王夫之：《周易內傳》卷3，續修四庫全書本。
⑥ [清] 王夫之：《周易外傳》卷4，中華書局，1977年，第120頁。

"君子常其所常，變其所變，則位安矣；常以治變，變以貞常，則功起矣。"又説："合其象數，貞其常變，而《易》以興矣。"① 詮釋《周易·繫辭上》第九章時，他説："君子貞其常以聽變。"② 詮釋《周易·繫辭下》第七章時，他説："故聖人於常治變，於變有常。"又説："常亦在變之中。"③ 詮釋《周易·繫辭下》第八章時，他説："執常以迎變，要變以知常。"又説："於變以得常……取常以推變。"④ 詮釋《周易·繫辭下》第十章時，他説："變而不失其常之謂常，變而失其常，非常矣。"⑤ 詮釋《周易·説卦》時，他説："是故聖人之教，有常有變。"⑥ 詮釋《周易·雜卦》時，他説："變而不失其常，而後大常貞。"又説："變不失常……奉常以處變。"⑦

　　王夫之論述必然性與偶然性的辯證關係時，有時側重於偶然性。如詮釋復卦時，他説："天地無心而成化。"詮釋無妄卦時，他説："天道有恒而命無恒。"⑧ 詮釋咸卦時，他説："天地有偶然之施生。"⑨ 詮釋漸卦時，他説："否有定數而無定氣。密遷以就其和，則寒暑非有不可變之勢，亦足見陰陽之於沖和，夾輔流行，非必於卯酉之仲、春秋之分，刻限以求和於定時

---

① [清] 王夫之：《周易外傳》卷5，中華書局，1977年，第168、169頁。
② [清] 王夫之：《周易外傳》卷5，中華書局，1977年，第196頁。
③ [清] 王夫之：《周易外傳》卷6，中華書局，1977年，第231、233頁。
④ [清] 王夫之：《周易外傳》卷6，中華書局，1977年，第234頁。
⑤ [清] 王夫之：《周易外傳》卷6，中華書局，1977年，第240頁。
⑥ [清] 王夫之：《周易外傳》卷7，中華書局，1977年，第263頁。
⑦ [清] 王夫之：《周易外傳》卷7，中華書局，1977年，第286頁。
⑧ [清] 王夫之：《周易內傳》卷2，續修四庫全書本。
⑨ [清] 王夫之：《周易內傳》卷3，續修四庫全書本。

矣。"① 詮釋《周易·繫辭上》第三章時，他說："陰陽之險易，亦豈有恒哉？"② 詮釋《周易·繫辭上》第四章時，他說："《易》之或九或六，結而成乎卦體，出於無心之分合。"③ 詮釋《周易·繫辭上》第九章時，王夫之說："銖銖而期之，節節而肖之，是陰陽無往來，而吉凶無險阻矣。"④ 詮釋《周易·繫辭下》第八章時，他說："六位無常，剛柔相易，其變亦大矣。"又說："《易》以無心之變爲其生生。"⑤ 詮釋《周易·繫辭下》第九章時，他說："位豈有定，而應豈有準哉？"⑥ 詮釋《周易·繫辭下》第十章時，他說："神而明之，通人於天地，非有定也。"⑦ 詮釋《周易·說卦》時，他說："序之以天時人事之一定，則有不周矣。"⑧ 詮釋《周易·序卦》時，他說："交無適交，變無定變。"又說："規規然求諸名象以刻畫天地，不已固乎？"又說："在天有不測之神，在人有不滯之理，夫豈求秩敘於名義，以限天人之必循此以爲津塗哉？"⑨

王夫之進而以此觀點考察人類社會發展的歷史，指出人類社會進化的必然性也是在種種偶然性的歷史事件中體現的。詮釋《周易·說卦》時，他說："帝之所臨，初無必然之衰王；神之所集，何有一定之險夷？故冀、代之士馬，或以強，或以

---

① [清] 王夫之：《周易外傳》卷4，中華書局，1977年，第130頁。
② [清] 王夫之：《周易外傳》卷5，中華書局，1977年，第171~172頁。
③ [清] 王夫之：《周易內傳》卷5，續修四庫全書本。
④ [清] 王夫之：《周易外傳》卷5，中華書局，1977年，第196頁。
⑤ [清] 王夫之：《周易外傳》卷6，中華書局，1977年，第234~235頁。
⑥ [清] 王夫之：《周易外傳》卷6，中華書局，1977年，第236頁。
⑦ [清] 王夫之：《周易外傳》卷6，中華書局，1977年，第239頁。
⑧ [清] 王夫之：《周易外傳》卷7，中華書局，1977年，第259頁。
⑨ [清] 王夫之：《周易外傳》卷7，中華書局，1977年，第269、285頁。

弱；三塗四岳之形勝，或以興，或以亡。"① 對於看不到事物發生發展變化的偶然性的錯誤觀點，王夫之批評説："不得已而有言，則溯而上之，順而下之，神明而隨遇之，皆無不可。而何執一必然之序，驪括大化於區區之局格乎？"②

王夫之肯定萬物皆變，萬變難免偶然，進而着重探討偶然變化中的必然性。他在《周易内傳》開篇即言："七、八、九、六無心之動，終合揆於兩儀之象數。"③ 詮釋噬嗑卦時，他説："陰陽之合離也有數，而其由離以合也有道。"④ 詮釋復卦時，他説："爻見於位者皆反其故居，而非無端之忽至矣。"詮釋無妄卦時，他説："日月運行自有恒度。"又説："天命自成其一治一亂之恒數。"⑤ 詮釋《周易·繫辭上》第四章時，他説："吉凶之幾一聚一散，變化無窮而吉凶不爽，以此知鬼神之情狀無心而自有恒度。"⑥ 詮釋《周易·繫辭下》第七章時，他説："天地必有紀，陰陽必有序。數雖至變，無有天下地上、夏寒冬暑之日也。聖人敦其至常而不憂……亦因乎理之有定者焉爾。"⑦

王夫之堅信"有物必有則"，主張通過"無常"之變去把握"不爽"之則。詮釋乾卦時，他説："自有生物以來，迄於終古，榮枯生死、屈伸變化之無常而不爽其則，有物必有則

---

①［清］王夫之：《周易外傳》卷7，中華書局，1977年，第259頁。
②［清］王夫之：《周易外傳》卷7，中華書局，1977年，第253頁。
③［清］王夫之：《周易内傳》卷1，續修四庫全書本。
④［清］王夫之：《周易外傳》卷2，中華書局，1977年，第49頁。
⑤［清］王夫之：《周易内傳》卷2，續修四庫全書本。
⑥［清］王夫之：《周易内傳》卷5，續修四庫全書本。
⑦［清］王夫之：《周易外傳》卷6，中華書局，1977年，第233頁。

也。"①《詩經》中有"天生蒸民,有物有則"②的名言,荀子中有"天行有常,不爲堯存,不爲桀亡"③的哲理。王夫之繼承並發展了這些優秀思想傳統,做出了"變化之無常而不爽其則"的精闢論斷。這一科學命題把必然性和偶然性辯證地統一了起來。"變化之無常"強調事物變化過程中的偶然性,"不爽其則"強調事物變化過程中的必然性。詮釋乾卦《彖》辭時,王夫之又說:事物之所以"善動而不息",是由於"理爲之也"。④這裏的"理"和"不爽其則"中的"則"指的都是事物發展過程中客觀存在的必然規律。

認識到了必然性與偶然性的辯證關係,就會做到"盡人而俟天"⑤。"盡人"指發揮人的主觀能動性,"俟天"指尊重客觀規律。認識到了事物發生發展變化的必然性,就會尊重客觀規律;認識到了事物發生發展變化的偶然性,就會發揮人的主觀能動性。詮釋否卦時,王夫之說:"雖有不忍萬物之志,亦聽其自爲生死。"⑥詮釋《周易·繫辭下》第九章時,他說:"故君子以人合天,而不強天以從人,則奈何舍所效之材,以惟意是徇邪?"⑦詮釋《周易·序卦》時,他說:"《易》本天以治人,

---

① [清] 王夫之:《周易内傳》卷1,續修四庫全書本。
② [漢] 毛亨傳,[漢] 鄭玄箋,[唐] 孔穎達疏:《毛詩正義》卷18《蒸民》,北京大學出版社,2000年,第1432頁。
③ [清] 王先謙著,沈嘯寰、王星賢點校:《荀子集解》卷11《天論》,中華書局,1988年,第306~307頁。
④ [清] 王夫之:《周易内傳》卷1,續修四庫全書本。
⑤ [清] 王夫之:《周易外傳》卷1,中華書局,1977年,第10頁。
⑥ [清] 王夫之:《周易外傳》卷1,中華書局,1977年,第33頁。
⑦ [清] 王夫之:《周易外傳》卷6,中華書局,1977年,第236頁。

而不強天以從人。"① 反映了王夫之"事物發展變化的必然性非人爲所可逆挽"的尊重客觀規律的實事求是的觀點。詮釋豐卦時，王夫之說："其不然者，人之必消，聽之氣數而非己之任；鬼神之必息，亦何依以責既屈之知能而致其戒哉？"② 詮釋《周易·繫辭上》第九章時，他說："非然，則吉凶仰成於必至，誰與爲'震無咎'之功，誰與爲'憂悔吝'之幾也哉？"③ 詮釋《周易·繫辭下》第十章時，他說："非在天有一定之吉凶，人不得而與也。"④ 詮釋《周易·序卦》時，他說："消長無漸，故不以無心待天佑之自至。"⑤ 反映了王夫之"只有認識到了偶然性，才能發揮人的主觀能動性"的觀點。尊重客觀規律叫"以天治人"，發揮人的主觀能動性叫"以人造天"。詮釋《周易·繫辭上》第九章時，王夫之說："以天治人而知者不憂，以人造天而仁者能愛，而後爲功於天地之事畢矣。"⑥

七、以其他思想詮《易》

王夫之在其《易》學著作中還從注重實踐的認識論、"理欲"觀和民本思想等諸多方面對《周易》做了詮釋發揮。

（一）以注重實踐的認識論詮《易》

王夫之的認識論是注重實踐的唯物主義的認識論。詮釋

---

① [清] 王夫之：《周易外傳》卷7，中華書局，1977年，第270頁。
② [清] 王夫之：《周易外傳》卷4，中華書局，1977年，第133～134頁。
③ [清] 王夫之：《周易外傳》卷5，中華書局，1977年，第194頁。
④ [清] 王夫之：《周易內傳》卷6，續修四庫全書本。
⑤ [清] 王夫之：《周易外傳》卷7，中華書局，1977年，第268頁。
⑥ [清] 王夫之：《周易外傳》卷5，中華書局，1977年，第194頁。

《周易·繫辭上》第一章時，他説："以人之知言之，聞見之知不如心之所喻，心之所喻不如身之所親行焉。"① 在這裏，王夫之指出，感性認識不如理性認識深刻，而停止於理性認識也是不夠的，必須親自去實踐，才能收到預期的效果。

實踐是人們有意識地認識世界和改造世界的活動。認識世界的活動是"知"，改造世界的活動是"能"。詮釋《周易·繫辭上》第一章時，王夫之説："夫天下之大用二，'知''能'是也。"又説："知、能同功而成德業。"② 對於輕視人們認識世界和改造世界的實踐活動的觀點，王夫之批評説："夫能有跡，知無跡，故知可詭，能不可詭。異端者於此，以知爲首，尊知而賤能，則能廢。知無跡，能者知之跡也。廢其能，則知非其知，而知亦廢。於是異端者欲並廢之。故老氏曰'善行無轍跡'，則能廢矣；曰'滌除玄覽'，則知廢矣。釋氏曰'應無所住而生其心'，則能廢矣；曰'知見立知即無明本'，則知廢矣。知、能廢，則乾坤毀。"③

在王夫之的《易》學著作中，"知"有時指認識活動，有時指認識成果。"知"對"能"具有指導作用，先有正確的"知"，後有正確的"能"。詮釋坎卦時，王夫之説："知以爲始，能以爲成。"④

王夫之認爲，致知是没有止境的，力行也是没有止境的。詮釋謙卦時，他説："道之在天下也，豈有窮哉？以一人之身藐然孤處於天地萬物之中，雖聖人而不能知不能行者多矣。……

---

① [清] 王夫之：《周易內傳》卷5，續修四庫全書本。
② [清] 王夫之：《周易外傳》卷5，中華書局，1977年，第157、164頁。
③ [清] 王夫之：《周易外傳》卷5，中華書局，1977年，第164頁。
④ [清] 王夫之：《周易外傳》卷2，中華書局，1977年，第73頁。

君子知此，念道之無窮，而知、能之有限。"① 詮釋《周易·繫辭下》第二章時，他說："縣（懸）日月星辰於上，而人有不可法之知；奠海岳丘原於下，而人有不可效之能。"② 在這裏，王夫之接觸到了真理的無限性和人類認識、實踐的相對性。世界上只有暫時認識不到的真理，而沒有永遠認識不到的真理。因此，詮釋《周易·繫辭上》第十章時，王夫之又說："天下之事無不可爲，天下之物無不可用。"③ 詮釋《周易·雜卦》時，他則說："無不可見之天心，無不可合之道符也。"④

（二）以"理欲"觀詮《易》

在天理與人欲的問題上，王夫之認爲，理和欲雖有區別，但它們關係密切，不可偏廢，離開欲而存理，或離開理而縱欲都是不對的。詮釋震卦時，他說："天理原不舍人欲而別爲體，則當其始而遽爲禁抑，則且絶人情而未得天理之正，必有非所止而強止之患。" 又說："其在人心震動之後，天理仍與人情而相得，則日用飲食聲色臭味還得其所欲，而非終於枵寂以遠乎人情。"⑤ 詮釋歸妹卦時，他說："聖人不輕絶人之情。"⑥ 詮釋《周易·繫辭上》時，他又說："無理則欲濫，無欲則理亦廢。"⑦ 人們的物質生活欲望是自然而然的，是合理的。詮釋艮卦時，王夫之說："夫功名之與情欲，毋亦去其不正者而止，豈

---

① [清] 王夫之：《周易內傳》卷 2，續修四庫全書本。
② [清] 王夫之：《周易外傳》卷 6，中華書局，1977 年，第 210~211 頁。
③ [清] 王夫之：《周易內傳》卷 5，續修四庫全書本。
④ [清] 王夫之：《周易外傳》卷 7，中華書局，1977 年，第 286 頁。
⑤ [清] 王夫之：《周易內傳》卷 4，續修四庫全書本。
⑥ [清] 王夫之：《周易內傳》卷 4，續修四庫全書本。
⑦ [清] 王夫之：《周易內傳》卷 5，續修四庫全書本。

必夐然高蹈,並其得正者而拒之哉?"① 又説:"人之有情有欲,亦莫非天理之宜然者。"② 人們的物質生活欲望只要不超過限度,就是"善"的,如果"不擇其善不善而止之,則矯拂人情,雖被裁抑而聽其強禁,安能無懟心哉?"③ 這種"懟心"的發展會使社會矛盾激化,因此,王夫之指出,脱離"理"而禁"欲"是"危道"。④

承認"欲"的合理性,並不意味著縱欲,因此,詮釋否卦時,王夫之説:"欲不可縱。"⑤ "理"與"欲"雖然不可分,然而比較而言,"理"重而"欲"輕。詮釋乾卦時,王夫之説:"惟嗜欲薄而心牖開。"又説:"吾懼夫執此説者之始於義而終於利也。"⑥ 詮釋剥卦時,他説:"情欲節於禮義之防而亂自息。"⑦ 詮釋頤卦時,他説:"鄙夫之動於欲者,不足道已。"⑧ 詮釋大壯卦時,他説:"欲戕理,濁汩清,而天地之情晦蒙而不著。"⑨ 詮釋晉卦時,他説:"明德者,無私無欲可大白於天下之德也。"⑩ 詮釋震卦時,他説:"惟恐理不勝欲,義不勝利。"⑪ 詮釋艮卦時,他説:"不見可欲,使心不動,而後可以無咎

---

① [清] 王夫之:《周易外傳》卷4,中華書局,1977年,第124頁。
② [清] 王夫之:《周易内傳》卷4,續修四庫全書本。
③ [清] 王夫之:《周易内傳》卷4,續修四庫全書本。
④ [清] 王夫之:《周易内傳》卷3,續修四庫全書本。
⑤ [清] 王夫之:《周易外傳》卷1,中華書局,1977年,第31頁。
⑥ [清] 王夫之:《周易外傳》卷1,中華書局,1977年,第5、6頁。
⑦ [清] 王夫之:《周易外傳》卷2,中華書局,1977年,第55頁。
⑧ [清] 王夫之:《周易外傳》卷2,中華書局,1977年,第69頁。
⑨ [清] 王夫之:《周易内傳》卷3,續修四庫全書本。
⑩ [清] 王夫之:《周易内傳》卷3,續修四庫全書本。
⑪ [清] 王夫之:《周易内傳》卷4,續修四庫全書本。

矣。"① 詮釋歸妹卦時，他說："無欲而清。"② 詮釋兑卦時，他說："夫耳目不紛，嗜好不起，嶄然以絶非正之感者，類有餘地以自息。其息於餘地矣，耳目無所交，嗜好無所授，山之椒、水之涘可以樂飢而忘年，而天下且榮之曰'不淄'。"③ 詮釋《周易·繫辭下》第五章時，他說："濁爲食色，清爲仁義。"④ 詮釋《周易·説卦》時，他說："其不善者，則飲食男女以爲之端，名利以爲之緣。"詮釋《周易·序卦》時，他說："人以天之理爲理，而天非以人之理爲理者也。"⑤

朱熹貶"霸道"爲"人欲"，而褒"王道"爲天理。王夫之則認爲，"王道"非如朱熹所説絶對排斥"霸道"，而是可以容納"霸者之術"，結合實際情况，講究"事功"。詮釋《周易·繫辭上》第一章時，他説："霸者之術，亦王者之所知，而王道規其全，則時出爲事功而無損於王者之業。"⑥ 王夫之的這一觀點，較之朱熹的"王霸之辨"前進了一大步。

(三) 以民本思想詮《易》

民本思想指被統治的庶人是立國興邦的根本所在。中國的民本思想源遠流長。《尚書》中有"民惟邦本，本固邦寧"⑦ 的

---

① [清] 王夫之：《周易內傳》卷4，續修四庫全書本。
② [清] 王夫之：《周易內傳》卷4，續修四庫全書本。
③ [清] 王夫之：《周易外傳》卷4，中華書局，1977年，第139頁。
④ [清] 王夫之：《周易外傳》卷6，中華書局，1977年，第218頁。
⑤ [清] 王夫之：《周易外傳》卷7，中華書局，1977年，第270頁。
⑥ [清] 王夫之：《周易外傳》卷5，中華書局，1977年，第162頁。
⑦ [漢] 孔安國注，[唐] 孔穎達疏：《尚書注疏》卷7《五子之歌》，北京大學出版社，2000年，第212頁。

記載;《禮記》中有"君以民存, 亦以民亡"①的記載;《管子》中有"政之所興在順民心, 政之所廢在逆民心"②的記載;《墨子》中有"上之爲政, 得下之情則治, 不得下之情則亂"③的記載;《左傳》中有"國之興也, 視民如傷, 是其福也; 其亡, 以民如土芥, 是其禍也"④的記載;《國語》中有"王天下者必先諸民"⑤的記載;《孟子》中有"得其民, 斯得天下矣"⑥的記載;《荀子》中有"用國者, 得百姓之力者富, 得百姓之死者強, 得百姓之譽者榮"⑦的記載;《呂氏春秋》中有"宗廟之本在於民"⑧的記載;《戰國策》中有"苟無民, 何以有君"⑨和"制國有常, 而利民爲本"⑩的記載;《淮南子》中有"爲治

---

① [漢] 鄭玄注, [唐] 孔穎達疏:《禮記正義》卷55《緇衣》, 北京大學出版社, 2000年, 第1767頁。
② 黎翔鳳著, 梁運華整理:《管子校注》卷1《牧民》, 中華書局, 2004年, 第13頁。
③ [清] 孫詒讓著, 孫啓治點校:《墨子閒詁》卷3《尚同下》, 中華書局, 2001年, 第90頁。
④ [晉] 杜預注, [唐] 孔穎達疏:《春秋左氏傳注疏》卷57《哀公元年》, 北京大學出版社, 2000年, 第1857頁。
⑤ 徐元誥著, 王樹民、沈長雲點校:《國語集解》卷2《周語中》, 中華書局, 2002年, 第75頁。
⑥ 楊伯峻:《孟子譯注》卷7《離婁章句上》, 中華書局, 1960年, 第171頁。
⑦ [清] 王先謙著, 沈嘯寰、王星賢點校:《荀子集解》卷7《王霸》, 中華書局, 1988年, 第224頁。
⑧ 許維遹著, 梁運華整理:《呂氏春秋集釋》卷13《務本》, 中華書局, 2009年, 第198頁。
⑨ 諸祖耿編著:《戰國策集注匯考》卷11《齊策》, 鳳凰出版社, 2008年, 第620~621頁。
⑩ 諸祖耿編著:《戰國策集注匯考》卷19《趙策》, 鳳凰出版社, 2008年, 第966頁。

之本，務在寧民"① 的記載；《春秋繁露》中有"其德足以安樂民者，天予之；其惡足以賊害民者，天奪之"② 的記載；王符《潛夫論》中有"天以民爲心，民安樂則天心順，民愁苦則天心逆"③ 和"國以民爲基……民危而國安者，誰也"④ 的記載；《賈誼集》中有"夫民者，萬世之本也"⑤ 的記載；吳兢《貞觀政要》中有"爲君之道，必須先存百姓，若損百姓以奉其身，猶割股以啖腹，腹飽而身斃"⑥ 的記載；《包拯集》中有"民者，國之本也，才用所出，安危所繫，當務安之爲急"⑦ 的記載；《二程集》中有"爲政之道以順民心爲本，以厚民生爲本"⑧ 的記載；《朱文公文集》中有"天下國家之大務莫大於恤民"⑨ 的記載；呂祖謙《東萊別集》中有"國以民爲本，無民安得有國乎？重社稷必愛百姓也"⑩ 的記載；丘濬《大學衍義補》中有"國之所以爲國者，民而已，無民則無以爲國矣"⑪ 的記載；《王文成公全書》中有"政在親民"⑫ 的記載；《張文忠公全集》中有"唯百姓安樂，家給人足，則雖有外患，而邦

---

① 何寧：《淮南子集釋》卷20《泰祖訓》，中華書局，1998年，第1413頁。
② [漢] 董仲舒：《春秋繁露》，中華書局，1975年，第273頁。
③ [漢] 王符：《潛夫論》，上海古籍出版社，1978年，第101頁。
④ [漢] 王符：《潛夫論》，上海古籍出版社，1978年，第323頁。
⑤ 《賈誼集》，上海人民出版社，1976年，第152頁。
⑥ [唐] 吳兢：《貞觀政要》，上海古籍出版社，1979年，第1頁。
⑦ 《包拯集》，中華書局，1963年，第85頁。
⑧ 《包拯集》，中華書局，1963年，第531頁。
⑨ [宋] 朱熹著，朱傑人等主編：《朱子全書》第20冊《晦庵先生朱文公文集》卷11《庚子應詔封事》，上海古籍出版社、安徽教育出版社，2002年，第581頁。
⑩ [宋] 呂祖謙：《東萊別集》卷1，續修四庫全書本。
⑪ [明] 丘濬：《大學衍義補》卷13，續修四庫全書本。
⑫ [明] 王守仁：《王文成公全書》卷7，四部叢刊本。

本深固，自可無虞"① 的記載；李贄《焚書》中有 "至人之治，因乎人者也……因乎人者，恒順於民"② 的記載；魏象樞《寒松堂集》中有 "民者，國之元氣也"③ 和 "治國以安民爲本"④ 等記載。

　　以上論述反復說明：民心向背是國家安危所繫，國君要把自身的利害放在這一前提下來考慮。王夫之繼承了這一源遠流長的思想文化傳統。王夫之認爲，封建政權必須以人民的支持爲基礎，這正如高大的建築物，只有棟樑直立於穩固之地，才不會倒塌。詮釋大過卦時，他說："君以民爲基……無民而君不立……故高居榮觀者，鱗甍翼閣，示雄偉之觀，而棟則托址於卑下。撓其卑下，則危其崇高，未有能安者也。"⑤ 詮釋鼎卦時，他說："病民者，病國者也。民貧而貪不止，污穢露著，所謂'害於爾國，凶於爾家'者也。"⑥ 治國者如欲使百姓心悅誠服，必須首先遠斥邪佞之徒。詮釋兌卦時，王夫之說："說（悅）民之道莫先於遠邪佞之小人。奸佞不讎，則雖未有惠澤及人之事，而天下已說（悅）服之。"⑦ 中國傳統民本思想的實質是立足於君王，與西方近代的民主思想雖不可同日而語，然而，在當時的歷史條件下，民本思想對社會歷史的進步與發展，是具有積極的促進作用的。

---

① [明] 張居正：《張文忠公全集》奏疏一《陳六事疏》，清光緒二十七年（1901）重刊本。
② [明] 李贄：《焚書》卷3《論政》，中華書局，1974年，第243頁。
③ [清] 魏象樞：《寒松堂集》卷2，叢書集成初編本。
④ [清] 魏象樞：《寒松堂集》卷3，叢書集成初編本。
⑤ [清] 王夫之：《周易外傳》卷2，中華書局，1977年，第71頁。
⑥ [清] 王夫之：《周易内傳》卷4，續修四庫全書本。
⑦ [清] 王夫之：《周易内傳》卷4，續修四庫全書本。

王夫之對於解釋儒家經典，主張不斤斤於其中的某些字句，而應闡幽入微，力求創新，因此，王夫之於《易》學雖撰有《周易稗疏》這樣的考實求真之類的著作，但其《易》學貢獻卻不在於此。王夫之的《易》學貢獻主要體現於他對《周易》的哲學發揮。縱觀古今《易》學，不出兩途。一曰考實求真，一曰引申發揮。僅考實求真而無引申發揮者，失之於"陋"；僅引申發揮而無考實求真者失之於"肆"。無庸諱言，王夫之對《周易》的哲學發揮大多不是《周易》的本義，然而《易》道廣大，原賴發揮。史學理論家章學誠說："就經傳而作訓詁，雖許、鄭大儒不能無強求失實之弊；離經傳而說大義，雖諸子百家未嘗無精微神妙之解。"① 今人馮天瑜先生說："確認文本本義，追求文本本來面目的恢復，對闡釋者來說，是一種歷史的客觀的工作，提供了原典研究的基礎；而發揮原典引申義，對原典做現代化的價值評估和闡釋者主觀意圖的申述，則是一種現實的主觀的工作，能使原典之樹保持長青。這兩種努力應該是雙向同構的，分則兩傷，合則雙美。"② 德國詮釋哲學家伽達默爾說："文本的意義超越它的作者，這並不是暫時的，而是永遠如此的，因此理解就不只是一種複製的行爲，而始終是一種創造的行爲。"③ 從這個角度講，王夫之在《易》學史上的地位亦不容抹殺。但是，"就歷史研究而言，無論出於什麼目的，處於什麼條件之下，對真實的追求是絕對的、無條件的；而在運用研究成果時，可以有所選擇或取捨，但還是必須以不違背真

---

① [清] 章學誠：《章氏遺書》卷13，商務印書館，1936年排印本。
② 馮天瑜：《人文論衡》，武漢出版社，1997年，第187頁。
③ 洪漢鼎：《詮釋學——它的歷史和當代發展》，人民出版社，2001年，第2頁。

實性爲前提。"① 因此，對王夫之《易》學成就的低調處理也是有道理的。朱伯崑先生說："中國人的理論思維水準，在同西方的哲學接觸以前，主要是通過對《周易》的研究，得到鍛煉和提高的。"② 王夫之的哲學思想正是在對《周易》的詮釋過程中逐漸成熟的。《周易》文化對中國古代哲學的深刻影響於此可見一斑。

---

①葛劍雄、周筱贇：《歷史學是什麽》，北京大學出版社，2002年，第214頁。
②朱伯崑：《易學哲學史》第1卷，崑崙出版社，2005年，第40頁。

第三節　李塨的《周易》詮釋

李塨（1659~1733），字剛主，號恕谷，蠡縣（今屬河北）人，康熙二十九年（1690）舉人，從顏元學習，是清初顏李學派的代表人物之一。其哲學思想以實踐實證、實學實用爲要旨。其《易》學思想既爲其哲學思想中不可割裂的部分，又自有其在《周易》詮釋史上不可磨滅的成就。然而，二百餘年以降，學者鮮有論及，或所論泛泛，不足以彰顯李塨《易》學的特點及其價值。有鑒於此，筆者系統梳理李塨《易》注，條貫探究，詳加論述，以使學者對李塨《易》學有更爲充分的認識。

一、"專明人事，切於實用"的《易》學觀

自晉王弼注《易》以來，《易》學逐漸引入了佛道思想。及至宋代，學者多借《易》學談"心""理""性""天道"等形而上的問題，蔚爲一時之風氣。楊萬里看到了這種風氣的流弊，因而在《誠齋易傳》中多引史事以解《周易》，認爲《周易》本爲人事而作，其中很多卦爻辭皆談爲人處世之道，而時人藉以談玄虛之學，背離了《周易》本旨。楊氏遂正之以人事。① 及清初，孫奇逢著《讀易大旨》，亦談及《易》爲人事而作。② 至乾隆年間，王心敬在《豐川易説》中，也提出了

---

① 參見楊萬里：《誠齋易傳》，文淵閣四庫全書本。
② 參見孫奇逢：《讀易大旨》，文淵閣四庫全書本。

"《易》是道人事之書"的看法①。居於孫奇逢和王心敬之間的李塨，則全面論證了"《易》爲人事而作"的觀點。通觀李塨所著《周易傳注》，可以說，李塨《易》學的最大特色就在於其"專明人事"的《易》學觀。朱伯崑先生在其皇皇巨著《易學哲學史》第四卷論及李塨《易》學時說："'專明人事'的《易》學觀，是李氏《易》學的一大特色。"②然而未展開論述，筆者試補此缺。

《周易》兼言天道、人事，這已經成爲學者的共識。對此，李塨認爲，《周易》雖然談及天道，但其宗旨是言人事。他說："《易》爲人事而作也。孔子於大象如天地健順、雲雷屯難而必曰'君子以之'，又曰'《易》道有四，以言，以動，以制器，以卜筮'，又曰'百物不廢，懼以終始'，皆人事也。"又說："聖人之作《易》專爲人事而已矣。何以明其然也？乾坤索而爲雷風水火山澤，本天道也。伏羲因而重之，何不皆言天道，而蒙、需、訟、師、謙、履等卦即屬人事。文王彖辭於乾，繫以'元亨利貞'，猶天道、人事兼言也，至坤'牝馬之貞''君子攸往'等辭，專言人事，周公象辭則'勿用''利見大人''朝乾夕惕'，無非人事者。以下六十二卦言人事者勿論。如復、姤、泰、否明屬天道，而'利有攸往''勿用取女''小人''大人'必歸人事，乃知教人下學，不言性天，不惟孔門教法也，自伏羲、文王、周公以來皆然。"③

在《周易傳注·凡例》中，李塨再次闡述了其"《易》之

---

①參見王心敬：《豐川易說》，文淵閣四庫全書本。
②朱伯崑：《易學哲學史》第4卷，崑崙出版社，2005年，第308頁。
③[清]李塨：《周易傳注》原序，文淵閣四庫全書本。

大旨乃言人事"的觀點。他説:"聖教罕言性天,觀《易》亦可見。乾坤四德,必歸人事。以下屯'建侯'、蒙'初筮',每卦皆言人事。至於大傳'乾大始''坤成物'合以賢人德業,陰陽性道歸之仁知,君子'鼓萬物而不與聖人同憂'以明聖人之崇德廣業有憂患焉。其餘專明人事。此《易》之大旨也。"①

爲進一步強調《周易》對人事的關注,詮釋比卦上六爻辭後,李塨又説:"聖人於人事,欲其行而進故爲之計者四卦,履、晉、升、漸是也;欲其親附爲之計者五卦,比、同人、隨、萃、中孚是也;事必濟險爲之計者四卦,屯、蹇、涣、解是也;事成宜保爲之計者四卦,泰、大壯、大有、豐是也;而其事始於夫婦爲之計者六卦,姤、漸、歸妹、咸、恒、家人是也。其餘多一事一卦矣。"②

李塨重視人事,並不意味着忽視天道。相反,李塨認爲天道正是人事的形而上的依據。他在《周易傳注》自序中説:"人,天所生也。人之事,即天道也。"詮釋《繫辭上》時,他又説:"是則天設位於上,地設位於下,而一陰一陽生生之易行乎其中,人得之而爲知禮。"③

在極言人事本於天道的同時,李塨認爲,天道雖然不可忽視,但士人更應關注現實,關注人生,而不應將過多的時間精力用於不切實用的形而上的問題。李塨以一個非常形象的比喻表述了他的這一觀點。他説:"子,父母所出也,然有子於此,問其溫清定省不盡,問其繼志述事不能,而專思父母如何有身,

---

① [清] 李塨:《周易傳注》凡例,文淵閣四庫全書本。
② [清] 李塨:《周易傳注》卷1,文淵閣四庫全書本。
③ [清] 李塨:《周易傳注》卷5,文淵閣四庫全書本。

如何坐蓐以有吾身，人且以妄騃目之矣，而謂之孝乎？"①

在這種認識的基礎上，李塨指出，天道雖然是人事的形而上的依據，但是天道與人事畢竟不同，天道在上主化育，人事在下主經綸，人事與天道互相依倚而又各自獨立，天道是人事的依據，人事是天道的體現，人當順天立命，以求得亨通。他說："況天與人亦各有其事。天之事在化育，人之事在經綸。天而不爲天之事而欲代人經綸，則天工廢；人而不爲人之事而專測天化育，則人績荒。天工廢則乾坤毀，人績荒則宇宙亂，故天地人交相爲贊而亦各不相能。三極之道也。"②

闡發義理，俾有益於人事經綸是李塨《周易傳注》的主導思想，因此，李塨對漢《易》五行勝負、分卦直日等說一概芟除不錄。他自述其如此處理的理由時說："伏羲畫卦而後，文、周、孔子贊《易》皆以成己成物爲世道人心計也。若於三聖所言之外再出枝節，非小道術數，則曲說纖巧，《易》之亡晦，皆以此也。故於五行勝負、分卦直日及京房一世、二世、三世、四世、遊魂、歸魂諸說，俱不入。"③

李塨認爲，《中庸》"舉性天而歸諸人事"是"引而近之"，程頤、楊時"舉道行而歸諸性天"是"推而遠之"。究竟是"引而近之"還是"推而遠之"，是學術世運的分水嶺。他說："《中庸》曰'天命謂性，率性謂道，修道謂教'，此《易》教也，舉性天而歸諸人事也，引而近之也；程子曰'儒道本天，釋道本心'，楊氏曰'教人以性爲先'，此非《易》教也，舉道

---

① [清] 李塨：《周易傳注》原序，文淵閣四庫全書本。
② [清] 李塨：《周易傳注》原序，文淵閣四庫全書本。
③ [清] 李塨：《周易傳注》凡例，文淵閣四庫全書本。

行而歸諸性天也,推而遠之也。其言似同,其旨乃異。毫釐之差,千里之謬,學術世運於此分,不可不察也。"①

李塨主張實用的《易》學觀深得四庫館臣賞識。四庫館臣在對《周易傳注》所作的提要中説:"其自序排擊諸儒雖未免過激,然自明隆、萬以後,言理者以心學竄入《易》學,率持禪偈以詁經;言數者奇偶黑白遞相推衍,圖日積而日多,反置象占辭變吉凶悔吝於不問。其蠹蝕經術,實弊不勝窮。塨引而歸之人事,深得聖人垂教之旨。其矯枉過直、懲羹而吹齏者,分別觀之,不以辭害意可矣。"並稱李塨的《周易傳注》"頗爲明切質實,不涉支離恍惚之談"②。

李塨不主張奢談"理氣心性"等形而上的問題,以之爲"虛",而主張多談"仁知孝弟禮樂"等現實問題,以之爲"實"。詮釋乾卦《文言》"潛龍勿用,陽氣潛藏"時,他説:"理氣心性,後儒之習談也。《易》則不多言氣。……《論語》以仁知孝弟禮樂爲道,偶一及心一及性而無言理者……與後儒虛實大有分矣。"③

李塨二十歲受學於顏元,顏元"不言《易》,惟以人事爲教"。後來,李塨"歸而玩《易》",才發現顏元雖然没有給他講《周易》,但傳授給他的正是《易》道。他感慨地説:"習齋先生不言《易》,而教我《易》者至矣!"於是,李塨開始根據顏元的思想注釋《周易》,"日注一卦,驟然若解"。康熙四十二年(1703),也就是李塨45歲的時候,李塨注釋《周易》至

---

① [清] 李塨:《周易傳注》原序,文淵閣四庫全書本。
②《四庫全書總目》卷6,中華書局,1965年,第40頁下欄。
③ [清] 李塨:《周易傳注》卷1,文淵閣四庫全書本。

觀卦。次年春，李塨注完了《周易》經文及《文言》《彖辭》和《象辭》。同年秋，李塨開始將已完成的部分修訂一遍。康熙四十五年（1706），李塨開始注釋其餘部分（《繫辭》《說卦》《序卦》和《雜卦》）。康熙五十一年（1712）臘月，《繫辭》《說卦》《序卦》和《雜卦》也注釋完畢。李塨將《周易》經傳統一重新修訂一遍後，全書最終完工。李塨在自序中指出，《周易傳注》的寫作目的是與仁人君子"共期寡過，共立經綸"。他說："夫天下萬世猶吾身也，意欲訂校以公之斯世，以共期寡過，共立經綸，或亦仁人君子之所許也。"①

從《周易傳注》的成書過程，我們可以看出，李塨寫作《周易傳注》帶有強烈的實用目的，是借詮釋《周易》闡發他從顏元那裏接受的思想。在這種強烈的實用目的的作用下，李塨對《周易》義理的闡發，有些是《周易》固有的義理，有些則是李塨自己的發揮。李塨可能也意識到，別人會以其詮釋未必盡合《周易》本義而貶斥之，因此，他在《周易傳注·凡例》中說："《易》道廣大，原賴發揮也。"又說："即象玩義，非謂象解必合聖心，不可更移。如此活看，庶幾觀象玩辭之道也。"②

李塨《周易傳注》的主旨雖然是闡發其義理，然而受清代《易》學氛圍影響，李塨亦非常注重對卦爻象的探究。在《周易傳注》中，李塨"以象解《易》"亦運用得非常普遍。《四庫全書總目》稱其"大抵以觀象爲主，而亦並用互體，於古人

---

① [清] 李塨：《周易傳注》原序，文淵閣四庫全書本。
② [清] 李塨：《周易傳注》凡例，文淵閣四庫全書本。

多採李鼎祚《集解》。"① 李鼎祚《周易集解》在《易》學史上的主要功績是保存了大量"以象解《易》"的舊説，李塨"於古人多採李鼎祚《集解》"是對王弼、韓康伯盡掃《易》象的極端做法的否定。在《周易傳注·凡例》中，他説："《易》有道，有數，有象，有占，然《繫辭傳》曰'《易》者，象也'，道寓象中，數、占即象而見。一言象，而《易》盡矣。六十四卦，六十四象也；三百八十四爻，三百八十四象也，而每爻中復具數象，則象不可勝窮，皆畫虛象以待實徵，所以能盡天下之變也。王弼、韓康伯不知象而掃之，不足道。"②

李塨詮釋《周易》時，既注重對《周易》義理的闡發，又不廢象數，這是非常值得提倡的正確的解《易》思路。這一正確的解《易》思路，與順治時期"御纂"《易經通注》所確立的"斟酌乎象數、義理，折以大中"③ 的編纂宗旨當不無關聯。"斟酌乎象數、義理，折以大中"的編纂宗旨是清代四部"御纂"易著所共同體現出來的《易》學指導思想。康熙時期"御纂"《日講易經解義》明言"於觀象之中，深明經世之道"④，御纂《周易折中》則將"兼收並采，不病異同"⑤ 定爲編纂原則，乾隆時期"御纂"《周易述義》更是明確指出："於宋《易》、漢《易》酌取其平。"⑥ 馬克思和恩格斯在《德意志意識形態》中説："統治階級的思想在每一時代都是占統治地位

---

①《四庫全書總目》卷6，中華書局，1965年，第40頁下欄。
②[清] 李塨：《周易傳注》凡例，文淵閣四庫全書本。
③《四庫全書總目》卷6，中華書局，1965年，第34頁中欄。
④《四庫全書總目》卷6，中華書局，1965年，第34頁下欄。
⑤《四庫全書總目》卷6，中華書局，1965年，第35頁上欄。
⑥《四庫全書總目》卷6，中華書局，1965年，第35頁中欄。

的思想。"① 因此，清統治者所提倡的《易》學思想對清一代《易》學的影響不可低估。

二、爲人處世之見解和主張的滲入

李塨詮釋《周易》，經常不失時機地表達自己爲人處世的見解和主張，既可宣揚儒家的安身立命之道，又藉以申明其"專主人事"的《易》學觀。

詮釋需卦九三爻辭時，李塨説："爲九三計，必乾乾惕若，乃可出險不敗耳。"② 詮釋離卦初九爻辭時，他説："小心翼翼，無事不敬，雖有咎，亦辟而免矣。"③ 詮釋姤卦九三爻辭時，他説："惕厲以處，自鮮大咎。"④ 在這裏，李塨闡明了惟有勤勉謹慎才能逢凶化吉，立於不敗之地的爲人處世之道。

詮釋復卦初六爻辭時，李塨説："顔子有不善未嘗不知，是悔也；知之未嘗復行，是不遠復也；未嘗復行，則不但知而悔矣。以之修身，大吉之道也。"⑤ 詮釋困卦上六爻辭時，他説："果有悔也，則征行而吉矣。"⑥ 詮釋鼎卦九三爻辭時，他説："悔而思變，終獲其吉矣。"⑦ 在這裏，李塨以顏回爲榜樣，勸喻世人應及時悔過且不"復行"其過，"以之修身，大吉之道

---

① 《馬克思恩格斯選集》第 1 卷，人民出版社，1995 年，第 98 頁。
② [清] 李塨：《周易傳注》卷 1，文淵閣四庫全書本。
③ [清] 李塨：《周易傳注》卷 2，文淵閣四庫全書本。
④ [清] 李塨：《周易傳注》卷 3，文淵閣四庫全書本。
⑤ [清] 李塨：《周易傳注》卷 2，文淵閣四庫全書本。
⑥ [清] 李塨：《周易傳注》卷 3，文淵閣四庫全書本。
⑦ [清] 李塨：《周易傳注》卷 4，文淵閣四庫全書本。

也", 否則容易遭遇凶吝。

詮釋履卦卦辭"履虎尾, 不咥人, 亨"時, 李塨説: "涉危地而遜以行禮, 萬全之道也, 亨可知矣。"① 詮釋同人卦初九爻辭"無咎"時, 他説: "卑以自牧, 又誰咎?"② 詮釋豫卦初六爻辭"鳴豫, 凶"時, 他説: "初六之豫, 豈不鄙哉! 身居卑賤, 遇九四尊富, 稍一借手, 便沾沾得志, 在九四本震, 尚不自鳴, 而遥借震勢者, 反鼓舞歌呼, 色飛聲王。嗚呼! 負販之子, 偶附人輿, 遂若登天, 已樂極而窮矣, 欲不凶, 得乎?"③ 在這裏, 李塨認爲, 謙遜而守禮是爲人處世的"萬全之道", 行之則"亨可知矣"; 狂妄而驕逸, 則會"樂極而窮矣"。

詮釋乾卦九四《象》辭"或躍在淵, 進無咎也"時, 李塨説: "量可而進。"④ 詮釋師卦六四爻辭"師左次無咎"時, 他説: "兵法知難而退, 常道也。"⑤ 詮釋巽卦時, 他説: "用退爲進而尚往, 利見二、五之大人也。"⑥ 在這裏, 李塨强調, 爲人處世當講求謀略, 審時度勢, 隨機應變, "量可而進", "知難而退", 有時還須"用退爲進", 以求吉免凶, 趨利避害。

李塨的人生經驗與智慧時時體現於其對《周易》的詮釋之中。如, 詮釋涣卦初六爻辭時, 他説: "於此順其勢而轉移之。"⑦ 反映了李塨"因勢利導"的人生經驗與智慧。詮釋大有卦初九爻辭時, 他説: "苟自艱難其志, 則無咎。不然, 易心一

---

① [清] 李塨:《周易傳注》卷1, 文淵閣四庫全書本。
② [清] 李塨:《周易傳注》卷2, 文淵閣四庫全書本。
③ [清] 李塨:《周易傳注》卷2, 文淵閣四庫全書本。
④ [清] 李塨:《周易傳注》卷1, 文淵閣四庫全書本。
⑤ [清] 李塨:《周易傳注》卷2, 文淵閣四庫全書本。
⑥ [清] 李塨:《周易傳注》卷4, 文淵閣四庫全書本。
⑦ [清] 李塨:《周易傳注》卷4, 文淵閣四庫全書本。

生，咎可免耶？"① 反映了李塨"生於憂患，死於安逸"的人生經驗與智慧。詮釋明夷卦九三爻辭時，他說："韜光之極，遂興大事。"② 反映了李塨"韜光養晦"的人生經驗與智慧。詮釋噬嗑卦上九爻辭時，他說："初起可悛，終成難挽也。"③ 反映了李塨"防微杜漸"的人生經驗與智慧。詮釋無妄卦九五爻辭時，他說："無病服藥，藥即爲疾。"④ 反映了李塨"備有未至而設之，有至而後救之……可先而不備謂之怠，可後而先之謂之召災"的人生經驗與智慧。詮釋大過卦九三爻辭時，他說："九三以剛居剛，方以爲盛，威勢而誰何，然而千鈞中壓，初弱難支，即欲輔之，而其愎悍不可輔也。"⑤ 反映了李塨"剛愎蠻橫則凶"的人生經驗與智慧。詮釋坎卦六三爻辭時，他說："姑且安枕待之，雖則無功，不至於凶。"⑥ 反映了李塨"静觀其變"的人生經驗與智慧。詮釋恒卦初六爻辭時，他說："居於恒始，當悠裕以處之，久自有成。"⑦ 反映了李塨"勿急於求成"的人生經驗與智慧。詮釋遯卦九三爻辭時，他說："夫係戀不決，一爲陰勝，必致成否，豈不有疾？豈不可危？……以此係戀者而圖大事，則終不可耳。"⑧ 反映了李塨"優柔寡斷則凶"的人生經驗與智慧。詮釋益卦六三爻辭時，他說："救荒以孚以

---

① [清] 李塨：《周易傳注》卷2，文淵閣四庫全書本。
② [清] 李塨：《周易傳注》卷3，文淵閣四庫全書本。
③ [清] 李塨：《周易傳注》卷2，文淵閣四庫全書本。
④ [清] 李塨：《周易傳注》卷2，文淵閣四庫全書本。
⑤ [清] 李塨：《周易傳注》卷2，文淵閣四庫全書本。
⑥ [清] 李塨：《周易傳注》卷2，文淵閣四庫全書本。
⑦ [清] 李塨：《周易傳注》卷3，文淵閣四庫全書本。
⑧ [清] 李塨：《周易傳注》卷3，文淵閣四庫全書本。

中，尤貴以豫（預）委積。"① 反映了李塨 "宜未雨而綢繆，勿臨渴而掘井" 的人生經驗與智慧。詮釋鼎卦九三爻辭時，他說："夫耳必虛而後可貫以鉉而扛近食前。今耳改而塞，則行亦塞，失鼎之義矣。"② 反映了李塨 "虛心聽取意見則吉" 的人生經驗與智慧。詮釋豐卦六二爻辭時，他說："天下惟豐難居。"③ 反映了李塨 "富貴者往往難以自守" 的人生經驗與智慧。詮釋節卦九二爻辭時，他說："以剛居柔，過於退伏……欲辭凶而凶至矣。"④ 反映了李塨 "勿過於退伏" 的人生經驗與智慧。詮釋小過卦九三爻辭時，他說："九三當艮止以防之，若縱而不防，則或且戕之，凶可量耶？"⑤ 反映了李塨 "對小人宜防而勿縱" 的人生經驗與智慧。詮釋既濟卦上九爻辭時，他說："乃自足自玩，不覺沉溺坎陷而濡其首矣。"⑥ 反映了李塨 "沉溺於玩樂享受則凶" 的人生經驗與智慧。詮釋未濟卦六三爻辭時，他說："六三以柔處剛，若不知其不當，以為位既剛壯，一往征進，不其凶乎？"⑦ 反映了李塨 "不能清醒認識自我則凶" 的人生經驗與智慧。詮釋《繫辭上》時，他說："人能如天地之易簡，則執簡御繁，天下之條理皆得。"⑧ 反映了李塨 "執簡御繁" 的人生經驗與智慧。

---

① [清] 李塨：《周易傳注》卷3，文淵閣四庫全書本。
② [清] 李塨：《周易傳注》卷4，文淵閣四庫全書本。
③ [清] 李塨：《周易傳注》卷4，文淵閣四庫全書本。
④ [清] 李塨：《周易傳注》卷4，文淵閣四庫全書本。
⑤ [清] 李塨：《周易傳注》卷4，文淵閣四庫全書本。
⑥ [清] 李塨：《周易傳注》卷4，文淵閣四庫全書本。
⑦ [清] 李塨：《周易傳注》卷4，文淵閣四庫全書本。
⑧ [清] 李塨：《周易傳注》卷5，文淵閣四庫全書本。

三、《周易傳注》中所見李塨的哲學思想

李塨對《周易》經傳的詮釋反映了其樸素的辯證法思想。如詮釋蠱卦初六爻辭時，他說："蠱非一朝夕之故也，故原之於父。"① 反映了李塨對量變積累而發生質變的質量互變規律的直觀、朦朧的認識。詮釋《繫辭上》時，他說："陽化陰，陰化陽，化而裁之謂之變。"② 反映了李塨對矛盾着的對立面在一定條件下會互相轉化的直觀、朦朧的認識。詮釋噬嗑卦時，他說："觀其卦位，剛柔各分，不噬何嗑？"③ 反映了李塨對"沒有矛盾的對立性，就沒有矛盾的統一性"的直觀、朦朧的認識。詮釋剝卦《彖》辭時，李塨說："有消有息，有盈有虛，造化固然。"④ 反映了他對矛盾普遍性的直觀、朦朧的認識。詮釋剝卦《彖》辭時，李塨說："消者安必不息，盈者安必不虛。"⑤ 反映了他對相對靜止的直觀、朦朧的認識。

李塨的歷史觀是變化發展的歷史觀。詮釋革卦時，他說："天下之事，革舊則新，理有固然。"⑥ 詮釋《繫辭下》時，他說："不尊古者，妄也；執古者，愚也。烏足以知《易》之窮變通久哉？烏足以知聖人之通變神化哉？"⑦ 李塨認爲，《易》之宗旨是運動變化，然而引起變化的原因則是亘古不變的。他

---

① [清] 李塨：《周易傳注》卷2，文淵閣四庫全書本。
② [清] 李塨：《周易傳注》卷5，文淵閣四庫全書本。
③ [清] 李塨：《周易傳注》卷2，文淵閣四庫全書本。
④ [清] 李塨：《周易傳注》卷2，文淵閣四庫全書本。
⑤ [清] 李塨：《周易傳注》卷2，文淵閣四庫全書本。
⑥ [清] 李塨：《周易傳注》卷4，文淵閣四庫全書本。
⑦ [清] 李塨：《周易傳注》卷6，文淵閣四庫全書本。

説:"易,變也。然必有不變者而變者以生。"① 又説:"然不可爲典要者,亦有典要焉。……變易之中有不易者在矣。"② "變易之中有不易者在矣"可以使人聯繫到佛教三法印之"諸行無常"和"涅槃寂静"。諸行無常者,變易也;涅槃寂静者,不易也。

在認識論上,李塨堅持從物質到意識的認識路線,把實踐提到第一的地位。詮釋乾卦《文言》"或躍在淵,自試也"時,他説:"必試而後知其可也。"③ 在《論語》中,孔子説:"誦《詩》三百,授之以政,不達;使於四方,不能專對;雖多,亦奚以爲?"④ 李塨繼承了孔子的這一思想,認爲讀《周易》一定要學以致用,否則讀之無益。他説:"六十四卦、三百八十四爻,天時人事之列像也。讀之而不能身心洞徹世事,弗知經濟過誤,雖讀《易》,亦奚以爲?"⑤ 在義理《易》學史上,王弼、韓康伯多以道家思想注《易》,程頤、朱熹多以理學注《易》,而李塨則常以顏李學派的思想注《易》,故李塨《易》注多與王、韓、程、朱之《易》注不同。

以提倡實踐、注重實用爲特徵的清初顏元、李塨師生合創的顏李學派主張功利主義,這與南宋時期的陳亮與葉適的觀點十分相似。李塨既唾棄置仁義道德於不顧的惟利是圖的小人,又反對把仁義與功利絕對對立起來的程朱理學。與其師顏元一樣,李塨認爲仁義與功利並非水火不相容的一對範疇,而是完

---

① [清] 李塨:《周易傳注》卷5,文淵閣四庫全書本。
② [清] 李塨:《周易傳注》卷6,文淵閣四庫全書本。
③ [清] 李塨:《周易傳注》卷1,文淵閣四庫全書本。
④ 楊伯峻:《論語譯注》,中華書局,1980年,第135頁。
⑤ [清] 李塨:《周易傳注》凡例,文淵閣四庫全書本。

全可以共存於一個矛盾的統一體中，君子正其誼，亦應謀其利。詮釋小畜卦九五爻辭時，李塨説："君子非財無以轉移小人。"①

在天命與人事的關係上，李塨主張既要尊重天命，又要充分發揮人的主觀能動性。首先，李塨認爲，社會歷史的發展具有不以人的意志爲轉移的客觀必然性。詮釋無妄卦時，他説："天命不助，雖欲行，行之哉？"② 其次，李塨認爲，在尊重天命的同時，一定要充分發揮人的主觀能動性。詮釋無妄卦六二爻辭時，他説："不知人事既亡，天佑安至？"③ 由於天命不可人爲，所以李塨認爲，一個人的失敗如果是由於客觀原因所造成的，而不是由於主觀原因，那麽，雖凶而無咎。詮釋困卦九二爻辭時，他説："時勢至此，於己何咎？"④

四、闡發政治倫理

政治是十分重要的現實。以經邦濟世爲己任的儒學，對政治的關懷更是無微不至。因此，與政治倫理密切相聯，便成爲了儒家文化乃至中國傳統哲學最顯著的一大特徵。李塨在詮釋《周易》時，非常注重對政治倫理的闡發。

在中國封建社會，由於君主的專制特權，導致了其清明或昏聵對國家的治亂興衰起着十分重要的作用，甚至在某種程度

---

① [清] 李塨：《周易傳注》卷1，文淵閣四庫全書本。
② [清] 李塨：《周易傳注》卷2。天命是中國哲學史上的一個重要範疇。對"天命"的認識，歷來衆説不一。筆者傾向於認爲，承認"天命"並不意味著否認人的主觀能動性。在充分發揮人的主觀能動性的基礎上，能夠尊重"天命"是一種達觀的心態和唯物主義的歷史觀。
③ [清] 李塨：《周易傳注》卷2，文淵閣四庫全書本。
④ [清] 李塨：《周易傳注》卷3，文淵閣四庫全書本。

上，可以說是決定性的作用。因此，歷代士人都非常重視對"君道"的論述。李塨亦然。

李塨認爲，爲君之道須以愛民爲務，以修德行仁爲本。詮釋觀卦九五爻辭時，他說："觀我生者，自觀其身也。然身何以觀？觀民之從違厚薄而身可知矣。"① 詮釋夬卦時，他說："休兵養鋭，勿輕即戎，而修吾德政，行仁益強。"② 君王不應損民以益己，而應當損己以益民。詮釋損卦時，李塨說："民不可損，損下以益上，下損而上亦將受其損。……損上以益下，下益而上亦將受其益。"③ 爲君之道應本着"賦民而民不困，役民而民不勞"的原則，愛惜民力，使民以時，使百姓自覺自願地納税服役。詮釋損卦《彖》辭時，李塨說："布縷米粟力役，可用可緩，皆時也。"詮釋損卦初九爻辭時，他說："民可願損，上不可過損也。務斟酌以損之，乃爲得耳。"詮釋兌卦時，他說："民歡然自勸而忘其勞與死。夫民勸與勸民，遠矣。"④

國家欲長治久安、繁榮昌盛，識見高遠、切於實用的政令制度的制定和貫徹是至關緊要的，而能否實現此目標，其關鍵在於用人。倘若用非其人，出色的政令制度也往往會徒具虛文而落空。因此，李塨認爲，君王爲政之要，在於用得其人。詮釋師卦六五爻辭時，他說："使人可不當哉？"⑤ 詮釋蹇卦九五爻辭時，他說："得人曰仁，自有功焉。"詮釋升卦六五爻辭時，

---

① [清] 李塨：《周易傳注》卷2，文淵閣四庫全書本。
② [清] 李塨：《周易傳注》卷3，文淵閣四庫全書本。
③ [清] 李塨：《周易傳注》卷3，文淵閣四庫全書本。
④ [清] 李塨：《周易傳注》卷4，文淵閣四庫全書本。
⑤ [清] 李塨：《周易傳注》卷1，文淵閣四庫全書本。

他说:"引天下之賢士以升……爲天下得人,志之大得爲何如者?"①

提拔賢能的人,讓賢能的人在邪佞的人之上,會使人人爭做賢能,甚至可以使邪佞之人也逐漸變得賢能;相反,如果提拔邪佞的人,讓邪佞的人在賢能的人之上,會使賢能之士寒心,喟歎賢能無用,甚至會使一些原本賢能的人也逐漸變得邪佞。因此,李塨認爲,爲君之道,一定要崇尚賢能,以形成良好的奮發向上的社會機制和君子道長、小人道消的社會氛圍。詮釋大有卦卦辭"元亨"時,他説:"上應乎天而尚賢……其大通也,庸更加一辭哉?"詮釋該卦上九爻辭"自天佑之"時,他説:"交下之剛,尚賢也,天之佑之也,必矣。"總結大有卦時,他又説:"五簡易而尚賢,乃獲天佑。"② 對與尚賢背道而馳的社會風氣,李塨無限感慨地説:"清不見亮,賢不見收,行道之人皆必爲我心惻矣!"③

儒家雖標榜"克己復禮",以仁爲治,但並不排斥法治,而主張"禮"與"法"是相輔相成的。在這一點上,李塨認爲,刑罰對於君王統治者來説,雖出於不得已,但也是不可或缺的。詮釋蒙卦上九爻辭"擊蒙,不利爲寇,利禦寇"時,他説:"養正則聖,不正則爲娼、爲盜,遊惰子弟、無賴少年至於爲寇,上必擊之,何利之有?然上得已哉?害於家國,凶於其身,不禦之不利。此先王郊遂寄棘之典所以設也。"④ 設立刑罰的目

---

① [清] 李塨:《周易傳注》卷3,文淵閣四庫全書本。
② [清] 李塨:《周易傳注》卷2,文淵閣四庫全書本。
③ [清] 李塨:《周易傳注》卷3,文淵閣四庫全書本。
④ [清] 李塨:《周易傳注》卷1,文淵閣四庫全書本。

的是通過懲戒,使不正者返歸於正,上下復歸於順。李塨説:"《象》於'見金夫'曰'無攸利','爲寇也'曰'不利'。聖人仁蒙而終欲返之見乎辭矣。故《象傳》於不順者終望禦之而上下順焉。"① 刑罰雖不可或缺,但最理想的統治還是"不假刑殺"的德政。詮釋《繫辭上》時,李塨説:"神武震世,不假刑殺之聖,孰能與於此哉!"②

關於臣道,李塨認爲,臣子應以忠君爲上,而不應以集團利益爲重。詮釋否卦初六爻辭時,他説:"志不在匯而在君,吉亨之道也。"③ 臣子事君,當不畏艱險,義字當先。詮釋蹇卦時,他説:"以難用之時而能有用,濟大扶堅,豈不偉哉?"詮釋該卦六二爻辭時,他又説:"以臣事君,義在則然,即才柔事險,成敗難必,而亦何過焉?"④ 臣子應剛正不阿,以道事君,而不能阿諛奉承,以求苟容於君。詮釋損卦九二爻辭時,李塨説:"臣之應五,利剛中而不變,所謂以道事君也。若兑悦妄動,則凶矣。"⑤ 對忠心事君的臣子,李塨極表其宣導之意。詮釋渙卦六四爻辭時,他説:"六四爲九五腹心,運籌帷幄,出大離之光,推亡取亂,以渙其群,豈不大吉?"⑥

"君子"是儒家所追求的理想人格。李塨在《周易傳注》中對君子之道亦多有論述。李塨認爲,君子盡人事而安天命,雖於困境之中,仍能始終保持樂觀的精神。詮釋困卦時,他説:

---

① [清] 李塨:《周易傳注》卷1,文淵閣四庫全書本。
② [清] 李塨:《周易傳注》卷5,文淵閣四庫全書本。
③ [清] 李塨:《周易傳注》卷2,文淵閣四庫全書本。
④ [清] 李塨:《周易傳注》卷2,文淵閣四庫全書本。
⑤ [清] 李塨:《周易傳注》卷3,文淵閣四庫全書本。
⑥ [清] 李塨:《周易傳注》卷4,文淵閣四庫全書本。

"困於遇，不可困於心，雖遇坎險而兌悦如故，遭困而不失其所，則處困而亨，惟君子能之。"又説："君子處此，則命委於天，志遂於己，所謂'壽夭不貳，修身以俟之'也。"① 君子正言直行，做事講求原則，絶不會因小人的阿諛奉承而喪失原則。詮釋否卦六二《象》辭"大人否亨，不亂群也"時，他説："六二之陰，小人也……乃欲承順乎五也。五居乾中爲大人……然大人與大人爲群，肯以其承而亂哉？不亂，故否；亦惟不亂，故亨也。"② 君子有時應避小人以免受其不良影響，有時又應近小人以盡挽救之責。詮釋否卦時，李塨説："蓋《彖》戒君子使避小人，《象》則教小人使近君子，又勉君子使挽小人，皆聖人之情也，皆是也。"③ 君子團結而不勾結，小人勾結而不團結。君子因志趣相投而團結在一起，小人因利益相合而勾結在一起。李塨贊同君子之團結，而反對小人之勾結。詮釋同人卦時，他説："夫偏邪相同，即其甘如醴，與天下之志無與也。"④ 君子雖不拉黨結派，但亦應聯合起來，以有效地與小人做鬥争。詮釋蹇卦上六爻辭時，李塨説："蓋處蹇之時，不貴一人獨往，而貴同心共助。"⑤ 君子具有"仁以爲己任，死而後已"的社會責任感、歷史使命感和無畏的獻身精神，是仁義之道能夠大行於天下的力量源泉。詮釋大畜卦上九爻辭時，李塨説："上九之賢，登天闕而開艮路，豈非吾道大行之會哉！"⑥

---

① [清] 李塨：《周易傳注》卷3，文淵閣四庫全書本。
② [清] 李塨：《周易傳注》卷2，文淵閣四庫全書本。
③ [清] 李塨：《周易傳注》卷2，文淵閣四庫全書本。
④ [清] 李塨：《周易傳注》卷2，文淵閣四庫全書本。
⑤ [清] 李塨：《周易傳注》卷3，文淵閣四庫全書本。
⑥ [清] 李塨：《周易傳注》卷2，文淵閣四庫全書本。

五、超越功利的吉凶觀

《周易》的吉凶觀非常強調道德義理標準。這是周代禮樂文明大興的結果。從道德義理標準來解釋《易經》卦爻辭,在《易傳》中有比較充分的反映。如,同人卦九四爻辭"乘其墉,弗克攻,吉",《易傳》解釋:"乘其墉,義弗克也。"隨卦九四爻辭"隨有獲,貞凶",《易傳》解釋:"隨有獲,其義凶也。"賁卦初九爻辭"賁其趾,舍車而徒",《易傳》解釋:"舍車而徒,義弗乘也。"復卦六三爻辭"頻復,厲,無咎",《易傳》解釋:"頻復之厲,義無咎也。"明夷卦初九爻辭"君子於行,三日不食",《易傳》解釋:"君子於行,義不食也。"姤卦九二爻辭"包有魚,無咎,不利賓",《易傳》解釋:"包有魚,義不及賓也。"鼎卦九三爻辭"鼎耳革",《易傳》解釋:"鼎耳革,失其義也。"漸卦初六爻辭"小子厲,有言,無咎",《易傳》解釋:"小子之厲,義無咎也。"旅卦上九爻辭"鳥焚其巢",《易傳》解釋:"以旅在上,其義焚也。"既濟卦初九爻辭"曳其輪,濡其尾,無咎",《易傳》解釋:"曳其輪,義無咎也。"

《易傳》作者解釋卦爻辭時強調道德義理,但事實上,"道德與否並非總是與結果的吉凶有着必然的聯繫,這一理論常常遭到來自生活的尖銳質疑"[1]。既然道德與否與現實吉凶結果未必相對應,就需以達觀的心態面對吉凶,撇開功利目的,直接

---

[1] 朱翔飛:《孔子與〈易傳〉——論儒家形上學體系的建立》,《周易研究》2002年第1期。

審視道德自身的價值。這種超越功利的吉凶觀被李塨所繼承。①

詮釋坤卦卦辭"西南得朋，東北喪朋，安貞吉"時，李塨說："天下得喪何常，惟貞（正）是安。"② 這種不必顧及現實的得失，只管履踐道德、堅守正道的超越功利的吉凶觀，使中國古代士人們能夠無限自信地蔑視現世層面的暫時、相對的吉凶，而把關注點投向終極意義上的絕對與永恒，因爲他們認爲，道德作爲人事的一個組成部分源於天道，體現着天道，履踐尊嚴而又崇高的道德就等於是在履踐絕對、永恒的天道。

由於道德仁義具有形而上的天道的依據，具有超越功利的審美價值，所以歷代士人都非常重視道德仁義。李塨亦然。詮釋需卦《彖》辭"剛健而不陷"時，他説："剛健在己，不陷於險者，德也。"③ 詮釋既濟卦初九爻辭時，他説："皆義之當然，何疚！"④ 詮釋《繫辭上》時，他説："德參天地，尚何違！"⑤

不符合道德仁義者，雖然在現實社會未必凶，但李塨爲了表達其"困正者終將自困"的人生信念，出於倡揚道德仁義的目的，一概以凶論斷，以"爲持世御物訓"⑥。詮釋剝卦初六爻

---

① 李塨擁有超越功利的吉凶觀，並不意味著李塨不講功利。相反，以提倡實踐、注重實用爲特徵的清初顏元、李塨師生合創的顏李學派是主張功利主義的。然而，顏、李的功利主義非犧牲道德的惟利是圖，而是以恪守道德爲前提條件的。如注隨卦六三爻辭時，李塨説："有求而得，固非意外，但因而爲佞，則非矣。"（《周易傳注》卷2）
② [清] 李塨：《周易傳注》卷1，文淵閣四庫全書本。
③ [清] 李塨：《周易傳注》卷1，文淵閣四庫全書本。
④ [清] 李塨：《周易傳注》卷4，文淵閣四庫全書本。
⑤ [清] 李塨：《周易傳注》卷5，文淵閣四庫全書本。
⑥ [清] 李塨：《周易傳注》卷2，文淵閣四庫全書本。

辭時，他説："剥正則凶。"詮釋剥卦六二爻辭時，他説："不與陽而與剥陽者類，是亦滅陽者矣。其凶也，視之初可耳。"①詮釋困卦初六爻辭時，他説："剛不可困也，困剛者必將自困。"② 從理論層面，小人終將失敗；從現實層面，小人確實難去。因此，李塨感慨説："小人之難去如此，君子去小人之難如此，厲哉！"③

公私之辨是中國古代思想史上的一個重要問題。當人們一切從現實的功利效果出發，將道德視爲與時俱化的社會規則，遵循新的觀念，左右逢源，獲取現實利益時，"私"占上風；當人們守死善道，特立獨行，以道義的永恒價值肯定自己，以悲壯的殉道精神面對社會時，"公"占上風。應該説，中國傳統思想觀念文化的主流是公而忘私。這種公而忘私的思想觀念在李塨的《周易傳注》中亦有所體現。詮釋師卦九二《象》辭時，李塨説："錫主帥者，所以懷萬邦也，豈有私焉？"④ 詮釋比卦九五爻辭時，他説："夫九五之比，非隱庇而私昵也。"⑤ 詮釋同人卦時，他説："此同人也，不且有以通天下之志乎？……言同人之無私也。"⑥

無私者只是對"公"而言無私，而面對小人肆意侵奪自己的利益，也是決不能容忍的。李塨説："非賢奸並包之爲無私，而能好能惡之爲無私也。"⑦ 與小人鬥争的根本目的是爲大多數

---

① [清] 李塨：《周易傳注》卷2，文淵閣四庫全書本。
② [清] 李塨：《周易傳注》卷3，文淵閣四庫全書本。
③ [清] 李塨：《周易傳注》卷4，文淵閣四庫全書本。
④ [清] 李塨：《周易傳注》卷3，文淵閣四庫全書本。
⑤ [清] 李塨：《周易傳注》卷1，文淵閣四庫全書本。
⑥ [清] 李塨：《周易傳注》卷2，文淵閣四庫全書本。
⑦ [清] 李塨：《周易傳注》卷2，文淵閣四庫全書本。

君子造福謀利。詮釋解卦上六爻辭時,李塨説:"蓋小人不去,君子徒勞,雷霆四擊,乃布甘雨,解之道也。"① 公私是統一的,公不足,私也將受損。詮釋剝卦上九爻辭時,李塨説:"不知陽廬一摧,已將安庇,茫茫宇宙,容身無所,陰詭之術尚安用哉!"②

六、《周易傳注》中的道家思想

在文化比較研究中,有一個誤區,即,只要發現兩種思想之間有相通之處,便習慣於認爲:一種思想是受另一種思想的影響。其實,兩種文化完全有可能是各自獨立地產生的。它們之間的相通是真理的唯一性和人類認識的共同性所致。正如《周易·繫辭下》中所説:"天下同歸而殊途,一致而百慮。"《論語》作爲一部儒家經典,其中不乏與道家思想相通的地方。如,"無爲而治""不言之教"本是道家的政治主張,然而儒家經典《論語》竟然也把"無爲而治""不言之教"作爲最理想的統治。在《論語·衛靈公》中,孔子説:"無爲而治者,其舜也歟!"對"無爲而治"給予了高度評價。在《論語·陽貨》中,孔子對他的學生子貢説:"予欲無言。"子貢説:"子如不言,則小子何述焉?"孔子説:"天何言哉?四時行焉,百物生焉。天何言哉!"這些論述與老子所説的"是以聖人處無爲之治,行不言之教"如出一轍。再如,"退隱"一般認爲屬道家思想範疇,然而《論語》中的許多記載可以使我們明顯地看

---

① [清] 李塨:《周易傳注》卷3,文淵閣四庫全書本。
② [清] 李塨:《周易傳注》卷1,文淵閣四庫全書本。

到，孔子思想中亦含有退隱的成分。在《論語·公冶長》中，孔子説："道不行，乘桴浮於海。"評價甯武子時説："甯武子，邦有道則知，邦無道則愚。其知可及也，其愚不可及也。"在《論語·述而》中，孔子對顔淵説："用之則行，舍之則藏，惟我與爾有是夫。"在《論語·先進》中，孔子讓他的學生子路、曾皙、冉有、公西華各自談一談他們的志向。曾皙説："莫（暮）春者，春服既成，冠者五六人，童子六七人，浴乎沂，風乎舞雩，詠而歸。"對這種田園詩般的隱士生活，孔子竟説："吾與點也。"在《論語·憲問》中，當孔子的學生原憲問什麽是羞恥時，孔子説："邦有道，穀；邦無道，穀，恥也。"總之，道家的"無爲而治""不言之教"以及"退隱"等思想在《論語》中也有，只不過，這些思想在《論語》中居於矛盾的次要方面，而在《老子》中則居於矛盾的主要方面，從而決定了《老子》的要旨是"無爲""不言""退隱"，而《論語》的要旨則反之。①

李塨作爲一名儒者，其思想的主要方面歸屬於儒家是毫無疑問的，然而，由於儒道相通的緣故，其《周易傳注》中亦不乏傳統認爲屬於道家的成分。如詮釋坤卦《文言》"天地閉塞，賢人隱"時，李塨説："天地閉塞，先覺之賢人必謹而隱。"②詮釋否卦《象》辭"君子以儉德辟難，不可榮以祿"時，他説："儉，約也。有財而不輕用爲儉，君子之貶藏其德似之。不可榮以祿者，卻祿之哲在我也。"③詮釋同人卦上九爻辭"同人

---

① 楊效雷：《〈論語〉新説六題》，王處輝主編：《國學及其現代性》，知識産權出版社，2013年，第231~244頁。
② [清] 李塨：《周易傳注》卷1，文淵閣四庫全書本。
③ [清] 李塨：《周易傳注》卷2，文淵閣四庫全書本。

於郊，無悔"時，他説："此出世之人攜手同行以爲朋者，如長沮、桀溺之流，於國内之嗝笑師戎不問也。遠處郊外，侶煙友霞，尚何過悔？"① 詮釋蠱卦上九爻辭時，他説："南山北海，高尚其事……然其不降之志亦可以廉頑立懦。"② 詮釋涣卦上九爻辭時，他説："上下加憂，賊殺流血，尚可久居此乎？故宜涣之。涣而去，去而遠出，害乃不及。古之賢者避世，或功成而身退者，皆體此意也。"③ 以上都反映了李塨思想中"退隱"的道家成分。

詮釋履卦上九爻辭時，李塨説："履剛貴於用柔。"④ 詮釋大有卦六五爻辭時，他説："柔之能有剛，其徒哉？柔順得中，出其離照之孚以親下剛，若與之相交者然，將天下向往之志自我發之矣。"⑤ 詮釋噬嗑卦卦辭"利用獄"時，他説："柔以行剛……用獄何弗利焉？"⑥ 詮釋晉卦上九爻辭時，他説："進之道宜柔不宜剛，故柔爻皆優，剛爻皆絀也。"⑦ 以上都反映了李塨思想中"貴柔"⑧的道家成分。

---

① [清] 李塨：《周易傳注》卷2，文淵閣四庫全書本。
② [清] 李塨：《周易傳注》卷2，文淵閣四庫全書本。
③ [清] 李塨：《周易傳注》卷4，文淵閣四庫全書本。
④ [清] 李塨：《周易傳注》卷1，文淵閣四庫全書本。
⑤ [清] 李塨：《周易傳注》卷2，文淵閣四庫全書本。
⑥ [清] 李塨：《周易傳注》卷2，文淵閣四庫全書本。
⑦ [清] 李塨：《周易傳注》卷3，文淵閣四庫全書本。
⑧《老子》第三十六章："柔弱勝剛強。"第四十三章："天下之至柔馳騁天下之至堅。"第五十二章："守柔曰強。"第七十六章："人之生也柔弱，其死也堅強；草木之生也柔脆，其死也枯槁。故堅強者死之徒，柔弱者生之徒。"第七十八章："天下莫柔弱於水，而攻堅強者莫之能勝。"因此，"貴柔"歷來被認爲是傳統的道家思想。

詮釋大有卦初九爻辭時，李塨説："是安於爲下者也，故匪咎。"① 詮釋謙卦《象》辭時，他説："地道築而高則風雨剥之，坎而下則流水注之。"② 詮釋隨卦九四爻辭時，他説："高明人指，豐盛難居，雖貞而義，不亦凶乎？"③ 以上都反映了李塨思想中"處下"④的道家成分。

詮釋謙卦九三爻辭"勞謙"時，李塨説："勞民勸相而功成不居，萬民悦服，謙斯至矣。"⑤ 反映了李塨思想中"生而弗有，爲而弗恃，功成而弗居，夫唯不居，是以不去"⑥的道家成分。

詮釋頤卦上九爻辭時，李塨説："口容不宜動宜止，故震三爻皆凶，艮三爻皆吉。"⑦ 反映了李塨思想中"知止不殆"⑧的道家成分。

詮釋咸卦六二爻辭時，李塨説："此與五爻當以静相感者。"⑨ 詮釋巽卦九三爻辭時，他説："所謂'其究爲躁卦'也，

---

① [清] 李塨：《周易傳注》卷2，文淵閣四庫全書本。
② [清] 李塨：《周易傳注》卷2，文淵閣四庫全書本。
③ [清] 李塨：《周易傳注》卷2，文淵閣四庫全書本。
④ 《老子》第六十六章："江海之所以能爲百谷王者，以其善下之，故能爲百谷王。"
⑤ [清] 李塨：《周易傳注》卷2，文淵閣四庫全書本。
⑥ 陳鼓應：《老子注釋及評介》，中華書局，1984年，第64頁。
⑦ [清] 李塨：《周易傳注》卷2，文淵閣四庫全書本。
⑧ 陳鼓應：《老子注釋及評介》，中華書局，1984年，第239頁。
⑨ [清] 李塨：《周易傳注》卷3，文淵閣四庫全書本。

不志窮乎?"① 反映了李塨思想中"崇静"② 的道家成分。

詮釋損卦六三爻辭時,李塨説:"天以一而得地,男以一而得女,絪緼構精,萬物馮(憑)生。"③ 反映了其思想中"貴一"④ 的道家成分。

詮釋艮卦時,李塨説:"我無所動,物無可引咎,過亦五自而至矣。"⑤ 詮釋節卦初九爻辭時,他説:"不出户庭焉,無咎之道也。"⑥ 反映了其思想中"無爲"的道家成分。

詮釋艮卦九三爻辭時,李塨説:"強制逆行,徒爲危厲。"⑦ 詮釋小過卦九四爻辭時,他説:"夫熏蕕不合,自古而然,強爲彌縫,終難長久,徒得危耳。"⑧ 詮釋《繫辭下》時,他説:"夫天下之道何庸憧擾哉?……且不觀天下之往來自然者乎?……上達自然之能,而豈思慮所可至哉?"⑨ 反映了李塨思想中"道法自然"的道家成分。

詮釋歸妹卦九四爻辭時,李塨説:"九四以剛處柔,知妄征

---

① [清] 李塨:《周易傳注》卷4,文淵閣四庫全書本。
②《老子》第十六章:"致虚極,守静篤。"又説:"歸根曰静,静曰復命。"第二十六章:"重爲輕根,静爲躁君。"第四十五章:"静勝躁,寒勝熱,清静爲天下正。"第五十七章:"我好静,而民自正。"第六十一章:"牝常以静勝牡。"因此,"崇静"歷來被認爲是傳統的道家思想。
③ [清] 李塨:《周易傳注》卷3,文淵閣四庫全書本。
④《老子》第三十九章:"天得一以清,地得一以寧,神得一以靈,谷得一以盈,萬物得一以生,侯王得一以爲天下正。"
⑤ [清] 李塨:《周易傳注》卷4,文淵閣四庫全書本。
⑥ [清] 李塨:《周易傳注》卷4,文淵閣四庫全書本。
⑦ [清] 李塨:《周易傳注》卷4,文淵閣四庫全書本。
⑧ [清] 李塨:《周易傳注》卷4,文淵閣四庫全書本。
⑨ [清] 李塨:《周易傳注》卷6,文淵閣四庫全書本。

之凶。"① 反映了其思想中"知其雄，守其雌"②的道家成分。

七、引史事以證經文

四庫館臣在總述經部《易》類時，曾對歷代《周易》研究做了"兩派六宗"的經典劃分。"六宗"之中有參證史事一宗，認爲起於李光、楊萬里。今人余敦康先生認爲，參證史事一宗的"真正的開創者應爲北宋的史學大師司馬光"③。此説雖較四庫館臣的認識進了一步，但仍感不足。其實，參證史事一宗完全可以上溯至馬融、鄭玄和干寶。如馬融注明夷卦九五爻辭和革卦九五爻辭時，鄭玄注乾卦上九和用九爻辭、坤卦六五爻辭、否卦九五爻辭、大有卦卦辭、隨卦初九爻辭、臨卦卦辭、離卦《象》辭和六二爻辭、遯卦卦辭以及《繫辭下》"黄帝堯舜垂衣裳而天下治"時，均參證了史事。至晉干寶，引史注《易》的特點更加明顯。④

李塨在詮釋《周易》時，亦不時引據史事，以證明《易》道廣大，切近人事。詮釋乾卦《文言》"君子進德修業，欲及時也"時，他説："湯、武之應天順人，時至勿失，即進德修業也。"⑤詮釋屯卦六二爻辭時，他説："夫二與五應，常道也。

---

① [清] 李塨：《周易傳注》卷4，文淵閣四庫全書本。
② 陳鼓應：《老子注釋及評介》，中華書局，1984年，第178頁。
③ 余敦康：《内聖外王的貫通——北宋易學的現代闡釋》，學林出版社，1997年，第54頁。
④ 參見林忠軍：《象數易學發展史》（第2卷），齊魯書社，1998年，第60~67頁。
⑤ [清] 李塨：《周易傳注》卷1，文淵閣四庫全書本。

字初則反常矣。管仲之於桓公似之。"① 總結需卦時，他說："需有二道。有需而後平險者，如周亞夫堅壘不動，待七國之敝（弊）而乘之是也；有需而其險已平者，如陸遜料昭烈有伏兵，不往應之，而其伏自出是也。"② 詮釋履卦九五爻辭時，他說："凡行剛決，一往無前，固屬貞固，然亦厲矣，明太祖似之。"③ 詮釋大有卦六五爻辭時，他說："光武之待馬援，笑語簡易而真天子之威已行隴蜀，故曰'朕於天下亦欲以柔道治之'。"④ 詮釋豫卦六五爻辭時，他說："夫病以死爲憂，今不死矣，則雖吉乎，亦何弗豫乎？周平以後之君似之。"⑤ 詮釋隨卦上六爻辭時，他說："隨至上六如紂於文王拘而係之，文王乃内文明而外柔順，不敢違其意而從維之，而用亨（享）祀於西山以求神佑。此豈尋常之隨從哉？"⑥ 詮釋觀卦上九爻辭時，他說："然高自位置，不肯爲用，故曰'志未平'，如伯夷之觀文武、徐洪客之觀唐太宗。"⑦ 詮釋賁卦六五爻辭時，他說："六五於此，如伊尹之初聘囂囂，三聘幡然。"⑧ 詮釋無妄卦上九爻辭時，他說："宋明儒者如司馬君實變新法而過，朱晦庵門人欲殺陳同甫，明之東林黨人偏而激亢，以致禍及家國，孔子所謂'無妄，災也'，不亦驗哉？"⑨ 詮釋頤卦初九爻辭時，他說："此處士貪

---

① [清] 李塨：《周易傳注》卷1，文淵閣四庫全書本。
② [清] 李塨：《周易傳注》卷1，文淵閣四庫全書本。
③ [清] 李塨：《周易傳注》卷1，文淵閣四庫全書本。
④ [清] 李塨：《周易傳注》卷2，文淵閣四庫全書本。
⑤ [清] 李塨：《周易傳注》卷2，文淵閣四庫全書本。
⑥ [清] 李塨：《周易傳注》卷2，文淵閣四庫全書本。
⑦ [清] 李塨：《周易傳注》卷2，文淵閣四庫全書本。
⑧ [清] 李塨：《周易傳注》卷2，文淵閣四庫全書本。
⑨ [清] 李塨：《周易傳注》卷2，文淵閣四庫全書本。

卑，如有明陳繼儒之流是也。"詮釋頤卦六四爻辭時，他說："上而太公，下而耿弇似之。"詮釋頤卦六五爻辭時，他說："仰承上九，不敢縱逸，以順爲正，固可迪吉，惟是才弱德小，若欲爲坎川之涉，則不可耳。此裴寂之流也。"詮釋頤卦上九爻辭時，他說："兼收並蓄，能無危惕？然乾健知險，即大川浩淼，無不利涉，大有慶矣。其漢唐之帝王乎？"① 詮釋大過卦《象》辭時，他說："天下滔滔，而誰以易之？如伊尹之躬耕，固獨立不懼，遯世無悶也，即仲尼之周流，亦獨立不懼，遯世無悶也，卓立風波以濟大過者也。"總結大過卦時，他說："初六，明馬后之事高皇也；九二，天順之任李賢、王翱也；九三，祖龍之亡也；九四，成康之盛也；九五，孔光、胡廣之流也；上六，龍逢、比干之死也。"② 詮釋離卦《象》辭時，他說："繼明者，舜之繼堯，武之繼文，一代之繼明也。"詮釋離卦六五爻辭時，他說："昭烈論後漢輒太息痛恨，袁安議朝政則嗚噎流涕，持危挽傾，實有賴焉，不其吉乎？"③ 詮釋明夷卦初九爻辭時，他說："伯夷避紂適周，武王左右欲兵之，太公曰：'此義士，去之是也。'"詮釋明夷卦六五爻辭時，他說："上比暗君，如坐昏獄，是箕子之明夷也。"④ 詮釋蹇卦上六爻辭時，他說："'來碩'即以從貴矣，所謂'利見大人'矣，馬援、竇融之流是也。"⑤ 詮釋萃卦九五爻辭時，他說："業成志或不光，

---

① [清] 李塨：《周易傳注》卷2，文淵閣四庫全書本。
② [清] 李塨：《周易傳注》卷2，文淵閣四庫全書本。
③ [清] 李塨：《周易傳注》卷2，文淵閣四庫全書本。
④ [清] 李塨：《周易傳注》卷3，文淵閣四庫全書本。
⑤ [清] 李塨：《周易傳注》卷3，文淵閣四庫全書本。

如唐太宗末年漸荒，漢之景帝致七國之變是也。"① 詮釋困卦九四爻辭時，他説："其志以斯世斯民爲己任……無奈以陽居陰，位處不當，徐徐不前，坐爲車困，則德不下施，不其吝乎？然志終不變，必及所與，如孔子雖困於周流而澤被萬世是也。"② 詮釋豐卦六五爻辭時，他説："成康之君是也。"③ 詮釋旅卦時，他説："聖人亦有旅焉，孔子周流是也；君王亦有旅焉，晉重耳出亡，唐德宗幸奉天是也。"④ 詮釋兑卦上六爻辭時，他説："此王莽之流也。豈可因其謙悦下士而信之。"⑤ 詮釋節卦上六爻辭時，他説："如陳仲子之三日不食。"⑥ 詮釋中孚卦《象》辭時，他説："《春秋》魯莊公曰：'小大之獄，雖不能察，必以情。' 曹劌以爲忠。然則議獄緩死，非中孚何以哉？" 詮釋中孚卦上九爻辭時，他説："京房以新進見元帝即指斥石顯，及外出又屢上封事，卒以殺身。其此之謂乎？"⑦ 詮釋《繫辭下》"非所困而困焉，名必辱；非所據而據焉，身必危" 時，他説："齊桓霸主困於牀笫，非所困而困也；有窮后羿起據夏位，非所據而據也。" 詮釋《繫辭下》"德薄而位尊，知小而謀大，力小而任重，鮮不及矣" 時，他説："未嘗無德無知無力，然小矣、薄矣，是微小之人也，何以圖大？如明之齊泰、黃子澄是也。" 詮釋《繫辭下》"吉人之辭寡，躁人之辭多，誣善之人其辭遊，

---

① [清] 李塨：《周易傳注》卷3，文淵閣四庫全書本。
② [清] 李塨：《周易傳注》卷3，文淵閣四庫全書本。
③ [清] 李塨：《周易傳注》卷4，文淵閣四庫全書本。
④ [清] 李塨：《周易傳注》卷4，文淵閣四庫全書本。
⑤ [清] 李塨：《周易傳注》卷4，文淵閣四庫全書本。
⑥ [清] 李塨：《周易傳注》卷4，文淵閣四庫全書本。
⑦ [清] 李塨：《周易傳注》卷4，文淵閣四庫全書本。

失其守者其辭屈"時，他說："吉人辭寡，周孔是也；躁人辭多，蘇張是也；誣善爲惡其辭游，莊周是也；失守之人其辭屈，漢高分羹之類是也。"①

李塨爲何要不厭其煩地引史證經呢？因爲歷史是最關乎人事的，引史證經正體現了李塨"專明人事"的《易》學觀，而引據史事，以證明易道廣大，切近人事，似乎更具說服力，使立論更牢固。一般而言，以史事證《易》有兩種情況，一是揭示《周易》卦爻辭中所包含的歷史事實；二是以非《周易》卦爻辭所固有的歷史事實詮釋《周易》的哲理。顯然，李塨所做的工作主要是後者，因爲他寫作《周易傳注》的主要目的在於求其實用，即發掘《周易》對人事實踐的指導意義，而他的頻繁引用史事，也是他所信奉的"專明人事"的《易》學觀的流露。自然，李塨在對史事和爻象卦辭關係的處理上，難免存在一些牽強附會之處。但是，客觀上，李塨將哲學的智慧和歷史的智慧有機地結合了起來，使之融會貫通，使《易》學研究更加豐富多彩，從治《易》方法論的角度評價，是有其積極意義的。

---

① [清] 李塨：《周易傳注》卷6，文淵閣四庫全書本。

第四節　焦循的《周易》詮釋

　　焦循作爲清代著名的經學家,"於學無所不通,於經無所不治"①,尤以對《周易》用力最勤,成就也最爲卓著。在清代象數《易》家中,焦循可謂獨樹一幟。梁啓超在《清代學術概論》中甚至説:"清儒最善言《易》者,惟一焦循。"② 焦循於《易》學的突出貢獻是提出了一套獨特的《易》學構架。其《易》學構架問世以後,在《易》學界産生了巨大的衝擊波。褒揚者稱其"石破天驚""鑿破混沌"③,貶斥者則譏其"附會難通""支離破碎",乃至於全盤否定④。對任何文化首先要瞭解,在瞭解的基礎上才談得上肯定或否定,因此,筆者仔細研讀了焦循的《易》學論著。在對其《易》著的研讀過程中,筆者逐漸形成了一些認識(考實性認識、抽象性認識和評價性認識)。現將這些認識提出,以就正於方家。

一、旁通、相錯與時行三説考述

　　焦循在《易圖略・敘目》中説:"余學《易》所悟得者有三:一曰旁通,二曰相錯,三曰時行。此三者皆孔子之言也,孔子所以贊伏羲、文王、周公者也。夫《易》猶天也,天不可知,以實測而知。七政恒星錯綜不齊,而不出乎三百六十度之

---

① 支偉成:《清代樸學大師列傳》卷6,嶽麓書社,1998年,第103頁。
② 朱維錚校注:《梁啓超論清學史二種》,復旦大學出版社,1985年,第41頁。
③ 王引之、阮元、梁啓超等持此説。
④ 尚秉和、李鏡池、高亨等持此説。

經緯；山澤水火錯綜不齊，而不出乎三百八十四爻之變化。本行度而實測之，天以漸而明；本經文而實測之，《易》以漸而明。非可以虛理盡，非可以外心衡也。余初不知其何爲相錯，實測經文傳文而後知比例之義出於相錯，不知相錯則比例之義不明；余初不知其何爲旁通，實測經文傳文而後知升降之妙出於旁通，不知旁通則升降之妙不著；余初不知其何爲時行，實測經文傳文而後知變化之道出於時行，不知時行則變化之道不神。未實測於全《易》之先，胸中本無此三者之名，既實測於全《易》，覺經文有如是者乃孔子所謂相錯，有如是者乃孔子所謂旁通，有如是者乃孔子所謂時行。實測既久，益覺非相錯、非旁通、非時行則不可以解經文、傳文，則不可以通伏羲、文王、周公、孔子之意。十數年來，以測天之法測《易》，而此三者乃從全《易》中自然契合。……夫祖冲之立歲差，傅仁均立定朔，當時泥古者驚爲異説。余以此三事説《易》，亦祖氏之歲差，傅氏之定朔也。知我者益加密焉，余之所深冀也。"①

由上段引文，我們可以看到：1. 以旁通、相錯、時行三説通釋《周易》，是焦循所構建的獨特的《易》學框架；2. 此構架不是出於焦循的主觀臆測，而是通過十餘年對《周易》的"實測"，歸納所得；3. 焦循對此構架非常自信，認爲只有此構架才可以"通伏羲、文王、周公、孔子之意"，並將此構架比之於"祖氏之歲差，傅氏之定朔"，希望後人"益加密焉"。以下我們就具體考述焦循的旁通、相錯、時行三説。

---

① [清] 焦循：《易圖略》卷首，陳居淵：《〈易章句〉導讀》，齊魯書社，2002 年，第 247~248 頁。

（一）旁通

關於"旁通"，阮元在《通儒揚州焦君傳》中説："旁通者，在本卦，初與四易，二與五易，三與上易，本卦無可易，則旁通於他卦，亦初通於四，二通於五，三通於上。"① 焦循在《易圖略》中説："凡爻之已定者不動，其未定者，在本卦，初與四易，二與五易，三與上易，本卦無可易，則旁通於他卦，亦初通於四，二通於五，三通於上。……初必之四，二必之五，三必之上，各有偶也。初不之四，二不之五，三不之上，而別有所之，則交非其偶也。"②

根據以上兩段引文，我們可以對焦氏"旁通"作出如下表述：1. 焦氏"旁通"與三國虞翻、陸績等人的"旁通"名雖同而實相異。2. 焦氏"旁通"，簡而言之，即陰陽爻互易，具體包括一卦自身的陰陽爻互易和兩卦之間的陰陽爻互易。3. 是否旁通互易取決於是否當位。當位之爻不動，不當位之爻方與他爻旁通互易。4. 旁通互易的原則是初爻與四爻互易、二爻與五爻互易、三爻與上爻互易。5. 旁通互易的目的是使不當位之爻當位。

爲了説明"旁通"是《周易》作者之本意，而非焦循自己的杜撰，焦循在《易圖略》中列舉了三十個例證，並在三十例證後説："《易》之繫辭全主旁通，略舉此三十證以例其餘。"③ 通觀焦循所列之三十例證，不乏説服力，即使不正確，起碼也

---

① [清] 焦循：《焦氏遺書》卷首，光緒二年（1876）衡陽魏氏刻本。
② [清] 焦循：《易圖略》卷1，陳居淵：《〈易章句〉導讀》，齊魯書社，2002年，第251~252頁。
③ [清] 焦循：《易圖略》卷1，陳居淵：《〈易章句〉導讀》，齊魯書社，2002年，第255頁。

是言之成理，持之有故的，後世學者譏之爲"附會難通""支離破碎"以至於全盤否定，無乃太過。以下從焦循所舉三十例證中摘取數例以說明之：

1.《周易》同人卦九五爻辭："同人，先號咷而後笑，大師克，相遇。"《周易·象》："大師相遇，言相克也。"焦循認爲其中的"師"由師卦而來。同人卦九五爻辭之所以言"師"，是由於同人卦九四爻與師卦初六爻旁通互易的緣故。他說："若非師與同人旁通，則師之相克、師之相遇與同人何涉？"

2.《周易》艮卦六二爻辭："艮其腓，不拯其隨，其心不快。"《周易·象》："不拯其隨，未退聽也。"焦循認爲其中的"隨"由隨卦而來。艮卦六二爻辭之所以言"隨"，是由於艮卦六五爻與兌卦九二爻旁通互易後，兌卦變成了隨卦。他說："兌二之艮五，兌成隨。……若非艮兌旁通，則'不拯其隨'之義不可得而明。"

3.《周易》小畜卦卦辭："小畜，亨，密雲不雨，自我西郊。"小過卦六五爻辭："密雲不雨，自我西郊，公弋取彼在穴。"焦循認爲，"密雲不雨，自我西郊"之所以複見於小畜卦和小過卦，是由於小畜卦上九爻與豫卦六三爻旁通互易後，豫卦變成了小過卦。他說："小畜'密雲不雨，自我西郊'，其辭又見於小過六五。小畜上之豫三，則豫成小過。……解者不知旁通之義，則一'密雲不雨'之象，何以小畜與小過同辭？"

4.《周易·雜卦》："大過，顛也。"《周易》頤卦六二爻辭："顛頤，拂經，于丘頤，征凶。"六四爻辭："顛頤吉，虎視眈眈，其欲逐逐，無咎。"焦循認爲，大過爲顛，但"顛"不見於大過卦，卻屢見於頤卦，這是由於大過卦九二爻與頤卦六五爻旁通互易的緣故。他説："《雜卦傳》'大過，顛也'，而大過經文不稱'顛'，頤六二、六四兩稱'顛'……非大過與頤旁通，何以經之'顛'在頤，而傳之'顛'在大過？"①

爲使讀者對焦氏旁通説有一全面清晰的認識，兹列六十四卦旁通表於下：

卦名	旁　　　通
乾	九二爻與坤卦六五爻旁通，九四爻與坤卦初六爻旁通，上九爻與坤卦六三爻旁通
坤	六五爻與乾卦九二爻旁通，初六爻與乾卦九四爻旁通，六三爻與乾卦上九爻旁通
震	六五爻與巽卦九二爻旁通，九四爻與巽卦初六爻旁通，六三爻與巽卦上九爻旁通
巽	九二爻與震卦六五爻旁通，初六爻與震卦九四爻旁通，上九爻與震卦六三爻旁通
坎	九二爻與離卦六五爻旁通，初六爻與離卦九四爻旁通，六三爻與離卦上九爻旁通
離	六五爻與坎卦九二爻旁通，九四爻與坎卦初六爻旁通，上九爻與坎卦六三爻旁通
艮	六五爻與兑卦九二爻旁通，初六爻與兑卦九四爻旁通，上九爻與兑卦六三爻旁通
兑	九二爻與艮卦六五爻旁通，九四爻與艮卦初六爻旁通，六三爻與艮卦上九爻旁通
同人	九四爻與師卦初六爻旁通，上九爻與師卦六三爻旁通

---

① [清] 焦循：《易圖略》卷1，陳居淵：《〈易章句〉導讀》，齊魯書社，2002年，第254頁。文中所舉之第一例、第二例亦爲原焦循所舉三十例證中的第一例和第二例，文中所舉之第三例爲原焦循所舉三十例證中的第十六例，文中所舉之第四例爲原焦循所舉三十例證中的第十九例。

續表1

卦名	旁通
師	九二爻與六五爻旁通．六五爻與九二爻旁通．初六爻與同人卦九四爻旁通．六三爻與同人卦上九爻旁通
比	初六爻與大有卦九四爻旁通．六三爻與大有卦上九爻旁通
大有	九二爻與六五爻旁通．六五爻與九二爻旁通．九四爻與比卦初六爻旁通．上九爻與比卦六三爻旁通
隨	九四爻與蠱卦初六爻旁通．六三爻與蠱卦上九爻旁通
蠱	九二爻與六五爻旁通．六五爻與九二爻旁通．初六爻與隨卦九四爻旁通．上九爻與隨卦六三爻旁通
漸	漸卦初六爻與歸妹卦九四爻旁通．上九爻與歸妹卦六三爻旁通
歸妹	九二爻與六五爻旁通．六五爻與九二爻旁通．九四爻與漸卦初六爻旁通．六三爻與漸卦上九爻旁通
屯	六三爻與鼎卦上九爻旁通
鼎	九二爻與六五爻旁通．六五爻與九二爻旁通．初六爻與九四爻旁通．九四爻與初六爻旁通．上九爻與屯卦六三爻旁通
家人	上九爻與解卦六三爻旁通
解	九二爻與六五爻旁通．六五爻與九二爻旁通．初六爻與九四爻旁通．九四爻與初六爻旁通．六三爻與家人卦上九爻旁通
革	九四爻與蒙卦初六爻旁通
蒙	九二爻與六五爻旁通．六五爻與九二爻旁通．初六爻與革卦九四爻旁通．六三爻與上九爻旁通．上九爻與六三爻旁通
蹇	初六爻與睽卦九四爻旁通
睽	九二爻與六五爻旁通．六五爻與九二爻旁通．九四爻與蹇卦初六爻旁通．六三爻與上九爻旁通．上九爻與六三爻旁通
小畜	九二爻與豫卦六五爻旁通．上九爻與豫卦六三爻旁通
豫	六五爻與小畜卦九二爻旁通．初六爻與九四爻旁通．九四爻與初六爻旁通．六三爻與小畜卦上九爻旁通

續表2

卦名	旁　　通
復	六五爻與姤卦九二爻旁通，六三爻與姤卦上九爻旁通
姤	九二爻與復卦六五爻旁通，初六爻與九四爻旁通，九四爻與初六爻旁通，上九爻與復卦六三爻旁通
夬	九二爻與剝卦六五爻旁通，九四爻與剝卦初六爻旁通
剝	六五爻與夬卦九二爻旁通，初六爻與夬卦九四爻旁通，六三爻與上九爻旁通，上九爻與六三爻旁通
謙	六五爻與履卦九二爻旁通，初六爻與履卦九四爻旁通
履	九二爻與謙卦六五爻旁通，九四爻與謙卦初六爻旁通，上九爻與六三爻旁通，六三爻與上九爻旁通
節	九二爻與旅卦六五爻旁通，六三爻與旅卦上九爻旁通
旅	六五爻與節卦九二爻旁通，初六爻與九四爻旁通，九四爻與初六爻旁通，上九爻與節卦六三爻旁通
賁	六五爻與困卦九二爻旁通，上九爻與困卦六三爻旁通
困	九二爻與賁卦六五爻旁通，初六爻與九四爻旁通，九四爻與初六爻旁通，六三爻與賁卦上九爻旁通
豐	六五爻與渙卦九二爻旁通，九四爻與渙卦初六爻旁通
渙	九二爻與豐卦六五爻旁通，初六爻與豐卦九四爻旁通，六三爻與上九爻旁通，上九爻與六三爻旁通
井	九二爻與噬嗑卦六五爻旁通，初六爻與噬嗑卦九四爻旁通
噬嗑	六五爻與井卦九二爻旁通，九四爻與節卦初六爻旁通，六三爻與上九爻旁通，上九爻與六三爻旁通
臨	九二爻與六五爻旁通，六五爻與九二爻旁通，六三爻與遯卦上九爻旁通
遯	初六爻與九四爻旁通，九四爻與初六爻旁通，上九爻與臨卦六三爻旁通

續表3

卦名	旁　　通
升	九二爻與六五爻旁通・六五爻與九二爻旁通・初六爻與無妄卦九四爻旁通
無妄	九四爻與升卦初六爻・六三爻與上九爻旁通・上九爻與六三爻旁通
大畜	九二爻與六五爻旁通・六五爻與九二爻旁通・上九爻與萃卦六三爻旁通
萃	初六爻與九四爻旁通・九四爻與初六爻旁通・六三爻與大畜卦上九爻旁通
大壯	九二爻與六五爻旁通・六五爻與九二爻旁通・九四爻與觀卦初六爻旁通
觀	初六爻與大壯卦九四爻旁通・六三爻與上九爻旁通・上九爻與六三爻旁通
需	九二爻與晉卦六五爻旁通
晉	六五爻與需卦九二爻旁通・初六爻與九四爻旁通・九四爻與初六爻旁通・六三爻與上九爻旁通・上九爻與六三爻旁通
明夷	六五爻與訟卦九二爻旁通
訟	九二爻與明夷卦六五爻旁通・初六爻與九四爻旁通・九四爻與初六爻旁通・六三爻與上九爻旁通・上九爻與六三爻旁通
泰	九二爻與六五爻旁通・六五爻與九二爻旁通
否	初六爻與九四爻旁通・九四爻與初六爻旁通・六三爻與上九爻旁通・上九爻與六三爻旁通
損	九二爻與六五爻旁通・六五爻與九二爻旁通・六三爻與上九爻旁通・上九爻與六三爻旁通
咸	初六爻與九四爻旁通・九四爻與初六爻旁通
恆	九二爻與六五爻旁通・六五爻與九二爻旁通・初六爻與九四爻旁通・九四爻與初六爻旁通

續表4

卦名	旁通
益	六三爻與上九爻旁通，上九爻與六三爻旁通
中孚	九二爻與小過卦六五爻旁通，六三爻與上九爻旁通，上九爻與六三爻旁通
小過	六五爻與中孚卦九二爻旁通，初六爻與九四爻旁通，九四爻與初六爻旁通
大過	九二爻與頤卦六五爻旁通，初六爻與九四爻旁通，九四爻與初六爻旁通
頤	六五爻與大過卦九二爻旁通，六三爻與上九爻旁通，上九爻與六三爻旁通
既濟①	
未濟②	九二爻與六五爻旁通，六五爻與九二爻旁通，初六爻與九四爻旁通，九四爻與初六爻旁通，六三爻與上九爻旁通，上九爻與六三爻旁通

(二) 相錯

相錯指組成兩個別卦（六爻卦）的經卦（三爻卦）重新交錯組合成另外兩個別卦。如：困卦上卦爲兑，下卦爲坎；賁卦上卦爲艮，下卦爲離。困卦之下卦坎與賁卦之上卦艮交錯組合爲蒙卦，困卦之上卦兑與賁卦之下卦離交錯組合爲革卦。按焦氏"相錯"説，則"蒙、革爲困、賁之相錯"③。

焦氏"相錯"具體而言，可分爲以下四種情況：1. 兩旁通卦之相錯。如，乾卦的上卦與坤卦的下卦錯爲否卦，乾卦的下

---

① 案，既濟卦六爻皆當位，故無需旁通。
② 案，未濟卦六爻皆不當位，是此卦名未濟的原因之一。
③ [清] 焦循：《易圖略》卷4，陳居淵：《〈易章句〉導讀》，齊魯書社，2002年，第286頁。

卦與坤卦的上卦錯爲泰卦。2. 兩旁通卦二爻與五爻互易後形成的兩新卦之相錯。如，乾卦二爻與坤卦五爻互易後，乾卦變成了同人卦，坤卦變成了比卦，同人卦的上卦乾與比卦的下卦坤錯爲否卦，同人卦的下卦離與比卦的上卦坎錯爲既濟卦。3. 兩旁通卦四爻與初爻互易，或上爻與三爻互易後形成的兩新卦之相錯。如，乾卦四爻與坤卦初爻互易後，乾卦變成了小畜卦，坤卦變成了復卦，小畜卦的上卦巽與復卦的下卦震錯爲益卦，小畜卦的下卦乾與復卦的上卦坤錯爲泰卦。又如，乾卦上爻與坤卦三爻互易後，乾卦變成了夬卦，坤卦變成了謙卦，夬卦的上卦兌與謙卦的下卦艮錯爲咸卦，夬卦的下卦乾與謙卦的上卦坤錯爲泰卦。4. 兩旁通卦先二爻與五爻互易，再四爻與初爻互易，或上爻與三爻互易後形成的兩新卦之相錯。如，乾卦二爻與坤卦五爻互易後，乾卦變成了同人卦，坤卦變成了比卦，同人卦的四爻再與比卦的初爻互易，則同人卦變成了家人卦，比卦變成了屯卦，家人卦的上卦巽與屯卦的下卦震錯爲益卦，家人卦的下卦離與屯卦的上卦坎錯爲既濟卦。又如，乾卦二爻與坤卦五爻互易後，乾卦變成了同人卦，坤卦變成了比卦，同人卦的上爻再與比卦的三爻互易，則同人卦變成了革卦，比卦變成了蹇卦，革卦的上卦兌與蹇卦的下卦艮錯爲咸卦，革卦的下卦離與蹇卦的上卦坎錯爲既濟卦。①

爲了說明"相錯"亦爲《周易》作者之本意，焦循在《易圖略》中也舉了不少例證。如：蒙卦、革卦爲困卦與賁卦之相

---

① 關於焦氏"相錯"所分四種情況參考了復旦大學陳居淵先生的研究成果（參見其《焦循儒學思想與易學研究》，齊魯書社，2000年，第217頁）。其中的"旁通"乃用三國虞翻、陸績等人的"旁通"之義，非焦氏"旁通"之義。

錯，故蒙卦六四爻辭有"困蒙"之語；睽卦、蹇卦爲旅卦與節卦之相錯，故蹇卦彖辭有"中節"之語；家人卦、解卦爲豐卦與渙卦之相錯，故豐卦上六爻辭有"蔀其家"之語；鼎卦與屯卦相錯爲噬嗑卦，噬嗑，食也，故鼎卦九三爻辭有"雉膏不食"之語；比卦與大有卦錯爲需卦、晉卦，大有，衆也，比，樂也，故晉卦六三爻辭有"衆允"之語，需卦九五爻辭有"飽食燕（宴）樂"之語；大壯卦與觀卦錯爲小畜卦，故小畜卦九三爻辭言"輿說（脫）輹"，大壯卦九四爻辭則言"壯於大輿之輹"；臨卦與遯卦錯爲履卦，故履卦卦辭言"履虎尾"，遯卦初六爻辭則言"遯尾"；咸卦、損卦爲艮卦與兌卦之相錯，故艮卦六五爻辭言"艮其輔"，咸卦上六爻辭則言"咸其輔"，咸卦六二爻辭言"咸其腓"，艮卦六二爻辭則言"艮其腓"，損卦六三象辭言"一人行，三則疑也"，兌卦初九象辭則言"行未疑也"，損卦六三爻辭言"得其友"，兌卦象辭則言"以朋友講習"。①

爲使讀者對焦氏相錯說有一全面清晰的認識，兹列六十四卦相錯表於下：

相錯前	相錯後
乾卦與坤卦	否卦與泰卦
坎卦與離卦	既濟卦與未濟卦
震卦與巽卦	恒卦與益卦
艮卦與兌卦	損卦與咸卦

---

① [清] 焦循：《易圖略》卷4，陳居淵：《〈易章句〉導讀》，齊魯書社，2002年，第286~287頁。

續表1

相錯前	相錯後
同人卦與師卦	訟卦與明夷卦
比卦與大有卦	需卦與晉卦
隨卦與蠱卦	大過卦與頤卦
漸卦與歸妹卦	中孚卦與小過卦
小畜卦與豫卦	觀卦與大壯卦
復卦與姤卦	井卦與無妄卦
夬卦與剝卦	萃卦與大畜卦
謙卦與履卦	臨卦與遯卦
屯卦與鼎卦	井卦與噬嗑卦
家人卦與解卦	渙卦與豐卦
蹇卦與睽卦	節卦與旅卦
革卦與蒙卦	困卦與賁卦
以上爲兩旁通卦之相錯	
同人卦與比卦	否卦與既濟卦
隨卦與漸卦	咸卦與益卦
革卦與觀卦	萃卦與家人卦
遯卦與屯卦	無妄卦與蹇卦
以上爲兩旁通卦二爻與五爻互易後形成的兩新卦之相錯	
小畜卦與復卦	益卦與泰卦
夬卦與謙卦	咸卦與泰卦
節卦與賁卦	既濟卦與損卦
井卦與豐卦	既濟卦與恒卦
大畜卦與屯卦	頤卦與需卦

續表2

相錯前	相錯後
大壯卦與蹇卦	小過卦與需卦
家人卦與臨卦	中孚卦與明夷卦
革卦與升卦	大過卦與明夷卦
以上爲兩旁通卦四爻與初爻互易，或上爻與三爻互易後形成的兩新卦之相錯	
家人卦與屯卦	益卦與既濟卦
革卦與蹇卦	咸卦與既濟卦
需卦與明夷卦	既濟卦與泰卦
以上爲兩旁通卦先二爻與五爻互易，再四爻與初爻互易、或上爻與三爻互易後形成的兩新卦之相錯	

（三）時行

關於"時行"，阮元在《通儒揚州焦君傳》中說："先二五，後初四、三上爲'當位'。不俟二五，而初四、三上先行，爲'失道'。《易》之道，唯在變通。二五先行而上下應之，此變通不窮者也。或初四先行、三上先行，則上下不能應，然變而通之，仍大中而上下應。……此所謂'時行'也。"[1] 焦循在《易圖略》中說："《傳》云：'變通者，趣（趨）時者也。能變通即爲時行。時行者，元亨利貞也。'"[2]

焦循認爲，兩旁通卦先二爻與五爻互易，叫做"元"，繼二爻與五爻互易後，四爻與初爻或上爻與三爻互易，叫做"亨"，四爻與初爻互易叫做"下應"，上爻與三爻互易叫做"上應"，最終變通爲咸、益二卦叫做"利"，變通爲既濟卦叫做"貞"。

---

[1]［清］焦循：《焦氏遺書》卷首，清光緒二年（1876）衡陽魏氏刻本。
[2]［清］焦循：《易圖略》卷3，陳居淵：《〈易章句〉導讀》，齊魯書社，2002年，第278頁。

"元亨利貞"即焦循所謂"時行"。焦循"時行"説具體而言，可分爲以下兩種情況：

1. 二、五先行當位變通不窮

焦循説："乾、坤、坎、離生同人、師、比、大有，震、巽、艮、兑生漸、歸妹、隨、蠱。上應之成蹇、革，下應之成家人、屯，而家人、屯又變通於鼎、解，而終於既濟、咸，蹇、革又變通於睽、蒙，而終於既濟、益。咸、損、益、恒四卦循環不已。"①

乾卦二爻與坤卦五爻互易後，乾卦變成了同人卦，坤卦變成了比卦；坎卦二爻與離卦五爻互易後，坎卦變成了比卦，離卦變成了同人卦。同人卦旁通於師卦，比卦旁通於大有卦，因此焦循説："乾、坤、坎、離生同人、師、比、大有。"巽卦二爻與震卦五爻互易後，巽卦變成了漸卦，震卦變成了隨卦；兑卦二爻與艮卦五爻互易後，兑卦變成了隨卦，艮卦變成了漸卦。漸卦旁通於歸妹卦，隨卦旁通於蠱卦，因此焦循説："震、巽、艮、兑生漸、歸妹、隨、蠱。"繼乾卦二爻與坤卦五爻互易，或坎卦二爻與離卦五爻互易後，同人卦上爻與比卦三爻互易，同人卦變爲革卦，比卦變爲蹇卦；繼巽卦二爻與震卦五爻互易，或兑卦二爻與艮卦五爻互易後，漸卦上爻與隨卦三爻互易，漸卦變爲蹇卦，隨卦變爲革卦。此即焦循所説"上應之成蹇、革"。繼乾卦二爻與坤卦五爻互易，或坎卦二爻與離卦五爻互易後，同人卦四爻與比卦初爻互易，同人卦變爲家人卦，比卦變爲屯卦；繼巽卦二爻與震卦五爻互易，或兑卦二爻與艮卦五爻

---

① [清]焦循：《易圖略》卷3，陳居淵：《〈易章句〉導讀》，齊魯書社，2002年，第279頁。

互易後，隨卦四爻與漸卦初爻互易，隨卦變爲屯卦，漸卦變爲家人卦。此即焦循所説"下應之成家人、屯"。家人卦又旁通於解卦，解卦二爻與五爻互易後，再以三爻與家人卦上爻互易（二五先行而上應之），解卦最終變成了咸卦，家人卦則變成了既濟卦；屯卦又旁通於鼎卦，鼎卦二爻與五爻互易後，再以上爻與屯卦三爻互易（二五先行而上應之），鼎卦最終變成了咸卦，屯卦則變成了既濟卦。此即焦循所説"家人、屯又變通於鼎、解，而終於既濟、咸"。蹇卦又旁通於睽卦，睽卦二爻與五爻互易後，再以四爻與蹇卦初爻互易（二五先行而下應），睽卦最終變成了益卦，蹇卦則變成了既濟卦；革卦又旁通於蒙卦，蒙卦二爻與五爻互易後，再以初爻與革卦四爻互易（二五先行而下應），蒙卦最終變成了益卦，革卦則變成了既濟卦。此即焦循所説"蹇、革又變通於睽、蒙而終於既濟、益"。益卦又旁通於恒卦，恒卦二爻與五爻互易後，繼之以益卦三爻與上爻互易（二五先行而上應），則益卦成既濟卦，恒卦成咸卦，咸卦又旁通於損卦，損卦二爻與五爻互易後，繼之以咸卦初爻與四爻互易（二五先行而下應），則咸卦成既濟卦，損卦成益卦，益卦又旁通於恒卦，恒卦成咸卦後，咸卦又旁通於損卦，損卦又成益卦，生生不息，循環不已，因此焦循説："咸、損、益、恒四卦循環不已。"

2. 初、四或三、上先行不當位變而通之仍大中而上下應

按照"變通不窮"的爻位運動規律，必須二五先行，初四、三上應之。如果初四先行，二五、三上應之，或三上先行，二五、初四應之，就會變成兩個既濟卦。如前所述，陰陽爻是否互易取決於是否當位，當位之爻不動，不當位之爻方與他爻互

易,既濟卦"六爻皆定",不具備旁通互易的條件,爻位運動至兩既濟卦而終止,違背了"生生之謂易"的原則,故須變通以補救之,補救以後,仍能"大中而上下應"。如,乾卦四爻與坤卦初爻互易後,乾卦變爲小畜卦,坤卦變爲復卦;小畜卦二爻與復卦五爻互易以應之,小畜卦成家人卦,復卦成屯卦;屯卦三爻與家人卦上爻互易以應之,屯卦和家人卦就都變成了既濟卦,爻位運動因此而終止,故須變通以補救之。乾卦變爲小畜卦後,小畜卦旁通於豫卦,小畜卦二爻與豫卦五爻互易(二五先行)後,按爻位運動規律,應繼之以四爻與初爻互易,但小畜卦四爻與豫卦初爻皆爲陰爻,陰陽屬性一致,不具備互易的條件,爻位運動似乎無法繼續進行下去,然而就在此時,"柳暗花明又一村",豫卦四爻與其初爻互易以補救之,爻位運動又可以繼續進行下去了。此即焦循所說:"小畜之失在四,通於豫以補之。……小畜二之豫五,小畜四不能應,豫四則能應也。"①

焦循以普遍聯繫和爻位運動的觀點研究《周易》,把《周易》六十四卦視爲具有内在聯繫的"生生不息"的動態系統,建立了自己獨特的《易》學構架。一種理論正確與否是一回事,其是否有意義是另一回事。例如天堂地獄之説雖然出於宗教的虚幻理念,然而它有利於勸人向善、杜人作惡,可以給善良者以美好的心靈寄託,給邪惡者以一定的心理威懾,其所具有的積極意義是不言而喻的。焦循的《易》學理論雖然不一定正確,但比之孤立、静止地研究《周易》一卦一爻,在方法論上是有積極意義的。《周易》六十四卦究竟是雜亂無章的"偶

---

① [清] 焦循:《易圖略》卷3,陳居淵:《〈易章句〉導讀》,齊魯書社,2002年,第279~280頁。

然拼湊",還是有機聯繫的整體,是《易》學史上的一大懸案。清代學者戴震說:"其得於學,不以人蔽己,不以己自蔽。"①筆者認爲,因爲自己沒有看到《周易》六十四卦之間的內在聯繫,就武斷地把六十四卦卦爻辭視爲"雜七雜八""顛三倒四"的占卜結果的"拼湊",犯了"以己自蔽"之病。以焦循的學力,如果僅僅研究《周易》一卦一爻,很容易迅速拿出成果,而且一般不會招致別人的非議,但焦循卻避易就難,潛心研究《周易》六十四卦之間的內在聯繫和爻位運動的規律,"盡屏他務,專理此經"②,"足不入城市者十餘年"③,這正是學術發展所必需之文化精神。儘管焦循提出的《易》學構架是否《周易》所固有,尚有商榷餘地,然而他畢竟提出了許多不乏說服力的例證,其得出結論的方法是科學、嚴謹的,誠如梁啓超先生所說:焦循的《易》學研究"非憑空臆斷,確是用考證家客觀研究的方法得來"④。

二、焦循《易》學構架的道德義理詮釋與"聲訓"

《周易》研究的傳統格局中分象數和義理兩大流派。焦循因其獨特的《易》學構架,被歸於象數一派。其實,焦循探究象數的目的,在於闡發義理。另外,焦循爲了論證其《易》學構架,常以"聲訓"之法尋求卦與卦之間的關聯,這是被人譏

---

① [清] 戴震:《東原文集》卷9《答鄭丈用牧書》張岱年主編:《戴震全書》第6冊,黃山書社,1995年,第373頁。
② [清] 焦循:《易通釋》卷首,續修四庫全書本。
③ 趙爾巽等:《清史稿》卷4《焦循傳》,中華書局,1977年,第13256頁。
④ 朱維錚校注:《梁启超论清学史二种》,復旦大學出版社,1985年,第298頁。

諷爲"附會難通"的重要原因。下面,筆者就對這兩個問題加以探討。

(一) 焦循《易》學構架的道德義理詮釋

縱觀中國士人史,不難發現,中國大多數士人都有着揮之不去的入世情結。這種入世情結肇源於"任重而道遠"的使命感和"居廟堂之高則憂其民,處江湖之遠則憂其君"的憂患意識。這種使命感和憂患意識是從孔子那裏一脈相傳的文化傳統。前人往往評價乾嘉學者"一頭鑽進故紙堆,不問世事"。我常懷疑這一事實判斷的真實性。對乾嘉學者的這種認識,實在是低估了文化傳統的影響力。焦循作爲一名乾嘉學者,儘管潛心於六經注疏之學,然而"修齊治平"的中國傳統士人的理想在他心中並未泯滅。焦循提出的《易》學構架絕非純象數的研究,而是以象數爲載體,闡發儒家的道德義理和自己"修齊治平"的政治理想。

焦循在論述其"旁通"體系時說:"成己所以成物,故此爻動而之正,則彼爻亦動而之正,未有無所之自正不正人者也。枉己未能正人,故彼此易而各正,未有變己正之爻爲不正,以受彼爻之不正者也。"① 此段話中"成己所以成物"即孔子所云"己欲立而立人,己欲達而達人"② 之意;"枉己未能正人"即孔子所說"不能正其身,如正人何"③ 之意;"未有變己正之爻爲不正,以受彼爻之不正者也"即孟子所云"吾聞出於幽谷遷

---

① [清] 焦循:《易圖略》卷1,陳居淵:《〈易章句〉導讀》,齊魯書社,2002年,第252頁。
② 楊伯峻:《論語譯注》,中華書局,1980年,第65頁。
③ 楊伯峻:《論語譯注》,中華書局,1980年,第138頁。

於喬木者，未聞下喬木而入於幽谷者"① 之意。

焦循在《易圖略》中又説："《易》之一書，聖人教人改過之書也。窮可以通，死可以生，亂可以治，絶可以續，故曰爲衰世而作，達則本以治世，不得諉於時運之無可爲，窮則本以治身，不得謝以氣質之不能化。"② 這段話充分表明了焦循"修齊治平"的政治理想，憂國憂民的憂患意識和使命感躍然紙上。焦循認爲，按照爻位運動規律，先二五，後初四、三上則爲吉；不待二五、初四、三上先行則爲凶。然而吉可變凶，凶可化吉。吉何以變凶？焦循舉例説："乾二先之坤五，四之坤初應之，乾卦成家人，坤成屯，是當位而吉者也。若不知變通而以家人上之屯三成兩既濟，其道窮矣。"③ 也就是説，本來是吉，如不知及時"遷善改過"而變通，也會變爲凶。凶何以化吉？焦循舉例説："乾二不之坤五，而四先之坤初，乾成小畜，坤成復，是失道而凶者也。若能變通，以小畜通豫，以復通姤，小畜、復初四雖先行，而豫、姤初四則未行，以豫、姤補救小畜、復之非……此凶變吉也。"④ 也就是説，本來是凶，如果能夠"遷善改過"而變通，也會轉化爲吉。最後，焦循總結説："惟凶可以變吉，則示人以失道變通之法；惟吉可以變凶，則示人以當位

---

① 楊伯峻：《孟子譯注》卷5《滕文公章句上》，中華書局，1960年，第125頁。
② [清] 焦循：《易圖略》卷3，陳居淵：《〈易章句〉導讀》，齊魯書社，2002年，第280頁。
③ [清] 焦循：《易圖略》卷2，陳居淵：《〈易章句〉導讀》，齊魯書社，2002年，第267頁。
④ [清] 焦循：《易圖略》卷2，陳居淵：《〈易章句〉導讀》，齊魯書社，2002年，第267頁。

變通之法。"① 失道時"遷善改過"以求吉，當位時"遷善改過"以避免轉化爲凶，這充分反映了中國傳統士人憧憬追求國家"長治久安"的政治理想。在《易話》中，焦循更是明確指出："聖人治天下，欲其長治而不亂，故設卦繫辭以垂萬世。……聖人處亂則撥亂以反乎治，處治則繼善以防乎亂。……大抵氣化皆亂，賴人而治。治而長治者，人續之也；治而致亂者，人失之也。……急於政教，人民乃絫……故否泰皆視乎人，不得委之氣化之必然也。"② 一個憂國憂民，希冀國泰民安的"故紙堆"中的乾嘉學者的形象呼之欲出！

(二) 焦循《易》學構架與"聲訓"

在中國訓詁學史上，清代可稱是黃金時期。清代訓詁學的最突出的成就是"聲訓"的發達。"聲訓"也稱"音訓"，是從字的讀音着眼，根據音近義通的原則，取音近之字互爲解釋。"聲訓"的起源很早，《周易·說卦》："乾，健也。""坤，順也。""坎，陷也。"③《周易·彖》："夬，決也。"《孟子·滕文公上》："庠者，養也。校者，教也。序者，射也。"④ 這些都是"聲訓"。至清代，以音韻學的成就爲依託，"聲訓"形成了系統的理論。王念孫在《廣雅疏證》自序中說："竊以詁訓之旨，

---

① [清] 焦循：《易圖略》卷2，陳居淵：《〈易章句〉導讀》，齊魯書社，2002年，第267頁。
② [清] 焦循：《易話·陰陽治亂辨》，續修四庫全書本。
③ 案，坤以申爲聲符，申與順疊韻；坎以欠爲聲符，欠與陷疊韻。
④ 案，在上古音韻系統中，"序"爲邪母魚部，"射"爲船母鐸部。邪母爲舌尖音，船母爲舌面音，兩者發音部位相近；魚部和鐸部是陰入對轉，即主要母音相同，只是有無輔音韻尾的區別。"序"與"射"聲母和韻母都相近，具備聲韻相鄰通假條件。參見郭錫良：《漢字古音手冊》，北京大學出版社，1986年。

本於聲音，故有聲同字異，聲近義同，雖或類聚群分，實亦同條共貫。"段玉裁爲《廣雅疏證》作序時也說："聖人之制字有義而後有音，有音而後有形；學者之考字，因形以得其音，因音以得其義。治經莫重於得義，得義莫切於得音。"① 這些論述十分精闢，成爲清代學者研究訓詁的準繩。

焦循深受《廣雅疏證》的影響，他說："循近年得力於《廣雅疏證》，用以解《易》，乃得渙然冰釋，因歎聲音訓詁之妙，用以解他經，固爲切要，而用以解《易》，尤爲必不可離。"② 在論證其《易》學構架時，焦循常用"聲訓"之法探求卦與卦之間的關聯。如，萃卦初六爻辭有"一握爲笑"之語，鼎卦九四爻辭有"其形渥"之語，焦循注萃卦時說："握與渥同。鼎'其形渥'，渥，足也。足則終，終則亂，惟有孚於萃不終。"③ 通過"握"與"渥"的假借，論證了萃卦與鼎卦的關聯。這種假借之法常被譏評爲"穿鑿附會"。針對這種譏評之語，阮元曾爲之辨駁說："或曰：《通釋》多因假借而引申之，不幾鑿乎？元曰：古無文字，先有言有意。言與意立乎文字未造以前……故口言'遯'，而'遯'與'豚'同意，口言'疾'，而'疾'與'蒺'同意。《傳》所謂'書不盡言，言不盡意'即此道也。淺識者立乎其後而分執之，蓋未知聲音、文字之本矣。藉曰非也，虞翻何以'豚魚'爲'遯魚'，《韓詩外傳》何以'蒺藜'爲'據疾'哉？"④ 在晚清《易》學界對焦循的一片非難否定聲中，皮錫瑞也表明了他支持焦循的鮮明立

---

① [清] 王念孫：《廣雅疏證》卷首，叢書集成初編本。
② [清] 焦循：《焦里堂先生軼文·寄王伯申書》，鄦齋叢書本。
③ 陳居淵：《〈易章句〉導讀》，齊魯書社，2002年，第107頁。
④ [清] 焦循：《雕菰樓易學三書》卷首，焦氏叢書本。

場:"假借説《易》並非穿鑿,學者當援例推補。"① 筆者認爲,"聲訓"本是一種科學的訓詁方法,卦與卦之間的關聯也可備一家之説,但"聲訓"與兩卦(或數卦)之間是否存在着必然的邏輯關係,換言之,《周易》作者是否有意識地用"聲訓"來暗示卦與卦之間的關聯,則大有疑問。此外,運用"聲訓"時,最忌主觀臆測,最好有比較充分的文獻旁證,而焦循在其《易》學論著中所論之假借雖然基本上都符合古音通假的條件,但缺乏比較充分的文獻旁證,終覺美猶有憾。

---

① [清]皮錫瑞:《經學通論》卷1,中華書局,2011年,第39頁。

第五節　高郵王氏父子的《周易》詮釋

自宋明理學家多以哲學思辨的方法釋《易》，特別是發揮《易傳》中的重要觀念，《易》學主流遂以義理發明爲主，關於《易經》字詞古義的訓釋、六十四卦卦爻辭的整體架構，頗遭忽略。清初《易》學的發展，沿着回歸經典、尊史崇古的學術發展大勢，學者漸知重視本經及古義，但吳派由鉤沉漢《易》而走到了迷信漢《易》的極端，而皖派雖亦重視漢《易》，但卻認識到漢《易》亦非盡得《易》之本義，因而信其所當信，而疑其所可疑，是其所是，非其所非。皖派的釋經方法，至高郵王念孫、王引之父子而益精。高郵王氏父子在《經義述聞》一書中對漢《易》的辨駁，充分反映了皖派詮釋經典的特色。

一、對虞翻《易》注的辨駁

（一）對虞翻以"之正說"詮《易》的辨駁

虞翻發明卦爻多以"之正"爲義，陰居陽位則之正而爲陽，陽居陰位則之正而爲陰。王引之對此辨駁說："夫爻因卦異，卦以爻分，各有部居，不相雜廁。若爻言初六、六三、六五，而易六以九；爻言九二、九四、上九而易九以六，則爻非此爻，卦非此卦矣，不且紊亂而無別乎？"①

虞翻爲了以"之正說"解《易》，將《周易》卦辭中的

---

① [清]王引之著，錢文忠等整理：《經義述聞》，上海書店出版社，2012年，上冊第54頁。

"貞"一概訓爲"正"。王引之對之一一加以辨駁。

坤卦卦辭"利牝馬之貞",虞注:"初動得正,故'利牝馬之貞'。"坤卦卦辭"安貞吉",虞注:"復初得正,故貞吉。"①王引之以《易傳》爲據辨駁説:"《象》曰'牝馬地類,行地無疆,柔順利貞',又曰'安貞之吉,應地無疆',皆以純陰之卦言之,未嘗以爲初爻之正也。"②

蒙卦卦辭"利貞",虞注:"二、五失位,利變之正,故'利貞'。"③王引之以《易傳》爲據辨駁説:"《彖》曰'蒙以養正,聖功也',以九二剛中上包六五言之,未嘗以爲二、五之位當之正也。"④

臨卦卦辭"元亨利貞",虞注:"乾來交坤,動則成乾,故元亨利貞。"臨卦《彖》辭"大亨以正,天之道也",虞注:"三動成乾天,得正爲泰,天地交通,故'亨以正,天之道也'。"⑤王引之根據臨卦《彖》辭的前半部分辨駁説:"《彖》曰'説而順,剛中而應',乃'大亨以正'之由。若謂三動成乾,則是健而順,非'説而順'矣。"⑥

無妄卦卦辭"元亨利貞",虞注:"三、四失位,故利貞也。"無妄卦《彖》辭"大亨以正,天之命也",虞注:"變四

---

① [唐] 李鼎祚:《周易集解》卷2,文淵閣四庫全書本。
② [清] 王引之著,錢文忠等整理:《經義述聞》,上海書店出版社,2012年,上册第54頁。
③ [唐] 李鼎祚:《周易集解》卷2,文淵閣四庫全書本。
④ [清] 王引之著,錢文忠等整理:《經義述聞》,上海書店出版社,2012年,上册第54頁。
⑤ [唐] 李鼎祚:《周易集解》卷5,文淵閣四庫全書本。
⑥ [清] 王引之著,錢文忠等整理:《經義述聞》,上海書店出版社,2012年,上册第54頁。

承五，乾爲天，巽爲命，故曰'大亨以正，天之命也'。"① 王引之根據無妄卦《彖》辭的後半部分辨駁説："《彖》曰'動而健，剛中而應，大亨以正，天之命也'，四句一意相承。若謂變四之正，則是'動而巽'，非'動而健'，失其所以爲無妄矣。"②

大畜卦卦辭"利貞"，虞注："二、五失位，故利貞。"大畜卦《彖》辭"大正也"，虞注："二、五易位，故大正。"③ 王引之根據大畜卦《彖》辭的前半部分辨駁説："《彖》曰'其德剛上二而上賢，能止健，大正也'，謂上艮下乾也。若二、五易位，則上巽下離，不得謂之'止健'矣。"④

頤卦卦辭"頤貞吉"，虞注："三之正，五、上易位，故頤貞吉。"⑤ 王引之根據卦象辨駁説："卦體上止下動，象人之頤，故名曰'頤'。若謂三之正，五、上易位，則上不止而下不動，不得謂之頤矣。"頤卦《彖》辭説"養正則吉"也，因此，王引之又以《易傳》爲據辨駁説："頤象已不見，尚何'養正則吉'之有乎？"⑥

恒卦卦辭"亨，無咎，利貞"，虞注："初利往之四，終變

---

① [唐] 李鼎祚：《周易集解》卷6，文淵閣四庫全書本。
② [清] 王引之著，錢文忠等整理：《經義述聞》，上海書店出版社，2012年，上册第55頁。
③ [唐] 李鼎祚：《周易集解》卷6，文淵閣四庫全書本。
④ [清] 王引之著，錢文忠等整理：《經義述聞》，上海書店出版社，2012年，上册第55頁。
⑤ [唐] 李鼎祚：《周易集解》卷6，文淵閣四庫全書本。
⑥ [清] 王引之著，錢文忠等整理：《經義述聞》，上海書店出版社，2012年，上册第55頁。

成益,則初、四、二、五皆得其正。"① 王引之以《易傳》爲據辨駁説:"《彖》曰:'恒亨無咎利貞,久於其道也。'久者,不變之謂也。若謂初變之四,二變之五,則是無恒矣,豈'久於其道'之謂乎?"②

大壯卦卦辭"利貞",虞注:"壯,傷也。大謂四,失位爲陰所乘……與五易位乃得正,故'利貞'也。"③ 王引之以《易傳》爲據辨駁説:"《彖》曰'大壯,大者壯也。剛以動,故壯;大壯利貞,大者正也',皆以下乾上震言之。若謂九四之正而爲六四,則大者失其大,壯者失其壯矣,尚何利之有乎?"④

明夷卦卦辭"利艱貞",虞注:"五失位,變出成坎,爲艱,故'利艱貞'矣。"⑤ 王引之以《易傳》爲據辨駁説:"《彖》曰'利艱貞,晦其明也',仍取明在地中之象。若謂六五之正而爲坎爲重離,則明在地中之象不見,尚何得言晦其明乎?"⑥

萃卦卦辭"利見大人,亨,利貞",虞注:"三、四失位,利之正變成離,離爲見,故'利見大人,亨,利貞',聚以正也。"⑦ 王引之以《易傳》爲據辨駁説:"《彖》曰'順以説,

---

① [唐] 李鼎祚:《周易集解》卷7,文淵閣四庫全書本。
② [清] 王引之著,錢文忠等整理:《經義述聞》,上海書店出版社,2012年,上册第55頁。
③ [唐] 李鼎祚:《周易集解》卷7,文淵閣四庫全書本。
④ [清] 王引之著,錢文忠等整理:《經義述聞》,上海書店出版社,2012年,上册第55頁。
⑤ [唐] 李鼎祚:《周易集解》卷7,文淵閣四庫全書本。
⑥ [清] 王引之著,錢文忠等整理:《經義述聞》,上海書店出版社,2012年,上册第55頁。
⑦ [唐] 李鼎祚:《周易集解》卷9,文淵閣四庫全書本。

剛中而應，聚也'，以下坤上兑言之也。若謂三、四之正，則下艮上坎，當爲見險而止，不得謂之'順以説'矣。順説之象既失，尚何聚之有乎？"①

革卦卦辭"元亨利貞"，虞注："四動體離，五在坎中……以成既濟。"②王引之以《易傳》爲據辨駁説："《彖》曰'文明以説，大亨以正'，以下離上兑言之也。若謂九四之正而爲六四，則是下離上坎，不得謂之説矣。"③

漸卦卦辭"利貞"，虞注："初、上失位，故'利貞'。"④王引之以《易傳》爲據辨駁説："《彖》曰'進得位，往有功也。進以正，可以正邦也。其位剛得中也。止而巽，動不窮也'，則所謂'利貞'者，正以中四爻得位而言，非謂初、上失位，當動而之正也。若謂初六變爲初九，上九變爲上六，則是下離上坎，不得謂之'止而巽'矣。"⑤

兑卦卦辭"亨利貞"，虞注："二失正，動應五，故亨利貞。"兑卦《象》辭"説以利貞"，虞注："二、三、四利之正，故説以利貞也。"⑥王引之以《易傳》爲據辨駁説："《彖》曰'剛中而柔外，説以利貞'，惟其剛柔相濟，是以'説以利貞'也。若謂二、三、四之正，則剛中柔外之象不見，不得謂之

---

① [清] 王引之著，錢文忠等整理：《經義述聞》，上海書店出版社，2012年，上册第55頁。
② [唐] 李鼎祚：《周易集解》卷10，文淵閣四庫全書本。
③ [清] 王引之著，錢文忠等整理：《經義述聞》，上海書店出版社，2012年，上册第55頁。
④ [唐] 李鼎祚：《周易集解》卷11，文淵閣四庫全書本。
⑤ [清] 王引之著，錢文忠等整理：《經義述聞》，上海書店出版社，2012年，上册第55頁。
⑥ [唐] 李鼎祚：《周易集解》卷11，文淵閣四庫全書本。

'説以利貞'矣。"①

涣卦卦辭"利涉大川，利貞"，虞注："二失正，變應五，故利貞也。"② 王引之以《易傳》爲據並結合卦辭辨駁説："《彖》曰'剛來而不窮'，謂否四之二也。卦以剛來爲義，不謂剛化爲柔也。且内卦爲坎，故'利涉大川'。若九二之正而爲六二，則坎象不見，尚何'利涉'之有乎?"③

中孚卦卦辭"利貞"，虞注："二利之正而應五也。"④ 王引之以《易傳》爲據辨駁説："《彖》曰'柔在内而剛得中，説而巽，孚乃化邦也'，若九二之正而爲六二，則内卦剛不得中，能巽而不能説矣，尚何利之有乎?"⑤

小過卦卦辭"亨利貞"，虞注："五失正，故利貞。"⑥ 王引之根據小過卦卦辭上下文及《易傳》辨駁説："經下文曰'可小事不可大事'，《彖》曰：'柔得中，是以小事吉也；剛失位而不中，是以不可大事也。'若六五已之正而爲九五，則是剛得位而中矣，下文何以云'不可大事'乎?"⑦

《周易》爻辭中凡爻不當位而言"貞"者，虞翻亦皆以

---

① [清] 王引之著，錢文忠等整理：《經義述聞》，上海書店出版社，2012年，上册第55頁。
② [唐] 李鼎祚：《周易集解》卷12，文淵閣四庫全書本。
③ [清] 王引之著，錢文忠等整理：《經義述聞》，上海書店出版社，2012年，上册第55頁。
④ [唐] 李鼎祚：《周易集解》卷12，文淵閣四庫全書本。
⑤ [清] 王引之著，錢文忠等整理：《經義述聞》，上海書店出版社，2012年，上册第56頁。
⑥ [唐] 李鼎祚：《周易集解》卷12，文淵閣四庫全書本。
⑦ [清] 王引之著，錢文忠等整理：《經義述聞》，上海書店出版社，2012年，上册第56頁。

"之正"爲解。王引之説:"尋文究理,實不當如虞氏所説。"①因而對之也一一加以辨駁。

坤卦六三爻辭"含章可貞",虞注:"三失位,發得正,故'可貞'也。"② 王引之以《易傳》爲據辨駁説:"《象》曰:'含章可貞,以時發也。'謂内含章美,待時而發,非謂動而之正也。"③

訟卦九四爻辭"安貞吉",虞注:"動而得位,故'安貞吉'。"④ 王引之以《易傳》爲據辨駁説:"《象》曰:'安貞,不失也。'謂安静不犯,不失其正,非謂動而之正也。"⑤

履卦九二爻辭"幽人貞吉",虞注:"之正得位……故'貞吉'也。"⑥ 王引之以《易傳》爲據辨駁説:"《象》曰:'幽人貞吉,中不自亂也。'謂居内履中,在幽而正,非謂動而之正也。"⑦

隨卦六三爻辭"利居貞",虞注:"之正得位。"⑧ 王引之辨駁説:"'利居貞'謂居處貞正而不妄動,非謂動而之正也。"⑨

---

①[清] 王引之著,錢文忠等整理:《經義述聞》,上海書店出版社,2012年,上册第56頁。
②[唐] 李鼎祚:《周易集解》卷2,文淵閣四庫全書本。
③[清] 王引之著,錢文忠等整理:《經義述聞》,上海書店出版社,2012年,上册第56頁。
④[唐] 李鼎祚:《周易集解》卷3,文淵閣四庫全書本。
⑤[清] 王引之著,錢文忠等整理:《經義述聞》,上海書店出版社,2012年,上册第56頁。
⑥[唐] 李鼎祚:《周易集解》卷3,文淵閣四庫全書本。
⑦[清] 王引之著,錢文忠等整理:《經義述聞》,上海書店出版社,2012年,上册第56頁。
⑧[唐] 李鼎祚:《周易集解》卷5,文淵閣四庫全書本。
⑨[清] 王引之著,錢文忠等整理:《經義述聞》,上海書店出版社,2012年,上册第56頁。

無妄卦九四爻辭"可貞，無咎"，虞注："動得正，故'可貞'。"① 王引之辨駁說："'可貞，無咎'謂比近九五，可以任正，非謂動而之正也。"②

咸卦九四爻辭"貞吉，悔亡"，虞注："應初動得正，故'貞吉而悔亡'。"③ 王引之以《易傳》爲據辨駁說："《象》曰：'貞吉悔亡，未感害也。'謂始感以正，不逢患害，非謂動而之正也。動而之正則爲蹇，不復感應以相與矣。"④

大壯卦九二爻辭"貞吉"，虞注："變得位，故貞吉。"⑤ 王引之以《易傳》爲據辨駁說："《象》曰：'九二貞吉，以中也。'謂剛中而應，不失其正，非謂動而之正也。"大壯卦九四爻辭"貞吉悔亡"，虞注："之五得中，故貞吉而悔亡。"⑥ 王引之辨駁說："'貞吉悔亡'謂行不違謙，不失其正，非謂動而之正也。"⑦

晉卦初六爻辭"晉如摧如，貞吉"，虞注："動得位，故'貞吉'。"⑧ 王引之以《易傳》爲據辨駁說："《象》曰：'晉如

---

① [唐] 李鼎祚：《周易集解》卷6，文淵閣四庫全書本。
② [清] 王引之著，錢文忠等整理：《經義述聞》，上海書店出版社，2012年，上冊第56頁。
③ [唐] 李鼎祚：《周易集解》卷7，文淵閣四庫全書本。
④ [清] 王引之著，錢文忠等整理：《經義述聞》，上海書店出版社，2012年，上冊第56頁。
⑤ [唐] 李鼎祚：《周易集解》卷7，文淵閣四庫全書本。
⑥ [唐] 李鼎祚：《周易集解》卷7，文淵閣四庫全書本。
⑦ [清] 王引之著，錢文忠等整理：《經義述聞》，上海書店出版社，2012年，上冊第56頁。
⑧ [唐] 李鼎祚：《周易集解》卷7，文淵閣四庫全書本。

摧如，獨行正也。'謂進明退順，不失其正，非謂動而之正也。"①

解卦九二爻辭"貞吉"，虞注："之正得中，故貞吉。"② 王引之以《易傳》爲據辨駁説："《象》曰：'九二貞吉，得中道也。'謂剛中而應，不失其正，非謂動而之正也。"③

損卦九二爻辭"利貞"，虞注："失位當之正，故利貞。"④ 王引之以《易傳》爲據辨駁説："《象》曰：'九二利貞，中以爲志也。'謂志在履中，不失其正，非謂動而之正也。"損卦上九爻辭"無咎，貞吉"，虞注："上失正，之三得位，故……無咎貞吉。"⑤ 王引之辨駁説："'無咎貞吉'謂用正而吉，不制於柔，非謂動而之正也。"⑥

姤卦初六爻辭"貞吉"，虞注："初、四失正，易位乃吉矣。"⑦ 王引之辨駁説："初六貞吉，謂柔而守正，乃以獲吉，非謂動而之正也。姤爲一陰始生，方且漸進而爲遯、爲否、爲觀、爲剥、爲坤，斷無初爻變而之正之理。"⑧

---

① [清] 王引之著，錢文忠等整理：《經義述聞》，上海書店出版社，2012 年，上册第 56 頁。
② [唐] 李鼎祚：《周易集解》卷 8，文淵閣四庫全書本。
③ [清] 王引之著，錢文忠等整理：《經義述聞》，上海書店出版社，2012 年，上册第 56 頁。
④ [唐] 李鼎祚：《周易集解》卷 8，文淵閣四庫全書本。
⑤ [唐] 李鼎祚：《周易集解》卷 8，文淵閣四庫全書本。
⑥ [清] 王引之著，錢文忠等整理：《經義述聞》，上海書店出版社，2012 年，上册第 56 頁。
⑦ [唐] 李鼎祚：《周易集解》卷 9，文淵閣四庫全書本。
⑧ [清] 王引之著，錢文忠等整理：《經義述聞》，上海書店出版社，2012 年，上册第 56 頁。

升卦六五爻辭"貞吉升階",虞注:"二之五,故貞吉。"①王引之以《易傳》爲據辨駁説:"《象》曰:'貞吉升階,大得志也。'謂體柔而應,居順履中,非謂動而之正也。"②

鼎卦六五爻辭"利貞",虞注:"動而得正,故利貞。"③ 王引之辨駁説:"'利貞'謂居中以柔,應乎剛正,非謂動而之正也。"④

艮卦初六爻辭"艮其趾,無咎",虞注:"動而得正,故未失正矣。"⑤ 王引之以《易傳》爲據辨駁説:"《象》曰:'艮其趾,未失正也。'謂處趾之初,至靜而定,非謂動而之正也。"⑥

歸妹卦九二爻辭"利幽人之貞",虞注:"變得正……故利幽人之貞。"⑦ 王引之以《易傳》爲據辨駁説:"《象》曰:'利幽人之貞,未變常也。'謂在内履中,能寄其常,非謂動而之正也。"⑧

巽卦初六爻辭"利武人之貞",虞注:"乾爲武人,初失位,利之正爲乾,故利武人之貞。"⑨ 王引之辨駁説:"'利武人

---

① [唐] 李鼎祚:《周易集解》卷9,文淵閣四庫全書本。
② [清] 王引之著,錢文忠等整理:《經義述聞》,上海書店出版社,2012年,上册第56頁。
③ [唐] 李鼎祚:《周易集解》卷10,文淵閣四庫全書本。
④ [清] 王引之著,錢文忠等整理:《經義述聞》,上海書店出版社,2012年,上册第56頁。
⑤ [唐] 李鼎祚:《周易集解》卷10,文淵閣四庫全書本。
⑥ [清] 王引之著,錢文忠等整理:《經義述聞》,上海書店出版社,2012年,上册第56頁。
⑦ [唐] 李鼎祚:《周易集解》卷11,文淵閣四庫全書本。
⑧ [清] 王引之著,錢文忠等整理:《經義述聞》,上海書店出版社,2012年,上册第57頁。
⑨ [唐] 李鼎祚:《周易集解》卷11,文淵閣四庫全書本。

之貞'謂濟以威武，乃能乾事，非謂動而之正也。"①

未濟卦九二爻辭"貞吉"，虞注："初已正，二動成震，故行正。"② 王引之以《易傳》爲據辨駁説："《象》曰：'九二貞吉，中以行正也。'謂救難以正而不違中，非謂動而之正也。"未濟卦九四爻辭"貞吉悔亡"，虞注："動正得位，故吉而悔亡。"③ 王引之以《易傳》爲據辨駁説："《象》曰：'貞吉悔亡，志行也。'謂以剛奉柔，志在乎正，非謂動而之正也。"未濟卦六五爻辭"貞吉無悔"，虞注："之正則吉，故貞吉無悔。"④ 王引之辨駁説："'貞吉無悔'謂御剛以柔，合乎中道，非謂動而之正也。"針對未濟卦六爻皆不當位的特殊情況，王引之還説："未濟六爻皆不當位，如以'之正'爲義，則六爻皆當言'貞'，何以九二、九四、六五言'貞'而其餘則否乎？可見言'貞'者，本爻自有守正之義，非謂變而之正也。"⑤

不當位之爻，虞翻固以"之正"解之；得位之爻，虞翻有時也以"之正"解之。如益卦六二爻辭"永貞吉"，虞注："二得正遠應，利三之正，己得承之……上之三得正，故永貞吉。"⑥ 在這裏，虞翻以益卦六三和上九兩爻"之正"解益卦六二爻辭中的"永貞吉"。王引之對此質疑説："如其説，則'永

---

① [清] 王引之著，錢文忠等整理：《經義述聞》，上海書店出版社，2012年，上册第57頁。
② [唐] 李鼎祚：《周易集解》卷12，文淵閣四庫全書本。
③ [唐] 李鼎祚：《周易集解》卷12，文淵閣四庫全書本。
④ [唐] 李鼎祚：《周易集解》卷12，文淵閣四庫全書本。
⑤ [清] 王引之著，錢文忠等整理：《經義述聞》，上海書店出版社，2012年，上册第57頁。
⑥ [唐] 李鼎祚：《周易集解》卷8，文淵閣四庫全書本。

貞'之文何不繫於二、上兩爻,而繫於六二乎?"① 萃卦九五爻辭"元永貞",虞注:"四變之正,則五體皆正,故元永貞。"② 在這裏,虞翻以萃卦九四爻"之正"解萃卦九五爻辭中的"元永貞"。王引之對此質疑説:"如其説,則'元永貞'之文何不繫於四爻,而繫於九五乎?"③

最後,王引之總結説:"(虞翻)於經所本無之義而強爲之説,其能若合符節乎?……理由牽合,文則齟齬,未見其爲不易之論也。虞氏言'之正'者不可枚舉,而其釋'貞'以'正'最足以亂真,故明辨之。"④

從以上王引之對虞翻"之正説"的辨駁,我們可以看到,王引之幾乎都以《易傳》爲據。筆者認爲,王引之以《易傳》爲據駁虞翻之説,十分有力。漢儒舊注雖然"去古未遠",但《易傳》則離古更近,故王引之以《易傳》爲依據辨駁漢儒舊注是完全符合漢學家"愈古愈真"的辨僞思路的。⑤ 鄭吉雄先生指出:"《易傳》的許多解釋,其實並没有與《易經》分離,

---

① [清] 王引之著,錢文忠等整理:《經義述聞》,上海書店出版社,2012年,上冊第57頁。
② [唐] 李鼎祚:《周易集解》卷9,文淵閣四庫全書本。
③ [清] 王引之著,錢文忠等整理:《經義述聞》,上海書店出版社,2012年,上冊第57頁。
④ [清] 王引之著,錢文忠等整理:《經義述聞》,上海書店出版社,2012年,上冊第57頁。案,據甲骨卜辭,"貞"義乃"占問",故虞翻以"之正説"釋《易經》文本之"貞",的確不可取。虞注瑣細而失本之弊,於此亦可見一斑。
⑤ 阮元説:"後儒説經每不如前儒説經之確,何者?前儒去古未遠,得其真也。故孔、賈雖深於經疏,要不若毛、鄭説經之確;毛、鄭縱深於《詩》《禮》,更不若游、夏之親見聞於聖人矣。"(《小滄浪筆談》卷4)

甚至往往是扣緊着《易經》而加以演繹發揮。"① 劉大鈞先生指出:"後人多以爲漢《易》可信,其實,漢初即有人'持論巧慧''改師法'了。"②《易傳》既與《易經》的本義密切相關,漢《易》既然並非完全可信,那麼,王引之以《易傳》辨駁漢《易》的工作就不僅合理,而且是十分有意義的,它啓示我們應當對二十世紀《易》學界嚴格區分《易經》與《易傳》的《周易》詮釋學的主流主張予以反思。

(二) 對虞翻以"旁通説"詮《易》的辨駁

虞翻詮《易》常不依本卦,而據旁通之卦。王引之認爲"《易》之《彖》與《大象》惟取義於本卦。健、順、動、巽、險、明、止、説之德,天、地、雷、風、水、火、山、澤之象,無不各如其本卦,義至明也",因此,在《經義述聞》中特立"虞氏以旁通説《彖》《象》顯與經違"一題加以辨駁。

履卦《彖》辭"履,柔履剛也",虞注:"坤柔乾剛,謙坤藉乾,故'柔履剛'。"履卦《彖》辭"履帝位而不疚",虞注:"謙震爲帝……坎爲疾病……五履帝位,坎象不見,故'履帝位而不疚'。"③ 在這裏,虞翻以履卦的旁通卦謙卦的上卦坤和互體震、坎來解履卦《彖》辭。王引之駁之曰:"經云'説而應乎乾',謂下兑上乾也。若取義於下艮上坤之謙,則是止而應乎坤矣,豈'説而應乎乾'之謂乎?"④

---

① 鄭吉雄:《易圖像與易詮釋》,臺灣喜馬拉雅研究發展基金會,2002 年,第 343 頁。
② 劉大鈞:《周易概論》,齊魯書社,1988 年,第 150 頁。
③ [唐] 李鼎祚:《周易集解》卷 3,文淵閣四庫全書本。
④ [清] 王引之著,錢文忠等整理:《經義述聞》,上海書店出版社,2012 年,上册第 69 頁。

豫卦《彖》辭"豫，順以動，故天地如之"，虞注："小畜乾爲天，坤爲地。"豫卦《彖》辭"天地以順動，故日月不過而四時不忒"，虞注："豫變通小畜，坤爲地，動初至三成乾，故'天地以順動'；變初至需①，離爲日，坎爲月，皆得其正，故'日月不過'；動初時震爲春，至四兌爲秋，至五離爲夏，坎爲冬。四時位正，故'四時不忒'。"豫卦《彖》辭"聖人以順動則刑罰清而民服"，虞注："動初至四，兌爲刑，至坎爲罰，坎、兌體正，故'刑罰清'；坤爲民，乾爲清，以乾乘坤，故民服。"② 在這裏，虞翻以豫卦的旁通卦——小畜卦的下卦乾和互體離、兌解釋豫卦《彖》辭。王引之駁之曰："經云'順以動，豫'，謂下坤上震也。若取義於下乾上巽之小畜，則是健而巽矣，豈'順以動'之謂乎？"③

離卦《彖》辭"日月麗乎天，百穀草木麗乎土"，虞注："乾五之坤成坎爲月，離爲日，'日月麗天'也。震爲百穀，巽爲草木，乾二五之坤成坎震體屯，屯者，盈也，盈天地之間者唯萬物，萬物出震，故'百穀草木麗乎土'。"④ 在這裏，虞翻以離卦的旁通卦坎卦——及其互體震解釋離卦《彖》辭中的"月"和"百穀"的象數依據。王引之駁之曰："經云'重明以麗乎正'，又云'柔麗乎中正'，謂上下皆離也。若取義於上下皆坎之習坎，則是重險而剛中矣，豈'明'與'柔'之

---

① 需，續修四庫本《經義述聞》引作"五"。
② [唐] 李鼎祚：《周易集解》卷4，文淵閣四庫全書本。
③ [清] 王引之著，錢文忠等整理：《經義述聞》，上海書店出版社，2012年，上冊第70頁。
④ [唐] 李鼎祚：《周易集解》卷6，文淵閣四庫全書本。

謂乎？"①

革卦《彖》辭"天地革而四時成"，虞注："五位成乾爲天，蒙坤爲地。震春兌秋，四之正，坎冬離夏，則四時具。坤革而成乾，故'天地革而四時成'也。"② 在這裏，虞翻以革卦的旁通卦蒙卦的互體坤和震解釋革卦《彖》辭。王引之駁之曰："經云'文明以説'，謂下離上兌也，若取義於下坎上艮之蒙，則是險而止矣，豈'文明以説'之謂乎？"③

以上爲王引之對虞翻以"旁通説"詮《彖》的辨駁。

坤卦《象》辭"地勢，坤。君子以厚德載物"，虞注："君子謂乾。陽爲德，動在坤下，君子之德車，故'厚德載物'。"④ 在這裏，虞翻以坤卦的旁通卦乾卦解釋坤卦《象》辭。王引之駁之曰："經云'地勢'，不云'天行'，何得以乾釋之乎？"⑤

小畜卦《象》辭"風行天上，小畜。君子以懿文德"，虞注："豫坤爲文，乾離照坤，故'懿文德'。"⑥ 在這裏，虞翻以小畜卦的旁通卦豫卦的下卦坤解釋小畜卦《象》辭'懿文德'的象數依據。王引之駁之曰："經云'風行天上'，不云'雷出地奮'，何得以豫釋之乎？"⑦

---

①[清] 王引之著，錢文忠等整理：《經義述聞》，上海書店出版社，2012年，上冊第70頁。
②[唐] 李鼎祚：《周易集解》卷10，文淵閣四庫全書本。
③[清] 王引之著，錢文忠等整理：《經義述聞》，上海書店出版社，2012年，上冊第70頁。
④[唐] 李鼎祚：《周易集解》卷2，文淵閣四庫全書本。
⑤[清] 王引之著，錢文忠等整理：《經義述聞》，上海書店出版社，2012年，上冊第70頁。
⑥[唐] 李鼎祚：《周易集解》卷3，文淵閣四庫全書本。
⑦[清] 王引之著，錢文忠等整理：《經義述聞》，上海書店出版社，2012年，上冊第70頁。

履卦《象》辭"上天下澤，履。君子以辨上下，定民志"，虞注："謙坤爲民，坎爲志，謙時坤在乾上，變而爲履，故'辨上下，定民志'。"① 在這裏，虞翻以履卦的旁通卦謙卦的上卦坤和互體坎解釋履卦《象》辭。王引之駁之曰："經云'上天下澤'，不云'地中有山'，何得以謙釋之乎？"②

同人卦《象》辭"天與火，同人。君子以類族辨物"，虞注："師坤爲類，乾陽物，坤陰物，以乾照坤，故'以類族辨物'。"③ 在這裏，虞翻以師卦的上卦坤解釋同人卦《象》辭。王引之駁之曰："經云'天與火'，不云'地中有水'，何得以師釋之乎？"④

大有卦《象》辭"火在天上，大有。君子以遏惡揚善，順天休命"，虞注："乾爲揚善，坤爲遏惡，爲順，以乾滅坤，故'遏惡揚善，順天休命'。"⑤ 在這裏，王引之以大有卦的旁通卦比卦的下卦坤解釋大有卦《象》辭。王引之駁之曰："經云火在天上，不云地上有水，何得以比釋之乎？"⑥

謙卦《象》辭"地中有山，謙。君子以裒多益寡，稱物平施"，虞注："乾爲物，爲施，坎爲平，履乾盈益謙，故'以裒

---

① [唐] 李鼎祚：《周易集解》卷3，文淵閣四庫全書本。
② [清] 王引之著，錢文忠等整理：《經義述聞》，上海書店出版社，2012年，上冊第70頁。
③ [唐] 李鼎祚：《周易集解》卷4，文淵閣四庫全書本。
④ [清] 王引之著，錢文忠等整理：《經義述聞》，上海書店出版社，2012年，上冊第70頁。
⑤ [唐] 李鼎祚：《周易集解》卷4，文淵閣四庫全書本。
⑥ [清] 王引之著，錢文忠等整理：《經義述聞》，上海書店出版社，2012年，上冊第70頁。

多益寡，稱物平施'。"① 在這裏，虞翻以謙卦的旁通卦履卦的上卦乾解釋謙卦《象》辭。王引之駁之曰："經云'地中有山'，不云'上天下澤'，何得以履釋之乎？"②

復卦《象》辭"雷在地中，復。先王以至日閉關，商旅不行，后不省方"，虞注："巽爲商旅，爲近利市三倍。姤巽伏初，故商旅不行。姤《象》曰'后以施命誥四方'，今隱復下，故'后不省方'。"③ 在這裏，虞翻以復卦的旁通卦姤卦的下卦巽解釋復卦《象》辭。王引之駁之曰："經云'雷在地中'，不云'天下有風'，何得以姤釋之乎？"④

離卦《象》辭"明兩作，離。大人以繼明照於四方"，虞注："乾五之坤成坎，坤二之乾成離，離坎，日月之象，故'明兩作離'。陽氣稱大人，則乾五大人也。乾二、五之光繼日之明。"⑤ 在這裏，虞翻以離卦的旁通卦坎卦解釋離卦《象》辭。王引之駁之曰："經云'明兩作'，不云'水洊至'，何得以坎釋之乎？"⑥

夬卦《象》辭"澤上於天，夬。君子以施禄及下，居德則忌"，虞注："下謂剥坤，坤爲衆臣，以乾應坤，故'施禄及

---

① [唐] 李鼎祚：《周易集解》卷4，文淵閣四庫全書本。
② [清] 王引之著，錢文忠等整理：《經義述聞》，上海書店出版社，2012年，上册第70頁。
③ [唐] 李鼎祚：《周易集解》卷7，文淵閣四庫全書本。
④ [清] 王引之著，錢文忠等整理：《經義述聞》，上海書店出版社，2012年，上册第70頁。
⑤ [唐] 李鼎祚：《周易集解》卷6，文淵閣四庫全書本。
⑥ [清] 王引之著，錢文忠等整理：《經義述聞》，上海書店出版社，2012年，上册第70頁。

下'。乾爲德，艮爲居，故'居德則忌'。"① 在這裏，虞翻以夬卦的旁通卦剝卦的下卦坤和上卦艮解釋夬卦《象》辭。王引之駁之曰："經云'澤上於天'，不云'山附於地'，何得以剝釋之乎？"②

姤卦《象》辭"天下有風，姤。后以施命誥四方"，虞注："復震二月東方，姤五月南方，巽八月西方，復十一月北方，故以'誥四方'。"③ 在這裏，虞翻以姤卦的旁通卦復卦及其下卦震解釋姤卦《象》辭。王引之駁之曰："經云'天下有風'，不云'雷在地中'，何得以復釋之乎？"④

革卦《象》辭"澤中有火，革。君子以治曆明時"，虞注："蒙艮爲星。"⑤ 在這裏，虞翻以革卦的旁通卦蒙卦的上卦艮解釋革卦《象》辭。王引之駁之曰："經云'澤中有火'，不云'山下出泉'，何得以蒙釋之乎？"⑥

兌卦《象》辭"麗澤，兌。君子以朋友講習"，虞注："伏艮爲友，坎爲習，震爲講。"⑦ 在這裏，虞翻以兌卦的旁通卦艮卦及其互體坎、震解釋兌卦《象》辭。王引之駁之曰："經云

---

① [唐] 李鼎祚：《周易集解》卷9，文淵閣四庫全書本。
② [清] 王引之著，錢文忠等整理：《經義述聞》，上海書店出版社，2012年，上册第70頁。
③ [唐] 李鼎祚：《周易集解》卷9，文淵閣四庫全書本。
④ [清] 王引之著，錢文忠等整理：《經義述聞》，上海書店出版社，2012年，上册第70頁。
⑤ [唐] 李鼎祚：《周易集解》卷10，文淵閣四庫全書本。
⑥ [清] 王引之著，錢文忠等整理：《經義述聞》，上海書店出版社，2012年，上册第71頁。
⑦ [唐] 李鼎祚：《周易集解》卷11，文淵閣四庫全書本。

'麗澤',不云'兼山',何得以艮釋之乎?"①

以上爲王引之對虞翻以旁通説解《象》的辨駁。

最後,王引之總結説:"夫《彖》《象》,釋《易》者也,不合於《彖》《象》,尚望其合於《易》乎?今世言《易》者多宗虞氏,而不察其違失,非求是之道也。"②

關於虞翻以旁通詮釋卦爻辭,王引之以師卦六三爻辭爲例加以辨駁。師卦六三爻辭"師或輿屍",虞注:"同人離爲戈兵,爲折首……故輿屍凶矣。"③ 在這裏,虞翻以師卦的旁通卦同人卦的下卦解釋師卦六三爻辭的象數依據。王引之辨駁説:"同人上乾下離,師則上坤下坎,剛柔相反,不得取象於同人也。如相反者而亦可取象,則乾之初九亦可取象於坤而曰'履霜',坤之初六亦可取象於乾而曰'潛龍'矣,而可乎?夫聖人設卦觀象,象本即卦而具,所謂視而可識,察而可見也。今乃舍本卦而取於旁通,剛爻而從柔義,消卦而以息解,不適以滋天下之惑乎?虞仲翔以旁通説《易》,動輒支離,所謂大道以多歧亡羊者也。虞説不可枚舉,略舉一爻以例其餘,有識者必能推類以盡之。"④

(三) 對虞翻其他《易》注的辨駁

虞翻詮《易》謂坤爲虎,一注於乾卦《文言》"雲從龍,

---

① [清] 王引之著,錢文忠等整理:《經義述聞》,上海書店出版社,2012年,上册第71頁。
② [清] 王引之著,錢文忠等整理:《經義述聞》,上海書店出版社,2012年,上册第71頁。
③ [唐] 李鼎祚:《周易集解》卷3,文淵閣四庫全書本。
④ [清] 王引之著,錢文忠等整理:《經義述聞》,上海書店出版社,2012年,上册第32頁。

風從虎",二注於履卦卦辭"履虎尾",三注於頤卦六四爻辭"虎視眈眈",四注於革卦九五爻辭"大人虎變",或取於旁通,或取於互體,或取於旁通之互體,並自以爲長於舊説。王引之認爲,坤爲虎之説出於曹魏時術者之言,不足以憑信。他説:"申、未爲虎見於《魏志·管輅傳》,蓋當時術士有此説,故仲翔竊取之而云坤爲虎,以申未之間,坤所位也,然非《易》之本義。輅傳注引輅別傳曰'蛇者協辰巳之位',而《易》無巽爲蛇之文;又曰'雞者,兑之畜',而《易》不言兑爲雞;又曰'坎爲棺椁,兑爲喪車',而《易》皆無之。術士所言,與《易》殊指,未可以説經也。"針對虞翻以"坤爲虎"注乾卦《文言》,王引之説:"乾之《文言》曰'水流濕,火就燥,云從龍,風從虎',特以物之各從其類喻萬物之歸聖人耳,非論卦象也。而虞曰:'乾爲龍,云升天,故從龍也;坤爲虎,風升地,故從虎也。'以泛論物情之文而求其卦以實之,已失古人立言之指。且《文言》所論者,乾之九五也,何得取象於坤乎?以龍虎爲乾坤,則上文之燥濕又將取象於何卦乎?"① 針對虞翻以"坤爲虎"注履卦卦辭,王引之辨駁説:"履象辭'履虎尾,不咥人,亨'謂兑履乾,三履四也,故《象傳》曰'履,柔履剛也。説而應乎乾,是以'履虎尾,不咥人,亨'。而虞曰'謙坤爲虎,艮爲尾,震足蹈艮,故履虎尾'。如其説,則是止而應乎坤,非説而應乎乾矣,其可通乎?"② 針對虞翻以"坤爲虎"注頤卦六四爻辭,王引之辨駁説:"頤六四'虎視眈眈',

---

① [清] 王引之著,錢文忠等整理:《經義述聞》,上海書店出版社,2012年,上册第34頁。
② [清] 王引之著,錢文忠等整理:《經義述聞》,上海書店出版社,2012年,上册第33頁。

蓋六四居艮之初，艮爲虎，故云'虎視'。《九家易》曰'艮爲虎'，是也。而虞以二四互坤乃曰'坤爲虎'。案，外卦之艮本有虎象，何待取象於互體乎？"① 針對虞翻以"坤爲虎"注革卦九五爻辭，王引之辨駁説："革九五'大人虎變'，蓋九五處兑之中，兑爲虎，故爲虎變。宋衷曰'兑爲白虎'，是也。而虞曰蒙坤爲虎。案，外卦之兑本有虎象，何待取於旁通之互體乎？"② 最後，王引之總結説："仲翔既誤解《文言》，又用之以説彖辭、爻辭，斯所謂重紕貤繆者矣。"③

以月體納甲説詮《易》是虞氏《易》學的一大特色。坤卦卦辭"西南得朋，東北喪朋"，虞注："陽月三日變而成震出庚，至月八日成兑見丁。庚西丁南，故西南得朋。謂二陽爲朋，故兑'君子以朋友講習'；二十九日消乙入坤，滅藏於癸，乙東癸北，故東北喪朋。"④ 王引之辨駁説："如虞説，二陽爲朋，則一陽猶不得爲朋，月之出丁成兑，已得二陽，可謂朋矣，若出庚成震，甫得一陽，未可謂之朋也。經文但云'南得朋'可矣，何得云西乎？消乙入坤，可謂喪朋矣，若納氣於癸，則與日同躔爲陽精復生之本，不得仍謂之喪。經文但云'東喪朋'可矣，何得云北乎？十六日之旦，明初退於辛方，二十三日之旦，半消於丙方，皆喪朋之象。西南亦有喪朋之時，何以獨云得朋乎？望夕月半，月盈於甲方，納其氣於壬方，三陽並著，

---

① [清] 王引之著，錢文忠等整理：《經義述聞》，上海書店出版社，2012 年，上册第 33~34 頁。
② [清] 王引之著，錢文忠等整理：《經義述聞》，上海書店出版社，2012 年，上册第 34 頁。
③ [清] 王引之著，錢文忠等整理：《經義述聞》，上海書店出版社，2012 年，上册第 34 頁。
④ [唐] 李鼎祚：《周易集解》卷 2，文淵閣四庫全書本。

乃得朋之最盛者。東北亦有得朋之時，何以獨云喪朋乎？坎爲月而坤則否，卦爲坤卦，何爲取象於月乎？出庚方則爲震，出丁方則爲兌，於坤何涉乎？《象傳》曰：'西南得朋，乃與類行。'謂衆陰爲朋也。今乃云二陽爲朋，不與《象傳》相戾乎？虞説殆不可通。"① 蹇卦《彖》辭"利西南，往得中也。不利東北，其道窮也"，虞注："坤，西南卦，五在坤中，坎爲月，月生西南，故利西南。'往得中'，謂西南得朋也；艮，東北之卦，喪乙滅癸，故不利東北，其道窮也，則東北喪朋矣。"② 王引之辨駁説："上弦與下弦相對，望與晦相對，論上弦生魄始於庚方丁方，下弦死魄始於辛方丙方，則西南有利有不利。論望夕光盈於甲方，納氣於壬方，晦夕光淪於乙方，納氣於癸方，則東北亦有利有不利。何得於生魄但言其始，於死魄但言其終，而云'利西南，不利東北'乎？且'坤，西南卦'，謂坤之方位也，而云月生西南故利西南，則又以月所在之庚方、丁方言之，而非卦位矣；'艮，東北之卦'，謂艮之方位也，而云喪乙滅癸，故不利東北，則又以月所在之乙方、癸方言之，而非卦位矣。意義混淆，莫此爲甚。且月消於艮，乃下弦於丙方之時，其位南而非北。月消於丙方，則是南亦不利，與所謂不利東北者相牴牾矣。月體納甲，見於魏伯陽《參同契》，乃丹家附會之説，原非《易》之本義，而虞氏乃用之以注經，固宜其説之多謬也。"③

---

① [清] 王引之著，錢文忠等整理：《經義述聞》，上海書店出版社，2012年，上冊第28~29頁。
② [唐] 李鼎祚：《周易集解》卷8，文淵閣四庫全書本。
③ [清] 王引之著，錢文忠等整理：《經義述聞》，上海書店出版社，2012年，上冊第29頁。

屯卦六二爻辭"女子貞不字，十年乃字"，虞注："字，妊娠也。三失位變復體離，離爲女子，爲大腹，故稱字，今失位爲坤，離象不見，故女子貞不字。坤數十，三動反正，離女大腹，故十年反常乃字。"① 王引之辨駁説："二至四互坤，坤爲母爲腹，故有妊娠之象。二乘剛則難，故不字；應五則順，故反常乃字。……何必三變成離而後稱字乎？"②

蒙卦《象》辭"君子以果行育德"，虞③注："艮爲果，震爲行。"④ 王引之辨駁説："艮爲果蓏，非果行之果也。"⑤ 在這裏，王引之以《周易·説卦》中的"艮爲果蓏"否定虞注，有囿於《周易·説卦》中的八卦取象之嫌。案，《易》之取象多有在《説卦》之外者，以訓詁爲媒介輾轉引申八卦取象是虞氏逸象的創立途徑之一，因此，王引之的此一辨駁並無説服力。王引之認爲"果"和"育"都當訓爲"成"。他説："果、育皆成也。許慎《淮南子》注曰'果，成也'，高誘《吕氏春秋·察賢篇》注曰'育，成也'。"⑥ 王引之認爲，蒙卦《象》辭中"果"與"育"的象數依據爲蒙卦的上卦艮，"行"與"德"的象數依據爲蒙卦的下卦坎。他説："坎《象》曰'君子以常德行'，是坎爲德行也。《説卦》曰'成言乎艮'，又曰'艮，

---

① [唐] 李鼎祚：《周易集解》卷2，文淵閣四庫全書本。
② [清] 王引之著，錢文忠等整理：《經義述聞》，上海書店出版社，2012年，上册第29~30頁。
③ 虞，原誤作"盧"。
④ [唐] 李鼎祚：《周易集解》卷2，文淵閣四庫全書本。
⑤ [清] 王引之著，錢文忠等整理：《經義述聞》，上海書店出版社，2012年，上册第63頁。
⑥ [清] 王引之著，錢文忠等整理：《經義述聞》，上海書店出版社，2012年，上册第63頁。

東北之卦也,萬物之所成終而所成始也',是艮爲成也。……坎有德行,艮以成之,故曰'果行育德'。"①

師卦六五爻辭"田有禽,利執言,無咎",虞注:"田爲二,陽稱禽,震爲言,五失位變之正,艮爲執,故利執言,無咎。"②王引之辨駁説:"虞解'禽'字是也,解'田'字非也。……田者,田獵而獲獸也。蓋師,衆也,大田之禮所以簡衆,故師之六五取象於田焉。經凡言'田無禽''田獲三狐''田獲三品',皆以田獵言之,此'田有禽'不應獨異。……六五所以'田有禽'者,案,與本爻相對之爻爲陰爻則占失禽、無禽,爲陽爻則占有禽。比之九五下當六二,而曰'失前禽',恒之九四下當初六,井之初六上當六四,而曰無禽,皆遇陰爻也;師之六五下當九二而曰有禽,則遇陽爻也。陰體虚,則遇之者無所得;陽體實,故有所得也。"③ 在這裏,王引之以"田無禽""田獲三狐""田獲三品"等文例,證明"田有禽"之田爲田獵之義,頗有説服力。

師卦《彖》辭"以此毒天下而民從之",虞注:"毒,荼苦也。"④王引之根據《廣雅》《孟子·梁惠王》和《老子》,認爲師卦《彖》辭中的"毒"當訓爲"安"。他説:"《廣雅》:'毒,安也。'毒天下者,安天下也。《孟子·梁惠王篇》曰:'《詩》云:王赫斯怒,爰整其旅,以遏徂莒,以篤周祜,以對

---

① [清] 王引之著,錢文忠等整理:《經義述聞》,上海書店出版社,2012年,上册第63頁。
② [唐] 李鼎祚:《周易集解》卷3,文淵閣四庫全書本。
③ [清] 王引之著,錢文忠等整理:《經義述聞》,上海書店出版社,2012年,上册第32頁。
④ [唐] 李鼎祚:《周易集解》卷3,文淵閣四庫全書本。

於天下。此文王之勇也。文王一怒而安天下之民.'是其義。《廣雅》訓'毒'爲'安',蓋《周易》舊注也。……《老子》曰'亭之毒之',亦謂平之安之也。"①

小畜卦九三爻辭和大畜卦九二爻辭"輿說(脫)輹",虞本"輿"作"車","輹"作"腹",其詮釋小畜卦九三爻辭曰:"豫坤爲車爲腹,至三成乾,坤象不見,故車說腹。馬君及俗儒皆以乾爲車,非也。"②詮釋大畜卦九二爻辭曰:"萃坤爲車,爲腹,坤消乾成,故車說腹。"③王引之辨駁說:"坤消乾成,至三乃成,何以大畜九二便云輿說腹?且坤已消矣,則不應更有輿象,何以尚云輿說腹?況'腹'爲'輹'之借字,'輹',車下④縛也,何得以'坤爲腹'解之?車上之物多矣,今不言其物,而但云'車說腹',則不知以何物爲腹?虞說非也。"⑤大有卦九二爻辭"大車以載",虞注:"比坤爲大車。"⑥王引之辨駁說:"如其說,則大車之象,經當於比之六二言之,方合坤爲大車之義,何乃不繫於比之坤而繫於大有之乾乎?卦爲火天,而義則水地,無是理也。"⑦王引之認爲,大有卦九二爻辭中的"車"由大有卦的下卦乾而來。他說:"蓋陽爻稱大,

---

①[清]王引之著,錢文忠等整理:《經義述聞》,上海書店出版社,2012年,上冊第59~60頁。
②[唐]李鼎祚:《周易集解》卷3,文淵閣四庫全書本。
③[唐]李鼎祚:《周易集解》卷6,文淵閣四庫全書本。
④下,原作"不",據《說文解字》段注改。
⑤[清]王引之著,錢文忠等整理:《經義述聞》,上海書店出版社,2012年,上冊第33頁。
⑥[唐]李鼎祚:《周易集解》卷4,文淵閣四庫全書本。
⑦[清]王引之著,錢文忠等整理:《經義述聞》,上海書店出版社,2012年,上冊第33頁。

車動象乾，乾之爲車明甚，馬君及俗儒之言是也。"①

履卦九二爻辭"履道坦坦，幽人貞吉"，虞注："訟時二在坎獄中，故稱幽人。"②王引之認爲，履卦九二爻辭中的"幽人"源於本卦之下卦"兑"，而不源於訟卦之下卦"坎"。他説："虞謂訟時二在坎獄中，非也。訟象已不見，何得仍以訟言之？今案，中孚卦上巽下兑，其《象傳》曰'君子以議獄刑'，則兑有議獄之象。兑爲口舌，故議獄，謂拘囚之而議其罪也。隨卦下震上兑，其上六，兑之三爻也。曰'拘係之，乃從維之'，則兑之三爻有拘係之象。九二居兑之中，而爲六三所拘係，有幽於獄中待議之象，故曰幽人。歸妹之卦亦下兑，故九二曰'利幽人之貞'。幽人者，兑象，非坎象也。"③

泰卦九二爻辭"得尚於中行"，虞注："二與五易位，故得上於中行。"④王引之辨駁説："虞翻解'得尚'以'尚'爲'上'，謂二得上居五。如虞説則是變爲既濟矣，經文無此意也。"⑤節卦九五爻辭"往有尚"，虞注："二失正，變往應五，故往有尚也。"⑥王引之辨駁説："九五往應九二，以陽助陽，則謂之'往有尚'。豐之初九應九四而云'往有尚'是也。何

---

①[清]王引之著，錢文忠等整理：《經義述聞》，上海書店出版社，2012年，上册第33頁。
②[唐]李鼎祚：《周易集解》卷3，文淵閣四庫全書本。
③[清]王引之著，錢文忠等整理：《經義述聞》，上海書店出版社，2012年，上册第34頁。
④[唐]李鼎祚：《周易集解》卷4，文淵閣四庫全書本。
⑤[清]王引之著，錢文忠等整理：《經義述聞》，上海書店出版社，2012年，上册第35頁。
⑥[唐]李鼎祚：《周易集解》卷12，文淵閣四庫全書本。

必變而後有尚乎?"① 王引之認爲,"尚"爲佑助之義。他說:"泰九二'得尚於中行'。尚者,右也,助也。中行謂六五。二應於五,五來助二,是得其助於六五,故曰'得尚於中行'也。……豐初九、節九五皆言'往有尚',謂豐初應四,節五應二,以陽適陽,同類相助,是往而有助也,故皆曰'往有尚'。"②

泰卦《象》辭"后以財成天地之道",虞注:"坤富稱財。"③王引之根據聲訓,認爲"財"讀爲"裁","裁"則訓爲"載"。他說:"'才載'④之音與載相近,裁之言載也。"載者,成也。王引之說:"《白虎通義》曰'載之言成也';……《小爾雅》曰'載,成也';《皋陶謨》'乃賡載歌',《傳》與《小爾雅》同;《周語》引《大雅》'陳錫載周',唐固注曰'言文王布賜施利以載成周道也';《老子》'或強或羸,或強或墮',謂或成或墮也。"⑤ 王引之認爲"載"與"成"爲同義連用,因此,虞注是不正確的。他說:"'載成天地之道',載即是成,猶下文'輔相天地之宜',輔即是相也。載成、輔相皆平列字,不當上下異訓。"⑥

否卦《象》辭"大人否亨,不亂群也",虞注:"否,不

---

① [清] 王引之著,錢文忠等整理:《經義述聞》,上海書店出版社,2012年,上冊第35頁。
② [清] 王引之著,錢文忠等整理:《經義述聞》,上海書店出版社,2012年,上冊第35頁。案,王引之"同類相助"之說本於程頤"同德相應"之說。
③ [唐] 李鼎祚:《周易集解》卷4,文淵閣四庫全書本。
④ [唐] 陸德明《經典釋文·周易音義》:"(財)音才,徐:'才載'反,荀作'裁'。"
⑤ [清] 王引之著,錢文忠等整理:《經義述聞》,上海書店出版社,2012年,上冊第64頁。
⑥ [清] 王引之著,錢文忠等整理:《經義述聞》,上海書店出版社,2012年,上冊第64頁。

也。物三稱群,謂坤三。陰亂弒君,大人不從,故不亂群也。"① 王引之辨駁說:"虞解'亂群'非也。其訓'否'爲'不'則得經意。蓋六二包承於五,小人之道也。九五之大人若與二相包承,則以君子而入小人之群,是亂群也,故必不與包承而其道乃亨,故曰'大人否亨,不亂群也'。遯九四'好遯,君子吉,小人否',《象傳》曰'君子好遯,小人否也',謂小人不能好遯也。然則'包承,小人吉,大人否亨'亦謂大人不與包承也。解者以卦名是否,遂以否隔解之。夫大人既否隔矣,尚安得亨乎?九五'休否,大人吉'、上九'傾否,先否後喜',是否必休而後吉,必傾而後喜,若但言否,則閉塞不通,何亨之有?"②

同人卦《象》辭"君子以類族辨物",虞注:"師坤爲類,乾爲族。辨,別也。乾陽物,坤陰物,體姤天地相遇,品物咸章,以乾照坤,故以類族辨物,謂方③以類聚,物以群分。"④ 王引之認爲,"類族"與"辨物"爲對文,"爲善爲惡,各如其類以比類之,則謂之'類族';各如其品以辨別之,則謂之'辨物'"。王引之以大量文例指出,"類"當訓爲"比類",爲動詞。他說:"《樂記》'律小大之稱,比終始之序',《史記·樂書》'律'作'類',類亦比也;襄九年《左傳》'晉君類能而使之',謂比類其才能而使之也;《周語》曰'象物天地,比

---

① [唐] 李鼎祚:《周易集解》卷4,文淵閣四庫全書本。
② [清] 王引之著,錢文忠等整理:《經義述聞》,上海書店出版社,2012年,上册第36頁。
③ 高亨先生從文字學的角度認爲,"方"爲"人"之誤。參見其《周易大傳今注》,齊魯書社,1998年,第408頁。
④ [唐] 李鼎祚:《周易集解》卷4,文淵閣四庫全書本。

類百則',又曰'度之天神,比之地物,類之民則,方之時動',是類與比、方同義;故《繫辭傳》曰'以類萬物之情也'。"①

謙卦《彖》辭"謙尊而光,卑而不可逾",虞注:"天道遠,故尊光;三位賤,故卑。"② 王引之認爲,"尊"當讀爲"撙"。他説:"'尊'讀'撙節退讓'之'撙'。尊之言損也,小也;光之言廣也,大也。尊而光者,小而大;卑而不可逾者,卑而高也。"王引之根據上下文和《繫辭》論證説:"上文曰'天道下濟而光明',猶此言'尊而光'也;'地道卑而上行',猶此言'卑而不可逾'也。……《繫辭傳》曰'謙尊而光''謙以制禮',《曲禮》曰'君子恭敬撙節退讓以明禮',其義一而已矣。"③ 根據劉晝《新論》將"謙尊"與"驕盈"對稱,王引之又説:"劉晝《新論·誡盈篇》'未有謙尊而不光,驕盈而不斃者也',以'謙尊'對'驕盈',則讀'尊'爲'撙'可知。蓋當時《易》説有如是解者,故劉氏用之。正與經旨相合。"④ 王引之又根據《禮記》《管子》《淮南子》等文獻中"尊"與"讓"同義連用的文例,進一步證明"尊"當讀爲"撙"。他説:"'尊'與退讓同義,故書傳多言尊讓者。《儒行》'儒者皆兼此而有之,猶且不敢言仁也,其尊讓有如此者',《鄉飲酒義》'三揖而後至階,三讓而後升,所以致尊讓也',

---

① [清] 王引之著,錢文忠等整理:《經義述聞》,上海書店出版社,2012年,上册第65頁。
② [唐] 李鼎祚:《周易集解》卷4,文淵閣四庫全書本。
③ [清] 王引之著,錢文忠等整理:《經義述聞》,上海書店出版社,2012年,上册第60頁。
④ [清] 王引之著,錢文忠等整理:《經義述聞》,上海書店出版社,2012年,上册第60頁。

又曰'君子尊讓則不爭,聘義三讓而後傳命,三讓而後入廟門,三揖而後至階,三讓而後升,所以致尊讓也',《管子·五輔篇》'夫人必知禮然後恭敬,恭敬然後尊讓,尊讓然後少長貴賤不相逾越',《淮南·泰族篇》'恭儉尊讓者,禮之爲也'。'尊'與'撙'同,尊讓即撙節退讓也。《說文》無'撙'字,古多借'尊'爲之。"①

蠱卦卦辭"先甲三日,後甲三日",虞注:"初變成乾,乾爲甲。至二成離,離爲日。謂乾三爻在前,故'先甲三日';變三至四體離,至五成乾,乾三爻在後,故'後甲三日'。"② 巽卦九五爻辭"先庚三日,後庚三日",虞注:"庚,震也。謂變初至二成離,至三成震,震主庚,離爲日,震三爻在前,故'先庚三日',謂益時也。動四至五成離,終上成震,震三爻在後,故'後庚三日'也。"③ 王引之認爲,虞翻此注有五大謬誤。他說:"天有十日,甲與庚各居其一,若以乾爲甲,震爲庚,而分在前者爲'先甲''先庚',在後者爲'後甲''後庚',則是在先之日惟甲與庚,在後之日亦惟甲與庚,經當云'先甲一日,後甲一日''先庚一日,後庚一日'矣,安得有三日乎?其謬一也;'三日'之日謂歲時日月之日,'離爲日'之日謂日月星辰之日,二者絕不相同,而據'離爲日'以釋經之'三日',其謬二也;蠱初變成乾,猶未爲離也,不可便謂之'日',至二成離,已非復乾矣,何以仍謂之'甲'?巽變初至二成離,猶未爲震也,不可便謂之庚,至三成震,已非復離矣,

---

① [清] 王引之著,錢文忠等整理:《經義述聞》,上海書店出版社,2012年,上冊第60~61頁。
② [唐] 李鼎祚:《周易集解》卷5,文淵閣四庫全書本。
③ [唐] 李鼎祚:《周易集解》卷11,文淵閣四庫全書本。

何以仍謂之日？其謬三也；蠱變三至四體離，至五成乾，乾三爻在後，故'後甲三日'。夫四爻居後三爻之始，而二爻、三爻則居前三爻之太半，去二爻、三爻言之，則離象不成，不可謂之'日'，連二爻、三爻言之，則又雜以前三爻之兩爻，不可謂之'後甲三日'矣。其謬四也；初變成乾，則前三爻皆陽爻矣，而又云變三至四體離，則前三爻之第三爻又變爲陰爻，而不得爲乾，因之不得爲甲矣。欲附會後甲之三日而不能，並所謂先甲者而亦失之。其謬五也。"① 在此，王引之從邏輯的角度指出虞注附會，似乎虞注絕不可從。其實，"附會"正是術數思維的特點，《易》本卜筮之書，因此，虞注附會，未必非《易》之本義；王引之之辨駁雖合乎邏輯，卻未必即《易》之本義。

蠱卦《彖》辭"終則有始，天行也"和豐卦九四《象》辭"吉行也"，虞注："震爲行。"② 王引之根據《爾雅》和《國語》韋昭注，認爲"行"當訓爲"道"。他說："《爾雅》：'行，道也。'天行謂天道也。《晉語》'歲在大樑，將集天行'，韋昭注曰：'集，成也。行，道也。言公將成天道也。'是古人謂天道爲天行也。"③ 乾卦《彖》辭"天行健，君子以自強不息"，坤卦《彖》辭"地勢坤，君子以厚德載物"，王引之根據《易傳》文例，認爲"天行"之"行"只有訓爲"道"，才能與"地勢"之"勢"相對。他說："'天行健''地勢坤'相對爲文。……《傳》言純卦之象，文皆相對。……若解爲運行之

---

① [清] 王引之著，錢文忠等整理：《經義述聞》，上海書店出版社，2012年，上冊第38~39頁。
② [唐] 李鼎祚：《周易集解》卷5、11，文淵閣四庫全書本。
③ [清] 王引之著，錢文忠等整理：《經義述聞》，上海書店出版社，2012年，上冊第60頁。

行,則與地勢之勢文不相當矣。"①

大過卦九二《象》辭:"老夫女妻,過以相與也。"虞注:"謂二過初與五,五過上與二。"② 王引之辨駁說:"九二、九五皆陽爻,九二不可謂之婦,九五不可謂之妻,不得以爲二、五相與也。"③ 王引之認爲,兩爻不相應爲過,因此,其解"老夫女妻,過以相與也"說:"九二不與九五相應而應初六,此老彼少,年不相當,而相與爲夫婦,故曰'過以相與也'。"④ 小過卦六二爻辭"過其祖,遇其妣",虞注:"祖,謂祖母,初也;母死稱妣。"⑤ 王引之辨駁說:"祖謂大父,非謂大母也,不得以爲祖母;上言祖,下言妣,則妣爲祖母矣,又不得以妣爲母也。"⑥ 小過卦上六爻辭"弗遇過之",虞注:"謂四已變之坤,上得之三,故'弗遇過之'。"⑦ 王引之辨駁說:"虞意蓋謂四已變陰爻,上不遇九四,故得過之而適三,以此爲'弗遇過之'之義。案,上與四原不相應,何待四變陰爻而後弗遇乎?且《象傳》曰'山上有雷,小過',若四爻變而之坤,則是地中有

---

① [清] 王引之著,錢文忠等整理:《經義述聞》,上海書店出版社,2012年,上冊第60頁。
② [唐] 李鼎祚:《周易集解》卷6,文淵閣四庫全書本。
③ [清] 王引之著,錢文忠等整理:《經義述聞》,上海書店出版社,2012年,上冊第42頁。
④ [清] 王引之著,錢文忠等整理:《經義述聞》,上海書店出版社,2012年,上冊第42頁。
⑤ [唐] 李鼎祚:《周易集解》卷12,文淵閣四庫全書本。
⑥ [清] 王引之著,錢文忠等整理:《經義述聞》,上海書店出版社,2012年,上冊第41頁。
⑦ [唐] 李鼎祚:《周易集解》卷12,文淵閣四庫全書本。

山而爲謙，不得謂之小過矣。"①

坎卦六四爻辭"樽酒簋貳用缶"，虞注："震主祭器，故有'樽''簋'。坎爲酒。簋，黍稷器。二②至五有頤口象，震獻在中，故爲簋。坎爲木，震爲足，坎酒在上，樽酒之象。貳，副也，坤爲缶，禮有副尊，故貳用缶耳。"③王引之辨駁説："虞以'樽酒'與'簋'並列，而'貳用缶'則但承'樽'言之而不及'簋'。若然，則經當云'樽酒貳用缶'，文義乃通，何以隔以'簋'字，使上下不相屬乎？副尊用缶，而正尊所用之器，又何以略而不言乎？虞説非也。"④

大壯卦九四爻辭"壯於大輿之輹⑤"，虞注："坤爲大車、爲腹，四之五折坤，故'壯於大車之腹'。"⑥王引之認爲，大壯卦九四爻辭中的"大輿"的象數依據爲大壯卦的上卦震，而非大壯卦的半象互體坤。他説："《晉語》曰：'震，車也。'閔元年《左傳》：'畢萬筮仕於晉，遇屯之比，辛廖占之曰：震爲土，車從馬。'杜注曰：'震變爲坤，震爲車，坤爲馬。'僖十五年《傳》：'晉獻公筮嫁伯姬於秦，遇歸妹之睽。史蘇占之曰：震之離，亦離之震，車説其輹，火焚其旗。'服虔注曰：'震爲車。'是震有爲車之象。大壯外卦震，震爲車；九四陽爻，陽稱大，故取象於大輿也。輹，車下縛也。九四，震之下畫，

---

①[清]王引之著，錢文忠等整理：《經義述聞》，上海書店出版社，2012年，上册第42頁。
②二，原誤作"三"。
③[唐]李鼎祚：《周易集解》卷6，文淵閣四庫全書本。
④[清]王引之著，錢文忠等整理：《經義述聞》，上海書店出版社，2012年，上册第43頁。
⑤虞本"輿"作"車"，"輹"作"腹"。
⑥[唐]李鼎祚：《周易集解》卷7，文淵閣四庫全書本。

故取象於輹也。《易》之取象,多有在《說卦》之外者,不得以'坤爲大車爲腹'之文而曲爲穿鑿。"①

晉卦卦辭"康侯",虞注:"坤爲康。康,安也。初動體屯②,震爲侯,故曰'康侯'。"③ 王引之認爲,晉卦卦辭中的"侯"的象數依據爲晉卦的上卦離,而非初爻變後的震。他說:"卦自觀來。《彖傳》曰"柔進而上行",謂六四進五也,則所謂侯者,當指此爻。蓋六五,離之中畫也。僖二十五年《左傳》說晉侯納王事曰:'筮之,遇大有之睽。曰:吉。且是卦也,天爲澤以當日,天子降心以逆公,不亦可乎?'是以離日爲公侯也。晉上體離,故謂之侯,何必初爻動而後爲侯乎?……成十六年《傳》:'南國蹙,射其元王,中厥目。'杜注曰:'南國勢蹙,則離受其咎,離爲諸侯,又爲目。'是離爲諸侯,舊有此說。"④ 晉卦卦辭"用賜馬蕃庶",虞注:"初動體屯……震爲馬。"⑤ 王引之依據《彖傳》質疑說:"《彖》曰:'順而麗乎大明,柔進而上行,是以康侯用賜馬蕃庶,晝日三接也。'則本卦自有賜馬之象,何須變坤爲震乎?"⑥ 王引之認爲,晉卦卦辭中的"馬"的象數依據爲晉卦的下卦坤,而非初爻動後的震。他說:"馬謂坤也。坤卦辭曰'利牝馬之貞',《京氏易傳》說坤

---

① [清] 王引之著,錢文忠等整理:《經義述聞》,上海書店出版社,2012年,上册第44頁。
② 屯,原誤作"也"。
③ [唐] 李鼎祚:《周易集解》卷7,文淵閣四庫全書本。
④ [清] 王引之著,錢文忠等整理:《經義述聞》,上海書店出版社,2012年,上册第45頁。
⑤ [唐] 李鼎祚:《周易集解》卷7,文淵閣四庫全書本。
⑥ [清] 王引之著,錢文忠等整理:《經義述聞》,上海書店出版社,2012年,上册第45頁。

象曰'於類爲馬'……閔元年《左傳》：'畢萬筮仕於晉，遇屯之比，辛廖占之曰：震爲土，車從馬。'杜注曰：'震變爲坤，震爲車，坤爲馬。'是其明證也。"①

井卦初六爻辭"井泥不食"，虞注："初下稱泥，巽爲木果，無噬嗑食象，下而多泥，故不食也。"②王引之認爲，虞注中的"木果"爲"不果"之誤。他說："《説卦傳》云'巽爲不果'，不云'巽爲木果'。乾已爲木果矣，豈有巽又爲木果乎？"③惠棟因襲虞注，疏解井卦初六爻辭"舊井無禽"時說："古者井樹木果，故《孟子》'井上有李'，禽來食之……井壞不治，故無木果樹於側，亦無禽鳥來也。"④惠棟對井卦初六爻辭的這一理解源於虞翻對"井泥不食"的注釋，因此王引之又說"惠説甚誤"。在這裏，王引之根據《周易·説卦》中的"乾爲木果"否定虞翻的"巽爲木果"之説，從邏輯的角度看，是不合理的。

鼎卦《彖》辭"巽而耳目聰明"，虞注："三在巽上，動成坎、離，有兩坎兩離象，故稱聰明。"⑤王引之說："如虞説則是坎而耳目聰明矣，豈巽之謂乎？三動則成未濟，未濟之象，

---

①［清］王引之著，錢文忠等整理：《經義述聞》，上海書店出版社，2012年，上册第45頁。
②［唐］李鼎祚：《周易集解》卷10，文淵閣四庫全書本。
③［清］王引之著，錢文忠等整理：《經義述聞》，上海書店出版社，2012年，上册第48頁。
④［清］惠棟：《周易述》卷7，鄭萬耕點校：《周易述（附易漢學、易例）》，中華書局，2007年，第137頁。
⑤［唐］李鼎祚：《周易集解》卷10，文淵閣四庫全書本。

火在水上,亦與以木巽火之象不合。其誤甚矣。"① 王引之認爲,虞翻之所以如此解"巽而耳目聰明",是因爲鼎卦僅有離象,而無坎象,離爲目,坎爲耳,爲了給"耳"找到象數依據,虞翻不得不以九三變爲六三"以遷就之"。他說:"仲翔必欲爲此説者,蓋以外卦離爲目爲明,而無耳聰之象,故云三動成坎以遷就之。"② 王引之以大量文例指出,"古人之文多有連類而及者",如《禮記·樂記》有"樂行而倫清,耳目聰明,血氣和平"之文,樂以聽爲主,當云'耳聰',而《禮記·樂記》並稱"目明";謙卦之象上地下山,而《彖》辭不僅有"地道卑而上行"之文,而且有"天道下濟而光明"之文,"非謂卦有天象也";姤卦之象上天下風,而《彖》辭卻有"天地相遇"之文,"非謂卦有地象也";離卦之象爲日,而《彖》辭有"日月麗乎天"之文,"非謂卦有月象也";坎卦之象爲川,而《彖》辭中有"山川丘陵"之文,"非謂卦有山與丘陵象也";家人卦之象爲"男女正位",只需言"夫婦"就可以了,但家人卦《彖》辭卻不僅言夫婦,而且言父子、兄弟,"非謂卦有父子、兄弟象也";睽卦之象爲"二女不同行",而《彖》辭中有"男女睽而其志通"之文,"非謂卦有男象也";艮卦之象爲止,而《彖》辭中不僅言"止",而且言"行","非謂卦有行象也",因此,鼎卦《彖》辭中的"耳"未必要找到其象數依據。最後,王引之得出結論説:"比物連類,多有因此及彼者,

---

① [清] 王引之著,錢文忠等整理:《經義述聞》,上海書店出版社,2012年,上冊第62頁。
② [清] 王引之著,錢文忠等整理:《經義述聞》,上海書店出版社,2012年,上冊第62頁。

讀者心知其意，斯爲得之。必欲事事合於卦象，則穿鑿而失其本指矣。"①

漸卦六二爻辭"鴻漸於磐"，虞注："艮爲山石，坎爲聚。聚石稱'磐'。"②王引之根據漸卦九三爻辭"鴻漸於陸"，認爲漸卦六二爻辭當在"陸"以下，而不當在"陸"以上。他說："漸之爲義，循次而進，三爻止漸於陸，而二爻遽在山石之上，非其次也。"③根據西漢以前的各種典籍，王引之認爲漸卦六二爻辭中的"磐"絕非磐石之義。他說："遍考西漢以前之書，言'磐石'者皆連'石'字爲文，無單稱'磐'者。"④王引之認爲，"磐"，古文作"般"，般，水涯堆也。他說："《史記·孝武紀》《封禪書》，《漢書·郊祀志》並載武帝詔曰：'鴻漸於般'，孟康注曰：'般，水涯堆也。'其義爲長。初爻漸於乾。乾，水涯也；二爻漸於般，般爲水涯堆，則高於水涯矣。此其次也。許氏《說文》偁《易》孟氏古文也，而其書有'般'無'磐'，則古文《周易》作'般'不作'磐'可知。只以後漢注家解爲磐石，故其字亦遂作磐，所謂說變於前，文變於後也。漢詔作般，殆本古文經。孟康之注殆前漢經師之說歟！"⑤在這裏，王引之肯定孟康之注而否定虞翻之注時，一定

---

① [清] 王引之著，錢文忠等整理：《經義述聞》，上海書店出版社，2012年，上册第62頁。
② [唐] 李鼎祚：《周易集解》卷11，文淵閣四庫全書本。
③ [清] 王引之著，錢文忠等整理：《經義述聞》，上海書店出版社，2012年，上册第50頁。
④ [清] 王引之著，錢文忠等整理：《經義述聞》，上海書店出版社，2012年，上册第50頁。
⑤ [清] 王引之著，錢文忠等整理：《經義述聞》，上海書店出版社，2012年，上册第50頁。

要把孟康之注溯源於"前漢經師",説明漢學無論吴派還是皖派都非常重視"求古"。最後,王引之還解釋了漸卦六二爻辭的象數依據。他説:"六二居艮中爲坎之首,具山之體而又在水之漘,則水涯堆之象矣。"①

歸妹卦九四爻辭"歸妹愆期,遲歸有時",虞注:"震春兑秋,坎冬離夏,四時體正,故歸有時也。"② 王念孫根據《易傳》認爲"時"當讀爲"待"。他説:"'時'當讀爲'待',經言'歸妹愆期,遲歸有待',故傳申之曰'愆期之志,有待而行也'。《釋文》:有待而行也,一本'待'作'時'。是《傳》之有待,亦或借時爲之。愈知經之'有時'爲'待'之假借也。"③ 從聲韻和校勘的角度,王念孫又指出"待"與"時"通。他説:"'待''時'俱以'寺'爲聲,故二字通用。蹇《象傳》'宜待也',張璠本'待'作'時';《方言》'萃離時也',《廣雅》'時'作'待';《月令》'毋發令而待',《吕氏春秋·夏紀》作'無發令而乾時'。是其例矣。'歸妹愆期,遲歸有待','待'與'期'爲韻,猶《離騷》'路修遠以多艱兮,騰衆車使徑待;路不周以左轉兮,指西海以爲期',待與期亦爲韻也。隱七年《穀梁傳》注引此正作'遲歸有待'。"④

豐卦卦辭"王假之",虞注:"假,至也。"⑤ 王引之依據

---

① [清] 王引之著,錢文忠等整理:《經義述聞》,上海書店出版社,2012年,上册第 50 頁。
② [唐] 李鼎祚:《周易集解》卷 11,文淵閣四庫全書本。
③ [清] 王引之著,錢文忠等整理:《經義述聞》,上海書店出版社,2012年,上册第 50 頁。
④ [清] 王引之著,錢文忠等整理:《經義述聞》,上海書店出版社,2012年,上册第 50~51 頁。
⑤ [唐] 李鼎祚:《周易集解》卷 11,文淵閣四庫全書本。

《易傳》，認爲訓假爲"至"不如訓假爲"大"。他説："當以訓'大'爲長。王假之者，王者有以廣大之也。假訓爲'大'，故《象傳》曰：'王假之，尚大也。'"①

旅卦《象》辭"喪牛之凶，終莫之聞也"，虞注："坎耳入兑，故終莫之聞。"② 王念孫以校勘爲據，認爲"聞"當訓爲"問"。他説："聞猶問也。古字聞與問通。《論語·公冶長篇》'聞一以知十'，'聞'本或作'問'；《檀弓》'問喪於夫子乎'，'問'本或作'聞'；《莊子·庚桑楚篇》'因失吾問'，元嘉本'問'作'聞'。……又《荀子·堯問篇》'不聞即物少至'，楊注曰'聞或作問'。"③ 進而，王念孫認爲《詩經》中的"亦莫我聞"和"則不我聞"中的"聞"亦爲問義。他説："《王風·葛藟篇》'謂他人昆，亦莫我聞'《大雅·雲漢篇》'羣公先正，則不我聞'，亦謂不相恤問也。解者多失之。"④ 案，訓"聞"爲"問"與通感修辭有關，亦與反訓有關。

巽卦《象》辭"喪其資斧，正乎凶也"，虞注："上應於三，三動失正，故曰'正乎凶也'。"⑤ "正乎凶也"是對巽卦上九爻辭"貞凶"的解釋，因此，王引之對虞注辨駁説："上九

---

① [清] 王引之著，錢文忠等整理：《經義述聞》，上海書店出版社，2012年，上册第25頁。
② [唐] 李鼎祚：《周易集解》卷11，文淵閣四庫全書本。
③ [清] 王引之著，錢文忠等整理：《經義述聞》，上海書店出版社，2012年，上册第68~69頁。
④ [清] 王引之著，錢文忠等整理：《經義述聞》，上海書店出版社，2012年，上册第69頁。
⑤ [唐] 李鼎祚：《周易集解》卷11，文淵閣四庫全書本。

'貞凶',非謂九三也。"① 王引之認爲,巽卦上九爻辭中的"貞"和《象》辭中的"正"都應訓爲"當"。關於"貞"訓爲"當",他引《尚書》馬注和《離騷》爲證,説:"《洛誥》'我二人共貞',《釋文》引馬注曰'貞,當也';《離騷》'攝提貞於孟陬兮',謂當孟陬之月也。"② 關於"正"訓爲"當",他引《廣韻》《尚書》《論語》《禮記》和《穀梁傳》爲據,説:"《廣韻》'正,正當也';《堯典》'日中星鳥,以殷仲春。日永星火,以正仲夏。宵中星虛,以殷仲秋。日短星昴,以正仲冬',殷也、正也,皆當也,謂當仲春、仲夏、仲秋、仲冬也;《論語·陽貨篇》'其猶正牆面而立也歟',謂當牆向之而立也;《曲禮》'立必正方',謂當一方也;桓三年《穀梁傳》'言日言朔,食正朔也',謂日食當月之朔也;定四年《傳》'蔡昭公朝於楚,有美裘正是日,囊瓦求之',謂當昭公朝楚之日也。"③ 根據《象傳》文例,王引之又説:"《象傳》凡言'位正中也',皆爲當中也。"④ 最後,王引之總結説:"'貞'訓爲'正',又訓爲'當';'正'訓爲正直之正,又訓爲正當之正者,古義相因,觸類而長,故'元亨'之'元'或訓爲善爲長,又或訓爲大;屯卦之'屯'或訓爲難,或訓爲盈,又或訓爲固;無妄之'妄'或訓爲虚妄,或訓爲望,又或訓爲亡。隨

---

① [清] 王引之著,錢文忠等整理:《經義述聞》,上海書店出版社,2012年,上册第69頁。
② [清] 王引之著,錢文忠等整理:《經義述聞》,上海書店出版社,2012年,上册第69頁。
③ [清] 王引之著,錢文忠等整理:《經義述聞》,上海書店出版社,2012年,上册第69頁。
④ [清] 王引之著,錢文忠等整理:《經義述聞》,上海書店出版社,2012年,上册第69頁。

文見義，固各有所當也。"①

中孚卦卦辭"豚魚吉"，虞翻讀"豚"爲"遯"②。王引之根據《儀禮》《國語》和《禮記》，認爲豚魚爲士庶人之禮，乃禮之薄者，虞注誤。他説："豚魚者，士庶人之禮也。《士昏禮》：'特豚合升去蹄，魚十有四。'《士喪禮》：'豚合升，魚鱄鮒九，朔月奠用特豚魚臘。'《楚語》：'士有豚犬之奠，庶人有魚炙之薦。'《王制》：'庶人夏薦麥，秋薦黍，麥以魚，黍以豚。'豚魚乃禮之薄者，然苟有中信之德，則人感其誠而神降之福，故曰'豚魚吉'，言雖豚魚之薦亦吉也。"③ 進而，王引之以損卦卦辭"二簋可用享"和既濟卦九五爻辭"東鄰殺牛，不如西鄰之禴祭，實受其福"論證其對中孚卦卦辭"豚魚吉"的解釋的合理性。他説："損之象曰"二簋可用享"，既濟九五曰"東鄰殺牛，不如西鄰之禴祭，實受其福"，其義通於此矣。"④

中孚卦九二爻辭"鳴鶴在陰"，虞注："震爲鳴，訟離爲鶴，坎爲陰夜，鶴知夜半，故'鳴鶴在陰'。"⑤ 根據虞氏卦變説，中孚卦由訟卦而來。虞翻認爲中孚卦九二爻辭中的"鳴"的象數依據爲中孚卦二至四爻組成的互體震卦，"鶴"的象數依據爲訟卦二至四爻組成的互體離卦，"陰"的象數依據爲訟卦的下卦坎。王引之認爲，中孚卦二至四爻組成的互體震卦本

---

① [清] 王引之著，錢文忠等整理：《經義述聞》，上海書店出版社，2012年，上册第69頁。
② [唐] 李鼎祚：《周易集解》卷12，文淵閣四庫全書本。
③ [清] 王引之著，錢文忠等整理：《經義述聞》，上海書店出版社，2012年，上册第51頁。
④ [清] 王引之著，錢文忠等整理：《經義述聞》，上海書店出版社，2012年，上册第51頁。
⑤ [唐] 李鼎祚：《周易集解》卷12，文淵閣四庫全書本。

有鶴象，不必取自訟卦二至四爻組成的互體離卦。他說："震亦鶴。荀爽《九家易》曰：'震爲鵠。'鵠即鶴之假借。"① 爲了證明鵠爲鶴之假借，王引之廣引各種文獻。他說："《莊子·天運篇》'鵠不日浴而白'，《庚桑楚篇》'越雞不得伏鵠卵'，《釋文》並曰：'鵠，本亦作鶴。'《史記·滑稽傳》'齊王使淳於髡獻鵠於楚'，《藝文類聚》引作'獻鶴'。李善注《北山移文》引古今篆隸文體曰：'鶴頭書仿佛鵠頭，故有其稱。'嵇康《琴賦》'下逮謠俗，蔡氏五曲，王昭楚妃，千里別鶴'即《南史·褚彥回傳》別鵠之曲。"② 進而，王引之探討了震卦何以爲鶴的原因。他說："震爲善鳴，故又爲鶴。鶴，善鳴之鳥也。《藝文類聚》引《韻集》曰：'鶴，善鳴鳥。'《小雅》曰：'鶴鳴九皋，聲聞於野。'是其善鳴也。"③

既濟卦六四爻辭"繻④有衣袽"，虞注："乾爲衣，故稱繻。袽，敗衣也。乾二之五，衣象裂壞，故'繻有衣袽'，謂伐鬼方三年乃克，旅人勤勞，衣服皆敗。"⑤ 依虞氏卦變說，既濟卦由泰卦而來，泰卦九二爻與六五爻置換後，泰卦即變爲既濟卦。泰卦九二爻與六五爻置換後，泰卦的下卦乾不見，乾爲衣，故虞翻說"乾二之五，衣象裂壞"。對此，王引之質疑說："如其說，則經何不於二、五兩爻言之，而言之於四爻乎？且繻即衣

---

① [清] 王引之著，錢文忠等整理：《經義述聞》，上海書店出版社，2012年，上冊第51頁。
② [清] 王引之著，錢文忠等整理：《經義述聞》，上海書店出版社，2012年，上冊第51~52頁。
③ [清] 王引之著，錢文忠等整理：《經義述聞》，上海書店出版社，2012年，上冊第52頁。
④ 繻，虞本作"濡"。
⑤ [唐] 李鼎祚：《周易集解》卷12，文淵閣四庫全書本。

名，不得又以'衣袽'之'衣'爲衣服也。"① 王引之認爲，"襦"爲御寒之衣，"有"與"或"相通，"衣袽"之"衣"爲動詞"穿"義。他說："《說文》：'襦，㬉衣也。'㬉，温也。㬉衣所以禦寒也。有之言或也。（古'有''或'同聲，故'或'通作'有'。）……'衣'讀'衣敝緼袍'之'衣'，謂著之也。"② 關於"襦有衣袽"的象數依據，王引之說："《易通卦驗》曰：'坎主冬至。'四在兩坎之間，固陰冱寒，不可無㬉衣以御之。六四體坤爲布，故稱'襦'。處互體離之中畫，離火見克於坎水，有敗壞之象，故稱'袽'。四在外卦之内，有著於外而近於内之象，故稱'衣'。"最後，王引之根據"襦有衣袽"後的"終日戒"以及《象傳》疏通文意說："衣袽謂著敗壞之袽也。禦寒者固當衣襦矣，乃或不衣完好之襦，而衣其敗壞者，則不足以禦寒。譬之人事，患至而無其備則可危也，故曰'襦有衣袽，終日戒'，故《象傳》曰'君子以思患而豫防之'。"③

《周易·繫辭上》"鼓之以雷霆，潤之以風雨，日月運行，一寒一暑"，虞注："雷震霆艮，風巽雨兑，日離月坎，寒乾暑坤也。"④ 王引之對虞翻"艮爲霆""兑爲雨"的說法辨駁說："遍考書傳，無以霆爲艮，雨爲兑者。疾雷爲霆，不得分以爲二。《說卦》曰'雨以潤之'，此曰'潤之以風雨'，雨皆謂坎，

---

① [清] 王引之著，錢文忠等整理：《經義述聞》，上海書店出版社，2012年，上册第52頁。
② [清] 王引之著，錢文忠等整理：《經義述聞》，上海書店出版社，2012年，上册第52頁。
③ [清] 王引之著，錢文忠等整理：《經義述聞》，上海書店出版社，2012年，上册第52頁。
④ [唐] 李鼎祚：《周易集解》卷13，文淵閣四庫全書本。

非謂兑也。傳意但以雷霆爲震，風爲巽，雨與月爲坎，日爲離，而艮兑則從其略。"① 對於虞翻以寒爲乾，以暑爲坤，王引之辨駁説："寒暑亦謂坎離。《易通卦驗》所謂'坎主冬至，離主夏至'也。虞氏以《説卦》有'乾爲寒'之文，遂謂'寒乾暑坤'，不知乾道坤道，下文始言，此則但言坎離，非謂乾坤也。"② 依照王引之的解釋，"鼓之以雷霆，潤之以風雨，日月運行，一寒一暑"只涉及震、巽、坎、離四卦，而未涉及艮、兑、乾、坤，但《周易·繫辭》在"鼓之以雷霆"前明言"八卦相蕩"，依理推之，後文當分言八卦，僅言四卦，似與"八卦相蕩"之文相牴牾。"鼓之以雷霆，潤之以風雨，日月運行，一寒一暑"之所以不涉及乾坤，王引之認爲"乾道坤道，下文始言"；而其之所以不涉及艮兑，王引之解釋説："山澤爲雷霆風雨所自出，言雷霆風雨足以該山澤矣，何須以霆艮雨兑備八卦之數乎？"③

《周易·繫辭上》"《易》與天地準，故能彌綸天地之道"，虞注："綸，絡，謂《易》在天下，包絡萬物。"④ 王引之認爲，"綸"當讀爲"論"，論者，知也。彌綸天地之道，即遍知天地之道。關於"綸"當讀爲"論"，王引之以校勘爲據，説："古字多借'綸'爲'論'。屯《象傳》'君子以經綸'，《中庸》'經綸天下之大經'，《釋文》並曰'論，本亦作綸'。《樂記》

---

① [清] 王引之著，錢文忠等整理：《經義述聞》，上海書店出版社，2012年，上册第71頁。
② [清] 王引之著，錢文忠等整理：《經義述聞》，上海書店出版社，2012年，上册第71頁。
③ [清] 王引之著，錢文忠等整理：《經義述聞》，上海書店出版社，2012年，上册第71頁。
④ [唐] 李鼎祚：《周易集解》卷13，文淵閣四庫全書本。

'使其文足論而不息',《史記‧樂書》'論'作'綸'。"① 關於"論"當訓爲"知",王引之以《大戴禮記》《荀子》《吕氏春秋》和《淮南子》等文獻爲據,説:"《大戴禮‧保傅篇》'不論先聖王之德,不知君國畜民之道',論亦知也;《荀子‧解蔽篇》'坐於室而見四海,處於今而論久遠',論久遠,知久遠也;《吕氏春秋‧直諫篇》'凡國之存也,主之安也,必有以也。不知所以,雖存必亡,雖安必危,所以不可不論也';《淮南‧説山篇》'以小明大,以近論遠',高注並曰'論,知也'。"② 最後,王引之又根據上下文論"彌綸天地之道"爲"遍知天地之道"。他説:"下文曰'仰以觀於天文,俯以察於地理,是故知幽明之故;原始反終,故知死生之説;精氣爲物,遊魂爲變,是故知鬼神之情狀',正所謂遍知天地之道也。"③

《周易‧繫辭下》"古之葬者……不封不樹",虞注:"穿土稱封。封,古窆字也。聚土爲樹。"④ 王引之認爲,表示"穿土"之義的字爲"竁",而非"窆"。"窆"爲"葬下棺"之義。虞翻以"窆"爲"穿土"之義,"顯與古經不合"。王引之又根據《禮記‧王制》"庶人縣(懸)封……不封不樹"的鄭注,指出"縣(懸)封"之"封"爲古"窆"字,"不封不樹"之"封"爲聚土爲墳之義。他説:"若如虞氏《易》注,

---

① [清] 王引之著,錢文忠等整理:《經義述聞》,上海書店出版社,2012年,上册第72頁。
② [清] 王引之著,錢文忠等整理:《經義述聞》,上海書店出版社,2012年,上册第72頁。
③ [清] 王引之著,錢文忠等整理:《經義述聞》,上海書店出版社,2012年,上册第72頁。
④ [唐] 李鼎祚:《周易集解》卷15,文淵閣四庫全書本。

'不封'解爲'不窆',則與上文'縣(懸)窆'相複,既曰'縣(懸)窆',而又曰'不窆',不自相牴牾耶?縣(懸)棺而窆,則土之穿也久矣,又不得解爲不穿土也。"① 關於虞翻訓"樹"爲聚土,王引之認爲其"尤無依據"。以《禮記·檀弓》爲據,王引之指出:"樹爲種樹,非爲聚土也。"最後,王引之根據《白虎通義》指出:"封謂爲墳,樹謂植木,蓋漢世經師說《易》者如此,故《白虎通義》本之以爲説也,勝虞氏遠矣。"②

《周易·繫辭下》"日往則月來,月往則日來……寒往則暑來,暑往則寒來",虞注:"咸初往之四,與五成離,故'日往'。與二成坎,故'月來'。……乾爲寒,坤爲暑。"③王引之駁之曰:"'日往則月來,月往則日來……寒往則暑來,暑往則寒來'乃縱言造化之往來,以推廣咸卦'憧憧往來'之理,不取象於卦也。……夫咸之爲象,山上有澤,如以卦象言之,則山澤之象何反不之及,而泛言'日月寒暑'乎?"④

《周易·繫辭下》"復,小而辨於物",虞注:"陽始見,故小。乾陽物,坤陰物也。以乾居坤,故稱別物。"⑤王引之辨駁

---

① [清] 王引之著,錢文忠等整理:《經義述聞》,上海書店出版社,2012年,上册第75頁。
② [清] 王引之著,錢文忠等整理:《經義述聞》,上海書店出版社,2012年,上册第75頁。
③ [唐] 李鼎祚:《周易集解》卷15,文淵閣四庫全書本。
④ [清] 王引之著,錢文忠等整理:《經義述聞》,上海書店出版社,2012年,上册第71頁。
⑤ [唐] 李鼎祚:《周易集解》卷15,文淵閣四庫全書本。

説:"以陽居陰之卦多矣,何獨於復言別物?虞説非也。"① 王引之認爲,"小"指身,"辨"通"遍"。他説:"'小'謂一身也。對天下國家言之,則身爲小矣。'辨'讀曰'遍'。古字'辨'與'遍'通。復初九《傳》曰'不遠之復,以修身也'。所修惟在一身,蓋亦小矣,而身修而後家齊,家齊而後國治,國治而後天下平。萬事之大,無不由此而遍及,故曰'復,小而辨於物'。"②

二、對鄭玄和荀爽《易》注的辨駁

(一) 對鄭玄《易》注的辨駁

1. 對鄭玄以"爻辰説"詮《易》的辨駁

鄭玄《周易》詮釋的最顯著的特點是"爻辰説"。鄭氏"爻辰説"以陽爻之初、二、三、四、五、上對應十二辰中的子、寅、辰、午、申、戌;以陰爻之初、二、三、四、五、上對應十二辰中的未、酉、亥、丑、卯、巳,並以十二辰之物象和十二次之星象配之。王引之認爲,"爻辰説"有三大問題,因而不可取。

首先,他認爲,爻辰説"捨卦而論爻已與《説卦》之言'乾爲,坤爲'者異矣,而其取義又多迂曲"。他説:"《易》之取象見於《説卦》者較然可據矣,漢儒推求卦象,皆與《説

---

① [清] 王引之著,錢文忠等整理:《經義述聞》,上海書店出版社,2012年,上册第76頁。
② [清] 王引之著,錢文忠等整理:《經義述聞》,上海書店出版社,2012年,上册第76頁。

卦》相表裏，而康成則又以爻辰説之……捨卦而論爻已與《説卦》之言'乾爲，坤爲'者異矣，而其取義又多迂曲。"① 爲了説明爻辰説"取義迂曲"，王引之舉了四個例證。1. 困卦九二爻辭"困於酒食"，鄭注："二據初，辰在未，未上值天廚，酒食象。"② 依鄭氏爻辰説，困卦九二爻對應十二辰中的寅，初六爻對應十二辰中的未，因此，王引之質疑説："捨本爻之寅，而言初爻之未，未值天廚，何不繫於值未之初六，而繫於值寅之九二乎？"③ 2. 離卦九三爻辭"鼓缶而歌"，鄭注："艮爻也，位近丑，丑上值弁星，弁星似缶。"④ 依鄭氏爻辰説，離卦九三爻對應十二辰中的辰，六四爻對應十二辰中的丑，因此，王引之質疑説："捨辰宮之星而言丑宮之星，丑者，六四所值之辰，豈九三所值乎？"⑤ 3. 坎卦六四爻辭"尊酒簋貳用缶"，鄭注："爻在丑，丑上值斗，可以斟之象。斗上有建星似簋……建星上有弁星，弁星形又如缶。"⑥ 王引之質疑説："爻辰既值斗，何不遂取斗象，而取於斗所酌之尊？又不直取建星、弁星而取建

---

① [清] 王引之著，錢文忠等整理：《經義述聞》，上海書店出版社，2012年，上册第53頁。
② [漢] 鄭玄注，[唐] 賈公彥疏：《儀禮注疏》卷2《士冠禮》，北京大學出版社，2000年，第24頁。
③ [清] 王引之著，錢文忠等整理：《經義述聞》，上海書店出版社，2012年，上册第53頁。
④ [漢] 毛亨傳，[漢] 鄭玄箋，[唐] 孔穎達疏：《毛詩正義》卷7《宛丘》，北京大學出版社，2000年，第514頁。
⑤ [清] 王引之著，錢文忠等整理：《經義述聞》，上海書店出版社，2012年，上册第53頁。
⑥ [漢] 毛亨傳，[漢] 鄭玄箋，[唐] 孔穎達疏：《毛詩正義》卷7《宛丘》，北京大學出版社，2000年，第514頁。

星、弁星所似之箕與缶，不亦迂回而難通乎？"① 4. 坎卦上六爻辭"繫用徽纆"，鄭注："爻辰在巳，巳已爲蛇，蛇蟠曲似徽纆也。"② 王引之質疑説："爻辰既在巳而爲蛇，何不遂取蛇象而取蛇所似之徽纆乎？初九辰在子，子爲鼠；九二辰在寅，寅爲虎；九三辰在辰，辰爲龍；九四辰在午，午爲馬；九五辰在申，申爲猴；上九辰在戌，戌爲犬；初六辰在未，未爲羊；六二辰在酉，酉爲雞；六三辰在亥，亥爲豕；六四辰在丑，丑爲牛；六五辰在卯，卯爲兔，豈亦將象其禽之所似以爲爻乎？"③ 王引之的以上質疑，雖然合乎邏輯，但考慮到《易》本卜筮之書和術數思維的"輾轉牽合"的特點，尚有商榷的餘地，但王氏接下來指出的鄭玄在其《易》注中出現的"硬傷"似乎無可辯解。王引之説："未宫之天廚，丑宫之天弁，《史記·天官書》《漢書·天文志》皆不載，則西漢時尚未有此星名，況《易》作於殷周之際，安得所謂'天廚天弁'者而比象之乎？"④

其次，王引之認爲，爻辰説以爻主月在《周易》經文中没有依據且"亂次奪倫"。他説："十二消息卦分主一月，《易》之例也，故《易》有'至於八月'之文。若每一爻分主一月，

---

① [清] 王引之著，錢文忠等整理：《經義述聞》，上海書店出版社，2012 年，上册第 53 頁。
② [漢] 公羊壽傳，[漢] 何休解詁，[唐] 徐彥疏：《春秋公羊傳注疏》卷 15，北京大學出版社，2000 年，第 371~372 頁。
③ [清] 王引之著，錢文忠等整理：《經義述聞》，上海書店出版社，2012 年，上册第 53 頁。
④ [清] 王引之著，錢文忠等整理：《經義述聞》，上海書店出版社，2012 年，上册第 53 頁。案，何秋濤對此有辯解。參見本書第一章第二節。一些似乎無可辯解者，有時往往並非絶對没有商榷餘地，故學者當清醒認識自我，圓融對待他人，勿"以己自蔽"。

則經無此例。今爻辰乃以乾之六爻分主奇數之月,坤之六爻分主偶數之月,而諸卦之陽爻、陰爻亦如之。乾初九值子,在一陽始生之月;坤初六值未,乃在二陰浸長之月,已乖建始之義,而卦爻之陰陽相間者,如屯則初九值子,六二遂值酉,蒙則初六值未,九二遂值寅,推之他卦,莫不皆然。亂次奪倫,莫此爲甚,豈經義之所有乎?"①

最後,王引之認爲,爻辰説與十二消息卦説"每相牴牾"。他説:"乾主建巳之月者也,而爻辰則初九值子、九二值寅、九三值辰、九四值午、九五值申、上九值戌,皆非建巳之月者也;坤主建亥之月者也,而爻辰則六三值亥,而初六則值未、六二則值酉、六四則值丑、六五則值卯、上六則值巳,皆非建亥之月;臨,二陽在下,建丑之月也,而爻辰則九二值寅,六四始值丑;姤,一陰在下,建午之月也,而爻辰則初六值未,九四始值午。爻與卦不相背而馳乎?夫十二卦之主月,理之不可易者也。卦之不合,而猶謂其爻之主是辰乎?"②

王引之認爲,鄭玄的爻辰説乃祖述《漢書·律曆志》中"十一月,乾之初九,故黃鐘爲天統;六月,坤之初六,故林鐘爲地統;正月,乾之九二,故太簇爲人統"之文,因此,王引之對《漢書·律曆志》中的説法辨駁説:"律吕以陰陽相間,而乾坤之爻則初、二、三、四、五、上,六位相連,斷無相間主月之理。……黃鐘下生林鐘,三分損一也,林鐘上生太簇,三分益一也,而乾之初九不能下生坤之初六,坤之初六不能上

---

① [清] 王引之著,錢文忠等整理:《經義述聞》,上海書店出版社,2012年,上册第53頁。
② [清] 王引之著,錢文忠等整理:《經義述聞》,上海書店出版社,2012年,上册第53~54頁。

生乾之九二，然則陰陽十二律與乾坤十二爻次序絕不相同。以爻配律，斯不通之論矣。"①

坤卦《文言》"陰疑於陽必戰，爲其嫌於無陽也"，鄭玄以"爻辰説"注之曰："上六爲蛇，得乾氣雜似龍。"② 王引之辨駁説："鄭謂上六爻辰值巳，巳爲蛇，與四月消息用事之乾相雜，故似龍。此牽合四月之乾而反與十月之坤大相刺謬。案，臨爲十二月之卦，而其彖云'至於八月有凶'。周之八月，夏六月也，則六月爲遯，推而至於十月爲坤可知，初六一陰生，主五月，至上六六陰全，始主十月耳。若依爻辰之次，則六三已值亥而主十月，上六反值巳而主四月，不且違失經義乎？"③

2. 對鄭玄其他《易》注的辨駁

坤卦《文言》"陰疑於陽必戰，爲其嫌於無陽也"，鄭本"嫌"作"慊"，並注曰："'慊'讀如'群公溓'之'溓'。古書篆作立心，與水相近，讀者失之，故作'慊'。溓，雜也。陰，謂此上六也。陽，謂今消息用事乾也。上六爲蛇，得乾氣雜似龍。"④ 王引之説："鄭訓'慊於陽'爲'雜於乾'，則不得有'無'字矣。乾者，陽也，豈無陽之謂乎？"根據《説文解字》、《漢書》顏注和《禮記》鄭注，王引之指出"慊"同"嫌"。他説："'慊'即'嫌'字。《説文》'慊，疑也'；《漢

---

① [清] 王引之著，錢文忠等整理：《經義述聞》，上海書店出版社，2012年，上册第54頁。
② [漢] 毛亨傳，[漢] 鄭玄箋，[唐] 孔穎達疏：《毛詩正義》卷9《采薇》，北京大學出版社，2000年，第692頁。
③ [清] 王引之著，錢文忠等整理：《經義述聞》，上海書店出版社，2012年，上册第78頁。
④ [漢] 毛亨傳，[漢] 鄭玄箋，[唐] 孔穎達疏：《毛詩正義》卷9《采薇》，北京大學出版社，2000年，第692頁。

書·趙充國傳》'偷得避慊之便',師古曰'慊亦嫌字';《坊記》'貴不慊於上',鄭注'慊或爲嫌'。"因此,王引之認爲,"'慊於陽'之'慊'當讀'嫌'而訓爲疑,不當讀'嗛'而訓爲雜。"①

豫卦《象》辭"先王以作樂崇德,殷薦之上帝,以配祖考",鄭注:"祀天地以配祖考者,使與天同享其功也,故《孝經》云'郊祀后稷以配天,宗祀文王於明堂以配上帝'是也。"② 王引之辨駁説:"此與《孝經》之文絶不相同。《孝經》謂祖考配天與帝,故云'以配天''以配上帝';此謂先王之德配於祖考,故云'以配祖考'。不得據彼以説此也。"③ 王引之認爲,"先王以作樂崇德"中的"以"當訓爲"用","殷薦之上帝以配祖考"中的"以"當訓爲"而",上帝言"薦",祖考言"配"是互文見義的修辭方法。他説:"先王用是殷薦其樂於上帝,而又德配祖考也。上帝言'薦',祖考言'配',互文耳。上帝亦以德配……祖考亦以樂薦。……言薦之上帝,則祖考之薦可知;言以配祖考,則上帝之配可知。……古人之文多有即此見彼者,非若後世之文繁詞複也。"④ 王引之指出豫卦《象》辭與《孝經》所言不同是正確的,但以"薦之上帝以配祖考"爲互文見義卻未必。高亨先生根據《漢書·藝文志》引"配"作"享",又根據對金文"配"字的字形分析,認爲

---

① [清] 王引之著,錢文忠等整理:《經義述聞》,上海書店出版社,2012年,上册第78頁。
② [唐] 李鼎祚:《周易集解》卷4,文淵閣四庫全書本。
③ [清] 王引之著,錢文忠等整理:《經義述聞》,上海書店出版社,2012年,上册第66頁。
④ [清] 王引之著,錢文忠等整理:《經義述聞》,上海書店出版社,2012年,上册第66頁。

"薦"與"配"爲變文同義,皆當訓爲"進獻",視王引之之説爲長。①

蠱卦卦辭"先甲三日,後甲三日",鄭注:"甲者,造作新令之日。甲前三日取改過自新,故用辛也;甲後三日取丁寧之義,故用丁也。"② 王引之辨駁説:"鄭以甲爲造作新令之日差爲近之,然創作新令,不聞當擇日。且甲日始造新令,前此三日,天下猶未知有令也,何由化之而改過自新乎?"③ 王引之認爲,蠱卦卦辭中的"先甲三日,後甲三日"和巽卦九五爻辭中的"先庚三日,後庚三日"指的都是行事之吉日。他説:"'先甲三日,後甲三日''先庚三日,後庚三日',皆行事之吉日也。蠱爲有事之卦,巽爲申命行事之卦,而事必諏日以行,故蠱用先後甲之辛與丁,巽用先後庚之丁與癸也。古人行事之日,多有用辛與丁、癸者。……是辛也、丁也、癸也,皆行事之吉日也。'先庚三日,後庚三日,吉'正謂用丁、癸則吉耳。"④

對於王引之的解釋,人們會提出一個疑問:蠱卦卦辭爲什麽一定要説"先甲三日,後甲三日"而不説"先庚三日,後庚三日",巽卦九五爻辭爲什麽一定要説"先庚三日,後庚三日"而不説"先甲三日,後甲三日"?對此,王引之解釋説:"'先甲後甲'必繫之蠱,'先庚後庚'必繫之巽者,蠱之互體有震,

---

① 高亨:《周易大傳今注》,齊魯書社,1998年,第146頁。
② [魏]王弼注,[唐]孔穎達疏:《周易正義》卷3,北京大學出版社,2000年,第108頁。
③ [清]王引之著,錢文忠等整理:《經義述聞》,上海書店出版社,2012年,上册第38頁。
④ [清]王引之著,錢文忠等整理:《經義述聞》,上海書店出版社,2012年,上册第38頁。

震主甲乙,故言行事之日,而以近於甲者言之;巽之互體有兑,兑主庚辛,故言行事之日而以近於庚者言之也。"①

蠱卦三、四、五爻固然可以組成互體震卦,但二、三、四爻同樣可以組成互體兑卦,所以,王引之的以上解釋並不能充分證明蠱卦卦辭爲什麽不可以説"先庚三日,後庚三日",因此,王引之進一步解釋説:"蠱之互體亦有兑,而不言先庚後庚者,蠱之義'終則有始'②,甲者,日之始也,癸者,日之終也,若用'先庚三日,後庚三日',則由庚下推而至癸,上推至丁而不至甲,非'終則有始'之義矣,故不言'先庚三日,後庚三日'也。"③

巽卦的二、三、四爻固然可以組成互體兑卦,但三、四、五爻同樣可以組成互體離卦,離主丙丁,爲什麽巽卦九五爻辭不説"先丙三日,後丙三日"呢?對此疑問,王引之解釋説:"巽之互體又有離,離主丙丁,而不言'先丙後丙'者,巽之九五'無初有終'④,甲者日之初也,癸者日之終也,若用'先丙三日,後丙三日',則上推由乙而甲而癸,乙癸之間已有甲,非'無初'之義矣;下推至己而不至癸,非'有終'之義矣,故不言'先丙三日,後丙三日'也。"⑤

巽卦的二、三、四爻組成互體兑卦,但爲什麽巽卦的九二、

---

①[清]王引之著,錢文忠等整理:《經義述聞》,上海書店出版社,2012年,上册第38頁。
②蠱卦《彖》辭:"終則有始,天行也。"
③[清]王引之著,錢文忠等整理:《經義述聞》,上海書店出版社,2012年,上册第38頁。
④巽卦九五爻辭:"貞吉,悔亡,無不利,無初有終。"
⑤[清]王引之著,錢文忠等整理:《經義述聞》,上海書店出版社,2012年,上册第38頁。

九三和六四爻辭都不說"先庚三日，後庚三日"，而一定要將"先庚三日，後庚三日"繫於九五爻辭下呢？對此問題，王引之解釋說："巽之二、三、四爻互成兌，兌主庚、辛，而'先庚後庚'不言於二、三、四而言於九五者，蠱之六五變爲九五則成巽，不變則用'先甲後甲'，變則用'先庚後庚'，故於九五言之也。"①

剝卦六二爻辭"剝牀以辨"，鄭注："足上稱辨，謂近膝之下，詘則相近，申則相遠，故謂之'辨'。辨，分也。"② 王引之認爲，"辨"當讀爲"骿"，"骿"爲"髕"之轉聲。他說："以，猶與也，及也。……鄭以近膝之下爲'辨'……以形體言之，雖義勝於王③，而亦皆無依據。今案，'辨'當讀爲'骿'。……'骿'蓋'髕'之轉聲。……膝頭在足之上，故初爻言'足'，二爻言'骿'，二居下卦之中，故取象於'骿'焉。古聲'辨'與'骿'通，猶'周遍'之'遍'通作'辨'也。古字多假借，後人失其讀耳。"④ 在這裏，王引之從聲韻的角度，對"剝牀以辨"做了嶄新而不乏合理性的訓釋。善用聲訓是王氏父子解經的特點之一。王念孫曾對其子王引之說："詁訓之旨，存乎聲音。字之聲同聲近者，經傳往往假借。學者以

---

① [清] 王引之著，錢文忠等整理：《經義述聞》，上海書店出版社，2012年，上冊第38頁。
② [唐] 李鼎祚：《周易集解》卷5，文淵閣四庫全書本。
③ 王弼說："'剝牀以足'猶云'剝牀之足'也。辨者，足之上也。"王引之駁之曰："若如王說，'剝牀以辨'猶云'剝牀之辨'，則下文'剝牀以膚'亦可云'剝牀之膚'乎？膚爲人身之皮肉，不可謂牀之膚，則'足'與'辨'亦當爲人之形體，豈得云'牀之足''牀之辨'乎？"（《經義述聞》卷1）
④ [清] 王引之著，錢文忠等整理：《經義述聞》，上海書店出版社，2012年，上冊第39~40頁。

聲求義,破其假借之字而讀本字,則渙然冰釋。如其假借之字強爲之解,則結鞠不通矣。毛公《詩傳》多借假借之字而訓以本字,已開改讀之先。至康成箋《詩》注《禮》,屢云某讀爲某,假借之例大明。後儒或病康成破字者,不知古字之多假借也。"① 王念孫的這番話論述的便是訓詁學中的"聲訓"之法。陳祖武先生説:"王氏父子之學,以文字音韻最稱專精。"②《經義述聞》中運用"聲訓"之法獲得的考據成果很多,下文亦有涉及。

復卦卦辭"七日來復",鄭注:"建戌之月,以陽氣既盡,建亥之月,純陰用事,至建子之月,陽氣始生,隔此純陰一卦,卦主六日七分,舉其成數言之,而云'七日來復'。"③ 王引之辨駁説:"建亥之月,凡三十日,至建子之月,陽氣始生,已在三十日之後矣。經何以不云'三十日來復'乎?若謂坤主六日七分,則卦爻直日,每月皆有五卦。《易緯·稽覽圖》曰:'艮、既濟、噬嗑、大過、坤,亥;未濟、蹇、頤、中孚、復,子。'亥者,十月;子者,十一月也。由坤而未濟,而蹇,而頤,而中孚,每卦六日七分,五卦則有三十日又八十分日之三十五,舉成數言之,則當云'三十一日來復',何得但稱七日乎?鄭氏之説非也。"④ 王引之認爲,鄭玄之所以誤以六日七分說解"七日來復"是由於未考全經之例。他説:"然則'七日'何所取義乎?曰:仍求之於本經而已。震之六二曰:'震來厲,

①趙爾巽等:《清史稿》卷481《王念孫傳》,中華書局,1977年,第13212頁。
②陳祖武:《清儒學術拾零》,湖南人民出版社,1999年,第184頁。
③[清] 惠棟:《增補鄭氏周易》卷上,文淵閣四庫全書本。
④[清] 王引之著,錢文忠等整理:《經義述聞》,上海書店出版社,2012年,上册第40頁。

億喪貝，躋於九陵，勿逐，七日得。'既濟之六二曰：'婦喪其茀，勿逐，七日得。'喪而復得，皆以七日爲期。蓋日之數，十五日而得其半，不及半則稱三日，過半則稱七日，欲明失而復得多不至十日，則云'七日得'。此卦之'七日來復'亦猶是也。復爲剛反，有去而復來之象，占者得此，則凡已去者可以來復，至多不過七日，故云'七日來復'。七日者，人事之遲速，非卦氣之遲速也。何須承坤計之而云六日七分？……必欲連坤計之，則夫震與既濟之'七日'，又將連何卦以成數乎？《象傳》'天行'也，乃統釋'反復其道，七日來復'之故，言占者之所以如是者，剝盡而復，天之道也，豈謂積累卦氣以成七日乃合於天道乎？蠱之《象傳》曰：'先甲三日，後甲三日，終則有始，天行也。'文義與此相似，又將連何卦以計日乎？解經者不考全經之例，宜乎多方推測而卒無一當矣。"① 王引之強調詮《易》須考全經之例，頗有意義。

坎卦六四爻辭"樽酒簋貳用缶"，鄭注："六四上承九五，又互體在震上，爻辰在丑，丑上值斗，可以斗之象，斗上有建星，建星之形似簋。貳，副也。建星上有弁星，弁星之形又如缶。天子大臣以王命出會諸侯，主國尊於簋，副設玄酒而用缶也。"② 王引之辨駁説："簋非盛酒之器，何得云'尊於簋'？正尊與副尊同一尊也，何以此用尊而彼用缶？凡禮言'尊於房户之間，兩甒有禁，元酒在西''尊兩壺於房户間斯禁，有元酒在西'，皆不聞元酒之尊異器。鄭説非也。"王引之認爲，鄭注以

---

① [清] 王引之著，錢文忠等整理：《經義述聞》，上海書店出版社，2012年，上冊第40頁。
② [清] 惠棟：《增補鄭氏周易》卷上，文淵閣四庫全書本。

"樽酒簋"爲句,"貳用缶"爲句是不對的,他以《易傳》爲據,說:"《象傳》曰:'樽酒簋貳,剛柔際也。'則'貳'字當上屬爲句。"王引之贊成王弼的注釋。他說:"王注以爲'一樽之酒,貳簋之食',其說得之。"但王弼對"用缶"的注釋尚有不足,王引之說:"(王注)惟於'用缶'之義尚未實指其事。案,《禮器》曰:'五獻之尊,門外缶,門內壺。'是缶可爲尊也。又曰:'夫奧者,老婦之祭也,盛於盆,尊於瓶。'《正義》曰:'盛食於盆謂粢盛也。盆謂缶也。'《爾雅》:'盎,謂之缶。'郭注曰:'盆也,盛於盆者,盛黍稷於缶以待簠簋也。'然則'用缶'云者,以簋爲尊,又以缶爲簋也,故曰'樽酒簋貳,用缶'。"①

坎卦九五爻辭"坎不盈,祇既平",鄭注:"祇,當爲'坁',小丘也。"② 王引之辨駁說:"鄭云小丘,則以爲'水中坁'之'坁'。然'祇'從氏聲,古音在支部;'坁'從氏聲,古音在脂部。二部絕不相通,不得以'祇'爲'坁'也。"③ 王引之認爲,"祇"當讀爲"疧"。他說:"今案,'祇'讀爲'疧'。《爾雅》:'疧,病也。'……疧既平者,病已平復也。"④ 王引之還從互體和八卦物象的角度解釋了坎卦九五爻辭之所以言"祇既平"的象數依據。他說:"《說卦傳》曰'坎爲心病,爲耳痛',故稱'疧'。作'祇'、作'禔'皆俗字耳。三至五

---

① [清] 王引之著,錢文忠等整理:《經義述聞》,上海書店出版社,2012年,上册第43頁。
② [清] 惠棟:《增補鄭氏周易》卷上,文淵閣四庫全書本。
③ [清] 王引之著,錢文忠等整理:《經義述聞》,上海書店出版社,2012年,上册第43~44頁。
④ [清] 王引之著,錢文忠等整理:《經義述聞》,上海書店出版社,2012年,上册第44頁。

成艮，坎爲疾病，艮以止之，故其病平復也。坎不盈一事也，疷既平又一事也，分而釋之，其義乃明。"①

損卦六五爻辭"或益之十朋之龜"，鄭玄根據《爾雅》認爲"十朋之龜"指神龜、靈龜、攝龜、寶龜、文龜、筮龜、山龜、澤龜、水龜和火龜。②王引之辨駁説："《爾雅》龜名有十，然無稱朋之文。《爾雅》又曰'龜，俯者靈，仰者謝，前弇諸果，後弇諸獵，左倪不類，右倪不若'，與周官六龜相應，何以不在此數也？馬③、鄭之説殆不可從。"④王引之根據唐崔憬之注，認爲二貝爲朋，"十朋之龜"乃價值二十貝的元龜。崔注曰："元龜價直（值）二十大貝，龜之最神貴者……雙貝曰朋也。"⑤王引之説："崔氏之説本於《漢書·食貨志》，王莽所定。莽作事多依經説改，當時施、孟、梁邱諸家有訓'朋'爲兩貝者，故莽用之。尋繹文義，此説爲長。……《韓子·飾邪篇》'越王勾踐恃大朋之龜與吳戰而不勝'，'大朋之龜'蓋即元龜直二十大貝者。十朋之龜猶言百金之魚耳，不當如馬、鄭所説。"⑥

---

① [清]王引之著，錢文忠等整理：《經義述聞》，上海書店出版社，2012年，上册第44頁。
② 劉玉建：《〈周易正義〉導讀》，齊魯書社，2005年，第277頁。
③ 案，馬融亦認爲"十朋之龜"指神龜、靈龜、攝龜、寶龜、文龜、筮龜、山龜、澤龜、水龜和火龜。見劉玉建：《〈周易正義〉導讀》，齊魯書社，2005年，第277頁。
④ [清]王引之著，錢文忠等整理：《經義述聞》，上海書店出版社，2012年，上册第46頁。
⑤ [唐]李鼎祚：《周易集解》卷2，文淵閣四庫全書本。
⑥ [清]王引之著，錢文忠等整理：《經義述聞》，上海書店出版社，2012年，上册第46頁。

井卦九二爻辭"井穀射鮒",鄭注:"射,厭也。"① 王引之根據全經之例辨駁説:"射謂以弓矢射之也。《易》凡言'射隼''射雉'者皆然。'射鮒'不應獨異。"② 王引之接着又根據《吕氏春秋》《淮南子》和《説苑》等文獻,指出古有射魚之法。他説:"《吕氏春秋·知度篇》曰:'非其人而欲有功,譬之若射魚指天而欲發之當也。'《淮南·時則篇》曰:'命漁師始魚,天子親往射魚。'《説苑·正諫篇》曰:'昔白龍下清泠之淵,化爲魚。漁者豫且射中其目。白龍上訴天帝。天帝曰:魚固人之所射也。'是古有射魚之法也。"③ 左思《吴都賦》中有"雖復臨河而釣鯉,無異射鮒於井谷"之文。根據左思《吴都賦》,王引之更加自信地説:"'射鮒'與'釣鯉'並言,其爲射而取之,明矣。"④

震卦卦辭"不喪匕鬯",鄭注:"升牢於俎,君匕之,臣載之。"⑤ 王引之根據《説文》,認爲"匕"爲取鬯酒之器,因而鄭注不可取。他説:"匕謂枡也。《説文》曰:'枡,匕也。'又曰:'匕,一名枡。'祭祀之禮,尸祭鬯酒則以枡扱之。《天官·小宰》'凡祭祀贊王祼將之事',鄭注曰:'凡鬱鬯,受祭之,啐之,奠之。'疏曰:'謂王以圭瓚酌鬱鬯獻尸,後亦以璋瓚酌鬱鬯獻尸,尸皆受,灌地降神,名爲祭之。'是尸受鬯酒有

---

① [唐] 陸德明:《經典釋文》卷2,文淵閣四庫全書本。
② [清] 王引之著,錢文忠等整理:《經義述聞》,上海書店出版社,2012年,上册第48頁。
③ [清] 王引之著,錢文忠等整理:《經義述聞》,上海書店出版社,2012年,上册第48頁。
④ [清] 王引之著,錢文忠等整理:《經義述聞》,上海書店出版社,2012年,上册第48頁。
⑤ [唐] 李鼎祚:《周易集解》卷10,文淵閣四庫全書本。

祭之之禮，祭之則必以柶挹酒矣。……匕所以挹鬯酒，故以匕鬯並言。"① 王引之認爲"鬯"亦爲器名。他説："鬯亦器也，謂圭瓚也。圭瓚以盛鬯酒，因謂圭瓚爲鬯。"② 進而王引之探討了"匕鬯"的象數依據。他説："匕有淺斗，瓚盤大五升，皆器之仰受者也。震上二畫中虚，下一畫承之，正象仰受之器。上下皆震，象匕從瓚上挹取酒也。"③

《周易·繫辭上》"言行，君子之樞機。樞機之發，榮辱之主也"，鄭注："樞謂户樞，機謂弩牙。户樞之發，或明或暗；弩牙之發，或中或否，以喻君子之言或榮或辱。"④ 王引之認爲"機"當訓爲"梱"，而不當訓爲"弩牙"。他説："書傳與'栝'並言者，弩牙也。……與樞並言者，門梱也。……樞爲户樞，所以利轉；機爲門梱，所以止扉，故以樞機並言。樞機爲門户之要，猶言行爲君子之要。若弩牙則不與户樞爲類，不得與樞並言矣。"⑤ 針對鄭注中的"户樞之發"，王引之説："户樞不可以言發，户動而樞不動也。……樞機之發，指'言行'言之。……鄭乃云'户樞之發''弩牙之發'，則是樞機之發指物

---

① [清] 王引之著，錢文忠等整理：《經義述聞》，上海書店出版社，2012年，上册第 49~50 頁。
② [清] 王引之著，錢文忠等整理：《經義述聞》，上海書店出版社，2012年，上册第 50 頁。
③ [清] 王引之著，錢文忠等整理：《經義述聞》，上海書店出版社，2012年，上册第 50 頁。
④ [漢] 鄭玄注，[唐] 孔穎達疏：《禮記正義》卷 1《曲禮上》，北京大學出版社，2000年，第 9 頁。
⑤ [清] 王引之著，錢文忠等整理：《經義述聞》，上海書店出版社，2012年，上册第 73 頁。

言之矣。蓋未達此句文義。"① 在這裏，王引之根據上下文指出"樞機"指"言行"是正確的，但其以"户動而樞不動"駁"户樞之發"則非是。案，"户樞"乃偏義複合詞，"户"表義，"樞"不表義。複合偏義之文例，在古文中比比皆是。《後漢書·班超傳》"妾常傷超以壯年竭忠孝於沙漠"，其中"忠"表義，"孝"不表義，因爲遠離父母，在域外不可能"竭孝"；《禮記·玉藻》"大夫不得造車馬"，其中"車"表義，"馬"不表義，因爲車可製造，馬卻是不可造之物；《周易·繫辭上》"鼓之以雷霆，潤之以風雨"，其中"雨"表義，"風"不表義，因爲潤物的是雨，而不是風。

(二) 對荀爽《易》注的辨駁

乾卦初九爻辭"潛龍勿用"，荀注："卦各有六爻，六八四十八，加乾坤二用，凡有五十，乾初九潛龍勿用，故用四十九也。"② 荀爽認爲《周易·繫辭上》"大衍之數五十，其用四十有九"的意思是：乾卦初九爻不用。王念孫駁之曰："荀意謂乾之初爻言'勿用'，故不在所用之列。案，坎之六三，亦八純卦之一爻，其辭曰'來之坎坎，險且枕，入於坎窞，勿用'，與乾之初爻言'勿用'同，何以不在不用之列？荀說殆不可通。"③ 惠棟《周易述》因襲荀注，說："大衍之數，虛一不用，謂此

---

① [清] 王引之著，錢文忠等整理：《經義述聞》，上海書店出版社，2012年，上册第73頁。
② 劉玉建：《〈周易正義〉導讀》，齊魯書社，2005年，第384~387頁。
③ [清] 王引之著，錢文忠等整理：《經義述聞》，上海書店出版社，2012年，上册第25頁。

爻也。"① 因此，王念孫又説："惠氏不能釐正而承用之，非也。"② 案，據考證，今本《周易·繫辭上》"大衍之數五十"後脱"有五"二字。"其用四十有九"非虛一不用，乃虛六不用，以表示六爻設位。③ 荀注的確不可從。

荀爽認爲，"大衍之數五十"指八卦四十八爻加上乾卦用九和坤卦用六。對此，王引之辨駁説："荀以用九、用六備四十九之數亦不可通。用九、用六，統乾坤六爻言之。昭二十九年《左傳》：'《周易》有之，在乾之坤曰：見群龍無首，吉。'杜注曰：'乾六爻皆變是也。'何得與用九、用六與每卦之六爻並數乎？"④ 王引之認爲，"用"當訓爲"施行"。他説："用者，施行也。《説文》：'用，可施行也。'勿用者，無所施行也。"⑤

乾卦《文言》"云行雨施"，荀注："乾升於坤曰'云行'，坤降於乾⑥曰'雨施'。"⑦ 王引之辨駁説："'乾升於坤'謂乾九二之坤五，'乾降於坤'謂乾上九之坤三，九四之坤初也。乾九二之坤五成坎，謂之上坎爲云可也；乾上九之坤三成互體坎，謂之下坎爲雨亦可也；若乾九四之坤初則成離，離爲日而不爲

---

① [清] 惠棟：《周易述》卷1，鄭萬耕點校：《周易述（附易漢學、易例）》，中華書局，2007年，第4頁。
② [清] 王引之著，錢文忠等整理：《經義述聞》，上海書店出版社，2012年，上册第25頁。
③ 參見：陳恩林、郭守信《關於〈周易〉"大衍之數"的問題》，《中國哲學史》，1998年第3期。
④ [清] 王引之著，錢文忠等整理：《經義述聞》，上海書店出版社，2012年，上册第25頁。
⑤ [清] 王引之著，錢文忠等整理：《經義述聞》，上海書店出版社，2012年，上册第25頁。
⑥ 王引之指出，"坤降於乾"爲"乾降於坤"之誤。
⑦ [唐] 李鼎祚：《周易集解》卷1，文淵閣四庫全書本。

雨，不得謂之'雨施'矣。"①

坤卦卦辭"西南得朋，東北喪朋"，荀注："陰起於午，至申三陰，得坤一體，故曰西南得朋；陽起於子，至寅三陽，喪坤一體，故曰喪朋。"② 在這裏，荀爽以否、泰之內卦解釋"得"與"喪"。王引之辨駁説："《易》十二月卦無以方位言之者，惟八純卦有之。《説卦傳》曰：'坤，西南之卦也。'是坤位本在西南，何待內坤外乾之否而後西南得朋乎？由否之三陰而爲四陰之觀於酉方，五陰之剝於戌方，六陰之坤於亥方，陰之得朋更甚，何以不言西北得朋乎？由泰之三陽而爲四陽之大壯於卯方，五陽之夬於辰方，六陽之乾於巳方，陰之喪朋更甚，何以不言東南喪朋乎？卦之六爻皆陰，何得但以三陰之消長言之乎？則荀説非也。"③ 王引之認爲，西南指坤卦，東北指艮卦。他説："《易通卦驗》曰：'艮，東北也，主立春。艮氣不至，應在其沖；坤，西南也，主立秋，坤氣不至，應在其沖。'艮之沖即坤，坤之沖即艮也。坤處西南而主立秋，立秋陽消陰長，又卦之六爻皆陰，故曰得朋；艮處東北而主立春，立春陽長陰消，又卦之三、上兩爻陰變爲陽，故曰喪朋。不取正東之震，正北之坎者，正東正北不與坤維相對也。"④

需卦《象》辭"需於沙，衍在中也"，荀注："體乾處和，

---

① [清] 王引之著，錢文忠等整理：《經義述聞》，上海書店出版社，2012年，上册第58頁。
② [唐] 李鼎祚：《周易集解》卷2，文淵閣四庫全書本。
③ [清] 王引之著，錢文忠等整理：《經義述聞》，上海書店出版社，2012年，上册第17~18頁。
④ [清] 王引之著，錢文忠等整理：《經義述聞》，上海書店出版社，2012年，上册第18頁。

美德優衍在中而不進也。"① 王念孫認爲"衍"當爲"行"之訛,並以《淮南子》"行"訛爲"衍"爲例,説:"'衍'當作'行',今作'衍'者,固與'沙'字相連而誤加氵耳。《淮南·泰族篇》'不下廟堂而行四海',今本'行'訛作'衍'。"② 接着,王念孫根據上下文論證"衍"當作"行"的合理性,説:"行在中也,即承上文'不犯難行也'而言。初九不犯難行,是以無咎;九二行而在中,是以終吉③。九二居下卦之中,故曰行在中。"④ 最後,王念孫又根據震卦《象》辭、師卦《象》辭、泰卦《象》辭、臨卦《象》辭以及未濟卦《象》辭中"中""行"連用的文例,進一步論證説:"震《象傳》曰'震往來厲,危行也;其事在中,大無喪也',上言'行',下言'在中',正與此'行在中'同義。師《象傳》曰'長子帥師,以中行也',泰《象傳》曰'以祉元吉,中以行願也',臨《象傳》曰'大君之宜,行中之謂也',未濟卦《象傳》'九二貞吉,中以行正也',義與此並相近。"⑤

師卦六五爻辭"田有禽,利執言,無咎",荀注:"田,獵也,謂二帥師禽五,五利度二之命,執行其言,故無咎也。"⑥

---

① [唐] 李鼎祚:《周易集解》卷2,文淵閣四庫全書本。
② [清] 王引之著,錢文忠等整理:《經義述聞》,上海書店出版社,2012年,上冊第64頁。
③ 高亨先生根據阮元《周易校勘記》和李鼎祚《周易集解》,從協韻的角度,認爲"終吉"當爲"吉終"之誤。參見其《周易大傳今注》,齊魯書社,1998年,第83頁。
④ [清] 王引之著,錢文忠等整理:《經義述聞》,上海書店出版社,2012年,上冊第64頁。
⑤ [清] 王引之著,錢文忠等整理:《經義述聞》,上海書店出版社,2012年,上冊第64頁。
⑥ [唐] 李鼎祚:《周易集解》卷3,文淵閣四庫全書本。

王引之辨駁説:"荀解'田'字是也,解'禽'字非也。禽者,獸也,非禽之謂。……凡卦一爻之中兼取數象者,不必同爲一事。'田有禽'自謂田獵,'利執言'自謂秉命,'長子帥師,弟子輿尸'自謂行軍,三者各爲一事……荀以爲二帥師禽五,則又與帥師誤合爲一矣。"①

井卦九三爻辭"王明並受其福",荀注:"王道明而天下並受其福。"② 王引之根據聲訓指出,"並"通"普"。他説:"並之言普也、遍也。謂天下普受其福也。古聲'並''普'相近,故《説文》'普'字以'並'爲聲,《史記》'漢碑之譜',言旁作並,亦以'並'爲聲也。'並''普'聲相近,故'普'通作'並'。"③

小過卦《彖》辭"小者過",荀注:"陰稱小,謂初應四,過二而去,三應上,過五而去,二、五處中,見過不見應。"④ 王引之認爲,若如荀爽所説,則小過卦《彖》辭當云"大者過"而不當云"小者過",大過卦《彖》辭"剛過而中"亦將不可解。他説:"三、四皆陽爻,而云四應初,過二而去,三應上,過五而去,則是大者過而非小者過矣。再以大過例之,大過《傳》曰'剛過而中',專謂二、五兩爻,若謂九四過二而應初六,九三過五而應上六,則失其中矣,何云'剛過而中'

---

① [清] 王引之著,錢文忠等整理:《經義述聞》,上海書店出版社,2012年,上册第32頁。
② [唐] 李鼎祚:《周易集解》卷10,文淵閣四庫全書本。
③ [清] 王引之著,錢文忠等整理:《經義述聞》,上海書店出版社,2012年,上册第48頁。
④ [唐] 李鼎祚:《周易集解》卷12,文淵閣四庫全書本。

乎？"① 王引之認爲，兩爻不相應爲"過"，陽爻與陽爻不相應謂之"大過"，陰爻與陰爻不相應謂之"小過"。大過卦二、五皆陽爻，故名"大過"；小過卦二、五皆陰爻，故名"小過"。"小者過"即兩陰爻不相應之謂。他説："大過、小過本取兩爻相失不相應之義，而解者或以爲'過甚'之過，或以爲'過越'之過，過甚之過已與彖辭、爻辭諸'過'字無當，至謂本爻過越某爻而應某爻，則尤非經意。夫初之過三應四，二之過四應五，三之過五應上，以及過初爲二，過二爲三，過三爲四，過四爲五，過五爲上，六十四卦無不皆然，何獨於大過、小過言之乎？斯不察之甚矣。"②

《周易·繫辭下》"恒，雜而不厭"，荀注："夫婦雖錯居，不厭之道也。"③ 王引之辨駁説："自乾坤而外，皆剛柔雜居之卦，不當獨於恒言雜也。"④ 王引之認爲，"雜"通"帀"，環繞一周叫一帀。他説："'雜'當讀爲'帀'。帀，周也，一終之謂也。恒之爲道，終始相巡而無已時，故曰'帀而不厭'。"⑤ 王引之又以恒卦《彖傳》爲證，説："恒《彖傳》曰'利有攸往，終則有始也'。終則帀矣，終而又始，是帀而不厭也。"⑥

---

①［清］王引之著，錢文忠等整理：《經義述聞》，上海書店出版社，2012年，上冊第41頁。
②［清］王引之著，錢文忠等整理：《經義述聞》，上海書店出版社，2012年，上冊第43頁。
③［唐］李鼎祚：《周易集解》卷16，文淵閣四庫全書本。
④［清］王引之著，錢文忠等整理：《經義述聞》，上海書店出版社，2012年，上冊第76頁。
⑤［清］王引之著，錢文忠等整理：《經義述聞》，上海書店出版社，2012年，上冊第76頁。
⑥［清］王引之著，錢文忠等整理：《經義述聞》，上海書店出版社，2012年，上冊第76頁。

爲了從訓詁上證明"雜"通"帀",王引之還列舉了不少文獻例證。他説:"襄二十九年《左傳》曰'復而不厭',杜注'常曰新,復,猶帀也,古字雜與帀通';《吕氏春秋·圜道篇》'圜周復雜,無所稽留',高注曰'雜,猶帀也';《淮南·詮言篇》'以數雜之壽,憂天下之亂',高注曰'雜,帀也。人生子,從子至亥爲一帀';《説苑·修文篇》'聖人之與聖也,如矩之三雜、規之三雜,周則又始,窮則反本也',亦以雜爲帀。"①

綜上所述,王氏父子對漢《易》古注的辨駁,或以六十四卦卦爻辭互證,或取《易傳》與經文互證,或廣徵博引四部文獻,尤其善用聲訓。王氏父子爲揚州學者,其學術思想源出皖南戴震。遵循戴震"不蔽於人"的學術思想,王氏父子對漢《易》古注採取了"是其是而非其非"的揚棄態度。王氏父子對漢《易》古注的辨駁是漢學内部的争鳴。其考據結論雖然並不完全正確,然而它反映了王氏父子不迷信漢《易》古注的創新意識。漢學内部的争鳴活動雖然未必能達到對經典本義的真理性認識,然而卻有助於儘量地趨近經典本義。絕對的經典本義雖然也許是永遠無法獲得的,但經典本義依然是漢學家們永恆的追求。漢學家們對經典本義的執著追求,體現了史學考實求真的本質屬性。

---

① [清] 王引之著,錢文忠等整理:《經義述聞》,上海書店出版社,2012年,上册第76頁。

《周易》陰陽觀與和合文化淺析

《周易》是以卜筮爲外衣的富含哲學智慧和歷史經驗的指導人生決策以趨吉避凶的上古巫史文化的百科全書。李學勤先生倡言："國學的主流是儒學，儒學的核心是經學，經學的冠冕是易學。"[1]《莊子·天下》云："《易》以道陰陽。"可謂對《周易》核心思想的精到概括。筆者將《周易》陰陽觀總結爲三：陰陽交易觀、陰陽分判觀、尊陽抑陰觀。將和合文化的特點概括爲三：同一性、差異性、主導性，在此基礎之上，擬首次系統揭示《易》學與和合文化之關聯。因屬初步探討，筆路藍縷，故名曰"淺析"。不妥之處，祈請方家指正。

---

[1] 李學勤：《經學的冠冕是易學》，《光明日報》，2014年8月5日第16版。

一、《周易》陰陽交易觀與和合文化

《周易·繫辭傳》中說："一陰一陽之謂道。"《周易》之"易"的内涵之一，便是"交易"。孤陰不生，獨陽不長，一陰一陽之謂道，《周易》向人們揭示此陰陽對立統一之道，故名"易"。朱熹說："周，代名也。易，書名也。其卦本伏羲所畫，有交易、變易之義，故謂之易。"① 陰陽交易感通，對立統一的矛盾運動，是事物發生、發展的動因。《周易·序卦傳》中說："有天地然後有萬物。"《周易·彖辭傳》中說："天地不交而萬物不通也。"又說："天地不交而萬物不興。"

在《易》學吉凶占卜體系中，陰陽爻之變易，往往帶來吉凶之轉化。從卦名上看，陰陽貫通交易則吉，反之則凶。如，泰卦上卦爲坤，下卦爲乾，坤爲地，乾爲天，地氣重濁而下降，天氣輕清而上揚，天地之氣相交易，故卦名爲泰；否卦卦象與乾卦相反，天、地之氣不相交易，故卦名爲否。再如，既濟卦上卦爲坎，下卦爲離，坎爲水，離爲火，坎水往下，離火往上，水、火之氣相交易，故卦名既濟；未濟卦卦象與既濟卦相反，水、火之氣不相交易，故卦名未濟。又如，睽卦上卦爲離，下卦爲兑，離爲火，兑爲澤，離火上炎，兑澤下流，方向不一致，故卦名爲睽；同人卦上卦爲乾，下卦爲離，乾天之氣輕清而上揚，離火亦上炎，方向一致，故卦名同人。

和合文化是中華民族的文化特質。程思遠先生曾說："和合是中華民族獨創的哲學概念和文化概念。儘管國外也講和平、

---

① [宋] 朱熹：《周易本義》卷1，宋咸淳元年吴革刻本。

和諧，也講聯合、合作，但是，把'和'與'合'兩個概念聯用，是中華民族的創造。"① 在《二論世代弘揚中華和合文化精神》一文中，程思遠先生又説："如果有人提出，今天我們爲什麼不能沿用世界通用的和平、和諧或合作、聯合概念，而一定要提出和合概念與和合文化並加以弘揚呢？我的回答是，越是民族的，就越是世界的；越是具有中國特色的獨特的文化精神財富，就越是能夠產生世界性的普遍意義。況且，和合概念與和合文化確實比目前世界通用的和平、和諧或合作、聯合等概念更深一層次並更具包容性，爲什麼不值得我們加以弘揚呢？我要大聲疾呼，我們一定要珍惜中華民族創造的中華和合文化這一寶貴的精神財富。"② 程思遠先生指出，和合文化與和諧文化是兩個不同的概念，但未明確總結概括兩者之區别。筆者認爲，和合文化的確如程思遠先生所説，内涵更豐富，層次更多，至少可分三個層面：同一性、差異性、主導性。

和合文化的基本特性之一，便是同一性。同一性首先表現爲矛盾雙方相互依存，其次表現爲矛盾雙方相互貫通，相互轉化。在《易》學史上，王夫之曾提出"乾坤並建"的命題。他説："純乾純坤，未有易也，而相峙以並立，則易之道在。"③ 又説："《周易》並建乾坤以爲首，而顯其相錯之妙。"④ 王夫之的"乾坤並建"説，被視爲王夫之《易》學思想之主幹。如朱

---

① 程思遠：《世代弘揚中華和合文化精神——爲中華和合文化弘揚工程而作》，《光明日報》1997年6月28日。
② 程思遠：《二論世代弘揚中華和合文化精神》，《中華文化論壇》1998年第1期。
③ [清] 王夫之：《周易内傳》卷1，續修四庫全書本。
④ [清] 王夫之：《周易外傳》卷5，續修四庫全書本。

伯崑先生説:"由於王夫之主'《易》之全體在象',視卦象爲其占學的依據,他進而探討了八卦和六十四卦卦象的邏輯結構以及六十四卦卦象形成的法則,提出'乾坤並建'説,作爲其《易》學及其哲學的綱領。"① 廖名春先生説:"乾坤並建,統宗全《易》,是船山《易》學的出發點與歸宿點,在他全部有關著作中,他始終堅持把這一理論作爲自己解《易》的最基本原則,並對之進行了反復詳盡的解説與闡發。"② 有學者認爲,王夫之提出"乾坤並建"是爲了反對"陽尊陰卑""陽主陰從"。其實不然。如前所述,《易》學陰陽觀由三部分有機組成:陰陽交易觀、陰陽分判觀、尊陽抑陰觀。"乾坤並建"屬陰陽交易觀。提出"乾坤並建"並不意味着否定"尊乾陽,抑坤陰"。如,詮釋乾卦時,王夫之説:"陽貴陰賤。"詮釋坤卦時,他説:"以陰柔爲先,則欲勝理,物喪志,而迷;以陰柔爲後,得陽剛爲主而從之,則合義而利。"③

西周末年,史伯在與鄭桓公談論西周國政時,説:"夫和實生物,同則不繼。以它平它謂之和,故能豐長而物生之。"韋昭注:"陰陽和而萬物生……陰陽相生,異味相和也。"④ 相同性質的事物在一起無法生成新事物,只有不同性質的事物在一起才能生成新事物。《禮記·學記》:"獨學而無友,則孤陋而寡聞。"《周易》兑卦大象辭:"麗澤兑,君子以朋友講習。"習近平在聯合國教科文組織發表演講時强調:"文明因交流而多彩,文明因互鑒而豐富。文明交流互鑒,是推動人類文明進步和世

---

①朱伯崑:《易學哲學史》第4卷,崑崙出版社,2005年,第68~69頁。
②廖名春、康學偉、梁韋弦:《周易研究史》,湖南出版社,1991年,第333頁。
③[清] 王夫之:《周易内傳》卷1,續修四庫全書本。
④《國語》卷16《鄭語》,四部叢刊本。

界和平發展的重要動力。"① 以上與《周易》陰陽交易觀皆相契合。

二、《周易》陰陽分判觀與和合文化

《周易》既強調陰陽交易，同時也重視陰陽分判，即"陰陽各歸其類"。陰陽交易強調矛盾雙方的同一性，陰陽分判則強調矛盾雙方的相對獨立性。《周易·繫辭傳》中說："乾道成男，坤道成女。"又說："方以類聚，物以群分。"《周易·象辭傳》中說："同人，君子以類族辨物。"《周易·文言傳》中說："同聲相應，同氣相求。水流濕，火就燥，雲從龍，風從虎，聖人作而萬物覩。本乎天者親上，本乎地者親下，則各從其類也。"程頤"同德相應"之說本此而發。在《周易》象數體系中，一般來說，陰爻與陽爻相應主吉，反之主凶，但有時陽爻與陽爻相應也主吉，程頤稱之爲"同德相應"。如，乾卦九二、九五爻辭皆有"利見大人"之文，九二利見之大人指九五，九五利見之大人指九二，對此，程頤說："乾坤純體，不分剛柔，而以同德相應。"②

在六十四卦錯綜圖中，類陽之卦一般皆居奇數位，類陰之卦一般皆居偶數位。③ 在納甲筮法中，乾、震、坎、艮（一父三男）只納奇數位的干支，坤、巽、離、兌（一母三女）只納

---

① 《〈文明〉雜誌推出"中國世界遺產特刊"》，《光明日報》2015 年 11 月 6 日。
② 梁韋弦：《〈程氏易傳〉導讀》，齊魯書社，2003 年，第 52 頁。
③ 李尚信：《卦序與解卦理路》，巴蜀書社，2008 年，第 23 頁。

偶數位的干支。乾卦六爻自下而上，分別納甲子、甲寅、甲辰、壬午、壬申、壬戌；震卦六爻自下而上，分別納庚子、庚寅、庚辰、庚午、庚申、庚戌；坎卦六爻自下而上，分別納戊寅、戊辰、戊午、戊申、戊戌、戊子；艮卦六爻自下而上，分別納丙辰、丙午、丙申、丙戌、丙子、丙寅；坤卦六爻自下而上，分別納乙未、乙巳、乙卯、癸丑、癸亥、癸酉；巽卦六爻自下而上，分別納辛丑、辛亥、辛酉、辛未、辛巳、辛卯；離卦六爻自下而上，分別納己卯、己丑、己亥、己酉、己未、己巳；兌卦六爻自下而上，分別納丁巳、丁卯、丁丑、丁亥、丁酉、丁未。以上也都反映了《周易》陰陽分判觀。

　　陰陽交易與陰陽分判是辯證統一的關係。陰陽分判，言其異也；陰陽交易，言其同也。《周易·象辭傳》中說："君子以同而異。"荀悅說："《易》曰'有天道焉，有地道焉，有人道焉'，言其異也；兼三才而兩之，言其同也。故天地之道有同有異。"① 中國傳統的禮樂文化就反映了"同而異"的《周易》思想。《禮記·樂記》："樂者爲同，禮者爲異。""樂者，天地之和也；禮者，天地之序也。"

　　和合文化範疇中"和合"指有差異的統一。"和合不僅是指'正相反對'的兩個方面在統一性或同一性基礎上的有機結合，而且是指諸多差分要素的統一，即多樣性的統一。"② "和合，是指不同的元素或要素聯繫彙聚在事物的整體系統中。它是以元素或要素的不同即差異、矛盾乃至鬥爭爲前提和内容

---

①［漢］荀悅：《漢紀》卷6《高后紀》，文淵閣四庫全書本。
②左亞文：《論中華和合思想的時代價值》，《江漢論壇》2007年第2期。

的。"①《周易》陰陽分判觀正反映了這種有差異的多元一體的和合文化的精髓。重視有差異的統一,不僅是正確處理國際關係、民族關係的行爲準則和價值標準,而且是"差異教學評價"的理論依據。南京師範大學教育學博士孫玲説:"和合視野下,評價的差異性要求保證評價標準的適度彈性。適度的彈性指的是評價標準既不表現出太多的隨意性,又不囿於已制定好的評價標準走向僵化,既堅持客觀的標準,保證學生對知識的準確理解,又尊重知識的多樣性和學生認識的個體差異,鼓勵學生的個性化理解、感受和體驗,特別是對於那些尚未有定論的開放的不確定的問題。"②

三、《周易》尊陽抑陰觀與和合文化

《周易》在陰陽交易和陰陽分判的辯證關係下,雖然肯定陰、陽兩方缺一不可,但是以陽剛一方爲主。如,乾卦《彖》曰"大哉乾元,萬物資始,乃統天",坤卦《彖》曰"至哉坤元,萬物資生,乃順承天"。乾坤並建,缺一不可,但乾《彖》言"統",坤《彖》言"承",主次輕重關係十分明顯。《周易·繫辭上》"天尊地卑,乾坤定矣",直陳尊卑關係。《易傳》以陽爲大,陰爲小;陽比君子,陰比小人。泰卦卦辭"小往大來",《彖》傳:"内陽而外陰,内健而外順,内君子而外小人,君子道長,小人道消也。"泰䷊内卦爲陽,外卦爲陰,由外而内

---

① 程思遠:《二論世代弘揚中華和合文化精神》,《中華文化論壇》1998年第1期。
② 孫玲:《差異教學評價——基於和合文化精神的觀點》,南京師範大學博士學位論文,2011年,第63頁。

稱"來",由內而外稱"往",故云"小往大來";"小"比小人,"大"比君子,故云"君子道長,小人道消"。否卦卦象和泰卦相反,故卦辭云"大往小來",《彖》曰"內陰而外陽,內柔而外剛,內小人而外君子,小人道長,君子道消也"。《周易》卦序乾前坤後,坎前離後,震艮前,巽兌後等,也都是《周易》"尊陽抑陰"觀的體現。

《周易》"尊陽抑陰"觀爲後世所繼承。宋儒朱熹說:"雖是一陰一陽,《易》中之辭,大抵陽吉而陰凶。"① 又說:"《易》則是個尊陽抑陰,進君子而退小人,明消長盈虛之理。"② 據元儒吳澄"卦統說",少、長二男合中男,少、長二女合中女之卦,男合男者(如屯卦、蒙卦)居上篇,女合女者(如革卦、鼎卦)居下篇;三男合父、三女合母之卦,男合父者(如需卦、訟卦、無妄卦、大畜卦)居上篇,女合母者(如晉卦、明夷卦、萃卦、升卦)居下篇;二陽、二陰之卦,二陽者(如臨卦)居上篇,二陰者(如遯卦)居下篇;一陽、一陰之卦,一陽者(如復卦)居上篇,一陰者(如姤卦)居下篇。以上都反映了《周易》"尊陽抑陰"觀。③

陰陽交易觀強調同一性,陰陽分判觀強調差異性,尊陽抑陰觀則強調主導性。《周易》和合思想的特徵之一,"是主張陰陽有等次的和合"④。恩格斯說:"唯物史觀是以一定歷史時期的物質經濟生活條件來說明一切歷史事件和觀念、一切政治、

---

① [宋]黎靖德編:《朱子語類》卷65《易一·綱領上·陰陽》,文淵閣四庫全書本。
② [宋]朱鑑編:《文公易說》卷18《作易》,文淵閣四庫全書本。
③ 楊效雷:《吳澄的卦統、卦主、卦變說》,《周易研究》2012年第5期。
④ 陳恩林:《論〈易傳〉的和合思想》,《吉林大學社會科學學報》2004年第1期。

哲學和宗教的。"① 《周易》和合思想的主導性是周代社會的等級制度在意識形態領域的反映，其時代、階級局限性是不言而喻的。但是，如果我們剝離其時代、階級外衣，抽象繼承之，則可發現其合理內核，那便是：在和合體內部不是不分主次輕重的，而是有主導的，應以積極、向上、光明的正能量爲主導。張克賓先生説："'尊陽抑陰'既是以生生爲本的宇宙觀的體現，也是崇尚君子、貶斥小人的價值觀的投影。"② 筆者深以爲然。

綜上所述，《周易》陰陽觀包括陰陽交易、陰陽分判、尊陽抑陰三個有機組成部分。"和合文化"的特性可總結概括爲同一性、差異性、主導性。《周易》陰陽交易觀強調同一性，陰陽分判觀強調差異性，尊陽抑陰觀則強調主導性。陰陽交易觀與"和合文化"強調交流互鑒的内涵相契合，陰陽分判觀與"和合文化"尊重差異性的内涵相契合，尊陽抑陰觀則與"和合文化"的主導性内涵相契合。"天地和合則美，萬物和合則生，人身和合則康，人人和合則善，心靈和合則静，家庭和合則興，社會和合則安，國家和合則強，世界和合則寧，文明和合則諧。"③ 和合文化既是目的論，又是方法論；既是價值觀，又是宇宙觀。植根于《易》學文化基因的和合文化必將在世界文化發展潮流中起到其應有的重要作用。

---

①《馬克思恩格斯選集》第3卷，人民出版社，1995年，第209頁。
②張克賓：《因象以明理：論程頤易學的"卦才"説》，《中國哲學史》2015年第1期。
③張立文：《和合與對話》，《第四届寒山寺文化論壇國際和合文化大會論文集》，上海三聯書店，2011年，第3頁。

"河圖""洛書" 非點陣之圖考

先秦文獻中所記載的"河圖""洛書"是否就是"一六居下"和"戴九履一"的點陣之圖？清代學者早已通過精審的考據做出了否定的回答。① 今人李申先生亦做了大量工作重申清代學者的考據成果。② 然而至今，仍有不少人堅持認爲："河圖""洛書"就是點陣之圖。有鑒於此，本着考實求真的學術精神，筆者深感此一問題仍有討論之必要。

---

① 參見楊效雷：《清儒易學舉隅》，香港國際學術文化資訊出版公司，2003 年；《清代學者對"河圖""洛書"的考據》，《湖南科技學院學報》2005 年第 1 期。

② 參見李申：《周易與易圖》，瀋陽出版社，1997 年；《易圖考》，北京大學出版社，2001 年。

一、先秦文獻中有關"河圖""洛書"的原始記載之分析

欲判明先秦文獻中所記載的"河圖""洛書"是不是點陣之圖,只有求之於先秦文獻中有關"河圖""洛書"的原始記載。先秦文獻中有關"河圖""洛書"的原始記載主要有以下三條:

1.《尚書·顧命》:"赤刀、大訓、弘璧、琬琰在西序;大玉、夷玉、天球、河圖在東序。"

2.《論語·子罕》:"子曰:'鳳鳥不至,河不出圖,吾已矣夫!'"

3.《周易·繫辭上》:"天垂象,見吉凶,聖人象之;河出圖,洛出書,聖人則之。"

根據以上三條有關"河圖""洛書"的原始記載,我們不僅無法得出"河圖""洛書"是點陣之圖的結論,而且,恰恰相反,我們可以得出"河圖""洛書"並非點陣之圖的結論。

首先看《尚書·顧命》中的記載,河圖與赤刀、大訓、弘璧、琬琰、大玉、夷玉、天球等雜陳在一起,如謂河圖爲點陣之圖,似覺不倫不類。因此,清代學者黃宗羲在《易學象數論》中説:"《顧命》西序之'大訓',猶今之祖訓;東序之'河圖',猶今之黄册。故與寶玉雜陳。不然,其所陳者爲龍馬之蜕歟?抑伏羲畫卦之稿本歟?無是理也!"①

---

① [清]黃宗羲著,鄭萬耕點校:《易學象數論(外二種)》卷1,中華書局,2010年,第14頁。

再看《論語·子罕》中的記載，河圖與鳳鳥並列而言，似亦不應爲點陣之圖。如果河圖是點陣之圖，並如宋人所説，是八卦產生之源，那麼，八卦既已產生，孔子爲何還要慨歎"河不出圖"呢？莫非還要再創八卦嗎？因此，黃宗羲又説："若圖書爲畫卦敘疇之原，則卦畫疇敘之後，河復出圖，將焉用之？而孔子歎之者，豈再欲爲畫卦之事耶？"①

最後，我們再看《周易·繫辭上》中的記載。"河出圖，洛出書，聖人則之"常被誤解爲"則之以畫卦"。其實，畫卦之源，《周易·繫辭下》説得非常明確："古者伏羲氏之王天下也，仰則觀象於天，俯則觀法於地，觀鳥獸之文與地之宜，近取諸身，遠取諸物，於是始作八卦。"根據《周易·繫辭下》中的這段記載，伏羲氏創八卦是根據對天地萬物的觀察，而絕不僅僅是根據對河圖洛書這一種事物的觀察。因此，胡渭説："河圖洛書乃仰觀俯察中之一事，後世專以圖書爲作《易》之由，非也。"② 黃宗羲則説："天垂象，見吉凶，聖人象之者，仰觀於天也；河出圖，洛出書，聖人則之者，俯察於地也。"③黃宗羲認爲，河圖是"山川險易、南北高深，如後世之圖經"，洛書是"風土剛柔、户口阨塞，如夏之禹貢、周之職方"。黃宗羲的這一猜測，後來受到胡渭的批駁。胡渭説："伏羲之世風俗淳厚，豈有山川險易之圖？結繩而治，豈有户口阨塞之書？"胡

---

① [清] 黃宗羲著，鄭萬耕點校：《易學象數論（外二種）》卷1，中華書局，2010年，第14頁。
② [清] 胡渭著，鄭萬耕點校：《易圖明辨》卷1《河圖洛書》，中華書局，2008年，第2頁。
③ [清] 黃宗羲著，鄭萬耕點校：《易學象數論（外二種）》卷1，中華書局，2010年，第14頁。

渭認爲,"河圖""洛書"爲"《易》興先至之祥"。他説:"河洛者,地之中也;聖人興,必出圖書。"① 筆者認爲,"河圖""洛書"究竟是什麽? 我們無從得知,但是,通過對先秦文獻中有關"河圖""洛書"的原始記載之分析,我們可以知道的是:"河圖""洛書"絶非"一六居下"和"戴九履一"的點陣之圖!

二、宋人作僞之破綻

自先秦以訖於宋,從來没有任何文獻以"河圖""洛書"爲"一六居下"和"戴九履一"的點陣圖式。有之,自宋始。今傳"一六居下"和"戴九履一"的點陣圖式最早見於劉牧的《易數鉤隱圖》。在《易數鉤隱圖》中,"一六居下"的圖式被稱爲"洛書","戴九履一"的圖式被稱爲"河圖"。劉牧在《易數鉤隱圖》的序言中有這麽一句話:"今採撫天地奇偶之數……點之成圖。"可見,把"奇偶之數""點之成圖"是劉牧自己的創作。劉牧創作了"一六居下"和"戴九履一"的點陣圖式後,爲了使之能夠爲人所重且行之於世,於是將這些圖式托以"河圖""洛書"之名。朱熹不辨真僞,將"一六居下"和"戴九履一"的點陣圖式鄭重地置於《周易本義》卷首,並指"一六居下"的圖式爲河圖,"戴九履一"的圖式爲洛書。由於朱熹的權威地位,"河圖""洛書"遂與點陣圖式畫了等號。

其實,在宋代以前從來没有人説過"河圖""洛書"是點

---

① [清] 胡渭著,鄭萬耕點校:《易圖明辨》卷1《河圖洛書》,中華書局,2008年,第20頁。

畫之陣，劉牧傳出的點畫之陣托以"河圖""洛書"之名，空口無憑，顯然可疑，而且其自言"採摭天地奇偶之數……點之成圖"，無意之中，已露出了作偽之破綻。發現劉牧更多作偽的破綻的是清代學者毛奇齡。毛奇齡說："凡欲指人之非者，必先得其人之所以非，而後可從而正之。如僅曰是非，則我所非者，彼以為是，無如何也；僅指其非而不能實指其所以非，則我所非者，彼終以為是，無如何也。"① 因此，在《河圖洛書原舛編》中，毛奇齡從"因襲"的角度分析考證了劉牧作偽之手段。②

關於"一六居下"的圖式，毛奇齡說："間嘗學《易》淮西，見康成所注大衍之數，起而曰：'此非河圖乎？'則又思：'焉有康成所注圖而漢代迄今不一引之為據者？'則又思曰：'大衍所注見於李氏《易解》者，干寶、崔憬言人人殊，何以皆並無河圖之言？'則又思：'康成所注大傳，其於"河出圖"句既有成注，何以翻引入《春秋緯》文，而不實指之為大衍之數？'於是恍然曰：'圖哉！圖哉！吾今而知圖之所來矣。摶之所為圖即大衍之所為注也，然而大衍之注之斷非河圖者，則以河圖之注之別有在也。'大衍之注曰：'天地之數五十有五，天一生水在北，地二生火在南，天三生木在東，地四生金在西，天五生土在中，然而陽無偶，陰無配，未相成也，於是地六成水於北與天一併，天七成火於南與地二並，地八成木於東與

---

① [清] 毛奇齡：《河圖洛書原舛編》，鄭萬耕點校：《毛奇齡易著四種》，中華書局，2010年，第77~78頁。
② 案，山東大學杜澤遜先生將歷史文獻辨偽的方法總結概括為20條，其中之一便是"從因襲上辨偽"。參見杜澤遜：《文獻學概要》，中華書局，2001年。

天三並，天九成金於西與地四並，地十成土於中與天五並，而大衍之數成焉。'則此所爲注，非即摶之所爲圖乎？康成但有注而無圖，而摶竊之以爲圖。康成之注即可圖，亦非河圖，而摶竊之以爲河圖，其根其底，其曲其裏，明白顯著，可謂極快。"①

毛奇齡學《易》讀到鄭玄對"大衍之數"的注釋後，發現鄭玄對"大衍之數"的注釋如果用圖式來表示，分明就是"一六居下"的所謂"河圖"。如果"一六居下"的圖式果真是先秦文獻所記載的"河圖"，那麽鄭玄注《周易·繫辭》中"河出圖"時完全可以明確指出"所謂河圖即揲筮所稱大衍之數天一地二、天三地四、天五地六、天七地八、天九地十者"，但是鄭玄注《周易·繫辭》中"河出圖"時卻引《春秋緯》說："河以通乾出天苞，洛以流坤吐地符，河龍圖發，洛龜書成，河圖有九篇，洛書有六篇。"與大衍之數判然兩分，毫不關聯，可見，宋以後傳出的"一六居下"的圖式絕非先秦文獻中所記載的"河圖"。宋以後傳出的"一六居下"的圖式很可能是宋人根據鄭玄對"大衍之數"的注釋而繪製，並僞託以"河圖"之名。②

關於"戴九履一"的圖式，毛奇齡說："今之洛書則易緯家所謂太乙下九宮法也。"③ 太乙下九宮法是一種術數，《易

---

① [清] 毛奇齡：《河圖洛書原舛編》，鄭萬耕點校：《毛奇齡易著四種》，中華書局，2010年，第78~79頁。
② 清人誤以爲作僞者爲陳摶，其實作僞者乃劉牧。參見李申：《易圖考》，北京大學出版社，2001年。
③ [清] 毛奇齡：《河圖洛書原舛編》，鄭萬耕點校：《毛奇齡易著四種》，中華書局，2010年，第80頁。

緯·乾鑿度》中有對太乙下九宮法比較詳細的敘述："太一者，北辰之神名也。居其所曰太一，常行於八卦日辰之間曰天一，或曰太一。出入所遊，息於紫宮之內外，其星因以爲名焉。故《星經》曰：'天一、太一，主氣之神。'行，猶待也。四正四維，以八卦神所居，故亦名之曰宮。……太一下行八卦之宮，每四乃還於中央。中央者，北神之所居，故因謂之九宮。天數大分，以陽出，以陰入。陽起於子，陰起於午，是以太一下九宮從坎宮始。坎中男始，亦言無適也。自此而從於坤宮，坤，母也；又自此而從震宮，震，長男也；又自此而從巽宮，巽，長女也。所行者半矣，還息於中央之宮。既又自此而從乾宮，乾，父也；自此而從兌宮，兌，少女也；又自此而從於艮宮，艮，少男也；又自此而從於離宮，離，中女也。行則周矣，上遊息於太一天一之宮而反於紫宮。"①

毛奇齡指出，上引文字，如果用圖式來表示，分明就是"戴九履一"的所謂洛書。他說："坎之在北也，坎數一，則履一也；離②之在南也，離③數九，則戴九也；震位東，數則爲左三；兌位西，數七則爲右七；坤二西南，巽四東南，則二爲右肩，四爲左肩；乾六西北，艮八東北，則六爲右足，八爲左足；中央無卦偶爲太乙之所息，則其數五爲太乙之數。"④ 如果"戴九履一"的圖式果真爲先秦文獻中所記載的洛書，那麼，九宮就是洛書，《易緯·乾鑿度》絕不會在九宮篇後又引《洛書》

---

① 林忠軍：《〈易緯〉導讀》，齊魯書社，2002年，第94頁。
② 離，原誤作"坤"。
③ 離，原誤作"坤"。
④ [清] 毛奇齡：《河圖洛書原舛編》，鄭萬耕點校：《毛奇齡易著四種》，中華書局，2010年，第80~81頁。

"摘六辟日建紀者，歲也"之文。因此，毛奇齡說："康成之注衍數而別釋河圖，與《易緯》之創宮法而另引洛書，二者正相符矣。"①

"一六居下"和"戴九履一"兩種圖式本不是河圖洛書，卻被誤認爲河圖洛書。朱熹以"一六居下"的圖式爲河圖，"戴九履一"的圖式爲洛書，而宋劉牧在其《易數鉤隱圖》中卻以"戴九履一"的圖式爲河圖，"一六居下"的圖式爲洛書。對"一六居下"和"戴九履一"兩種圖式的誤認和爭論，緣於沒有找到原作者。如果找到了原作者，就應以原作者的説法爲準，毫無爭辯的餘地。毛奇齡以兩則故事形象地説明了這個道理。毛奇齡説："昔有拾枯魚澤中而以爲神也。丹臒而享之，曰：鮑君神。然不禁遺魚者之還見之也，趣使烹食，而人爭爲神不已。遺魚者曰：'此固吾所遺之物也，而神也乎？'鄰有購鼎者誤得一釜而爭之，或稱三犧，或稱九牢，終歲不決，乃就範者而咨之。範者曰：'此非吾所制五熟釜乎？'購者尚爭曰：'五熟豈無鼎？'曰：'五熟固有鼎，而吾所制非是也。'而於是爭者始息。"②

拾枯魚者誤以枯魚爲鮑君神，購鼎者誤以釜爲鼎，猶如宋以來人們誤以"一六居下"和"戴九履一"兩種圖式爲河圖洛書；所購之鼎，或以爲"三犧鼎"，或以爲"九牢鼎"，猶如劉牧、朱熹之爭；五熟有釜亦有鼎，猶如宋以來人們誤以"一六居下"和"戴九履一"兩種圖式爲河圖洛書自有一番道理。但

---

① [清] 毛奇齡：《河圖洛書原舛編》，鄭萬耕點校：《毛奇齡易著四種》，中華書局，2010年，第81頁。
② [清] 毛奇齡：《河圖洛書原舛編》，鄭萬耕點校：《毛奇齡易著四種》，中華書局，2010年，第80頁。

經原作者指出其誤認,則誤認者唯有更正自己原先的錯誤認識,斷無再做強辯之理。鄭玄不以"一六居下"的圖式爲河圖,《易緯·乾鑿度》中亦不以"戴九履一"的圖式爲洛書,因此,"一六居下"和"戴九履一"兩種圖式絕非先秦文獻中所記載的河圖洛書。毛奇齡説:"此無他,則以遺魚者與範釜者皆其物之所自來。他可争,此不可争也。"①

三、兩個爭論焦點的討論

許多堅持以"河圖""洛書"爲點陣圖式的學者自認爲有力的證據主要有以下兩點:

1. 1977年,安徽阜陽縣漢汝陰侯墓出土了一具九宫占盤。其天盤與"戴九履一"的點陣圖式正相符合。

2.《周易·繫辭上》中"天一地二,天三地四,天五地六,天七地八,天九地十,天數五,地數五,五位相得而各有合"的記載與"一六居下"的點陣圖式正相符合。

以上兩點證據果真能夠證明"河圖""洛書"爲點陣圖式嗎?答曰:非也!安徽阜陽縣漢汝陰侯墓出土的九宫占盤,只能説明劉牧創作"戴九履一"的圖式時有所本,而無法説明"戴九履一"的點陣圖式就是先秦文獻中所記載的"洛書"或"河圖"。至於第二點證據,更是大有問題。

首先,對"天一地二,天三地四,天五地六,天七地八,天九地十,天數五,地數五,五位相得而各有合",人們的理解

---

① [清] 毛奇齡:《河圖洛書原舛編》,鄭萬耕點校:《毛奇齡易著四種》,中華書局,2010年,第80頁。

各異。如黄宗羲之弟黄宗炎在《圖學辨惑》中説:"大傳曰'天一地二、天三地四、天五地六、天七地八、天九地十',不過言奇偶之數,未嘗有上下左右中之位置也。曰'天數五,地數五',不過言一、三、五、七、九爲奇,二、四、六、八、十爲偶,未嘗有一六、二七、三八、四九、五十之配合也。曰'五位相得而各有合',不過言奇與奇相得合之而成二十有五,偶與偶相得合之而成三十,未嘗有生數、成數及五行之所屬也。以此爲河圖,絶無證據。"①胡渭則説:"一、三、五、七、九同爲奇,二、四、六、八、十同爲偶,是謂'五位相得'。一與二,三與四,五與六,七與八,九與十,一奇一偶兩兩相配,是謂'各有合'。……於河圖、洛書又曷與焉?"②胡渭還指出,如果天地之數果真爲河圖的話,《易傳》完全可以明白地告訴大家:此河圖也。何必故爲廋詞隱語,使天下後世之人百端猜測呢?況且,《易傳》在言天地之數章後談及河圖時,與"神物變化垂象"相提而並論之,從文氣來看,河圖與天地之數絶非一物。他説:"使'五位相得而各有合'果爲伏羲所則河圖之象,夫子何難一言以明之曰:'此河圖也',而顧廋詞隱語,使天下後世之人百端猜測邪?至其後章,雖言河圖而與洛書並舉,且與神物變化垂象比類而陳,文勢語脈遥遥隔絶,又安見此河圖者即前五十有五之數邪?"③

---

① [清]黄宗炎:《圖學辨惑·河圖洛書辯》,[清]黄宗羲著,鄭萬耕點校:《易學象數論(外二種)》,中華書局,2010年,第431頁。
② [清]胡渭著,鄭萬耕點校:《易圖明辨》卷1《河圖洛書》,中華書局,2008年,第3頁。
③ [清]胡渭著,鄭萬耕點校:《易圖明辨》卷1《河圖洛書》,中華書局,2008年,第4頁。

其次，即使"天一地二，天三地四，天五地六，天七地八，天九地十，天數五，地數五，五位相得而各有合"的意思是"一與六合，二與七合，三與八合，四與九合，五與十合"，也並不能證明"一六居下"的圖式就是"河圖"或"洛書"，因爲劉牧創作"一六居下"的圖式時，就是爲了解《易》，二者正相符合，亦在情理之中，正如四庫館臣在對胡渭《易圖明辨》所作的提要中所說："其圖本準《易》而生，故以卦爻反復研求，無不符合。傳者務神其說，遂歸其圖於伏羲，謂《易》反由圖而作。……夫測中星而造儀器，以驗中星無不合，然不可謂中星生於儀器也；候交食而作算經，以驗交食無不合，然不可謂交食生於算經也。"① 在這裏，四庫館臣以形象的比喻指出："一六居下"等圖式本爲解《易》而作，故與《易》相合如符契，但我們卻不可因此而認爲《易》反生於"一六居下"等圖式。如果認爲《易》反生於"一六居下"等圖式，那就好比認爲"中星生於儀器""交食生於算經"。

綜上所述，先秦文獻中所記載的"河圖""洛書"亡佚已久，連孔子也不曾見過，因此，自孔子以訖劉牧，從未有人提到過"河圖""洛書"之形，更未有人以"河圖""洛書"爲點陣之圖。劉牧創作點陣之圖，假"河圖""洛書"之名以行世，符合作僞的一般規律。② 其僞託之理既可察，其僞託之跡又可尋，因此，一言以蔽之曰："一六居下"和"戴九履一"的

---

① 《四庫全書總目》卷6，中華書局，1965年，第40頁上欄。
② 案，僞書出現的原因之一便是"尊古"。參見楊燕起、高國抗主編：《中國歷史文獻學》，國家圖書館出版社，2005年，第329～330頁。

點陣之圖,其非先秦文獻中所記載的"河圖""洛書"也,明矣!

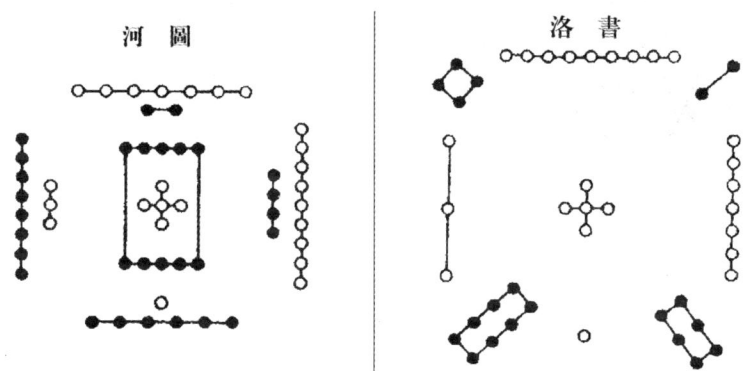

《左傳》《國語》 引《易》 類析

　　《左傳》《國語》中記載的《易》例,是探討春秋時期《易》學的重要依據。前人雖多有分析,但仍有未盡之義。《左傳》《國語》中引《易》例有二十二事,其中《昭公七年》一事中含兩個筮例。現將其引《易》實例歸類分析,以見春秋時期的筮法以及《周易》在當時的應用。

一、非筮占類引《易》

　　《左傳》中記載了六個非筮占類引《易》實例,説明當時《周易》不僅用於筮占,而且用於説理勸誡。"人文主義、理性主義介入《易》筮，促進了《周易》文本的經典化，哲理化。"①

（一）引《易》論鄭公子曼滿必敗

《左傳·宣公六年》：鄭公子曼滿與王子伯廖語，欲爲卿。伯廖告人曰："無德而貪，其在《周易》豐之離，弗過之矣。"間一歲，鄭人殺之。②

九、六爻題出現於戰國時期，在非筮占類引《易》史料中，以"某卦之某卦"的形式表示爻題。"豐之離"表示豐卦上六爻題。豐卦上六爻辭："豐其屋，蔀其家，窺其戶，闃其無人。三歲不覿，凶。"《周易》卦爻辭中的吉凶占斷之語往往是有條件的。在引用《周易》卦爻辭判斷吉凶時，往往根據卦爻辭所揭示的吉凶之理，而不必從術數預測的角度理解。"福禍無門，人自招之""多行不義必自斃"都揭示了咎由自取的吉凶之理。豐卦上六爻是豐卦的最後階段，豐卦雖然豐大，但是"日中而昃"，當此階段，君子應牢記盈虛消長的變化規律，要有居安思危的憂患意識，雖然盛大，仍須謹言慎行，否則就會有"三歲不覿，凶"的結局。公子曼滿"無德而貪"，其膨脹之心正符合"凶"的條件，故伯廖判定鄭公子曼滿必敗。

（二）引《易》論彘子違命出師

《左傳·宣公十二年》：楚子圍鄭……晉師救鄭。……及河，聞鄭及楚平，桓子欲還……彘子曰："不可。晉所以霸，師武、臣力也。今失諸侯，不可謂力。有敵而不從，不可謂武。由我失霸，不如死。且成師以出，聞敵強而退，非夫也。命爲

---

①黃黎星：《先秦易筮反映的思想文化觀念的變化》，《理論學刊》2011年第8期。
②楊伯峻：《春秋左傳注》，中華書局，1990年，第689~690頁。

軍帥，而卒以非夫，唯羣子能，我弗爲也。"以中軍佐濟。知莊子曰："此師殆哉！《周易》有之，在師之臨，曰：'師出以律，否臧，凶。'執事順成爲臧，逆爲否，衆散爲弱，川壅爲澤。有力以如己也，故曰律。否臧，且律竭也，盈而以竭，夭且不整，所以凶也。不行之謂臨，有帥而不從，臨孰甚焉？此之謂矣。果遇，必敗，彘子尸之。雖免而歸，必有大咎。"①

史料中"師之臨"表示師卦初六爻題。師卦初六爻辭："師出以律，否臧，凶。"意爲軍隊出征一定要嚴守軍律，否則必凶。彘子違命出師，知莊子引師卦初六爻辭論彘子"必有大咎"，是根據師卦初六爻辭所揭示的吉凶之理。

（三）引《易》論楚子將死

《左傳·襄公二十八年》：鄭伯使游吉如楚……告子展曰："楚子將死矣。不修其政德，而貪昧於諸侯，以逞其願，欲久，得乎？《周易》有之，在復之頤曰：'迷復，凶'。其楚子之謂乎！欲復其願，而棄其本，復歸無所，是謂迷復，能無凶乎？君其往也，送葬而歸，以快楚心。楚不幾十年，未能恤諸侯也，吾乃休吾民矣。"②

復卦上六爻辭："迷復，凶。"意爲迷失之後才悔悟，悔之晚矣！鄭游吉根據復卦上六爻辭所揭示的吉凶之理，判定"楚子將死矣"。在筮占類史料中，"復之頤"表示變卦；在非筮占類的史料中，"復之頤"表示爻題。《易經》卦爻辭可以用來占筮，但《易經》卦爻辭本是闡述吉凶之理的。掌握了吉凶之理，

---

① 楊伯峻：《春秋左傳注》，中華書局，1990年，第718~727頁。
② 楊伯峻：《春秋左傳注》，中華書局，1990年，第1142~1144頁。

就可以趨吉避凶，"不占而已矣"①。

（四）引《易》論晉侯病

《左傳·昭公元年》：晉侯求醫於秦，秦伯使醫和視之，曰："疾不可爲也。是謂近女室，疾如蠱。……"趙孟曰："何謂蠱？"對曰："淫溺惑亂之所生也。於文，皿蟲爲蠱。穀之飛亦爲蠱。在《周易》，女惑男、風落山謂之蠱。皆同物也。"②

晉君貪欲女色，病重難起，秦國派醫和前往視診，醫和引蠱卦以論晉侯之病。蠱卦下卦爲巽卦、上卦爲艮卦，巽爲長女、艮爲少男，巽爲風、艮爲山，故醫和有"女惑男、風落山謂之蠱"的分析。程頤對"女惑男、風落山"的解釋爲："以長女下於少男，亂其情也。風遇山而回，物皆擾亂，是爲有事之象，故云蠱者事也。既蠱而治之，亦事也。以卦之象言之，所以成蠱卦也；以卦之才言之，所以治蠱也。"③ 此亦爲引經據典以說理。

（五）引《易》論龍

《左傳·昭公二十九年》：魏獻子問於蔡墨曰："吾聞之，蟲莫知於龍，以其不生得也，謂之知，信乎？"對曰："……不然。《周易》有之：在乾之姤曰：'潛龍勿用'；其同人曰：'見龍在田'；其大有曰'飛龍在天'；其夬曰'亢龍有悔'；其坤曰'見群龍無首，吉'；坤之剝曰'龍戰於野'。若不朝夕見，誰能物之？"④

---

① 楊伯峻：《論語譯注》，中華書局，1980 年，第 141 頁。
② 楊伯峻：《春秋左傳注》，中華書局，1990 年，第 1221~1223 頁。
③ [宋] 程頤著，王孝魚點校：《周易程氏傳》，中華書局，2011 年，第 101~102 頁。
④ 楊伯峻：《春秋左傳注》，中華書局，1990 年，第 1500~1503 頁。

史墨引乾卦初九、九二、九五、上九、用九爻辭，以及坤卦上六爻辭，論龍爲古時"朝夕可見"之物。所引爻辭與吉凶筮占無關。"乾之姤""乾之同人""乾之大有""乾之夬""乾之坤"分別表示乾卦初九、九二、九五、上九、用九爻題，"坤之剥"表示坤卦上六爻題。

(六) 引《易》論季氏掌政

《左傳·昭公三十二年》：趙簡子問於史墨曰："季氏出其君，而民服焉，諸侯與之；君死於外而莫之或罪也，何也？"對曰："……社稷無常奉，君臣無常位，自古以然，故《詩》曰'高岸爲谷，深谷爲陵'。三后之姓於今爲庶，主所知也。在《易》卦，雷乘乾曰大壯，天之道也。"①

魯國季氏以臣子的身份放逐其國君，可是人們卻服從他，各諸侯也與他建交，魯君死在外面，也没有人向季氏問罪。趙簡子對此現象不解，向史墨垂詢。史墨引大壯卦以論"社稷無常奉，君臣無常位"之理。大壯卦之上卦爲震，震爲臣，下卦爲乾，乾爲君。臣在君上，卦名大壯，故史墨认爲季氏得政是不可逆轉的歷史必然（天之道）。

二、筮占類引《易》

《左傳》《國語》記錄了具體有疑而占筮的例子，有筮得本卦者，有筮得變卦者。觀卦而斷吉凶時，或以卦爻辭爲占斷依據，或以卦象爲占斷依據，或二者合用。雖然材料不夠豐富，但通過排比歸類，仍可窺見春秋時筮法之大概。

---

①楊伯峻：《春秋左傳注》，中華書局，1990年，第1519~1520頁。

（一）六爻俱静例

六爻俱静例凡三。筮得本卦，依卦辭斷，同時結合卦象。

《左傳·僖公十五年》：秦伯伐晉，卜徒父筮之："吉，涉河，侯車敗。"詰之，對曰："乃大吉也，三敗必獲晉君。其卦遇蠱，曰：'千乘三去，三去之餘，獲其雄狐。'夫狐蠱，必其君也。蠱之貞，風；其悔，山也。歲云秋矣，我落其實，而取其材，所以克也。"①

秦伐晉，令卜徒父占筮，筮得蠱卦。所引卦辭"千乘三去，三去之餘，獲其雄狐"不同於今本《周易》，而頗似所謂《歸藏》易，説明當時所用之《易》不限於今本《周易》。案，《歸藏》易斷占之辭僅有卦辭而無爻辭。卜徒父認爲，"狐蠱"指晉惠公。又分析卦象，内卦（貞）爲風，代表秦；外卦（悔）爲山，代表晉。風吹落山上的果實，所以秦必勝晉。

《左傳·成公十六年》：公筮之。史曰："吉。其卦遇復，曰：'南國蹙，射其元王，中厥目。'國蹙、王傷，不敗何待？"②

晉、楚兩國的軍隊相遇於鄢陵，晉侯占問吉凶，筮得復卦。所引卦辭"南國蹙，射其元王，中厥目"亦不見於今本《周易》而頗似所謂《歸藏》易。巫史通過分析卦辭，得出楚國必敗的結論。晉、楚之戰的結局：晉將吕錡射中了楚王的眼睛。

《左傳·昭公七年》：晉韓宣子爲政聘於諸侯之歲，嬋始生子，名之曰元。孟縶之足不良能行。孔成子以《周易》筮之，

---

① 楊伯峻：《春秋左傳注》，中華書局，1990年，第352~354頁。
② 楊伯峻：《春秋左傳注》，中華書局，1990年，第885頁。

曰："元尚享衛國，主其社稷。"遇屯。①

衛襄公夫人姜氏無子，嬖人婤姶生了兩個兒子，長子名叫孟縶，孟縶有腳疾，次子名叫元。孔成子以《周易》占問立嗣取捨，筮得"屯"，判斷次子元承嗣。判斷依據是屯卦卦辭"元亨，勿用有攸往，利建侯"。

(二) 一爻變例

一爻變例凡十。《左傳》中記載的筮例以一爻變者最多，故當時流行的筮法未必是《周易·繫辭》中所記載的大衍之數起卦法，而很可能是類似於梅花易數的起卦法。案，以梅花易數起卦法所得之卦只有一个變爻。

《左傳·莊公二十二年》：陳侯使筮之，遇觀之否。曰："是謂'觀國之光，利用賓於王'。此其代陳有國乎？不在此，其在異國；非此其身，在其子孫。光，遠而自他有耀者也。坤，土也；巽，風也；乾，天也；風爲天；於土上，山也。有山之材，而照之以天光，於是乎居土上，故曰'觀國之光，利用賓於王'。庭實旅百，奉之以玉帛，天地之美具焉，故曰'利用賓於王'。猶有觀焉，故曰其在後乎！風行而著於土，故曰其在異國乎！"②

陳侯使人占筮得到觀之否，然後用觀卦的六四爻辭"觀國之光，利用賓於王"，結合觀卦和否卦的卦象來占斷。有學者認爲"觀之否"僅表示觀卦六四爻題，不妥。從史料中可以看到，當時人占斷時除了引用觀卦六四爻辭，還分析了否卦的卦象。若"觀之否"中"否"的作用僅爲表示觀卦六四爻題，那麼，

---

①楊伯峻：《春秋左傳注》，中華書局，1990年，第1298頁。
②楊伯峻：《春秋左傳注》，中華書局，1990年，第222~224頁。

否卦卦象的分析便毫無必要。因此，否卦只能理解爲觀卦變出之卦，即：觀卦爲本卦，否卦爲之卦。史料中的"猶有觀焉"，尚秉和認爲與五爻互體有關。尚氏云："否初至五仍爲觀，故曰'猶有觀'。"①

《左傳·閔公元年》：初，畢萬筮仕於晉。遇屯之比，辛廖占之，曰："吉。屯固、比入，吉孰大焉？其必蕃昌。震爲土，車從馬，足居之，兄長之，母覆之，衆歸之，六體不易，合而能固，安而能殺，公侯之卦也。公侯之子孫，必復其始。"②

畢萬占問在晉國的仕途，筮得"屯之比"，通過對卦象的分析，認爲大吉。案，依朱熹提出的斷卦之法，應據屯初爻斷，但畢萬並未引據屯卦初爻爻辭。驗之於《左傳》《國語》中的筮例，朱熹在《易學啓蒙》中所提出的斷卦原則③，或與史相左，或於史無徵，是否先秦古法，大有疑問。另，有學者認爲，"屯之比"只是表示屯初九爻題，亦不妥。據史料可知，當時人不僅未引屯卦初九爻辭，反而說"屯固比入"，又說"震爲土"。屯卦下卦爲震，比卦下卦爲坤，坤爲土。顯然，只有把"屯之比"理解爲"屯卦變爲比卦"，才能合理地解釋《左傳》中的"屯固比入"和"震爲土"等。

《左傳·閔公二年》：成季之將生也，桓公使卜楚丘之父卜之。曰："男也。其名曰友，在公之右，間於兩社，爲公室輔。季氏亡，則魯不昌。"又筮之，遇大有之乾。曰："同復於父，

---

① 尚秉和：《周易尚氏學》，中華書局，2010年，第343頁。
② 楊伯峻：《春秋左傳注》，中華書局，1990年，第259~260頁。
③ [宋] 朱熹著，朱傑人等主編：《朱子全書》第1冊《易學啓蒙》，上海古籍出版社、安徽教育出版社，2002年，第258頁。

敬如君所。"①

　　成季將出生時，桓公使人占卜，卜得吉兆。又使人占筮，筮得"大有之乾"，筮者審視本卦、之卦卦象後，斷定結果爲"同復於父，敬如君所"。大有卦上離下乾，變爲乾卦後，上下俱乾。乾爲父爲君，故曰"同復於父，敬如君所"。高亨先生云："大有卦是上離下乾，乾卦是上乾下乾。乾爲父，離爲子，那麼，大有上卦的離變爲乾，是象徵子與其父同德，'無改於父之道'，所以説：'同復於父。'（復，行故道也。）乾又爲君，離又爲臣，那麼，大有上卦的離變爲乾，又象徵臣與其君同心，常在君的左右，所以又説：'敬如君所。'（如，往也。所，處也。）"② 其説可從。該筮例反映了先秦卜筮並用的禮俗。《侯馬盟書》亦有卜筮並用之例："卜以吉，筮□□。"筮字下有兩字殘缺不清，應爲筮占結果。"盟書上的這條記載是我國古代卜法和筮法並用的一條較原始的記録"③。另，按朱熹所言斷卦原則，當以大有卦六五爻辭"厥孚交如，威如，吉"來占斷，但此筮例卻僅根據大有和乾兩卦的卦象揭示，與朱熹提出的斷卦方法不相符。

　　《左傳·僖公十五年》：初，晉獻公筮嫁伯姬於秦，遇歸妹之睽。其繇曰：'士刲羊，亦無衁也。女承筐，亦無貺也。西鄰責言，不可償也。歸妹之睽，猶無相也。'震之離，亦離之震。'爲雷爲火，爲嬴敗姬。車説其輹，火焚其旗，不利行師，敗於宗丘。歸妹睽孤，寇張之弧，姪其從姑，六年其逋，逃歸其國，

---

①楊伯峻：《春秋左傳注》，中華書局，1990年，第263~264頁。
②高亨：《周易雜論》，齊魯書社，1979年，第88~89頁。
③山西省文物工作委員會：《侯馬盟書》，文物出版社，1976年，第47頁。

而棄其家，明年其死於高梁之虛。'" 及惠公在秦，曰："先君若從史蘇之占，吾不及此夫！" 韓簡侍，曰："龜，象也；筮，數也。物生而後有象，象而後有滋，滋而後有數。"①

晉獻公欲嫁女到秦國，筮得歸妹之睽，引歸妹卦上六爻辭並結合卦象以爲占。分析吉凶時，還涉及了睽卦上九爻辭"睽孤……先張之弧"。另，史料中"龜，象也；筮，數也。物生而後有象，象而後有滋，滋而後有數"涉及"象占"與"數占"孰早孰晚的問題。許多學者認爲，"象占"早而"數占"晚，其實，徵之於史前賈湖文化龜甲石子等文物②，"數占"未必晚於"象占"。

《左傳·僖公二十五年》：秦伯師於河上，將納王，狐偃言於晉侯曰："求諸侯，莫如勤王。諸侯信之，且大義也。繼文之業，而信宣於諸侯，今爲可矣。" 使卜偃卜之，曰："吉，遇黃帝戰於阪泉之兆。" 公曰："吾不堪也。" 對曰："周禮未改，今之王，古之帝也。" 公曰："筮之。" 筮之，遇大有之睽。曰："吉。遇'公用享於天子'之卦。戰克而王饗，吉孰大焉？且是卦也，天爲澤以當日。天子降心以逆公，不亦可乎？大有去睽而復，亦其所也。"③

此筮例亦反映了卜筮並用的先秦禮俗。卜偃卜得"黃帝戰於阪泉之兆"，晉文公說："吾不堪也。" 反映了當時人的理念：有德以當之，則吉；反之，則凶。有學者認爲，"大有之睽"僅表示大有卦九三爻題，不妥。時人固然引述了大有卦九三爻辭

---

①楊伯峻：《春秋左傳注》，中華書局，1990年，第363~365頁。
②河南省文物考古研究所：《舞陽賈湖》，科學出版社，1999年，第455~458頁。
③楊伯峻：《春秋左傳注》，中華書局，1990年，第431~432頁。

"公用享於天子"，但又説"天爲澤以當日"。大有卦下卦爲乾爲天，睽卦下卦爲兑爲澤，大有卦和睽卦的上卦都爲離爲日，故曰"天爲澤以當日"。若不將睽卦視爲大有卦變出之卦，則僅引大有卦九三爻辭足矣，何需論及睽卦卦象？類似例證尚有不少。如，《左傳·僖公十五年》"歸妹之睽"筮例，時人占斷時論及睽卦；《左傳·襄公二十五年》"困之大過"筮例，時人占斷時論及大過卦；《左傳·昭公五年》"明夷之謙"筮例，時人占斷時論及謙卦等。兹不一一贅述。

《左傳·襄公二十五年》：齊棠公之妻，東郭偃之姊也。東郭偃臣崔武子。棠公死，偃御武子以吊焉。見棠姜而美之，使偃取之。偃曰："男女辨姓，今君出自丁，臣出自桓，不可。"武子筮之，遇困之大過。史皆曰"吉"。示陳文子，文子曰："夫從風，風隕妻，不可娶也。且其繇曰：'困於石，據於蒺藜，入於其宫，不見其妻，凶。'困於石，往不濟也；據於蒺藜，所恃傷也；入於其宫，不見其妻，凶，無所歸也。"崔子曰："嫠也，何害？先夫當之矣。"①

崔杼欲娶棠姜，筮遇"困之大過"，陳文子根據困卦六三爻辭，結合困卦和大過卦的卦象，認爲"不可娶"。困下卦坎爲中男，爲夫；大過下卦爲巽，爲風。故云"夫從風"。清毛奇齡《春秋占筮書》："坎爲中男，故曰夫，變而爲風，故從風，然而風能隕物，則此妻何可娶也。"②

《左傳·昭公五年》：初，穆子之生也，莊叔以《周易》筮之，遇明夷之謙，以示卜楚丘。楚丘曰："是將行，而歸爲子

---

①楊伯峻：《春秋左傳注》，中華書局，1990年，第1095~1096頁。
②[清]毛奇齡：《春秋占筮書》卷2，文淵閣四庫全書本。

祀，以讒人入，其名曰牛，卒以餒死。明夷，日也，日之數十，故有十時，亦當十位。自王已下，其二爲公，其三爲卿，日上其中，食日爲二，旦日爲三。明夷之謙，明而未融。其當旦乎，故曰'爲子祀'。日之謙，當鳥，故曰'明夷於飛'。明而未融，故曰'垂其翼'。象日之動，故曰'君子於行'。當三在旦，故曰'三日不食'。離，火也；艮，山也。離爲火，火焚山。山敗。於人爲言，敗言爲讒。故曰'有攸往，主人有言'。言必讒也。純離爲牛，世亂讒勝，勝將適離，故曰'其名曰牛'。謙不足，飛不翔，垂不峻，翼不廣。故曰'其爲子後乎'。吾子，亞卿也；抑少不終。"①

穆子出生的時候，莊叔筮得明夷之謙。卜楚丘解卦時，雖涉及明夷初九爻辭，但主要運用卦名、卦象分析。需要指出，卜楚丘占斷讒人名牛的依據是"純離爲牛"，與《周易·説卦》"坤爲牛"不同，然與離卦卦辭"畜牝牛"相合。王弼云："義苟在健，何必馬乎？類苟在順，何必牛乎？爻苟和順，何必坤乃爲牛？義苟應健，何必乾乃爲馬？"② 信哉斯言。

《左傳·昭公七年》：衛襄公夫人姜氏無子，嬖人婤姶生孟縶。孔成子夢康叔謂己："立元，余使羈之孫圉與史苟相之。"史朝亦夢康叔謂己："余將命而子苟與孔烝鉏之曾孫圉相元。"史朝見成子，告之夢，夢協。晉韓宣子爲政聘於諸侯之歲，婤姶生子，名之曰元。孟縶之足不良能行。孔成子以《周易》筮之，曰："元尚享衛國，主其社稷。"遇屯。又曰："余尚立縶，

---

① 楊伯峻：《春秋左傳注》，中華書局，1990年，第1263~1265頁。
② [魏] 王弼著，樓宇烈校釋：《周易注（附周易略例）》，中華書局，2011年，第415頁。

尚克嘉之。"遇屯之比。以示史朝。史朝曰:"'元亨',又何疑焉?"成子曰:"非長之謂乎?"對曰:"康叔名之,可謂長矣。孟非人也,將不列於宗,不可謂長。且其繇曰'利建侯'。嗣吉,何建?建非嗣也。二卦皆云,子其建之!康叔命之,二卦告之,筮襲於夢,武王所用也,弗從何爲?弱足者居。侯主社稷,臨祭祀,奉民人,事鬼神,從會朝,又焉得居?各以所利,不亦可乎?"故孔成子立衛靈公。①

此史料的前半部分在六爻俱靜的筮例中已分析。後半部分孔成子還想立跛足的孟縶,筮得"屯之比"。史朝據屯卦辭"元亨利貞,勿用有攸往,利建侯"判斷應立次子元承嗣。有學者認爲該筮例以屯初九爻辭占斷,但屯初九爻辭僅有"利建侯",並無"元亨",與史朝之言"'元亨',又何疑焉"不相符。

《左傳·昭公十二年》:南蒯之將叛也……南蒯枚筮之,遇坤之比,曰"黄裳元吉",以爲大吉也。示子服惠伯,曰:"即欲有事,何如?"惠伯曰:"吾嘗學此矣。忠信之事則可,不然,必敗。外強内溫,忠也;和以率貞,信也。故曰'黄裳元吉'。黄,中之色也;裳,下之飾也;元,善之長也。中不忠,不得其色;下不共,不得其飾;事不善,不得其極。外内倡和爲忠,率事以信爲共,供養三德爲善,非此三者弗當。且夫《易》,不可以占險。將何事也,且可飾乎?中美能黄,上美爲元,下美則裳,參成可筮。猶有闕也,筮雖吉,未也。"②

南蒯將叛,筮得"坤之比",據坤卦六五爻辭"黄裳,元

---

① 楊伯峻:《春秋左傳注》,中華書局,1990年,第1297~1298頁。
② 楊伯峻:《春秋左傳注》,中華書局,1990年,第1336~1338頁。

吉",以爲大吉。然惠伯認爲,如無忠、信、善三德,則"筮雖吉,未也"。惠伯之言反映了占斷時的義理傾向,同時也反映了"先蔽志""不占險"的古代占筮原則。宋朱鑑編《文公易説》:"先生論《易》,云:《易》本是卜筮之書,若人卜得此爻,便要人玩此一爻之義,如'利貞'之類,只是正者便利,不正者便不利,不曾説道利不貞者。人若能見得道理,十分分明,則亦不須更卜。"①

《左傳·哀公九年》:陽虎以《周易》筮之,遇泰之需,曰:"宋方吉,不可與也。微子啓,帝乙之元子也。宋、鄭,甥舅也。祉,禄也。若帝乙之元子歸妹而有吉禄。我安得吉焉?"乃止。②

晉伐宋救鄭,筮得"泰之需",陽虎據《周易》泰卦六五爻辭占斷,與朱熹提出的斷卦原則偶合。宋國的始祖爲帝乙之長子微子啓,泰卦六五爻辭:"帝乙歸妹,以祉元吉。"故陽虎判斷伐宋不宜。

(三) 三爻變例

三爻變例凡二,皆出自《國語》。

《國語·周語》:(單襄公)曰:"成公之歸也,吾聞晉之筮之也,遇乾之否,曰:'配而不終,君三出焉。'一既往矣,後之不知,其次必此。"③

晉成公原客於周。晉趙穿殺晉靈公,迎成公爲晉君。當成公由周歸晉時,曾筮得"乾之否"。《國語》韋昭注:"乾下乾

①[宋]朱鑑編:《文公易説》卷21,文淵閣四庫全書本。
②楊伯峻:《春秋左傳注》,中華書局,1990年,第1653~1654頁。
③徐元誥著,王樹民、沈長雲點校:《國語集解》,中華書局,2002年,第90頁。

上，乾也。坤下乾上，否也。乾初九、九二、九三變而之否也。乾，天也，君也，故曰配，配先君也。不終，子孫不終爲君也。乾下變而爲坤，坤，地也，臣也。天地不交曰否，變有臣象。三爻，故三世而終。上有乾，乾，天子也。五亦天子，五體不變，周天子國也。三爻有三變，故君三出於周也。"① 據韋昭注，晉筮成公之歸，乃據本卦和變卦的卦象占斷，與朱熹提出的斷卦原則亦不相符。

《國語・晉語四》：公子（重耳）親筮之，曰："尚有晉國。"得貞屯，悔豫，皆八也。筮史占之，皆曰："不吉。閉而不通，爻無爲也。"司空季子曰："吉。是在《周易》，皆利建侯。不有晉國，以輔王室，安能建侯？我命筮曰'尚有晉國'，筮告我曰'利建侯'，得國之務也，吉孰大焉！震，車也。坎，水也。坤，土也。屯，厚也。豫，樂也。車班外內，順以訓之，泉原以資之，土厚而樂其實。不有晉國，何以當之？震，雷也，車也。坎，勞也，水也，衆也。主雷與車，而尚水與衆。車有震，武也。衆而順，文也。文武具，厚之至也，故曰屯。其繇曰：'元，亨，利貞，勿用，有攸往，利建侯。'主震雷，長也，故曰元。衆而順，嘉也，故曰亨。內有震雷，故曰利貞。車上水下，必伯。小事不濟，壅也。故曰'勿用，有攸往'。一夫之行也，衆順而有武威，故曰'利建侯'。坤，母也。震，長男也。母老子強，故曰豫。其繇曰：'利建侯行師。'居樂出威之謂也。是二者，得國之卦也。"②

---

① 徐元誥著，王樹民、沈長雲點校：《國語集解》，中華書局，2002 年，第 90 頁。
② 徐元誥著，王樹民、沈長雲點校：《國語集解》，中華書局，2002 年，第 340~342 頁。

公子重耳欲借秦的力量返回晉國爲君，筮得"貞屯悔豫"，即本卦爲屯，變卦爲豫。屯卦初九、六四、九五爻變後爲豫卦，不變的屯六二、六三、上六都是陰爻。八，少陰之數。故云："貞屯悔豫，皆八也。"另，虞翻解《易》以坤、坎爲車，與史料中所提及的"震爲車"不相符。

(四) 五爻變例

五爻變例凡二，一出於《左傳》，一出於《國語》。

《左傳·襄公九年》：（穆姜）始往而筮之，遇艮之八。史曰："是謂艮之隨。隨，其出也。君必速出！"姜曰："亡！是於《周易》曰：'隨：元、亨、利、貞，無咎。'元，體之長也；亨，嘉之會也；利，義之和也；貞，事之幹也。體仁足以長人，嘉德足以合禮，利物足以和義，貞固足以幹事。然，故不可誣也。是以雖隨無咎。今我婦人，而與於亂。固在下位，而有不仁，不可謂元。不靖國家，不可謂亨。作而害身，不可謂利。棄位而姣，不可謂貞。有四德者，隨而無咎。我皆無之，豈隨也哉？我則取惡，能無咎乎？必死於此，弗得出矣！"①

穆姜始遷東宮時，筮得"艮之隨"。史官據隨卦卦辭占斷爲吉，而穆姜認爲，自己不具備"元亨利貞"四德，難當隨卦辭"元亨利貞，無咎"之義。這反映了占斷時的義理傾向。另，如依朱熹提出的斷卦原則，五爻變時，當以隨卦不變爻辭占，而史官據隨卦卦名占，穆姜據隨卦卦辭占，均與朱熹提出的斷卦原則不相符。

《國語·晉語四》：七月，惠公卒。十一月，秦伯納公子。……董因逆公於河。公問焉，曰："吾其濟乎？"對曰："歲

---

① 楊伯峻：《春秋左傳注》，中華書局，1990年，第964~966頁。

在大梁，將集天行。……臣筮之，得泰之八，曰：'是謂天地配亨，小往大來。'今及之矣，何不濟之有？"①

晉惠公死後，秦穆公送公子重耳回晉國，晉國大夫董因在黃河邊上迎接重耳。筮得"泰之八"。《左傳·襄公九年》"艮之八"筮例，史官明言："是謂艮之隨。""艮之隨"屬五爻變筮例，故"泰之八"亦當屬五爻變筮例，可能是泰之萃、泰之晉、泰之觀三種情況之一。有學者將"泰之八"歸於六爻俱靜例，不妥。另，朱熹説："五爻變，則以之卦不變爻占。"② 與此史料相左。

綜上所述，春秋時期卜、筮並用，占斷吉凶的依據不限於《周易》，得到卦象的方法也未必是《周易·繫辭傳》中所記載的大衍之數起卦法。《周易》卦爻辭的寫作目的本是闡述吉凶之理，故判斷吉凶，未必通過卜筮。"某卦之某卦"有時用來表示爻題，有時則表示變卦，不可執泥其一。朱熹在《易學啓蒙》中提出的斷卦原則，或於史無徵，或與史相左，當非先秦古法。

---

① 徐元誥著，王樹民、沈長雲點校：《國語集解》，中華書局，2002年，第342~345頁。
② [宋] 朱熹著，朱傑人等主編：《朱子全書》第1冊《易學啓蒙》，上海古籍出版社、安徽教育出版社，2002年，第258頁。

附録四

"苟日新，日日新，又日新"新解

——以蠱、巽卦爻辭爲核心的考察

一

《易經》蠱卦卦辭"先甲三日，後甲三日"，歷來訓解不一。鄭玄注："甲者，造作新令之日。先之三日而用辛也，欲取改過自新之義。後之三日而用丁也，取其丁寧之義。"① 朱熹注："甲，日之始，事之端也。先甲三日，辛也。後甲三日，丁也。前事過中而將壞，則可自新爲後世之端，而不使至於大壞。後事方始而尚新，然更當致其丁寧之意，以監前事之失，而不

---

① [宋]王應麟：《周易鄭康成注》（不分卷），文淵閣四庫全書本。

使至於速壞。"① 宋丁易東《易象義》（文淵閣四庫全書本）卷三："先甲三日，辛也；後甲三日，丁也。下巽納辛，互兌納丁。""先甲三日，後甲三日"涉及辛日和丁日，指向兌卦和巽卦。

《周易·雜卦》："兌見而巽伏。"據《周易·說卦》，兌爲巫，巽爲繩直。另，巽又爲蓍。清儒紀磊《虞氏逸象考正》（續修四庫全書本，不分卷）："蓍，巽象。巽爲草木，故爲蓍。"馬王堆帛書本《周易》中"巽"作"筭"。劉大鈞、林忠軍認爲："解'巽'作'筭'爲是。"② 李尚信說："'筭'也就是演算、推演，乾、坤、坎、離爲天、地、日、月，所以六十四卦錯綜圖就是效法天地日月來推演、預知整個天地日月的運行、四時的變化和萬事萬物的吉凶的一個模式。"③ 在六十四卦錯綜圖中，夬☱、萃☱、困☱、革☱位於特區④。此四卦的特點是：上卦皆兌（巫）⑤，下卦分別是乾（天）、坤（地）、坎（月）、離（日）。夬、萃、困、革的綜卦分別是姤☰、升☷、井☵、鼎☲。姤、升、井、鼎的特點是：上卦分別是乾（天）、坤（地）、坎（月）、離（日），下卦皆巽（蓍）。六十四卦錯綜圖中特區八卦（夬、萃、困、革、姤、升、井、鼎）的特點，亦反映了兌、巽兩卦的特殊性。順便指出，1980 年，中國社科

---

① [宋]朱熹：《周易本義》，宋咸淳元年吳革刻本，全1函6册，第1册，第32頁。
② 劉大鈞、林忠軍：《周易古經白話解》，山東友誼書社，1989年，第111頁。
③ 李尚信：《卦序與解卦理路》，巴蜀書社，2008年，第35頁。
④ 李尚信：《卦序與解卦理路》，巴蜀書社，2008年，第34頁。
⑤《說文解字》中對"祝"字的解釋是："祝，祭主贊詞者。從示，從人口。一曰：從兌省。《易》曰：兌爲口，爲巫。"

院考古所甲骨組曹定云和郭振禄兩先生在安陽工作站倉庫裏發現一包龜甲，回京後由鍾少林先生粘對復原，得到一片較完整的卜甲。卜甲右下所涉之卦亦恰爲兌和巽。①

《易經》中與"先甲三日，後甲三日"類似的表述還有巽卦九五爻辭"先庚三日，後庚三日"。朱熹注："庚，更也，事之變也。先庚三日，丁也。後庚三日，癸也。丁，所以丁寧於其變之前；癸，所以揆度於其變之後。"② "先庚三日，後庚三日"涉及丁日和癸日。據殷墟甲骨文可知，商代每旬之末（癸日）總要例行占卜下一旬的吉凶。如，最早著錄於董作賓《小屯·殷虚文字·甲編》一一一四、一二八九、一七四九、一一五六、一八〇一版，後經綴合由嚴一萍編入《甲骨綴合新編》〇〇一版，現收入《甲骨文合集》一一四八五版的甲骨卜辭："癸未卜，爭貞：旬亡咎③？三日乙酉夕，月有食。"即癸日的例行占卜記錄。又如，最早著錄於羅振玉《殷虚書契菁華》第四頁，現收入《甲骨文合集》一〇四〇五版反面的甲骨卜辭："王占曰：有祟。八日庚戌，有各云自東貫晦。昃，亦有出虹自北飲於河。"據"八日庚戌"可以推知，此段文字也是癸日的例行占卜。以上説明了癸日的特殊性。

根據蠱卦"先甲三日，後甲三日"和巽卦"先庚三日，後庚三日"之文，我們可以認爲，丁日、辛日與癸日一樣，都是

---

① 肖楠：《安陽殷墟發現"易卦"卜甲》，《考古》1989年第1期；馮時：《殷墟"易卦"卜甲探索》，《周易研究》1989年第2期；曹定雲：《論安陽殷墟發現的"易卦"卜甲》，《殷都學刊》1993年第4期。
② [宋] 朱熹：《周易本義》，宋咸淳元年吳革刻本，全1函6冊，第2冊，第42頁。
③ 案，"咎"原釋讀爲"禍"，然《易經》卦爻辭多言"無咎"，而甲骨卜辭與《易經》卦爻辭有淵源關係，故當以"咎"爲是。

重要的祭祀占卜之日。元吴澄《易纂言》卷一："《曲禮》云：'內事用柔日。'辛、丁，皆柔日也。"①卷二："筮日則丁、癸吉，皆柔日也。"②清王引之《經義述聞》（續修四庫全書本）卷一："古人行事之日，多有用辛與丁、癸者。……是辛也、丁也、癸也，皆行事之吉日也。"張光直對商周的干名進行統計後，發現偶數日干的出現頻率要遠大於奇數日干，與此正可互相發明。關於丁日的特殊性，《禮記·月令》中的如下記載可爲佐證："上丁，命樂正習舞，釋菜，天子乃帥三公九卿諸侯大夫親往視之。仲丁，又命樂正入學習樂。"清鄂爾泰等《日講禮記解義》（文淵閣四庫全書本）卷十七："此言仲春習舞樂之事也。釋菜，置芹藻以爲祭也。必用丁者，取文明之象。入學習舞既命於孟春，至是以上旬之丁日命樂正率學者習舞於大學，而先釋菜以告先師。天子乃率公卿諸侯大夫親往視焉。中旬之丁日又命樂正入學教學者以習歌與八音，爲季春將合樂也。"

二

《禮記·大學》引湯盤銘："苟日新，日日新，又日新。"鄭玄注："盤銘刻戒於盤也。……君子日新其德，常盡心力，不有餘也。"孔穎達疏："湯之盤銘者，湯沐浴之盤而刻銘爲戒。必於沐浴之盤者，戒之甚也。苟日新者，此盤銘辭也。非唯洗沐自新，苟誠也，誠使道德日益新也。日日新者，言非唯一日之新，當使日日益新。又日新者，言非唯日日益新，又須恒常

---

① 王新春、呂穎、周玉鳳：《易纂言導讀》，齊魯書社，2006年，第139頁。
② 王新春、呂穎、周玉鳳：《易纂言導讀》，齊魯書社，2006年，第291頁。

日新。皆是丁寧之辭也。"① 此訓解千百年來，相沿不替，陳陳相因，無有疑之者。至郭沫若，方提出新説。郭沫若認爲，"苟日新，日日新，又日新"乃"兄日辛，且日辛，父日辛"之訛誤。郭氏云："銘之上端當稍有泐損，形如圖中曲線所界，故又誤兄爲苟，誤且（古文祖）爲日，誤父爲又。求之不得其解，遂傅會其意，讀辛爲新，故成爲今之'苟日新，日日新，又日新'也。"②

郭氏新説石破天驚，然董作賓不以爲然。董作賓認爲，祖、父、兄三代祭日不可能同在辛日。其實，日本學者伊藤道治早已發現，商人對王亥的祭祀多在辛日。③ 張光直進一步發現，商人對夔、嶽的祭祀也常在辛日。④ 饒有意味的是，據王國維考證，夔即帝嚳高辛氏。看來，帝嚳名高辛氏是有依據的。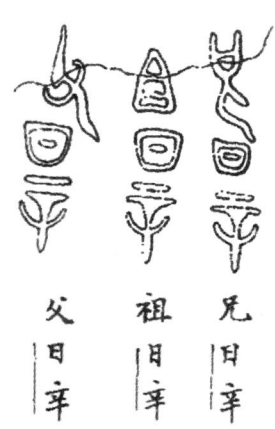
楊升南發現，對河的祭祀，也以辛日爲最多。⑤ 辛日既爲重要祭日，祖、父、兄三代祭日同在辛日是完全有可能的。

董作賓駁郭氏新説云："左行讀之，兄在祖前；右行讀之，

---

①［漢］鄭玄注，［唐］陸德明音義，［唐］孔穎達疏：《禮記注疏》卷60，文淵閣四庫全書本。
②郭沫若：《湯盤、孔鼎之揚榷》，《金文叢考》，人民出版社，1954年，第84頁。
③伊藤道治：《藤井有鄰館所藏甲骨文字》，《東方學報》第42册，1971年，第67頁。
④張光直：《談王亥與伊尹的祭日並再論殷商王制》，《中國青銅時代》，三聯書店，1983年，第174頁。
⑤楊升南：《殷契"河日"説》，《殷都學刊》1992年第2期。

祖居父後。左右兩難，不能合於祖、父、兄之三代世次也。"①其實，湯盤銘文並非"不合於殷代世次嚴整之列"，而是反映了左昭右穆的宗廟制度。據李衡眉研究，商代已有昭穆制度存在。② 湯盤銘祖、父、兄三輩順序正是按昭穆位次排列的：祖居中，父居左，兄居右。由右而左讀，即成"兄日辛，且（祖）日辛，父日辛"。《史記·殷本紀》中之所以將報乙、報丙、報丁之次誤記爲報丁、報乙、報丙，亦與昭穆制度有關。報乙居中，報丙居左，報丁居右，由右而左讀，就成了報丁、報乙、報丙。

綜上所述，《易經》蠱卦卦辭"先甲三日，後甲三日"與巽卦九五爻辭"先庚三日，後庚三日"涉及癸日、丁日、辛日。癸日、丁日、辛日都是特殊的日子。辛日的特殊性可佐證郭沫若的觀點：《禮記·大學》所引湯盤銘"苟日新，日日新，又日新"實乃"兄日辛，且（祖）日辛，父日辛"之訛誤。郭沫若善作翻案文章，結合《易經》蠱、巽卦爻辭，我們認爲，郭沫若對《禮記·大學》中湯盤銘的新解也是一篇極爲成功的翻案文章。

---

① 董作賓：《湯盤與商三戈》，《董作賓先生全集》，臺北藝文印書館，1978年，第810頁。
② 李衡眉：《殷人昭穆制度試探》，《歷史教學》1991年第9期。

本書是在我的博士學位論著《清代易學研究》和天津市社科規劃課題結項書稿《中國古代〈周易〉詮釋史研究》的基礎上完成的。因寫作持續時間較長，書中大部分內容已以論文形式發表於不同學術期刊，故徵引文獻所用版本、注釋格式等，前後頗不統一。成書後，我的博士張金平幫忙做了繁重的統一版本、格式等工作，並順便核對了引文。本書稿曾作爲博士生和碩士生課程的教學講義，高險峰、孫航、韋麗、蔡潔琳等也做了許多校對工作，在此一併表示感謝。本書附錄三《〈左傳〉〈國語〉引〈易〉類析》原發表於《殷都學刊》，是我與張金平博士合作撰寫的；附錄四《"苟日新，日日新，又日新"新解——以蠱、巽卦爻辭爲核心的考察》原發表於《周易研究》，是我與朱彥民教授合作撰寫的。特此說明。

以一部書稿縱論歷代《易》學，掛一漏萬是難免的，但"天之大雖極於無窮，而管窺之所及者亦天之體；海之深雖極於不測，而蠡測之所及者亦海之量"。前賢時彥關於《易》學史的研究成果十分豐碩,本書在盡可能充分吸收這些研究成果的基礎上,補苴罅漏,闡幽發微,力爭做到突出重點,"若網在綱,有條而不紊"。如與前人已有成果相互參看,自可見本書拾遺補缺,發人所未發的篳路藍縷之功,以及有異於前人的千慮之得。

因緣際會,中州古籍出版社慨允出版拙著。在出版社企業化、商業利潤至上的今天,中州古籍出版社不計得失,爲學術事業和文化建設的投入與擔當,令我肅然起敬,感慨係之。是爲記。

楊效雷於樂心齋

2017 年 1 月